ESV

Finanzierung

Grundlagen, Institutionen, Instrumente und Kapitalmarkttheorie

mit Fragen, Aufgaben und Lösungen

Von

Dr. Horst Gräfer
Professor für Betriebswirtschaftslehre,
Universität Paderborn

Dipl.-Kfm. Rolf Beike
wissenschaftlicher Mitarbeiter,
Universität Paderborn

Dr. Guido A. Scheld
Professor für Betriebswirtschaftslehre,
Fachhochschule Jena

5., neu bearbeitete Auflage

ERICH SCHMIDT VERLAG

1. Auflage	1992
2. Auflage	1994
3. Auflage	1997
4. Auflage	1998

Die Deutsche Bibliothek – CIP-Einheitsaufnahme

Gräfer, Horst:
Finanzierung : Grundlagen, Institutionen, Instrumente
und Kapitalmarkttheorie ; mit Fragen, Aufgaben und
Lösungen / Horst Gräfer ; Rolf Beike ; Guido A. Scheld. -
5., neu bearb. Aufl. - Berlin : Erich Schmidt, 2001

ISBN 3-503-05964-4

ISBN 3 503 05964 4

Alle Rechte vorbehalten
© Erich Schmidt Verlag GmbH & Co., Berlin 2001
www.erich-schmidt-verlag.de

Dieses Papier erfüllt die Frankfurter Forderungen der Deutschen Bibliothek
und der Gesellschaft für das Buch bezüglich der Alterungsbeständigkeit und
entspricht sowohl den strengen Bestimmungen der US Norm Ansi/Niso Z 39.48-1992
als auch der ISO Norm 9706.

Druck und Buchbinderei: difo-druck, Bamberg

Vorwort zur 5. Auflage

Wir freuen uns, nun eine gründlich überarbeitete und aktualisierte Fassung unserer FINANZIERUNG vorlegen zu können.

Neu einzuarbeiten waren die **Europäische Zentralbank**, die Entwicklungen an den deutschen **Börsen**, die Umstellung auf den € in Text, Beispielen und Übungsaufgaben und die Änderungen, die sich aufgrund des **Steuersenkungsgesetzes** und der Modifizierung des **Aktienrechtes** (Erwerb eigener Aktien, Stückaktien) ergeben.

Das Buch ist weiterhin als Lern- und Arbeitsbuch mit dem Ziel konzipiert, den Studentinnen und Studenten der Wirtschaftswissenschaften an Fachhochschulen und Universitäten die Erlangung der notwendigen Kenntnisse der Unternehmensfinanzierung zu erleichtern, die üblicherweise im Rahmen der Allgemeinen Betriebswirtschaftslehre erworben werden müssen.

Mit „notwendigen Kenntnissen" sind die Grundlagen der betrieblichen Finanzwirtschaft gemeint, genauer: das Basiswissen über die im Rahmen einer **Kapitalbeschaffung** erforderlichen Entscheidungen, die vorhandenen **Finanzierungsinstrumente** sowie die betroffenen **Institutionen.** Ausgehend von einer Erörterung der Finanzierung als betriebswirtschaftlicher Funktion, ihren Zielsetzungen und Restriktionen, werden die wichtigsten Institutionen der Kapital- und Finanzmärkte, die Bedeutung des **Eigenkapitals** sowie Möglichkeiten zu dessen Aufbringung dargestellt. Im Anschluss daran richtet sich die Aufmerksamkeit auf die mannigfachen Instrumente der **kurz- und langfristigen Fremdfinanzierung**, die Varianten der **Innenfinanzierung** sowie **Finanzierungssurrogate**, wie Leasing und Factoring. Im Mittelpunkt des achten Kapitels stehen **Derivate**, die aus Sicht der Finanzwirte wohl bedeutendsten Instrumente der letzten Jahre. Die Ausführungen dazu wurden gegenüber den vorangegangenen Auflagen vollständig überarbeitet und erweitert. Erläuternde Fragen mit den dazugehörigen Antworten ergänzen am Ende eines jeden Kapitels den darlegenden Teil. Darüber hinaus wird Gelegenheit geboten, den Kenntnisstand anhand von Aufgaben sowie **Übungen** zu vertiefen und mit Hilfe der **Lösungen** zu überprüfen.

Da mit diesem Buch das Ziel verfolgt wird, Grundlagen zu vermitteln, mussten – aufgrund des begrenzten Seitenumfangs – Fragen der finanzwirtschaftlichen Unternehmensführung, der Finanzplanung sowie der Mittelverwendung (Investition) weitgehend ausgeklammert werden. Dafür genießt die **Portefeuille- und Kapitalmarkttheorie** einen vergleichsweise hohen Stellenwert. Neben dem Portfolio-Selection-Modell von *Markowitz* werden das CAPM sowie das Marktmodell ausführlich behandelt. Auch diese Teile sind im Vergleich zur vorhergehenden Auflage komplett überarbeitet worden.

Mit Hilfe dieses Buches sollen Grundlagen und praktische Kenntnisse für die Lösung finanzwirtschaftlicher Probleme vermittelt werden, die die Basis für eine später möglicherweise folgende Beschäftigung mit weiterführenden wissenschaftlichen Fragestellungen bilden. Um das Erlernen derartiger Fakten und der dazu notwendigen Fachterminologie möglichst einfach zu gestalten und den Lern- und Lesefluss nicht zu unterbrechen, haben wir auf Quellenhinweise im Text verzichtet. Stattdessen verweisen wir auf das Literaturverzeichnis, das gleichzeitig auch als Literaturempfehlung verstanden werden soll. Wir denken, dass dies bei dem spezifischen Charakter dieses Buches zulässig ist und bitten um Nachsicht bei den jeweiligen Autoren, deren Werke eine wichtige Grundlage für unsere Arbeit waren.

Die wichtigsten und entscheidenden materiellen, formalen und gestalterischen Arbeiten für diese Aufgabe hat Herr Dipl.-Kfm. Carsten Gubelt mit viel Engagement, großer Sachkenntnis und ausgeprägtem Einfühlungsvermögen erledigt. Wir danken ihm dafür herzlich.

Uns allen hat die Arbeit an diesem Buch wiederum viel Freude gemacht und wir hoffen, dass es allen Lesern eine nützliche Hilfe sein wird. Anregungen für Verbesserungen und kritische Anmerkungen nehmen wir sehr gerne entgegen.

Paderborn im Frühjahr 2001   Horst Gräfer
                                         Guido A. Scheld
                                         Rolf Beike

Inhaltsübersicht

1	Die "Finanzierung" als betriebswirtschaftliche Funktion	1
2	Die Kapital- und Finanzmärkte	35
3	Das Eigenkapital und seine Bedeutung für die Unternehmensfinanzierung	77
4	Die Eigenkapitalbeschaffung der Aktiengesellschaft	121
5	Die Kreditfinanzierung	161
6	Die Innenfinanzierung	239
7	Die Finanzierungssurrogate	265
8	Finanzderivate	287
9	Kapitalmarkttheorie	331
10	Fragen und Aufgaben	363
11	Antworten und Lösungen	393
	Verzeichnisse	467

Inhaltsverzeichnis

1	Die "Finanzierung" als betriebswirtschaftliche Funktion	1
	11 Charakteristika und Leitmaximen der Unternehmung	1
	111 Erwerbswirtschaftliches Prinzip	2
	112 Wirtschaftlichkeitsprinzip	3
	113 Prinzip des finanzwirtschaftlichen Gleichgewichts	4
	12 Einbettung der Unternehmung in Zahlungsströme	6
	13 Sichtweisen von Finanzierungsphänomenen	14
	131 Portfolioselektion und Kapitalmarkttheorie	14
	132 Principal-Agent-Beziehungen	16
	133 Finanzmanagement der Unternehmung	18
	14 Zielfunktion und Besonderheit des Finanzbereichs	18
	15 Übersicht über Finanzierungsarten und -quellen	26
	Erläuternde Fragen und Antworten	31
2	Die Kapital- und Finanzmärkte	35
	21 Zusammentreffen von Angebot und Nachfrage	35
	22 Institutionen der deutschen Kapital- und Finanzmärkte	40
	221 Börsen	40
	2211 Präsenzhandel	41
	2212 Xetra-Handel	42
	2213 Eurex	45
	2214 Handelsunterstützende Institutionen	45
	222 Kreditinstitute	50

2221 Kreditbanken	56
2222 Sparkassensektor	57
2223 Genossenschaftssektor	58
2224 Realkreditinstitute	59
2225 Banken mit Sonderaufgaben	60
2226 Bausparkassen	60
Exkurs: Das Europäische System der Zentralbanken	61
223 Institutionen des paramonetären Sektors	63
2231 Kapitalanlagegesellschaften	64
2232 Versicherungsgesellschaften	65
2233 Leasing-Gesellschaften, Factoring- und Forfaitierungs-Gesellschaften	66
2234 Kapitalbeteiligungsgesellschaften	67
2235 Kreditgarantiegemeinschaften	68
Erläuternde Fragen und Antworten	72

3 Das Eigenkapital und seine Bedeutung für die Unternehmensfinanzierung 77

31	Begriff des Eigenkapitals	77
32	Merkmale des Eigenkapitals	81
33	Besondere Bedeutung und die Funktionen des Eigenkapitals	82
34	Bemessung der Höhe des Eigenkapitals	86
	Exkurs:Die Eigenkapitalausstattung deutscher Unternehmen im internationalen Vergleich	89
35	Aufbringung und Beschaffung von Eigenkapital	92
	351 Rechtsformen von Unternehmungen	92
	3511 Einzelunternehmung und stille Gesellschaft	100

3512 Personengesellschaft	101
3513 Gesellschaft mit beschränkter Haftung	106
3514 GmbH & Co. KG	109
3515 Kommanditgesellschaft auf Aktien (KGaA)	112
352 Einflussfaktoren für die Wahl der Rechtsform	113
353 Zusammenhang zwischen Rechtsform und Finanzierung	114
36 Subventionsfinanzierung	116
Erläuternde Fragen und Antworten	118

4 Die Eigenkapitalbeschaffung der Aktiengesellschaft 121

41 Besonderheiten der Aktienfinanzierung	121
42 Kapitalerhöhung	131
421 Ordentliche Kapitalerhöhung	133
4211 Charakteristika	133
4212 Wirkungen	134
4213 Festsetzung des Bezugskurses für junge Aktien	137
4214 Das Bezugsrecht und sein "rechnerischer" Wert	142
4215 Operation blanche	148
422 Genehmigte Kapitalerhöhung	150
423 Bedingte Kapitalerhöhung	151
424 Kapitalerhöhung aus Gesellschaftsmitteln	152
43 Kapitalherabsetzung	154
Erläuternde Fragen und Antworten	158

5 Die Kreditfinanzierung 161

51 Merkmale und Funktion des Fremdkapitals	161

Exkurs: Der Leverage-Effekt 164

52 Kreditwürdigkeit und Kreditsicherung als Voraussetzungen
für die Erlangung von Fremdkapital 168

   521 Kreditwürdigkeitsprüfung 168

   522 Möglichkeiten der Kreditsicherung 172

      5221 Bürgschaft 173

      5222 Bürgschaftsähnliche Sicherheiten 173

      5223 Sicherungsübereignung 174

      5224 Sicherungsabtretung/Forderungsabtretung 175

      5225 Pfandrecht 176

      5226 Grundpfandrecht 176

      5227 Wechsel 178

      5228 Eigentumsvorbehalt 178

53 Instrumente der kurz- und mittelfristigen Kreditfinanzierung 179

   531 Kundenanzahlung 179

   532 Lieferantenkredit 179

   533 Kontokorrentkredit 181

   534 Avalkredit 183

   535 Wechselkredit 183

      5351 Diskontkredit 185

      5352 Akzeptkredit 187

   536 Lombardkredit 188

   537 Rembours- und Negoziationskredit 190

54 Instrumente der langfristigen Kreditfinanzierung 192

   541 Unverbriefte Darlehen auf der Basis eines
Darlehensvertrages 193

   542 Schuldverschreibungen, Anleihen, Obligationen,
Industrieobligationen 198

5421 Merkmale	198
5422 Voraussetzung für die Emission	199
Exkurs: Die Deckungsstockfähigkeit	200
5423 Ausstattung	201
5424 Praktische Durchführung der Emission	207
5425 Errechnung der Effektiv-Verzinsung	208
543 Sonderformen der Obligationen	210
5431 Zerobonds	210
5432 Floating Rate Notes	213
5433 Gewinnschuldverschreibungen	214
5434 Wandelschuldverschreibungen und Optionsanleihen	215
5435 Doppelwährungsanleihen	222
5436 Commercial Paper	222
5437 Euronotes	225
5438 Genussscheine	226
544 Schuldscheindarlehen	230
Erläuternde Fragen und Antworten	234

6 Die Innenfinanzierung 239

61 Interne Kapitalbildung	240
611 Selbstfinanzierung	240
612 Finanzierung aus Rückstellungen	249
62 Finanzmittelrückfluss (Finanzierungseffekte aus Vermögensumschichtungen)	254
621 Finanzierung aus durch Vermögensverkauf freigesetzten Mitteln	254
622 Sale-Lease-Back-Verfahren	255

623	Finanzierungseffekt von Rationalisierungsmaßnahmen	256
624	Finanzierung aus Abschreibungsgegenwerten	257
	6241 Kapitalfreisetzungseffekt	258
	6242 Kapazitätserweiterungseffekt	260
Erläuternde Fragen und Antworten		264

7 Die Finanzierungssurrogate 265

71	Leasing	265
72	Factoring	278
73	Forfaitierung	280
74	Asset Backed Securities	281
Erläuternde Fragen und Antworten		285

8 Finanzderivate 287

81	Grundlagen	287
	811 Begriffsbestimmung	287
	812 Motive	288
	813 Klassifizierung	289
82	Bedingte Termingeschäfte	292
	821 Grundlagen	292
	822 Erscheinungsformen	302
	8221 OTC-, Terminbörsenoptionen und Optionsscheine	302
	8222 Zinsbegrenzungsverträge	306
83	Unbedingte Termingeschäfte	315
	831 Grundlagen	315
	832 OTC-Produkte	316

8321 Devisentermingeschäft, Forward Rate Agreement 316
8322 Swaps 318
833 Futures 322
Erläuternde Fragen und Antworten 326

9 Kapitalmarkttheorie 331

91 Das Portfolio-Selection Modell von Markowitz als Grundlage 331
   911 Darstellung des Modells 331
   912 Kritik 342
92 Kapitalmarkttheoretische Modelle 343
   921 Das Capital Asset Pricing Model (CAPM) 343
      9211 Darstellung des Modells 343
      9212 Kritik 352
   922 Das Marktmodell 353
      9221 Darstellung des Modells 353
      9222 Kritik 358
Erläuternde Fragen und Antworten 359

10 Fragen und Aufgaben 363

11 Antworten und Lösungen 393

Abbildungsverzeichnis 467
Abkürzungsverzeichnis 470
Literaturverzeichnis 473
Stichwortverzeichnis 478

1 Die "Finanzierung" als betriebswirtschaftliche Funktion

11 Charakteristika und Leitmaximen der Unternehmung

Eine **Unternehmung** ist eine planvoll organisierte, rechtlich abgegrenzte Wirtschaftseinheit, in der Güter bzw. Dienstleistungen mit dem Ziel produziert (Leistungserstellung) und abgesetzt (Leistungsverwertung) werden, um damit Einkommen (Gewinn) zu erzielen.

Leistungserstellung und -verwertung erfolgen durch die Kombination der Produktionsfaktoren Betriebsmittel, Arbeit und Werkstoffe (vgl. Abb. 1/1).

Abb. 1/1: Gliederung der Produktionsfaktoren

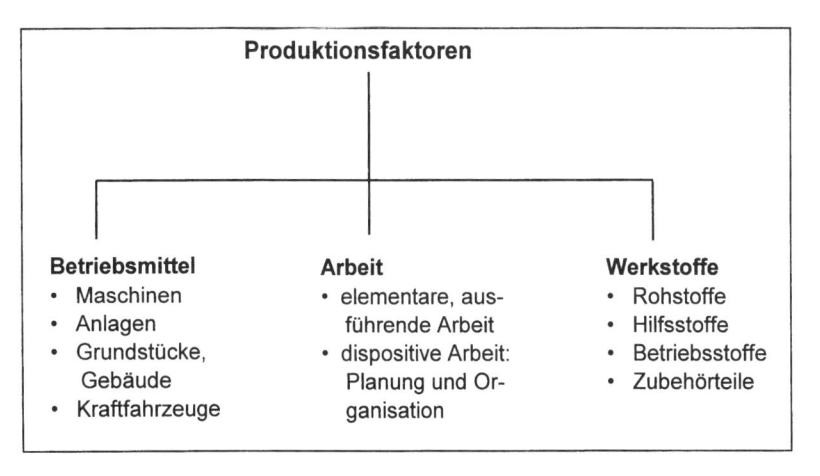

```
                        Produktionsfaktoren
          ┌──────────────────┼──────────────────┐
```

Betriebsmittel	Arbeit	Werkstoffe
• Maschinen • Anlagen • Grundstücke, Gebäude • Kraftfahrzeuge	• elementare, ausführende Arbeit • dispositive Arbeit: Planung und Organisation	• Rohstoffe • Hilfsstoffe • Betriebsstoffe • Zubehörteile

Je erfolgreicher die Kombination der Produktionsfaktoren im Hinblick auf die Bedürfnisse des Absatzmarktes bzw. der Kunden (Verbraucher oder andere Unternehmen) ist, um so höher ist der über die erzielbaren Absatzpreise generierte Gewinn.

Die Handlungsweisen, Aktivitäten und Maßnahmen der Unternehmung werden vorrangig durch folgende drei **Leitmaximen** bzw. **Prinzipien** bestimmt. Dem ist aber einschränkend hinzuzufügen, dass die unternehmerischen Aktivitäten von einer Vielfalt von Zielvorstellungen beherrscht werden. Erfahrungen lehren, dass allein das erwerbswirtschaftliche Prinzip sich in vielen Formen und Varianten findet. Die Betriebswirtschaftslehre macht sich daher in ihrem Bemühen, neue Erkenntnisse über Unternehmensziele zu erhalten, die Forschungsergebnisse der Soziologie und Psychologie zu nutze. Die Ergebnisse dieser betriebswirtschaftlichen Randdisziplinen zeigen, dass nicht nur unterschiedliche Einzelziele, sondern auch Zielkombinationen, vor allem aber auch nicht-monetäre Ziele wie Prestige- und Machtstreben im unternehmerischen Entscheidungsprozess mitspielen.

111 Erwerbswirtschaftliches Prinzip

Das erwerbswirtschaftliche Prinzip ist eine spezielle Leitmaxime der Unternehmungen in einer marktwirtschaftlich organisierten Wirtschaftsordnung, nach der die Gewinnerzielung, häufig auch **Gewinnmaximierung**, angestrebt wird.

Gewinn	=	Leistung	-	Kosten
Gewinn	=	Erlös (Umsatz)	-	Kosten
Gewinn	=	Ertrag	-	Aufwand

Häufig wird der Gewinn (Erfolgsgröße) in Relation zu der ihn verursachenden Größe (z.B. Kapitaleinsatz) gesetzt, um die **Rentabilität oder Rendite** (ital. rendita = Ertrag) zu messen. Das Gewinnstreben wird dann durch das Rentabilitätsstreben ersetzt.

Die "Finanzierung" als betriebswirtschaftliche Funktion 3

Rentabilität	$= \dfrac{\text{Erfolgsgröße}}{\text{Verursachungsgröße}} * 100$
Eigenkapitalrentabilität	$= \dfrac{\text{Gewinn}}{\text{Eigenkapital}} * 100$
Gesamtkapitalrentabilität	$= \dfrac{\text{Gewinn + Fremdkapitalzins}}{\text{Gesamtkapital}} * 100$
Umsatzrendite	$= \dfrac{\text{Betriebserfolg}}{\text{Umsatzerlöse}} * 100$

Bei bilanzieller Betrachtung stellt der Jahresüberschuss vor Steuern den Gewinn als Grundlage zur Berechnung der Rentabilität dar.

112 Wirtschaftlichkeitsprinzip

Das Wirtschaftlichkeitsprinzip ist kein dem Gewinnstreben gleichrangiges Ziel, sondern nur ein Mittel zur Erreichung des Gewinnziels. Es lässt sich in zwei Varianten formulieren:

Ein **gegebenes Ziel** (z.B. Produktions- oder Absatzmenge, Umsatz) ist mit **minimalem Faktoreinsatz** (z.B. an Produktionsfaktoren) zu erreichen (Minimalprinzip!).

Oder:

Mit **gegebenem Faktoreinsatz** soll ein **Ziel in möglichst großem Ausmaß** erreicht werden (z.B. Umsatzmaximierung) (Maximalprinzip!).

Gemessen wird die Wirtschaftlichkeit beispielsweise durch die beiden Kennzahlen:

Wirtschaftlichkeit	$= \dfrac{\text{Sollkosten}}{\text{Istkosten}}$ oder $\dfrac{\text{Ertrag}}{\text{Aufwand}}$

4 Die "Finanzierung" als betriebswirtschaftliche Funktion

Während die Wirtschaftlichkeit in Wertgrößen (€) gemessen wird, drückt die **Produktivität** die Ergiebigkeit des Faktoreinsatzes in Mengengrößen aus:

$$\text{Produktivität} = \frac{\text{Output}}{\text{Input}} \quad \text{oder} \quad \frac{\text{Ausbringung}}{\text{Faktoreinsatz}}$$

Zum Beispiel:

$$\text{Arbeitsproduktivität} = \frac{\text{Kohleförderung (in Tonnen)}}{\text{eingesetzte Arbeitsstunden}}$$

113 Prinzip des finanzwirtschaftlichen Gleichgewichts

Zu den zuvor genannten Prinzipien kommt als Nebenbedingung das Prinzip des finanzwirtschaftlichen Gleichgewichts hinzu. Es ist notwendige, aber nicht hinreichende Voraussetzung für die Existenz von Unternehmungen.

Das Prinzip des finanzwirtschaftlichen Gleichgewichts fordert die Aufrechterhaltung der Zahlungsfähigkeit des Betriebes zu jedem Zeitpunkt (Liquidität; lat. liquor = Flüssigkeit). D.h., die Zahlungsströme müssen so koordiniert werden, dass die Zahlungsmittelbestände und die Einzahlungen stets größer als die Auszahlungen sind.

> Mit **Liquidität** wird die Fähigkeit der Unternehmung bezeichnet, ihren fälligen Zahlungsverpflichtungen zu jedem Zeitpunkt betragsgenau nachzukommen.

Die Beachtung des Prinzips des finanziellen Gleichgewichts ist deshalb so wichtig, weil die Illiquidität (Zahlungsunfähigkeit) zur Insolvenz führt und damit in der Regel die Liquidation, d.h. die Auflösung der Unternehmung, zur Folge hat. Zu bedenken ist, dass die Zahlungsunfähigkeit für alle Unternehmen, d.h. unabhängig von der Rechtsform, ein Insolvenzgrund ist. Mit Inkrafttreten der Insolvenzordnung („neues Insolvenzrecht") wurde als weiterer Grund für die Eröffnung eines Insolvenzverfahrens die drohende Zahlungsunfähigkeit zugelassen. Ergänzend kommt für juristische Personen noch die Überschuldung hinzu. Existenzsicherung heißt also, dem Risiko der Zahlungsunfähigkeit und der Überschuldung durch geeignete Vorsorgemaßnahmen zu begegnen.

Das neue Insolvenzrecht schlägt die Brücke zwischen Ost und West

Mit dem 1. Januar 1999 tritt die Insolvenzordnung vollends in Kraft und löst die bisherigen, für die alten und neuen Bundesländer unterschiedlichen Verfahrensordnungen (Konkursordnung, Vergleichsordnung und Gesamtvollstreckungsordnung) ab. Ziel des neuen Rechts ist es, die Zahl der Verfahrenseröffnungen insbesondere durch den neu eingeführten Eröffnungsgrund der "drohenden Zahlungsunfähigkeit" zu erhöhen, damit die Gläubiger über diesen Weg gerechter befriedigt werden können. Ob dieses Ziel tatsächlich erreicht wird, muss die Praxis der nächsten Jahre zeigen. Allein die Senkung der ersten Hürde eines solchen Verfahrens führt jedenfalls nicht automatisch dazu, dass die Gläubiger mit ihren berechtigten Forderungen befriedigt werden können. Dies kann jedoch dann erreicht werden, wenn den Managern und Beratern von Unternehmen in der Krise die Scheu vor dem Gang zum Insolvenzgericht genommen wird. Da nunmehr die Möglichkeit besteht, ein Unternehmen bereits bei drohender Zahlungsunfähigkeit unter den Schutz des Insolvenzverfahrens zu stellen, kann es über einen Antrag an das Insolvenzgericht zeitweise vor seinen Gläubigern geschützt und damit eine Sanierung des Unternehmens vorgenommen werden. Insbesondere der damit zusammenhängende Erhalt von Arbeitsplätzen ist in der jetzigen wirtschaftlichen Situation zu begrüßen.

Als große wesentliche Neuerung der Insolvenzordnung hat die Einführung der Möglichkeit einer Restschuldbefreiung bereits jetzt Hoffnungen bei verschuldeten Verbrauchern und Kleingewerbetreibenden geweckt. Durch die große Anzahl der zu erwartenden Anträge an die Gerichte ist jedoch zu befürchten, dass die Verfahrensdauer für die Betroffenen zu Enttäuschungen führen wird. Nach derzeitiger Einschätzung ist davon auszugehen, dass eine Privatperson über dieses Verfahren erst nach ca. 7 bis 10 Jahren zu der gewünschten Befreiung von ihren Schulden gelangt, sofern dies nicht gesetzlich ausgeschlossen ist. Der Weg dahin wird für viele lang und mühselig sein. Die vom Gesetzgeber nicht geklärten grundlegenden Fragen dieses Verfahrens - insbesondere, ob bei vollkommen mittellosen Schuldnern Prozesskostenhilfe zu gewähren bzw. dem Eröffnungsantrag überhaupt stattzugeben ist - könnten zudem dazu führen, dass gerade dieser Personenkreis von einer Restschuldbefreiung ausgeschlossen wird. Im Ergebnis waren sich die Experten einig, dass die Rechtsbereinigung durch die Einführung der Insolvenzordnung zu begrüßen ist, obwohl zu befürchten sei, dass die Ergebnisse hinter den Erwartungen zurückbleiben werden.

Quelle: Berliner Wirtschaft, Januar 1999

12 Einbettung der Unternehmung in Zahlungsströme

Jede Unternehmung ist in den Strom der Güter und Dienstleistungen einer Volkswirtschaft und gleichzeitig in den entgegengerichteten "Geld"-Strom eingelagert (vgl. Abb. 1/2).

Abb. 1/2: Güter- und Zahlungsströme

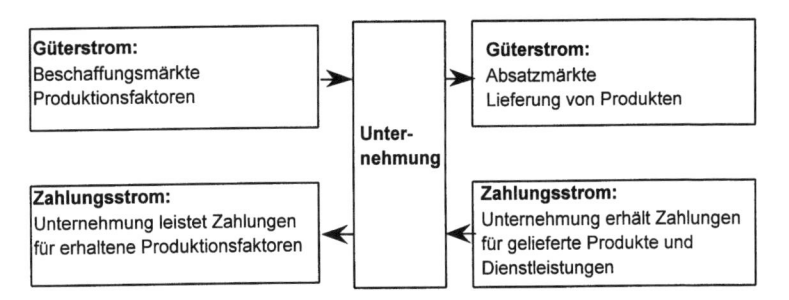

Güterstrom: Beschaffungsmärkte Produktionsfaktoren	→	Unter- nehmung	→	Güterstrom: Absatzmärkte Lieferung von Produkten
Zahlungsstrom: Unternehmung leistet Zahlungen für erhaltene Produktionsfaktoren	←		←	Zahlungsstrom: Unternehmung erhält Zahlungen für gelieferte Produkte und Dienstleistungen

Auf den **Beschaffungsmärkten** erwirbt die Unternehmung die für die Leistungserstellung und -verwertung benötigten Produktionsfaktoren (Güterstrom) und leistet dafür Zahlungen (Geldstrom).

Die von der Unternehmung hergestellten Produkte oder erbrachten Dienstleistungen werden durch **Absatzmärkte** an Nachfrager (Haushalte oder andere Unternehmen) abgegeben (Güterstrom). Als Gegenleistung erhält die Unternehmung Zahlungsmittel (Geldstrom).

Auch innerhalb der Unternehmung sind Güter- und Dienstleistungsströme sowie die ihnen entgegengerichteten Geld- bzw. Zahlungsströme erkennbar (vgl. Abb. 1/3).

Die "Finanzierung" als betriebswirtschaftliche Funktion 7

Abb. 1/3: Zahlungs- und Leistungsbereiche der Unternehmung

Zahlungsbereich	Leistungsbereich	
	Beschaffung / Investition	Produktionsfaktoren: * Betriebsmittel * Werkstoffe * Arbeit
Finanzierung	Lagerhaltung	
	Leistungserstellung / Produktion	Kombination der Produktionsfaktoren zur Erstellung neuer Güter
	Lagerhaltung	Umwandlung technischer Leistungen in marktwirtschaftliche Leistungen
	Leistungsverwertung / Absatz	
Begriffe: Einnahmen / Ausgaben Ein- / Auszahlungen	**Begriffe:** Leistungen/ Kosten Erträge / Aufwendungen	
Ziel: Erhaltung der Liquidität	**Ziel:** Gewinnmaximierung	

Die Abbildungen zeigen, dass die zwischenbetrieblichen Güterströme über den Beschaffungsmarkt in die Unternehmung einmünden, dort dem innerbetrieblichen Wertschöpfungsprozess (betrieblicher Umsatzprozess) unterliegen, um schließlich in den Absatzmarkt auszumünden. Die Anordnung der betrieblichen Funktionsbereiche (Beschaffung, Produktion, Absatz) sowie die resultierenden Bestände bzw. Bilanzpositionen symbolisieren diese Stromrichtung.

Bei finanzwirtschaftlicher Betrachtung werden als Gegenwerte für die abgesetzten Güter zwischenbetrieblich über die Einnahmen Debitorenbestände (Forderungen) aufgebaut, aus denen bei Zahlung Geldströme (Einzahlungen) in die Unternehmung fließen. Sie schlagen sich innerbetrieblich als Geldlager (Zahlungsmittelbestand) nieder und - nachdem sie u.U. durch Inspruchnahme des Finanzmarktes oder einer alternativen

Anlage dort verändert worden sind - verlassen die Unternehmung wieder, da sie für die Abdeckung der als Folge von Beschaffungsausgaben aufgebauten Kreditorenbestände (Verbindlichkeiten) genutzt werden (vgl. Süchting, J. (1995), S. 10 ff.).

Der güterwirtschaftliche Prozess wird also permanent von Zahlungsvorgängen begleitet.

Stellt man sich den Vorgang der Leistungserstellung (Produktion) und Leistungsverwertung (Absatz) in einer zeitlichen Abfolge vor, so ist das Vorhandensein von Zahlungsmitteln überhaupt die **Voraussetzung für die Durchführung des Prozesses**, denn

- die Unternehmung benötigt zur Beschaffung der notwendigen Produktionsfaktoren eben diese Zahlungsmittel, wandelt sie praktisch von der Geldform in die Sachform (Sachgüter, Arbeits- und Dienstleistungen) um;

- bis sie ihrerseits wieder Zahlungsmittel aus dem Umsatzprozess (Umformung der Sachgüter in "Ertragsgüter" und deren Absatz) erhält, vergeht unter Umständen viel Zeit.

Sind die Auszahlungen größer als die Einzahlungen - wie dies insbesondere in der Gründungsphase einer Unternehmung häufig der Fall ist - entsteht ein **Kapitalbedarf**, der unbedingt gedeckt werden muss, wenn die Unternehmung nicht in Zahlungsschwierigkeiten geraten will (vgl. Abb. 1/4). Die Höhe des Kapitalbedarfs hängt grundsätzlich von der Höhe der Ein- und Auszahlungen und dem zeitlichen Anfall der Ein- und Auszahlungen ab.

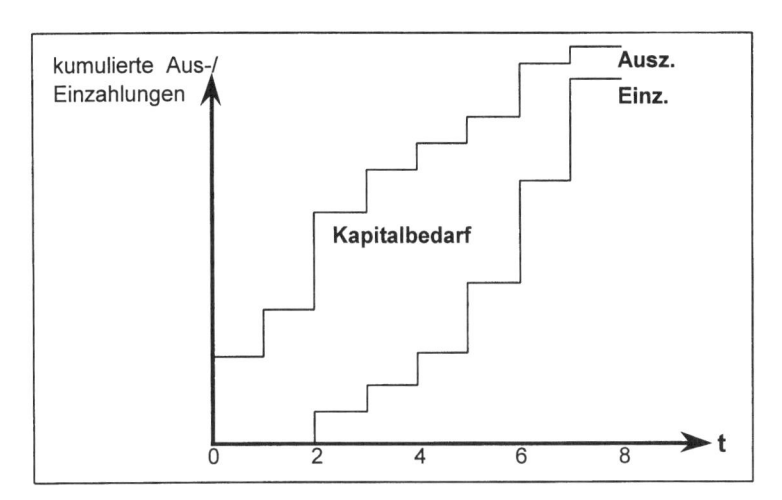

Abb. 1/4: Kapitalbedarfsplanung

```
kumulierte Aus-/                          Ausz.
Einzahlungen                              Einz.

              Kapitalbedarf



    0     2      4      6      8       t
```

Der Kapitalbedarf muss durch Maßnahmen der Kapitaldeckung, d.h. der Finanzierung, ausgeglichen werden. Mit anderen Worten:

> Da die realgüterwirtschaftlichen Prozesse Zeit erfordern und die Bezahlung der benötigten Produktionsfaktoren in der Regel früher erfolgen muss, als die Einzahlungen aus dem Produktions- und Absatzprozess verfügbar sind, braucht die Unternehmung zur Erhaltung des finanziellen Gleichgewichts liquide Mittel, also Kapital, das ihr unbegrenzt oder für eine bestimmte Zeit zur Verfügung gestellt wird.

In modernen Industriegesellschaften, in denen die Unternehmen i.d.R. für einen anonymen Markt produzieren, ergibt sich das Finanzierungsproblem folglich aus

- der Notwendigkeit, sich die **Verfügungsmacht über die Produktionsfaktoren** zu sichern, um den Prozess der Leistungserstellung und -verwertung überhaupt erst zu ermöglichen,

und

- aus der **Vorverlagerung der Auszahlungen** (für die Produktionsfaktoren) vor die Einzahlungen (Umsatzerlöse für die Leistungen), also der zeitlichen Inkongruenz von Ein- und Auszahlungen.

Die zur Durchführung des Umsatzprozesses bzw. zur Deckung des Kapitalbedarfs erforderlichen Zahlungsmittel erhält die Unternehmung

- von den Finanz- oder Kapitalmärkten (Außenfinanzierung)

und

- aus dem Umsatzprozess (Innenfinanzierung).

Die Darstellung und Analyse der Vorgänge im Zahlungsbereich - sowohl in den Außenbeziehungen als auch im Innenbereich der Unternehmung - stellen den Gegenstand dieses Buches dar.

Die Geschehnisse in einer Unternehmung lassen sich, wie schon dargelegt, aufteilen in:

(1) den **güterwirtschaftlichen Bereich** (Leistungsbereich): er umfasst die Beschaffung und Bereitstellung von Gütern und Dienstleistungen für die Leistungserstellung, die Leistungserstellung (Produktion) an sich und den Absatz der erstellten Leistung; und

(2) den **finanzwirtschaftlichen Bereich** (Zahlungsbereich): ihm werden alle Vorgänge zugeordnet, die Zahlungen der Unternehmung zum Gegenstand haben; hierzu gehören insbesondere alle Dispositionen, die der Sicherung der Zahlungsfähigkeit dienen.

Zwischen beiden Bereichen bestehen Interdependenzen, denn jeder güterwirtschaftliche Vorgang stellt zugleich einen Akt von Zahlungsdispositionen oder Zahlungsmittelbestandsveränderungen dar.

Während jedoch im güterwirtschaftlichen oder **Leistungsbereich** die **Erfolgserzielung** im Mittelpunkt steht, geht es im **finanzwirtschaftlichen Bereich** um die **Erhaltung der Liquidität** bzw. die Abstimmung der Zahlungsströme.

Die "Finanzierung" als betriebswirtschaftliche Funktion 11

Diese unterschiedliche Problemlage hat auch zu unterschiedlichen Begriffen geführt:

Güterwirtschaftlicher Bereich:
- Leistungen/Kosten
- Erträge/Aufwendungen
- Zielgröße --> **Gewinn**

Zahlungsbereich:
- Einnahmen/Ausgaben
- Einzahlungen/Auszahlungen
- Zielgröße --> **Liquidität**

Leistungen/Kosten: bewertetes Ergebnis (Leistung) bzw. bewerteter Güter- oder Diensteverzehr (Kosten) der eigentlichen typischen betrieblichen Tätigkeit. Die Leistung ist nicht immer mit Einnahmen verbunden (z.B. Erstellung von eigenen Anlagen) und Kosten sind nicht zwangsläufig mit Ausgaben verbunden (z.B. kalkulatorische Kosten wie kalkulatorischer Unternehmerlohn, kalkulatorische Zinsen und Wagnisse). Leistungen und Kosten führen immer zu einer Veränderung der Bestandsgröße "Betriebsnotwendiges Vermögen" (= Gesamtvermögen – nichtbetriebsnotwendiges Vermögen).

Erträge/Aufwendungen: sind "periodisierte" Einnahmen und Ausgaben in dem Sinne, wie sie im Jahresabschluss der Unternehmung nach den handelsrechtlichen Regelungen für dessen Erstellung erfasst werden. Erträge und Aufwendungen führen immer zu einer Veränderung der Bestandsgröße "Gesamtvermögen" (= Geldvermögen + Sachvermögen).

Einnahmen/Ausgaben: entstehen, wenn die Unternehmung Ansprüche auf "Einzahlungen" erworben hat (z.B. durch Erbringung von Leistungen) bzw. Zahlungsverpflichtungen erfüllen muss (z.B. durch den Kauf von Gütern). Einnahmen und Ausgaben führen immer zu einer Veränderung der Bestandsgröße "Geldvermögen" (= Kasse + Forderungen - Verbindlichkeiten).

Ein-/Auszahlungen: erst wenn die Ansprüche oder Verpflichtungen der Gesellschaft erfüllt werden (z.b. durch Überweisungen oder Barzahlungen), sie also "kassenwirksam" werden oder sich auf Bankkonten niederschlagen, handelt es sich um Ein- und Auszahlungen, die allein für Liquiditätsbetrachtungen im engeren Sinne von Bedeutung sind. Ein- und Auszahlungen führen immer zu einer Veränderung der Bestandsgröße "Kasse" (= Bestand an liquiden Mitteln = Bargeld und Sichtguthaben).

Beispiel: Eine Unternehmung hat die Rechnung für eine neue Anlage, deren Nutzungsdauer 10 Jahre beträgt, in Höhe von € 100.000 erhalten und verbucht. Damit entsteht eine **Ausgabe** in dieser Höhe. Wenn der Überweisungsbetrag vom Bankkonto abgeht, handelt es sich um eine **Auszahlung** - sie ist für das Finanzmanagement wichtig! In der Gewinn- und Verlustrechnung wird nur der "Werteverzehr" oder die "Wertminderung" der Abrechnungsperiode als **Aufwand** durch "bilanzielle Abschreibungen" berücksichtigt, die nach den Regeln des HGB ermittelt werden. Im Beispielfall handelt es sich um € 10.000 (= € 100.000 / 10 Jahre = € 10.000/Jahr). In der Kostenrechnung hingegen werden "kalkulatorische" Abschreibungen als **Kosten** berücksichtigt, die meistens eher den tatsächlichen Werteverzehr erfassen und häufig auf Basis der Wiederbeschaffungspreise ermittelt werden.

Die folgende Abbildung 1/5 zeigt die möglichen Kombinationen der einzelnen Stromgrößen. Fall 1 bedeutet z.B., dass es sich bei diesem Geschäftsvorfall um eine Ausgabe handelt, nicht aber um eine Auszahlung.

Fall 2 zeigt eine Auszahlung, die zugleich eine Ausgabe ist. Die weiteren Fälle 3 bis 18 sind entsprechend zu interpretieren.

Abb. 1/5: Kombination der Stromgrößen

Auszahlungen			Einzahlungen		
Fall 1	Fall 2	Fall 3	Fall 10	Fall 11	Fall 12
Ausgaben			Einnahmen		
Fall 4	Fall 5	Fall 6	Fall 13	Fall 14	Fall 15
Aufwendungen			Erträge		
Fall 7	Fall 8	Fall 9	Fall 16	Fall 17	Fall 18
Kosten			Leistungen		

Fälle	Beispiele
1	Zieleinkauf von Rohstoffen
2	Bareinkauf von Rohstoffen
3	Begleichung einer Lieferantenrechnung in bar
4	Kauf und Lagerung von Rohstoffen
5	Kauf und Verbrauch von Rohstoffen in der gleichen Periode
6	Lagerentnahme von Rohstoffen zur Produktion
7	Kalkulatorischer Unternehmerlohn
8	Akkordlöhne
9	Spenden für karitative Zwecke
10	Zielverkauf von Waren
11	Barverkauf von Erzeugnissen und Waren
12	Kunde bezahlt Rechnung aus Vorperiode
13	Verkauf von Waren, die in der Vorperiode erstellt wurden
14	Verkauf von Waren, die in der Periode erstellt wurden
15	Produktion von Erzeugnissen auf Lager
16	Bewertung der Erzeugnisse zu erwarteten, höheren Marktpreisen
17	Verkauf von Waren
18	Erträge aus der Verpachtung von Grundstücken

Quelle: Haberstock, L. (1995), S. 28/29

Im Zusammenhang mit Finanzierungsfragen geht es folglich immer um Einzahlungen und Auszahlungen bzw. um das Management der Zahlungsströme zum **Zweck der Liquiditätserhaltung**.

Eine Unternehmung kann im güterwirtschaftlichen Bereich durchaus erfolgreich sein, was sich in hohem Gewinn niederschlägt, gleichzeitig aber **Liquiditätsschwierigkeiten** haben. Das ist beispielsweise dann der Fall, wenn die finanziellen Mittel investiert und in Vermögensgegenständen gebunden sind. Umgekehrt ist es auch möglich, dass in Verlustjahren die Liquidität nicht gefährdet ist, weil beispielsweise Vermögensgegenstände liquidiert werden können und daraus Einzahlungen resultieren.

13 Sichtweisen von Finanzierungsphänomenen

Phänomene der Finanzierung sind grundlegend für das Wirtschaftsleben in arbeitsteiligen und marktwirtschaftlich organisierten Industriegesellschaften. Je nach Standpunkt und Sichtweise sind unterschiedliche Ansatzpunkte (approaches) der Deskription und Analyse möglich.

131 Portfolioselektion und Kapitalmarkttheorie

Die meisten Menschen wollen und können sparen. Mit einer Zeittransformation von Teilen ihres Einkommens sichern sie ihren zukünftigen materiellen Wohlstand. Das Problem besteht dann darin, die optimale Anlage der für die Investition in Real- oder Finanzkapital vorgesehenen Beträge zu wählen.

Ein wesentliches Unterscheidungskriterium verschiedener Anlagealternativen ist das mit einer Anlage behaftete Risiko (z.B. hinsichtlich der Höhe der Ausschüttung oder des Umfangs möglicher Kursverluste).

Als **risikofrei** gilt eine Anlage in Papieren staatlicher Institutionen, beispielsweise in Bundesanleihen.

Risikobehaftete Anlagen hingegen sind insbesondere Beteiligungen an Unternehmen. Die dem Anleger möglichen Entnahmen oder die ihm zufließenden Dividenden hängen stark vom Geschäftsverlauf ab und spiegeln das unternehmerische Risiko wieder. Je nach rechtlicher Gestaltung oder Beteiligung muss der Anleger unter Umständen sogar mit seinem Privatvermögen für einen größeren Verlust haften (z.b. Gesellschafter einer OHG).

Welchen Betrag ein Individuum risikofrei anlegt, und in welchem Maße es sich bei den verschiedenen Unternehmen beteiligt (z.b. durch Aktienerwerb), hängt insbesondere von seiner **Risikoaversion** ab, also dem Grad der Nicht-Bereitschaft, Risiken zu tragen.

Im Zentrum der **Portfolioselektion** steht der individuelle Anleger mit der Frage, welche Beträge er in den einzelnen Anlagemöglichkeiten binden soll. Es ist das Problem der optimalen Zusammensetzung des Portefeuilles (= Portfolio). Bei diesem Entscheidungsproblem spielen verschiedene Daten und Erwartungen eine Rolle, insbesondere

- die Risikoaversion des Anlegers und

- seine (subjektiven) Erwartungen im Hinblick auf die Renditen der möglichen Beteiligung (Chancen).

Dabei spielen natürlich auch die Maßnahmen der Unternehmen auf den Güter- und Kapitalmärkten, ihre Einschätzung und Beurteilung der Anleger und der daraus resultierende Niederschlag auf den Börsenkurs eine bedeutende Rolle.

Typische Fragen, die aus der Sicht der Portfolio- und Kapitalmarkttheoretiker gestellt werden, sind:

- Wie können Portefeuilles optimal strukturiert werden?

- Was beeinflusst die Renditeerwartungen risikobehafteter Anlagen?

- Haben die aus der Portfolioselektion über das Anlegerverhalten gewonnenen Erkenntnisse Einfluss auf das strategische Projekt "Management der Unternehmen"?

- Kann ein Unternehmen das Anlegerverhalten durch Leveragepolitik (Verschuldung) oder durch Dividendenpolitik beeinflussen?

- Welche statistischen Methoden und Tests sind geeignet, die Modelle der Portfolioselektion und die analytisch gewonnenen Aussagen der Kapitalmarkttheorie empirisch zu validieren?

Interessante Fragen dieser Art werden im Kapitel 9 "Kapitalmarkttheorie" behandelt.

132 Principal-Agent-Beziehungen

Bei dieser Sichtweise werden die Beziehungen zwischen Kapitalnachfragern (Unternehmen) und Kapitalanbietern (Anleger) in den Mittelpunkt der Betrachtungen gestellt. Gegenstand der Principal-Agent-Theorie sind die aus der Trennung von Eigentum und Entscheidungsgewalt resultierenden Delegations- und Organisationsprobleme in Gesellschaften.

Wer seine Mittel in einer Unternehmung bindet und das unternehmerische Risiko trägt, überläßt seine Ressourcen Managern, Geschäftsführern und Mitarbeitern zur produktiven Nutzung. Folglich möchte er als Eigentümer einerseits die grundlegenden und strategischen Entscheidungen treffen und die Richtlinien der Unternehmenspolitik bestimmen. Andererseits muss der Eigentümer (Principal) die weitergehende Konkretisierung und Durchführung seiner eigenen Vorstellungen angestellten Managern (Agents) überlassen, die sein Eigentum quasi treuhänderisch und effizient einsetzen sollen. Im Rahmen der vom Eigentümer gesetzten Richtlinien haben die Manager faktisch große Entscheidungsspielräume, die zu Gunsten des Agent und zu Lasten des Principals genutzt werden können. Das Auseinanderfallen der Interessen kann auf zwei Ursachenkomplexen beruhen. Zum einen auf Anreizen des Managers, nach Vertragsabschluß einen geringeren als den vertraglich vereinbarten Arbeitseinsatz zu erbringen. Dieser Sachverhalt wird als "*moral hazard*" bezeichnet und beruht auf der nur unvollständigen Überprüfbarkeit vertraglicher Vereinbarungen. Zum anderen verfügt der Manager im Allgemeinen bereits vor Vertragsabschluß über Informationen, die zum Nachteil des Eigentümers ausgenutzt werden können.

Da die Manager auch eigene Ziele und Interessen verfolgen (Prestige, Statussymbole, Sicherung der eigenen Position, Ausbau der Macht), bedarf es differenzierter Motivations- und Kontrollmechanismen, damit der Agent im Sinne des Prinzipals handelt. Information, Koordination, Motivation und Kontrolle verursachen Kosten, die zu minimieren sind.

Im Zentrum der Principal-Agent-Konzeption zur Analyse des Finanzierungsphänomens stehen - wie oben bereits angedeutet - die komplexen Beziehungen von Kapitalgebern (Eigentümern) einerseits und Unternehmung (Spitzenmanagern) andererseits. Die Grundfrage lautet, wie der Eigentümer der produktiv nutzbaren Ressourcen seine "Verwalter" dazu bringt, in seinem Sinne zu handeln:

- Welche Anreizsysteme (incentives) sind hierzu geeignet?

- Welche Mechanismen bewirken eine effiziente Kontrolle der Manager? In diesem Zusammenhang sei an die derzeitige Diskussion über das Dilemma und die Effizienz von Aufsichtsräten nach deutschem Aktienrecht erinnert.

- Wie können die Kosten für die Koordination innerhalb der Unternehmung (zwischen Leitung, mittlerem Management und den Arbeitsausführenden) möglichst gering gehalten werden?

Konkret im Bereich der Finanzierungstheorie hat sich die Principal-Agent-Konzeption als fruchtbarer Ansatz zur Erklärung unterschiedlicher Unternehmensformen, Finanzierungsinstrumente und Kapitalstrukturen erwiesen. Es wird dabei versucht, die vielfältigen institutionellen Regelungen als Folge bestehender oder potentieller Principal-Agent-Probleme zu deuten.

133 Finanzmanagement der Unternehmung

Im Zentrum der in diesem Buch präferierten (und als Grundlage notwendigen) Sichtweise der Finanzierung steht die Unternehmung mit der Frage, wie sie ihre Zahlungsfähigkeit sichert, woher sie zu welchen Konditionen finanzielle Mittel erhält, wie sie ihre Kreditwürdigkeit stärkt.

Typische Fragen, die aus der Sichtweise des Finanzmanagements der Unternehmung gestellt werden, sind:

- Welche Bedeutung hat das Eigenkapital für die Unternehmensfinanzierung?
- Welche Finanzierungsarten und -formen haben sich herausgebildet?
- Welche Besonderheiten ergeben sich bei der Finanzierung durch die Ausgabe von Aktien?
- Welche Rolle spielen bilanzielle Finanzstrukturnormen bei der Beurteilung der Kreditwürdigkeit?
- Inwieweit werden finanzielle Entscheidungen durch die Rechtsform und durch die Steuergesetzgebung beeinflusst?

Fragen des Finanzmanagements im weiteren Sinne, also beispielsweise der Liquiditätspolitik, des Cash-Managements, der Gestaltung der Bankbeziehungen, der Haltung von Liquiditätsreserven können allerdings in dieser Einführung nicht angesprochen werden.

14 Zielfunktion und Besonderheit des Finanzbereichs

Es ist deutlich geworden, dass die den Güterströmen entgegenlaufenden Zahlungsströme die Unternehmung sowohl mit ihrer Umwelt (Märkte, Lieferanten, Kunden) wie auch ihre innerbetrieblichen Teilbereiche (Betriebe, Abteilungen) miteinander verbinden.

Die "Finanzierung" als betriebswirtschaftliche Funktion

Aufgabe des Finanzmanagers ist es, die Zahlungsströme so zu koordinieren, dass das **finanzwirtschaftliche Gleichgewicht** oder die **Liquidität** in jedem Zeitpunkt gewahrt ist, dass also stets gilt - praktisch für jeden Tag:

> Anfangsbestand an Zahlungsmitteln + Einzahlungen ≥ Auszahlungen

> **Liquidität** ist die Fähigkeit einer Unternehmung, ihren fälligen Zahlungsverpflichtungen in jedem Zeitpunkt betragsgenau nachzukommen oder - anders ausgedrückt - ständig über ausreichende Zahlungsmittelbestände zu verfügen, um den Ausgleich der Ein- und Auszahlungsströme bewirken zu können.

Ist diese Fähigkeit nicht gegeben, liegt **Illiquidität** mit der Folge der Zahlungseinstellung vor. Diese führt in der Regel zur Eröffnung eines Insolvenzverfahrens und damit zum Ende der Existenz der Unternehmung in der bisherigen Form.

Kurzfristig vorübergehende Zahlungsunfähigkeit führt zur **Unterliquidität** bzw. **Zahlungsstockung**, aus der ebenfalls Nachteile für die Unternehmung resultieren: Minderung der Reputation mit Folgen auf den Absatz-, Beschaffungs- und Finanzmärkten.

Damit liegt die wesentliche Aufgabe des Finanzbereiches in der Erhaltung der Liquidität bzw. in der entsprechenden Gestaltung der Zahlungsströme.

Gleichwohl gilt im Übrigen natürlich auch für den Finanzbereich die allgemeine Zielfunktion der Unternehmung: die **Gewinnmaximierung** bzw. die **Maximierung der Rentabilität** des Eigenkapitals.

Bei der Erreichung des Liquiditätsziels ist deshalb zu berücksichtigen, dass eine zu hohe Liquidität - **Überliquidität** -, d.h. z.B. ein zu hoher Kassenbestand, im Allgemeinen zu einer Reduzierung der Rentabilität führt, insofern, als diese Mittel nicht "gewinnbringend" eingesetzt sind. Bei dem erwerbswirtschaftlichen Prinzip und dem Prinzip des finanziellen

Gleichgewichts handelt es sich folglich um konkurrierende Prinzipien, zwischen denen ein Ausgleich gefunden werden muss.

Dies bedeutet, dass alle Maßnahmen und Entscheidungen (beispielsweise die Auswahl von Finanzierungsalternativen, die Bestimmung der Höhe der Liquiditätsreserve, die Festlegung von Zahlungsmodalitäten etc.) im Hinblick auf das Oberziel "Gewinnmaximierung" bzw. "Rentabilitätsmaximierung" unter Beachtung der Restriktion der Erhaltung der Liquidität zu treffen sind. Wenngleich die Liquiditätserhaltung und -sicherung bei formaler Betrachtung lediglich als zu beachtende Restriktion bei der Verfolgung der Gewinnmaximierung erscheint, wird sie im Finanzbereich häufig, wenn Liquiditätsengpässe zu überwinden sind, zumindest vorübergehend zum Hauptziel der Aktivitäten, weil im Falle der Illiquidität die Insolvenz und damit i.d.R. auch das Ende der Unternehmung droht.

Rentabilitätsmaximierung:

$$R_{EK} = \frac{Gewinn}{Eigenkapital} * 100 \longrightarrow Max.!$$

mit R_{EK} = Eigenkapitalrentabilität (Unternehmerrentabilität)

unter Beachtung der **Restriktionen der Liquiditätserhaltung**:

Anfangsbestand an Zahlungsmitteln + Einzahlungen $\geq$ Auszahlungen

Das Verhältnis Rentabilität und Liquidität ist also dadurch gekennzeichnet, dass die Rentabilität dominantes Ziel der Unternehmung (Rentabilität so viel wie möglich), die Liquidität aber Voraussetzung für das Erreichen dieses Ziels ist (Liquidität so viel wie nötig). Deutet sich ein Liquiditätsengpass in dem Unternehmen an, dann haben die erwerbswirtschaftlichen Argumente hinter den finanzwirtschaftlichen Überlegungen zurückzustehen. Es ist eine Beeinflussung der Zahlungsströme erforderlich, so z.B. durch

Die "Finanzierung" als betriebswirtschaftliche Funktion 21

(1) Erhöhung bzw. Beschleunigung der Einzahlungen:

- Desinvestitionen bei Vorratsbeständen und beim sonstigen Umlaufvermögen;
- Desinvestitionen beim Anlagevermögen;
- Kürzungen von Zahlungszielen bei Kunden;
- Sonderverkäufe;
- Mitarbeiterrabatte streichen, falls überhaupt vorhanden;
- Eigen- bzw. Fremdkapitalaufnahme.

(2) Senkung bzw. Verzögerung der Auszahlungen:

- Verzicht auf Ersatzinvestitionen im Anlagevermögen;
- Verzicht auf Ersatzbeschaffungen von Roh-, Hilfs- und Betriebsstoffen;
- Erhöhung von Zahlungszielen bei Lieferanten;
- Stundung von Tilgungs- und Zinszahlungen bei Kreditinstituten oder sonstigen Gläubigern;
- Stundung bzw. Reduzierung von Lohn- und Gehaltszahlungen, notfalls Kurzarbeit und Entlassungen;
- Einsparungen bei laufenden Kosten, wie z.B. Strom, Wasser etc.

Nunmehr müssen und können wir auch den Begriff **Finanzierung** definieren:

"Finanzierung ist die Bereitstellung von finanziellen Mitteln jeder Art einerseits zur Durchführung der betrieblichen Leistungserstellung und Leistungsverwertung und andererseits zur Vornahme bestimmter außerordentlicher finanztechnischer Vorgänge wie z.B. Gründung, Kapitalerhöhung ..." (Wöhe, G./Bilstein, J. (1998), S. 2).

33.977 Insolvenzen im Jahre 1998

Nach Mitteilung des Statistischen Bundesamtes setzte sich der seit 1992 in Deutschland zu beobachtende Anstieg der Insolvenzen auch 1998 fort, wenngleich er mit 1,7 % (Unternehmensinsolvenzen + 1,3 %) merklich schwächer ausfiel als in den Jahren davor (1997 + 6,1 % und + 7,6 %). Aus den 33.977 Insolvenzen, darunter 27.828 von Unternehmen, ergeben sich nach Feststellung der Gerichte voraussichtliche Forderungen in Höhe von über 39 Mrd. DM, das waren 2,0 % mehr als im Vorjahr.

Im Verlauf des Jahres 1998 war eine Abschwächung des Insolvenzgeschehens zu verzeichnen. Während in der ersten Jahreshälfte die Insolvenzen noch zugenommen haben, gab es ab Mitte 1998 einen Rückgang, der bis November anhielt. Der neuerliche Anstieg im Dezember 1998 um 14,8 % auf 3.202 Fälle (Unternehmensinsolvenzen + 13,7 % auf 2.615) ist im Zusammenhang mit der Einführung des neuen Insolvenzrechts ab Januar 1999 zu sehen. Um in der Statistik eine Trennung der Insolvenzen nach altem und neuem Insolvenzrecht vornehmen zu können, wurden beim Jahresabschluss 1998 möglichst viele Fälle einbezogen, die nach altem Insolvenzrecht beantragt wurden, über deren Eröffnung die Gerichte aber erst 1999 entschieden haben.

Im früheren Bundesgebiet führten Zahlungsunfähigkeit oder Überschuldung 1998 zu 24.432 Insolvenzanträgen (+ 0,9 %), darunter 19.213 von Unternehmen (- 0,7 %). Die Gerichte schätzten die Forderungen der Gläubiger auf knapp 27 Mrd. DM, das waren 3 % mehr als im Vorjahr. Im Dezember 1998 wurden 2.403 Insolvenzen gezählt, darunter 1.895 von Unternehmen (+ 16,0 % bzw. + 14,2 %).

In den neuen Ländern und Berlin-Ost summierte sich 1998 die Gesamtzahl der Insolvenzen auf 9.545 (+ 3,9 %) und die der Unternehmensinsolvenzen auf 8.615 (+ 6,0 %). Die Forderungen der Gläubiger lagen mit über 12 Mrd. DM auf Vorjahresniveau. Im Dezember 1998 wurden 799 Anträge auf Eröffnung eines Insolvenzverfahrens gestellt, die in 720 Fällen Unternehmen betrafen (+ 11,1 % bzw. + 12,3 %)

Quelle: Statistisches Bundesamt

Die "Finanzierung" als betriebswirtschaftliche Funktion

Da mit Finanzierungsvorgängen zahlreiche rechtliche, betriebswirtschaftliche und gestalterische Probleme verbunden sind (man denke beispielsweise an das Verhältnis zwischen Aktionären und Managern in einer Aktiengesellschaft) kann man den Begriff auch weiter fassen:

> "Finanzierung umfasst somit alle Maßnahmen der Mittelbeschaffung und -rückzahlung und damit der Gestaltung der Zahlungs-, Informations-, Kontroll- und Sicherungsbeziehungen zwischen Unternehmen und Kapitalgebern" (Drukarczyk, J. (1996), S. 3).

Die angesprochenen "Informations-, Kontroll- und Sicherungsbeziehungen" müssen in dieser einführenden Schrift jedoch außer Betracht bleiben.

Schneider charakterisiert die einzelne Finanzierungsmaßnahme durch einen Zahlungsstrom, der mit einer Einzahlung an die Unternehmung beginnt und später Auszahlungen nach sich zieht (Schneider, D. (1986), S.151).

Beispiel 1: Die Unternehmung beschafft sich Eigenkapital durch den Verkauf junger Aktien. Am Anfang steht eine Einzahlung, der Verkaufserlös für die Anteilsrechte. Später leistet die Unternehmung Auszahlungen in Form von Dividenden.

Beispiel 2: Die Unternehmung nimmt einen Bankkredit auf. Die "Einzahlung" besteht in ihrem Verfügungsrecht über diesen Kredit auf ihrem Konto bei der Bank. Später folgen "Auszahlungen" in Form von Zins- und Tilgungsleistungen.

In der in diesem Buch gewählten Darstellungs- und Betrachtungsweise erweitern wir die von Schneider charakterisierten Finanzierungsmaßnahmen jedoch um unternehmensinterne finanzielle Vorgänge wie beispielsweise Vermögensumschichtungen und Finanzierung aus Abschreibungsgegenwerten und kommen damit dem Finanzierungsbegriff von Süchting am nächsten:

> "Finanzierung umfaßt alle zur Aufrechterhaltung des finanziellen Gleichgewichtes der Unternehmung erforderlichen Maßnahmen." (Süchting, J. (1995), S. 18).

Dabei liegt das Schwergewicht in der Darstellung der **Finanzierungsinstrumente**, die zur Erhaltung des finanziellen Gleichgewichts genutzt werden können.

Finanzielle Vorgänge finden ihren Niederschlag in der Bilanz (vgl. Abb. 1/6). Da auf die bilanzielle Darstellung im Folgenden häufig Bezug genommen wird, sei der Aufbau der Bilanz schon an dieser Stelle erwähnt.

Abb. 1/6: Grundstruktur der Bilanz

BILANZ	
Aktiva (Vermögen)	Passiva (Kapital)
Anlagevermögen • Sachanlagen • Finanzanlagen	Eigenkapital • gezeichnetes Kapital • Rücklagen
Umlaufvermögen • Vorräte • Finanzumlaufvermögen	Fremdkapital • Rückstellungen • Verbindlichkeiten
↑	↑
Mittelverwendung	Mittelherkunft

Die **Passiv-Seite** dokumentiert die Herkunft der finanziellen Mittel und die Ansprüche auf Rückzahlung. Wichtig ist, dass diese Mittel i.d.R. nicht mehr als Liquidität vorhanden, sondern investiert worden sind. Sofern die Eigentümer der Unternehmung das Kapital zur Verfügung gestellt haben, handelt es sich um **Eigenkapital** (Beteiligungskapital). Stammen die Finanzierungsmittel hingegen von außenstehenden Dritten, bzw. haben diese Ansprüche auf Zahlungen ohne Beteiligungsrechte (Banken, Lieferanten, Anleihezeichner etc.), werden sie als **Fremdkapital** (Verbindlichkeiten, Rückstellungen) bezeichnet.

Unter **Kapital** sind finanzielle Mittel zu verstehen, die sich die Unternehmung zur Durchführung ihrer Aktivitäten beschafft hat. Der Teil des Kapitals, der von Eigentümern bereitgestellt wird oder als nicht ausgeschütteter Gewinn in der Unternehmung belassen wird, heißt **Eigenkapital** (Beteiligungskapital). Finanzierungsmittel, die außenstehende Dritte der Unternehmung als Gläubiger z. B. in Form von Darlehen zeitlich begrenzt zur Verfügung stellen, werden als **Fremdkapital** (Gläubigerkapital) bezeichnet. Dazu gehören die Bilanzpositionen Verbindlichkeiten und Rückstellungen.

Über Art und Umfang der Verwendung dieses Kapitals (Investition) gibt die **Aktiv-Seite** der Bilanz Auskunft: sie zeigt das Vermögen, das in Anlage- und Umlaufvermögen untergliedert ist. Als Anlagevermögen werden diejenigen Vermögensgegenstände ausgewiesen, die dazu bestimmt sind, dauernd dem Geschäftsbetrieb zu dienen (§ 247 Abs. 2 HGB).

Die verschiedenen Vermögensgegenstände haben einen unterschiedlichen **Liquidierbarkeitsgrad,** d.h., ihre „Rückverwandlung" in Geld und damit in Liquidität dauert unterschiedlich lange. Die Beurteilung der Liquidität muss sich somit an der Aktiv-Seite der Bilanz und am Liquidierbarkeitsgrad der dort ausgewiesenen Vermögensgegenstände der Unternehmung orientieren.

Die folgende Abbildung 1/7 zeigt das gesamte Kapital einer Unternehmung und macht deutlich, dass dazu nicht nur das bilanzierte, sondern das insgesamt nutzbare Kapital zählt.

Abb. 1/7: Systematisierung des Unternehmenskapitals

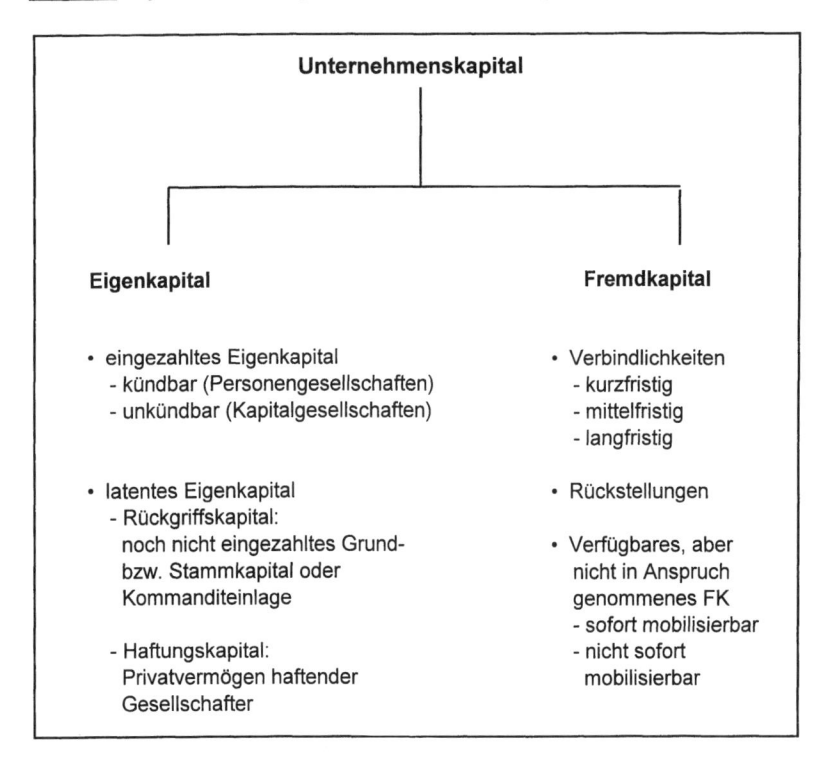

```
                    Unternehmenskapital
                           |
            ┌──────────────┴──────────────┐
       Eigenkapital                  Fremdkapital
```

Eigenkapital	Fremdkapital
• eingezahltes Eigenkapital - kündbar (Personengesellschaften) - unkündbar (Kapitalgesellschaften)	• Verbindlichkeiten - kurzfristig - mittelfristig - langfristig
• latentes Eigenkapital - Rückgriffskapital: noch nicht eingezahltes Grund- bzw. Stammkapital oder Kommanditeinlage - Haftungskapital: Privatvermögen haftender Gesellschafter	• Rückstellungen • Verfügbares, aber nicht in Anspruch genommenes FK - sofort mobilisierbar - nicht sofort mobilisierbar

15 Übersicht über Finanzierungsarten und -quellen

Die sich einer Gesellschaft bietenden Alternativen zur Finanzierung (Deckung des Kapitalbedarfs) können die unterschiedlichsten Ausprägungen aufweisen. Sie sollen nachfolgend anhand von ausgewählten Kriterien systematisiert werden. Ferner werden den einzelnen Finanzierungsarten bzw. -quellen konkrete Finanzierungsinstrumente zugeordnet.

Die einzelnen Finanzierungsarten bzw. -quellen lassen sich - neben anderen denkbaren **Ordnungskriterien** - wie folgt systematisieren:

Die "Finanzierung" als betriebswirtschaftliche Funktion

a) nach der **Herkunft** des Kapitals:
- Außenfinanzierung (externe Finanzierung);
- Innenfinanzierung (interne Finanzierung);

b) nach der **Rechtsstellung** der Kapitalgeber:
- Eigenfinanzierung;
- Fremdfinanzierung;

c) nach der **Dauer** der Kapitalbereitstellung:
- kurzfristig (< 1 Jahr);
- mittelfristig (1-5 Jahre);
- langfristig (> 5 Jahre);
- unbefristet.

Als *Außenfinanzierung* wird die Gesamtheit der Zuführung finanzieller Mittel von außerhalb der Unternehmung bezeichnet. Die *Innenfinanzierung* ist eine Mittelbeschaffung aus eigener Kraft heraus, d.h. die finanziellen Mittel werden durch das Unternehmen selbst freigesetzt. Erfolgt die Zuführung von Eigenkapital, dann nennt man dies *Eigenfinanzierung*; wird der Gesellschaft dagegen Fremdkapital zur Verfügung gestellt, spricht man von *Fremdfinanzierung*. Diese beiden vorgestellten Beurteilungskriterien sind die für die Systematisierung am häufigsten angewandten. Daneben ist gelegentlich auch das Ordnungskriterium der Dauer der Kapitalbereitstellung zweckmäßig. Weitere hier nicht näher darzustellende Beurteilungskriterien wären beispielsweise

- Häufigkeit der Finanzierung,
- Kosten der Finanzierungsalternative und
- Mitspracherechte der Kapitalgeber.

Die hier angesprochenen Kriterien helfen, die Finanzierungsarten und -quellen zu klassifizieren. Dies ist notwendig, um die einzelnen Finanzierungsinstrumente in einem zweiten Schritt zuordnen zu können.

Abb. 1/8: Zuordnung der Instrumente zu den Finanzierungsarten

Finanzierungs-arten	Außenfinanzierung	Innenfinanzierung	
Eigen-finanzierung	Beteiligungs-finanzierung (Einlagenfinanzierung) Subventions-finanzierung	Selbstfinanzierung (Gewinnthesaurierung)	
Eigen- und Fremdfinan-zierung		Finanzierung aus durch Vermögensverkauf frei-gesetzten Mitteln Sale-Lease-Back-Verfahren Factoring Forfaitierung Asset Backed Securities Swap-Geschäfte Finanzierung durch Rationalisierung Finanzierung aus Abschreibungsgegen-werten	Aus Sicht der Gesell-schaf-ter
Fremd-finanzierung	Kreditfinanzierung	Finanzierung aus Rückstellungen	
Aus der Sicht der Gesellschaft			

In den folgenden Kapiteln sollen die in den Übersichten 1/9, 1/10 und 1/11 stichwortartig vorgestellten Finanzierungsinstrumente genauer untersucht und nach dem Beurteilungskriterium der Mittelherkunft, d.h. in Außen- und Innenfinanzierung, systematisiert werden. Besondere Finanzierungs-instrumente werden unter dem Titel "Finanzierungssurrogate" zusammen-gefasst und erläutert.

Die "Finanzierung" als betriebswirtschaftliche Funktion 29

Abb. 1/9: Instrumente der Außenfinanzierung

Instrumente der Außenfinanzierung
- Beteiligungs- und Einlagenfinanzierung
- Subventionsfinanzierung
- Kreditfinanzierung
  - Kurz- und mittelfristige Kreditfinanzierung
    - Kundenanzahlung
    - Lieferantenkredit
    - Kontokorrentkredit
    - Avalkredit
    - Wechselkredit (Diskont-/Akzeptkredit)
    - Lombardkredit
    - Rembours- und Negoziationskredit
  - Langfristige Kreditfinanzierung
    - Anleihen, Obligationen, Schuldverschreibungen
      - Industrieobligationen
        - "Normale" Industrieobligationen
        - Zerobonds
        - Floating Rate Notes
        - Gewinnschuldverschreibungen
        - Wandelschuldverschreibungen
        - Doppelwährungsanleihen
        - Commercial Papers
        - Euronotes
        - Genussscheine
      - Sonstige Obligationen
        z.B. Bankschuldverschreibungen
        bzw. Anleihen der öffentlichen Hand
    - Schuldscheindarlehen

Abb. 1/10: Instrumente der Innenfinanzierung

Instrumente der Innenfinanzierung
- Interne Kapitalbildung (Vermögenszuwachs)
  - Selbstfinanzierung (Gewinnthesaurierung)
  - Finanzierung aus Rückstellungen und durch Bildung des Sonderpostens mit Rücklageanteil
- Finanzmittelrückfluß (Vermögensumschichtung)
  - Finanzierung aus durch Vermögensverkauf freigesetzten Mitteln
  - Sale-Lease-Back-Verfahren
  - Finanzierung durch Rationalisierungsmaßnahmen
  - Finanzierung aus Abschreibungsgegenwerten

Abb. 1/11: Finanzierungssurrogate

Finanzierungssurrogate
- Leasing
- Factoring
- Forfaitierung
- Asset Backed Securities
- Swap-Geschäfte

Erläuternde Fragen und Antworten

1. **Worin liegt der Unterschied zwischen den Begriffen "Betrieb" und "Unternehmung"?**

   Der Betrieb ist die technisch-organisatorische Einheit, in der die Kombination von Produktionsfaktoren (Arbeit, Betriebsmittel, Werkstoffe) nach dem Wirtschaftlichkeitsprinzip erfolgt.

   Die Unternehmung ist die spezielle Erscheinungsform des Betriebs in einem marktwirtschaftlich organisierten Wirtschaftssystem, die durch das Streben nach Gewinn (erwerbswirtschaftliches Prinzip!), durch Selbstbestimmung des Wirtschaftsplans (Autonomieprinzip!) und das Prinzip des Privateigentums charakterisiert ist. Häufig wird die Unternehmung auch als rechtlich abgegrenzte Wirtschaftseinheit aufgefasst, die als solche mit anderen Einheiten in wirtschaftlichen Beziehungen steht. Insofern stellt die Unternehmung den umfassenderen Begriff dar und die technisch-organisatorische Einheit Betrieb ist ein Teilbereich der Unternehmung.

2. **Gibt es einen Zusammenhang zwischen dem erwerbswirtschaftlichen Prinzip und dem Prinzip der Wirtschaftlichkeit?**

   Nach dem erwerbswirtschaftlichen Prinzip als Leitmaxime ihres Handelns in einer marktwirtschaftlichen Wirtschaftsordnung streben die Unternehmen nach Gewinn und dessen Maximierung. Gegenstand des Wirtschaftlichkeitsprinzips ist der Umgang mit den knappen Produktionsfaktoren. Da der Gewinn, definiert als Differenz zwischen Erlösen und Kosten, auch von Marktpreisen und Absatzmengen bestimmt wird, unterliegt er externen, marktlichen Einflüssen, während die Wirtschaftlichkeit zwar auch von den Kosten der Produktionsfaktoren abhängig ist, zusätzlich aber durch den innerbetrieblichen Umgang mit ihnen und damit von den organisatorisch-funktionalen Abläufen bestimmt wird.

   Selbst bei geringer Wirtschaftlichkeit kann eine hohe Rentabilität erreicht werden, wenn die Marktverhältnisse (z.B. hoch über den Kosten liegende erzielbare Absatzpreise) dies zulassen. Die Wirtschaftlichkeit wird von der Rentabilität nicht beeinflusst. Umgekehrt hat aber die Wirtschaftlichkeit Einfluss auf die Rentabilität: eine Steigerung der Wirtschaftlichkeit führt ceteris paribus auch zu einer Steigerung der Rentabilität. Hohe Rentabilitäten infolge günstiger Absatzmarktbedingungen verführen die Unternehmen gelegentlich dazu, die Wirtschaftlichkeit zu vernachlässigen.

3. **Worin liegt der Unterschied zwischen der Wirtschaftlichkeit und der Produktivität? Gibt es einen Zusammenhang zwischen Produktivitäts- und Wirtschaftlichkeitsentwicklungen?**

Die Produktivität ist eine Kennzahl, die die Ergiebigkeit des Faktoreinsatzes in Mengengrößen misst. Da die verschiedenen Produktionsfaktoren in unterschiedlichen Dimensionen gemessen werden (z.B. Arbeitsstunden, to, Liter, qm etc.), können immer nur Teilproduktivitäten (z.B. die Arbeitsproduktivität, die in Tarifauseinandersetzungen häufig eine Rolle spielt) gemessen werden. Durch Gewichtung des Mengeneinsatzes mit Wertgrößen (€) werden die unterschiedlichen Einsätze und Ausbringungen vergleichbar und damit addierbar gemacht. Dies geschieht bei der Kennzahl Wirtschaftlichkeit. Eine Steigerung der Produktivität führt folglich immer zu einer Steigerung der Wirtschaftlichkeit.

4. **Die Rentabilität wird gemessen, indem der Gewinn in Relation zum Kapital gesetzt wird. Welche Gewinngröße bzw. welche Kapitalgrößen des Jahresabschlusses sind dafür heranzuziehen?**

Als Gewinn ist der "Jahresüberschuss" und keinesfalls der "Bilanzgewinn" anzusetzen, da letzterer nicht das erwirtschaftete Ergebnis des Jahres ausdrückt, sondern die Folge der Gewinnverwendungspolitik (der Entscheidung über Bildung von Rücklagen und Ausschüttungen) ist. Als Kapitalgröße ist im Falle der Eigenkapitalrentabilität das gesamte Eigenkapital (gezeichnetes Kapital und sämtliche Rücklagen) und im Falle der Gesamtkapitalrentabilität das gesamte Eigen- und Fremdkapital einschließlich der Rückstellungen anzusetzen.

5. **Was ist unter dem neuen Insolvenzeröffnungsgrund der drohenden Zahlungsunfähigkeit zu verstehen?**

Insolvenz aufgrund drohender Zahlungsunfähigkeit kann beantragt werden, wenn ein Schuldner voraussichtlich nicht in der Lage sein wird, seine Zahlungsverpflichtungen bei Fälligkeit zu erfüllen. Das bedeutet, dass die Zahlungsunfähigkeit noch nicht eingetreten ist, aber kurzfristig hochwahrscheinlich ist. Mit diesem Eröffnungsgrund besteht für den Schuldner die Möglichkeit, sich vor Verbrauch aller Mittel vor den Gläubigern zu schützen und damit die Chance einer erfolgreichen Sanierung zu erhöhen. Während bei Zahlungsunfähigkeit sowohl Schuldner als auch Gläubiger den Insolvenzantrag stellen dürfen, ist im Falle der drohenden Zahlungsunfähigkeit allein der Schuldner antragsberechtigt.

2 Die Kapital- und Finanzmärkte

Kapital- und Finanzmärkte bilden das Herz einer jeden Marktwirtschaft. Doch bevor auf die Funktionen dieser Kapitalmärkte und die Institutionen, die die Märkte erst zum "Leben" erwecken, näher eingegangen wird, sollen zunächst die Begriffe "Kapitalmarkt" und "Finanzmarkt" vorgestellt und voneinander abgegrenzt werden.

Unter dem Terminus **Kapitalmarkt** versteht man den Kreditmarkt für langfristige Kapitalanlagen. Im Allgemeinen werden hier Anlagen über vier Jahre gehandelt. Zum **Finanzmarkt** werden dagegen nur kurzfristige Anlagen bis zu einem Jahr und mittelfristige Anlagen bis zu vier Jahren gerechnet.

21 Zusammentreffen von Angebot und Nachfrage

Zahlungsströme verbinden die Unternehmung nicht nur mit Absatz-, Beschaffungs- und Arbeitsmärkten, sondern auch mit den **Kapital- bzw. Finanzmärkten.**

Auf den Kapital- und Finanzmärkten, die wiederum aus mehreren Teilmärkten gebildet werden, treffen Angebot an und Nachfrage nach mittel- und langfristigen Finanzierungsmitteln zusammen.

Die Güter, die auf diesen Märkten gehandelt werden, sind die verschiedenen Varianten des Finanzkapitals.

Das sind z.B.

- **Wertpapiere,**
  - verbriefte Beteiligungsrechte in Form von Aktien,
  - verbriefte Gläubigerrechte in Form von Anleihen,
- **Darlehens- und Kreditverträge,**
- **Hypotheken.**

Ihnen ist gemeinsam, dass sie einerseits die Hergabe bzw. Bereitstellung von Finanzierungsmitteln und andererseits die sich daraus ergebenden Ansprüche (z.b. auf Zinsen und Rückzahlung) dokumentieren und dass sie einen "Vertrag" zwischen Kapitalgeber und Kapitalnehmer darstellen, der Zahlungen zu verschiedenen Zeitpunkten vorsieht. Sie unterscheiden sich jedoch durch die verabredeten Zeitpunkte und die Höhe der Zahlungen sowie die Informations-, Kontroll- und Entscheidungsrechte, die den Kapitalgebern eingeräumt werden. In Kreditverträgen sind diese a priori festgelegt (Auszahlungs-, Rückzahlungs-, Zinszahlungshöhe und -zeitpunkt). Bei anderen Varianten, etwa bei Aktien oder Wandelobligationen hängen die zu zahlenden Beträge und die Zeitpunkte noch von anderen Faktoren, wie z.b. vom erzielten Gewinn der Gesellschaft oder von der Kursnotierung, ab.

Anbieter des Kapitals (im Sinne von Finanzierungsmitteln) sind die Wirtschaftsobjekte, die über Finanzierungsmittel verfügen und diese gegenwärtig weder zu Konsum- noch zu Investitionszwecken einsetzen, sondern diese in die Zukunft transformieren wollen. Das können private Haushalte, aber auch Unternehmungen sein.

Nachfrager sind diejenigen, die gegenwärtig Bedarf an Finanzierungsmitteln z.B. für Investitionen haben und bereit sind, für die Überlassung spätere Zahlungen zu leisten (Zinsen, Gewinnanteile, Rückzahlung).

Das Zusammentreffen von Angebot und Nachfrage wird von sogenannten **Finanzintermediären** organisiert (vgl. Abb. 2/1). Ihre Aufgabe ist es, die unterschiedlichen Ansprüche hinsichtlich Fristigkeiten, Höhen und Risiken der Kapitalhergabe und Kapitalnachfrage auszugleichen, zu "transformieren". Das geschieht mit Hilfe der unterschiedlich ausgestalteten Varianten des Finanzkapitals, wir können aus Sicht der Unternehmung auch sagen, der verschiedenen Finanzierungsinstrumente.

Die Kapital- und Finanzmärkte 37

Abb. 2/1: Stellung der Finanzintermediäre auf dem Kapital- und Finanzmarkt

Kapitalanbieter	Finanzintermediäre	Kapitalnachfrager
Private Haushalte	Börse	Unternehmungen
Versicherungsgesellschaften	Makler	Private Haushalte
Bausparkassen	Kreditinstitute	Staat
Sozialversicherungsträger	Investmentbanken	Ausländische Unternehmungen und Staat
Investmentfonds		
Unternehmungen mit vorübergehenden Liquiditätsüberschüssen	←——→	

Den höchsten Organisationsgrad und die größte Transparenz des Kapitalmarktes weist die **Börse** mit ihren verschiedenen Segmenten für Beteiligungskapital (Aktien) und Gläubigerkapital (festverzinsliche Wertpapiere) auf. Sie stellt deswegen den **organisierten Kapitalmarkt** im engeren Sinne dar. Auch wenn Kapitalanbieter und Kapitalnachfrager direkt zusammenwirken, orientieren sie sich an den Konditionen und Vorgängen des organisierten Kapitalmarktes.

Die übrigen (Teil-)Finanzmärkte werden insbesondere von

- Kreditinstituten,
- Versicherungen,
- Bausparkassen und
- Investmentfonds

bestimmt und beeinflusst. Sie sind nicht nur Kapitalanbieter, sondern übernehmen häufig auch selbst Funktionen der **Finanzintermediäre** und bringen die einzelnen Vorstellungen von Kapitalanbietern und -nachfragern in Übereinstimmung bzw. verbessern deren "Vertragsabschlußchancen".

Aufgabe der Kapital- und Finanzmärkte im weiteren Sinne ist es, die unterschiedlichen Interessen und Vorstellungen von Anbietern an und Nachfragern nach Kapital zum Ausgleich zu bringen. Diesen Ausgleich schaffen die Kapital- und Finanzmärkte durch Transformation von Losgrößen, Fristen und Risiko (vgl. Abb. 2/2).

Abb. 2/2: Funktionen der Kapital- und Finanzmärkte

---

(1) Losgrößentransformation

- Transformation der Beträge
- Zusammenfassung mehrerer kleinerer Sparbeträge zur Finanzierung großer Investitionen

(2) Fristentransformation

- Transformation der Kapitalbindungszeiten
- Zusammenfassung mehrerer kurzer Sparfristen zur Finanzierung langfristiger Investitionen

(3) Risikotransformation

- Transformation der risikoreichen Ströme der Unternehmung in sichere Ströme für Fremdkapitalgeber und unsichere Ströme für risikobereite Anteilseigner

Die Kapital- und Finanzmärkte

Abb. 2/3: Nationaler Kapitalmarkt ohne Staat und Ausland

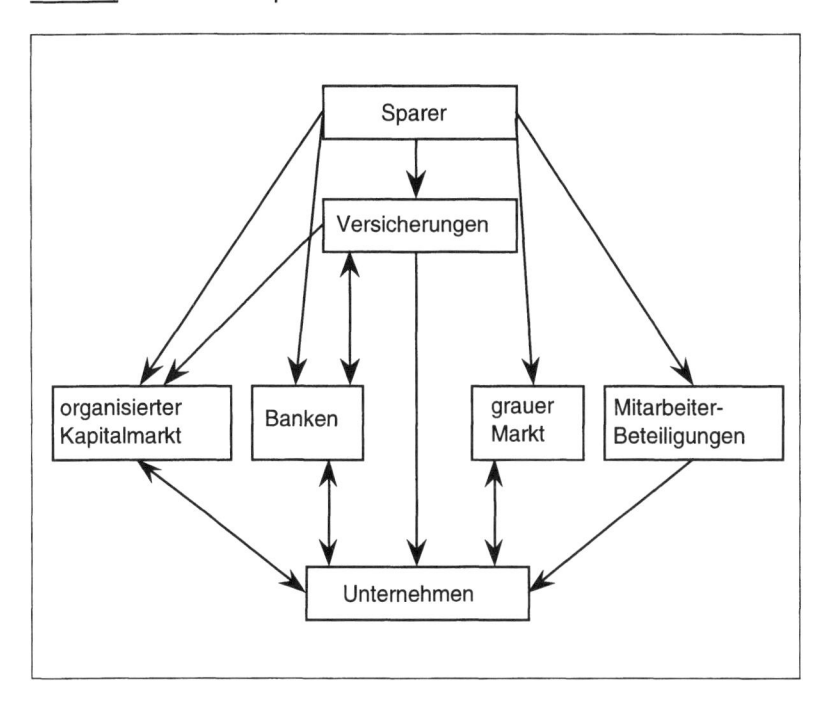

22 Institutionen der deutschen Kapital- und Finanzmärkte

221 Börsen

Die Börsen sind in modernen Volkswirtschaften kaum noch wegzudenken.

> Die **Börse** (lat. bursa) ist ein organisierter Markt für vertretbare Güter. Je nach Handelsobjekt können Wertpapierbörsen (Handel mit Aktien und festverzinslichen Wertpapieren), Devisenbörsen (Handel mit Devisen), Terminbörsen (Handel mit Optionen und Futures) und Warenbörsen unterschieden werden. Die Preise an den Börsen ergeben sich durch Angebot und Nachfrage.

In Deutschland wird die Organisation der Börsen durch das inzwischen mehrmals geänderte Börsengesetz vom 22.06.1896 geregelt. Börsen können demnach sowohl als Institutionen des Öffentlichen Rechts als auch als private Organisationen strukturiert sein. Die Leitung obliegt jeweils einem Vorstand, der den Handel kontrolliert und die Börsenordnung festlegt.

Deutsche Wertpapierbörsen existieren in Berlin, Bremen, Düsseldorf, Frankfurt, Hamburg, Hannover, München und Stuttgart. Intention dieser dezentralen Organisation ist, dass Unternehmen und Kapitalanleger eine engere Beziehung zu einem naheliegenden Börsenplatz entwickeln. Somit soll regional tätigen Unternehmen ein Zugang zur Börse erleichtert werden.

Um im Konkurrenzkampf der internationalen Finanzplätze (London, New York, etc.) bestehen zu können, wurde die Organisation und Zusammenarbeit der einzelnen Börsen jedoch Anfang der 90er Jahre neu gestaltet. Hierzu wurde die Trägerschaft der umsatzstarken Frankfurter Börse von der IHK auf die Frankfurter Wertpapierbörse AG übertragen. Am 16. Dezember 1992 firmierte diese in *Deutsche Börse AG* um. Diese ist seit dem 05. Februar 2001 selbst an der Börse notiert. Nach dem Börsengang sind neben einem Streubesitz von 25,5% die wichtigsten deutschen Kreditinstitute sowie - indirekt über die Deutsche Börsen Beteiligungsgesellschaft mbH - die übrigen sieben Regionalbörsen an der Deutsche Börse AG beteiligt.

Unter dem Dach der *Deutsche Börse AG* wurde ein Dienstleister „rund um das Wertpapier" formiert, der sich selbst als führende europäische Börsenorganisation sieht.

Abb. 2/4: Geschäftsfelder der Deutsche Börse AG

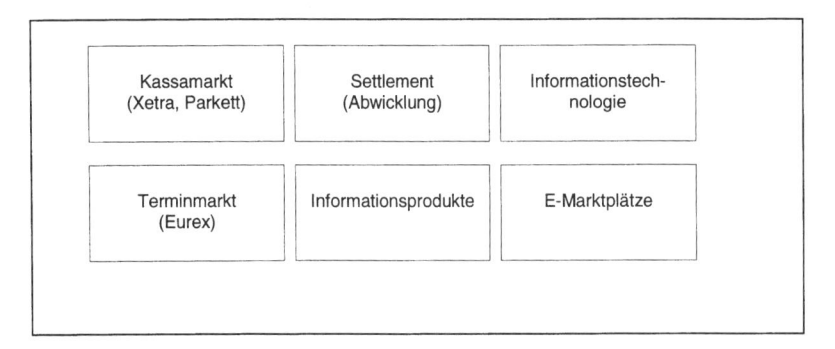

Kassamarkt (Xetra, Parkett)	Settlement (Abwicklung)	Informationstechnologie
Terminmarkt (Eurex)	Informationsprodukte	E-Marktplätze

Das Kernstück der Gruppe bilden die Geschäftsfelder Xetra und Parketthandel der **Frankfurter Wertpapierbörse** (FWB) und die **Derivatebörse Eurex**. Letztere ist aus dem Zusammenschluss der ehemaligen DTB Deutschen Terminbörse und der ehemaligen Soffex Swiss Options and Financial Futures Exchange entstanden.

2211 Präsenzhandel

Über die Handelssysteme der FWB werden heute über 80% aller deutschen Wertpapierumsätze abgewickelt. Der Anteil der Umsätze im traditionellen Präsenzhandel auf dem Frankfurter Börsenparkett durch Händler und Kursmakler hat seit Einführung des Handelssystems Xetra ständig abgenommen. So wurden Ende des Jahres 2000 über 75% der Umsätze in Aktien über Xetra abgewickelt.

Als **Händler** sind in Deutschland nur die Vertreter der Kreditinstitute zugelassen. Entsprechend müssen sich die Kunden, die am Börsengeschehen teilhaben möchten, an ihre Bank richten. Dabei hat der Kunde die Möglichkeit, einen limitierten (z.B. mit Preisobergrenze bei Kaufaufträgen) oder unlimitierten Auftrag - im Fachjargon **Order** - abzugeben.

Die **amtlichen Kursmakler** vermitteln die Geschäfte zwischen den Händlern und bestimmen die Kurse (frz. cours = Lauf) durch Gegenüberstellung von Angebot und Nachfrage. Neben diesen amtlichen Maklern sind an den Börsen noch freie Kursmakler tätig, die jedoch nicht das Recht zur Ermittlung und Feststellung eines amtlichen Kurses haben.

Die Abwicklung eines Wertpapierauftrages erfolgt im Präsenzhandel in aller Regel folgendermaßen:

Abb. 2/5: Transaktion über die Präsenzbörse

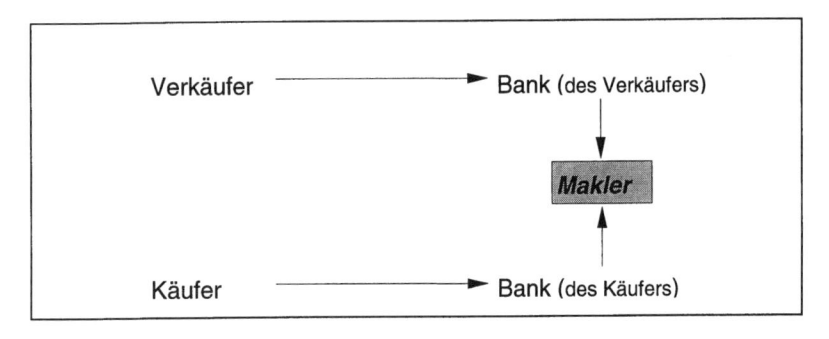

```
Verkäufer ─────────▶ Bank (des Verkäufers)
                              │
                              ▼
                           Makler
                              ▲
                              │
Käufer   ─────────▶ Bank (des Käufers)
```

2212 Xetra-Handel

Neben dem traditionellen Präsenzhandel offeriert die FWB ihren Kunden seit Ende 1997 ein vollautomatisiertes Handelssystem mit der Bezeichnung Xetra (**Ex**change **E**lectronic **Tra**ding) zur Orderabwicklung. Xetra ermöglichte vorerst nur Großanlegern und institutionellen Investoren Transaktionen mit ausgesuchten umsatzstarken Wertpapieren. Seit Oktober 1998 können aber alle an der Frankfurter Wertpapierbörse gelisteten Aktien über Xetra gehandelt werden können. Zudem sind seit Mai 2000 auch Optionsscheine über Xetra handelbar. Ebenfalls sind die früher bestehenden Beschränkungen bezüglich der Mindestordergrößen aufgehoben worden, so dass jetzt beliebige Ordergrößen elektronisch verarbeitet werden können. So besteht nun über Xetra auch für Privatanleger die Möglichkeit mit sehr kleinen Aufträgen, die zum Beispiel eine einzige Aktie umfassen, am variablen, also fortlaufenden Handel teilzunehmen, bis hin zum Intra-Day-Trading, dem mehrfachen Handeln desselben Wertes an einem Tag.

Da nur Kreditinstitute, Wertpapierhandelshäuser und Makler eine Zulassung für die direkte Teilnahme am Handel erhalten, müssen private Anleger bei einer Orderabwicklung über Xetra jedoch auch weiterhin den Umweg über eine Bank oder einen Discount-Broker nehmen. Das beauftragte Institut gibt die Order dann direkt in das System ein. Die Ausführung der Kauf- und Verkaufsaufträge erfolgt anschließend über das Computersystem, ohne dass ein Makler zwischengeschaltet wird. Dies ist möglich, da alle Teilnehmer unabhängig vom Standort das Marktgeschehen auf ihren Terminals beobachten und sofort auf Kauf- sowie Verkaufsaufträge reagieren können.

Die Abwicklung eines Wertpapierauftrags erfolgt im Xetra-System demnach folgendermaßen:

Abb. 2/6: Transaktion über das Xetra-System

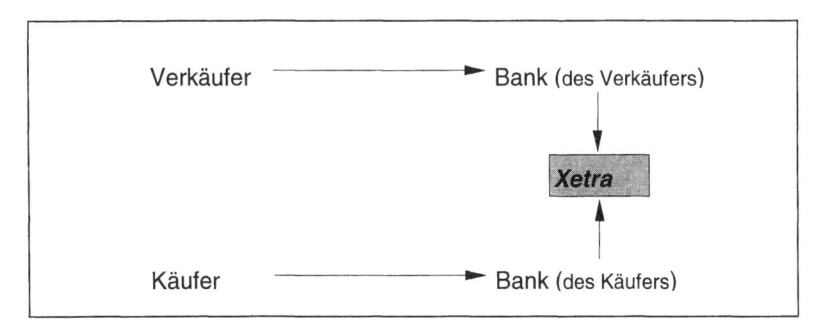

Gegenüber dem Präsenzhandel bietet Xetra einige wesentliche Vorteile:

- Längere Handelszeiten
- Günstige Kosten
- Sogenannte „Designated Sponsors" sorgen auch in marktengen Werten bei vorübergehenden Ungleichgewichten zwischen Angebot und Nachfrage für Liquidität

Es ist daher zu erwarten, dass dieses Handelssystem noch weiter an Bedeutung gewinnt.

Die Frankfurter Wertpapierbörse lässt sich in drei verschiedene **Teilmärkte (Segmente)** aufspalten:

- Der **amtliche Handel**; für den der Börsenvorstand unter Mitwirkung der amtlichen Makler zuständig ist, wickelt die meisten Geschäfte ab. Die Einführung eines Wertpapiers zum Börsenhandel (*going public*) unterliegt strengen Zulassungsvoraussetzungen und Informationsauflagen. Täglich erfolgt eine amtliche Kursfeststellung nach dem sogenannten Meistausführungsprinzip.

- Der **geregelte Markt** soll Klein- und Mittelbetrieben ein going public erleichtern. Im Vergleich zum amtlichen Handel sind die Zutrittsbedingungen entschärft. Es besteht aber ebenso eine Prospektpflicht und -haftung.

- Der **Freiverkehr** ist der Markt für Papiere mit geringem Emissionsvolumen und Umsatz. Hier gilt ein vereinfachtes Zulassungsverfahren und es bestehen keine Folgepflichten für die Unternehmen. Die Kursfeststellung liegt in den Händen freier Makler.

Um eine weitere Differenzierung zu ermöglichen, wurde als Teil des Freiverkehrs 1997 der **Neue Markt** als eigenes Marktsegment zur Bereitstellung von Eigenkapital für Wachstumswerte (z.B. Unternehmen aus der Software-Branche) eingeführt. Unternehmen, die ihre Aktien in diesem Segment platzieren wollen, müssen hohe jährliche Wachstumsraten aufweisen. Zudem erfordert die Notierung am Neuen Markt, obwohl er

Die Kapital- und Finanzmärkte

Teil des Freiverkehrs ist, die Erfüllung umfangreicher Publizitätsverpflichtungen. Der Erfolg dieses Segments ist daran ablesbar, dass 1999 über 80% aller Neuemissionen an der Frankfurter Wertpapierbörse am Neuen Markt stattfanden.

Als weiteres Marktsegment, das sich aus Aktien des geregelten Marktes und des amtlichen Handels zusammensetzt, wurde 1999 der **SMAX** eingeführt. Der SMAX ist ein Qualitätszeichen für Aktien aus mittelständischen Branchen, die sich freiwillig zusätzlich zu den Auflagen ihres jeweiligen Marktsegments zur Einhaltung besonders hoher Transparenz- und Liquiditätsstandards verpflichten.

2213 Eurex

Bei der **Eurex** handelt es sich ähnlich dem Xetra-System um eine standortunabhängige Computerbörse. Hier werden jedoch keine Wertpapiere gehandelt, sondern Termingeschäfte abgeschlossen. Im Unterschied zu Kassa- fallen bei Termingeschäften Vertragsabschluß und -erfüllung zeitlich auseinander. An der Eurex werden sowohl Futures als auch Optionen gehandelt. An dieser Stelle soll darauf nicht näher eingegangen werden, da diese Themen im Kapitel 8 vertieft werden.

2214 Handelsunterstützende Institutionen

Neben den Börsen und Handelssystemen gehören zur Deutsche Börse AG noch weitere „Dienstleister um das Wertpapier", welche einen effizienten Handel unterstützen.

Das European Clearing House ist zuständig für die Abwicklung börslicher und außerbörslicher Geschäfte nach Handelsabschluss. Weitere Aufgabe ist die Wertpapierverwaltung und sichere Verwahrung der in Girosammelverwahrung befindlichen Wertpapiere gemäß den Bestimmungen des deutschen Depotgesetzes. Es nimmt diese Aufgaben sowohl im nationalen als auch im internationalen Wertpapiergeschäft war.

Die Deutsche Börse Systems AG fungiert als Systemhaus der Gruppe Deutsche Börse. Sie entwickelt und betreibt alle wesentlichen Anwendungen für den Handel. Durch die Bereitstellung von Programmen und Problemlösungen für die Marktteilnehmer leistet sie so einen wichtigen Beitrag zur internationalen Konkurrenzfähigkeit der Gruppe.

Täglich nach dem Ende der Börsensitzung werden die einzelnen festgehaltenen Kurse in größeren Tageszeitungen bzw. einmal wöchentlich in Wirtschaftszeitschriften sowie im Internet publiziert. Die bei Aufstellung des Kurszettels im Allgemeinen verwandten **Abkürzungen** sind in der folgenden Übersicht kurz zusammengefasst.

B	Brief:	Es gab Angebote, aber keine Nachfrage.
BB	bezahlt Brief:	Die Nachfrage wurde komplett befriedigt, es gab aber noch weitere Angebote.
G	Geld:	Es herrscht Nachfrage, aber kein Angebot.
BG	bezahlt Geld:	Das Angebot wurde komplett ausgeführt, es bestand aber noch weitere Nachfrage.
Div	Dividende:	Zeigt die zuletzt gezahlte Dividende
ExB	ex Bezugsrecht:	Die Aktie wird ohne Anspruch auf Bezug junger Aktien gehandelt.
ExBA	ex Berichtigungsaktie:	Die Aktie wird ohne den Anspruch auf Bezug von Berichtigungsaktien gehandelt.
ExD	ex Dividende:	Die Aktie wird ohne Anspruch auf Dividende gehandelt.
T	Taxkurs:	Der Kurs der Aktie wird geschätzt, da sie nicht gehandelt wurde.
-	gestrichen:	Die Aktie wurde nicht gehandelt und nicht notiert.

Die Kapital- und Finanzmärkte

Quelle: Handelsblatt vom 31.3.2000

Deutsche Aktien zum Wochenausklang freundlich - Fusionskandidaten mit Abschlägen

Versicherer und Technologietitel halten Dax in der Gewinnzone

Am heimischen Aktienmarkt überwogen trotz der freundlichen Tendenz die Verlierer. Vor allem die Aktien der Deutschen und Dresdner Bank fielen erneut bei den Anlegern in Ungnade. Nach der anfänglichen Euphorie stellen sich offenbar zunehmend Zweifel an der Mammuthochzeit ein.

HANDELSBLATT, 13.3.2000
sju FRANKFURT/M. Nach einer turbulenten Handelswoche bewegte sich der heimische Aktienmarkt am Freitag in ruhigerem Fahrwasser. War der Deutsche Aktienindex (Dax) im Zuge der guten US-Vorgaben zunächst noch auf ein Tageshoch bei 8 076 Punkten geklettert, schloss das Kursbarometer mit 7 975,95 Zählern. Das entsprach einem Plus von 0,3 % gegenüber dem Vortagesniveau. Von den Standardwerten lagen 13 in der Gewinnzone, während 17 sich mit Abschlägen ins Wochenende verabschiedeten.

Dabei übernahmen wieder einmal die alten Favoriten Siemens, Deutsche Telekom und SAP über weite Strecken die Rolle der Zugpferde, während die Fusionskandidaten Deutsche und Dresdner Bank in Ungnade fielen. Analysten zufolge zahlt die Deutsche Bank einen zu hohen Preis für die de-facto Übernahme der Dresdner. Fraglich sei zudem, ob beide Häuser sich strategisch wirklich ergänzten, und ob die anvisierten Kosteneinsparungen von 2,9 Milliarden Euro pro Jahr auch realisiert würden. Größter Profiteur sei hingegen die Allianz, der mit der Deutsche-Bank-Fondstochter DWS ein dicker Fisch ins Netz gegangen sei. Während die Aktien von Deutscher (-7,5 %) und Dresdner (-7,7 %) zu den größten Verlierern zählten, gaben Allianz um gut 1 % und Münchener Rück um 1,6 % an.

Spekulationen über weitere Fusionen innerhalb der Branche dürften Händlern zufolge in der nächsten Zeit Thema bleiben. So kletterten Hypo-Vereinsbank nach Zeitungsberichten über ein Interesse an der Commerzbank zunächst deutlich, bevor die Aktie knapp behauptet aus dem Handel ging. Commerzbank, deren Kurs am Vortag von Gerüchten über ein angebliches Übernahmeinteresse der HSBC beflügelt wurde, verringerten dagegen ihr anfängliches Minus und schlossen ebenfalls etwas leichter.

Das neue Rekordhoch an der Nasdaq stimulierte den Technologiesektor. Vom bevorstehenden Börsengang ihrer Tochter Infineon am heutigen Montag profitierten Siemens (+2,2 %). Laut Goldman Sachs ist die Aktie 30-fach überzeichnet.

Positiv aufgenommen wurde

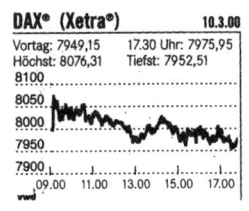

DAX® (Xetra®)   10.3.00
Vortag: 7949,15   17.30 Uhr: 7975,95
Höchst: 8076,31   Tiefst: 7952,51

auch die Ankündigung eines Aktiensplits im Verhältnis eins zu drei von SAP. Die Vorzüge kletterten um 2,2 %. Mit einem Plus von 2,5 % war die T-Aktie ebenfalls gesucht. Die Deutsche Telekom kommentierte Medienberichte zum Abbruch der Gespräche mit dem US-Telekomgesellschaft Qwest nicht. Auch zu den Gerüchten über ein angebliches Gebot für den französischen Internet-Anbieter Equant lehnte das Unternehmen eine Stellungnahme ab. Lehman Brothers hoben angesichts starker Kundenzuwächse und hervorragender Aussichten für die geplanten Börsengänge der Internet-Dienste ihre Kursziele für europäische Telekomwerte – darunter auch die T-Aktie – an.

Die restlichen Dax-Branchen tendierten uneinheitlich. Auf der Verliererseite standen wieder einmal die Versorger. Unter den Chemiewerten ragten Fresenius Medical Care (FMC) heraus, die sich um 3,9 % verteuerten. Die Deutsche Bank hat die im MDax notierten Vorzugsaktien der Fresenius AG auf „starken Kauf" von „Kauf" hochgestuft und zugleich das Kursziel angehoben. Die Aktie kletterte um 7,5 %. Puma, die nach der Ergebniswende 1999 mit viel Optimismus in das laufende Jahr gehen, verbilligten sich um 3,8 %. Der MDax stieg um 0,4 %. Die im SMax zusammengefassten Werte zogen im Durchschnitt knapp 1 % an. Börsenneuling IFCO Systems waren wieder Umsatzspitzenreiter, diesmal auch mit einem deutlichen Gewinn von 9,6 %.

Die Regionalbörse in **Hamburg** tendierte zur Kasse meist freundlich. Zu den größten Gewinnern gehörten Marseille-Kliniken und WCM, während Beiersdorf und Bau-Verein ins Minus rutschten.

In **Bremen** verloren Bremer Wolle und CeWe Color. Im Plus notierten Wilkens. Ein Lokalmarkt in **Hannover** stiegen Sartorius und Kromschröder. Einbecker und Varta verbuchten Verluste.

Uneinheitlich präsentierten sich die Regionalwerte in **Berlin**. Zu den Gewinnern zählten Berliner Effektengesellschaft und Herlitz-Stämme, Bankgesellschaft Berlin und Sero büßten ein.

Mit überwiegen freundlicher Tendenz zeigten sich die **Düsseldorfer** Börse. Schwarz Pharma und Rheinmetall zogen an, Harpen sowie Brau und Brunnen waren unter den wenigen Verlierern. Am **Münchener** Lokalmarkt kletterten Baader, Vogt und Sixt. Auf der Verliererseite standen Data Modul, Leonische Drahtwerke und Schaltbau.

An der **Stuttgarter** Börse lagen Heidelberger Zement und Porsche im Minus.

Quelle: Handelsblatt vom 13.3.2000

Die Kapital- und Finanzmärkte

Deutscher Aktienmarkt nach volatilem Verlauf deutlich im Plus

Anleger interessieren sich vermehrt für zyklische Werte

Ohne klare Linie zeigte sich der Deutsche Aktienindex gestern. Nach einer starken Eröffnung rutschte das Kursbarometer zwischenzeitlich ins Minus, konnte sich jedoch später wieder erholen. Unter den Einzelaktien standen vor allem Henkel, BASF und Lufthansa im Blickpunkt.

HANDELSBLATT, 17.2.2000
fs/mm FRANKFURT/M. Von seiner volatilen Seite zeigte sich gestern der deutsche Aktienmarkt. Zu Beginn des Handels war der Deutsche Aktienindex (Dax) gleich um 2,2 % gestiegen. Danach bröckelte das deutsche Kursbarometer jedoch kontinuierlich ab und rutschte am frühen Nachmittag sogar ins Minus. Später drehte der Index wieder in den positiven Bereich. Zum Schluss lag er knapp unter dem Tageshoch bei 7 490,32 Punkten (+1,3 %). Gesund seien die starken Ausschläge nicht, hieß es am Markt. Immerhin schwankte der Dax um 250 Punkte.

Positiv ist nach Einschätzung von Beobachtern, dass sich das Interesse der Anleger allmählich in Richtung zyklische Aktien bewegt. Vom Einstieg ins französische Internetgeschäft konnten Deutsche Telekom zunächst nicht recht profitieren. Trotz der neuen Kooperation mit der Lagardère-Gruppe rutschte die Aktie zeitweise ab, zog aber zuletzt um 1,2 % an. Dabei sahen die Analysten die Expansion positiv. Die Telekom dehne sich erstmals mit ihrer Internet-Sparte in ein fremdsprachiges Land aus. Zugleich gab sie ein Joint Venture mit der Kirch-Gruppe bekannt, um Hardware und Software für TV-orientierte Multimedia-Plattformen zu entwickeln.

Zu den Verlierern zählten Allianz, die um 0,5 % nachgaben. Der Versicherer hatte im abgelaufenen Geschäftsjahr den Jahresüberschuss um 10 % auf 2,2 Mrd. € gesteigert. Siemens, die zunächst deutlich gefallen waren, schlossen gut behauptet. Technologie-Werte litten generell unter Gewinnmitnahmen, nachdem sie zuvor als Motor für den Börsenanstieg fungiert hatten.

Dagegen konnten die Chemietitel zulegen. Henkel kletterten um 4,9 %, BASF machten 7,3 % gut. Händler führten den Anstieg auf die Vorgaben der US-Chemiewerte vom Dienstag zurück. Fresenius Medical Care rückten um 4,1 % vor, nachdem der Vorstandschef des Dialysespezialisten in einem Interview von guten Wachstumsperspektiven berichtet hatte. Auf dem Weg nach oben befanden sich Lufthansa. Der Kurs legte um mehr als 4 % zu. Lufthansa sei zu unrecht im Schlepptau des steigenden Ölpreises unter Druck geraten, hieß es.

Die Aktien des Dax-Neulings Epcos konnten sich nach dem Kursrutsch vom Dienstag zunächst einmal erholen. Zeitweise lagen Epcos mit 8 % im Plus, rutschten dann aber wieder ab und verloren schließlich 4,6 % an Wert. Die Eckdaten der Deutschen Bank zum Geschäftsjahr 1999 haben die Anleger weitgehend kalt gelassen. Vorübergehend lag die Aktie zwar mit 2,7 % im Plus, rutschte aber wieder ab und notierte zuletzt um 0,5 % höher. Insgesamt lagen die Zahlen nach Einschätzung von Analysten im Rahmen der Erwartungen.

DAX® (Xetra®) 16.2.00
Vortag: 7396,13   17.30 Uhr: 7490,32
Höchst: 7596,90   Tiefst: 7342,65

Im MDax kletterten die Aktien des Baukonzerns Hochtief um gut 8 %, nachdem das Unternehmen neue Geschäftszahlen vorgelegt hatte. Der Essener Konzern steigerte 1999 die Bauleistung und konnte beim Auftragseingang um 27 % auf 8 Mrd. € zulegen. Der Index der MDax-Werte stieg um 0,7 %. Am Small-Cap-Segment Smax (0,3) gab es ebenfalls leichte Kurszuwächse, der Neue Markt trat dagegen etwas auf der Stelle.

Überwiegend schwächer tendierten die lokalen Werte an der Hamburger Börse zur Kasse. Zu den Verlierern zählten Beiersdorf, Fielmann und HEW. An der Bremer Börse zeichnete sich keine klare Tendenz ab. Bremer Wolle und Brilliant fielen, dagegen konnten Steucon und Frosta zulegen. Auch in Hannover tendierten die Regionalwerte uneinheitlich. Während Sartorius zulegten, gaben Varta nach. An der Berliner Börse kletterten Brau und Brunnen zur Kasse. Otto Reichelt verloren dagegen erneut an Wert. Freundlich präsentierten sich die Regionalwerte in Düsseldorf. IVG verbuchten größere Kursgewinne, Goldzack setzten ihren Aufwärtstrend ebenfalls fort. In Stuttgart ging es für die Regionalwerte überwiegend abwärts. Dürr und Porsche standen hier auf der Verliererseite. Uneinheitlich lautete die Tendenz in München. Krones gehörten zu den Gewinnern, obwohl das Unternehmen mit seinen Geschäftszahlen für 1999 die Umsatz- und Ertragsprognosen nicht erreicht hat.

Quelle: Handelsblatt vom 17.2.2000

222 Kreditinstitute

Das moderne Bankwesen entstand gegen Mitte des 12. Jahrhunderts. Aufgabenfelder und Adressatenkreis der Kreditinstitute haben sich seit damals stark verändert bzw. erweitert. Bevor man heute von Kreditinstituten spricht, müssen ganz bestimmte Voraussetzungen erfüllt sein.

> Ein **Kreditinstitut** ist ein Unternehmen, das sich mit der Abwicklung von Bankgeschäften befasst und dessen Umfang dieser Geschäfte einen in kaufmännischer Weise eingerichteten Geschäftsbetrieb erfordert.

Als **Bankgeschäfte** gelten hauptsächlich (vgl. § 1 KWG): Einlagen-, Kredit-, Diskont-, Effekten-, Depot-, Investment- und Garantiegeschäfte sowie die Abwicklung des bargeldlosen Zahlungsverkehrs.

Mit den bankspezifischen Aktiv- und Passivgeschäften sollen die Nachfrage nach und das Angebot an Kapital zum Ausgleich gebracht werden. Als Aktivgeschäfte aus der Sicht der Kreditinstitute bezeichnet man die Geschäfte zur Anlage von Geldern, d.h. z.B. Herausgabe von Krediten an Firmen-, Privat- und andere -kunden, Kauf von Wertpapieren für das eigene Portefeuille usw. Passivgeschäfte sind Geschäfte zur Refinanzierung von Kreditinstituten, d.h. z.B. Entgegennahme von Einlagen bzw. Aufnahme von langfristigen Fremdmitteln. Zahlungsverkehrs- und Wertpapiergeschäfte sowie sonstige Bankgeschäfte, insbesondere auch die Emission von Aktien und Anleihen bilden das Dienstleistungsgeschäft der Kreditinstitute (vgl. Abb. 2/7).

Die Kreditinstitute sind grundsätzlich bemüht, die ihnen als Einlagen zugeflossenen Mittel (Passivgeschäfte), für die sie zumeist selbst Zinsen zahlen müssen, möglichst ertragreich anzulegen (Aktivgeschäfte). Traditionell gewähren sie deshalb vor allem Kredite. Aus der betragsmäßigen Differenz zwischen den Zinsen - als sog. *Zinsmarge* bezeichnet - ergibt sich eine bedeutende Einnahmequelle der Banken.

Die Kapital- und Finanzmärkte 51

Abb. 2/7: Bankgeschäfte

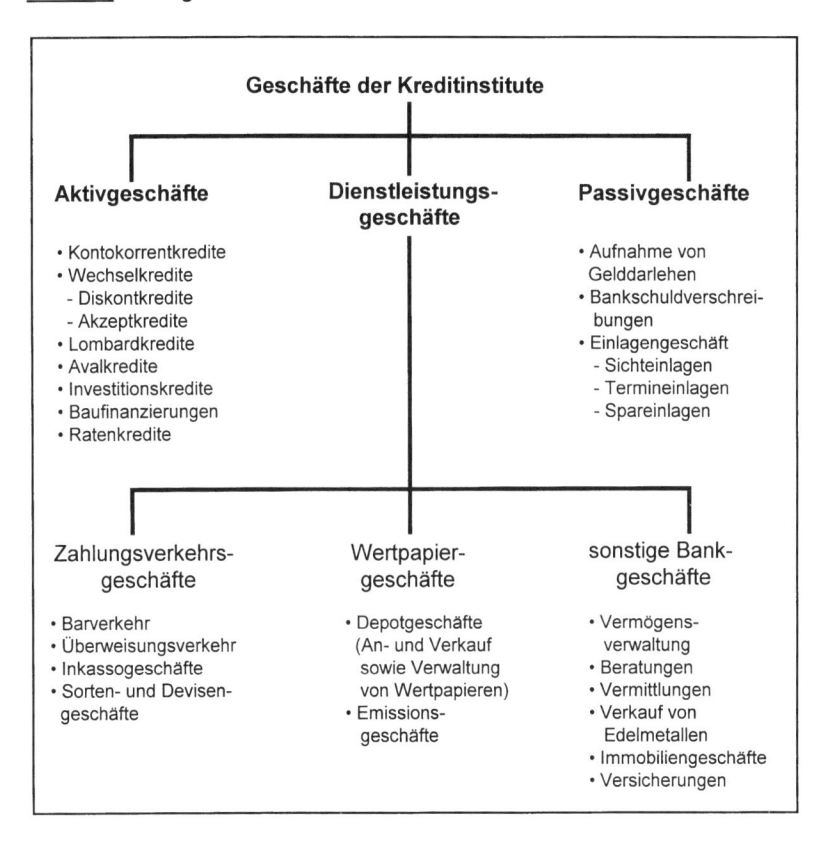

Geschäfte der Kreditinstitute		
Aktivgeschäfte	**Dienstleistungsgeschäfte**	**Passivgeschäfte**

• Kontokorrentkredite
• Wechselkredite
  - Diskontkredite
  - Akzeptkredite
• Lombardkredite
• Avalkredite
• Investitionskredite
• Baufinanzierungen
• Ratenkredite
		• Aufnahme von Gelddarlehen
		• Bankschuldverschreibungen
		• Einlagengeschäft
		  - Sichteinlagen
		  - Termineinlagen
		  - Spareinlagen

Zahlungsverkehrsgeschäfte	**Wertpapiergeschäfte**	**sonstige Bankgeschäfte**
• Barverkehr • Überweisungsverkehr • Inkassogeschäfte • Sorten- und Devisengeschäfte	• Depotgeschäfte (An- und Verkauf sowie Verwaltung von Wertpapieren) • Emissionsgeschäfte	• Vermögensverwaltung • Beratungen • Vermittlungen • Verkauf von Edelmetallen • Immobiliengeschäfte • Versicherungen

Eine weitere Einnahmequelle von ansteigender Bedeutung ist das Dienstleistungsgeschäft der Kreditinstitute. Hierzu gehört die Aufgabe, die Teilnahme am allgemeinen Zahlungsverkehr zu ermöglichen. Von einem sog. Girokonto aus kann der Kontoinhaber (Unternehmung) Überweisungen, aber auch Eilüberweisungen, Daueraufträge oder Lastschriften veranlassen. Vom Girokonto kann natürlich auch Bargeld abgehoben werden.

Nur noch 10 % des gesamten Zahlungsverkehrs werden heutzutage mit Bargeld abgewickelt. Dabei profitiert das Bankgewerbe von der fortschreitenden Entwicklung auf dem Gebiet der Informationstechnologie (Electronic Banking). Ohne sie wäre das Massengeschäft kaum denkbar.

Die Internationalisierung der Bankgeschäfte und die Weiterentwicklung banktechnischer Methoden und Mittel sorgen seit Jahren für Strukturveränderungen am Markt für Finanzdienstleistungen. Damit verbunden sind immer vielfältiger werdende Dienstleistungsangebote der Banken und Sparkassen, die unter dem Druck wachsenden Wettbewerbs versuchen, den verschiedenartigen Bedürfnissen der Kunden gerecht zu werden.

Vor allem mittelständische Gesellschaften nutzen die Möglichkeiten dieser neuen Dienstleistungsangebote. Eine besondere Bedeutung kommt dabei der Unternehmensberatung und dem Datenverarbeitungsservice zu. Kreditinstitute beraten zusätzlich umfassend über alle finanziellen Aspekte der Unternehmensleitung - sog. *Financial Engineering* - und informieren über die Risiken und Chancen bei Auslandsinvestitionen. Ebenso vermitteln Kreditinstitute beim Kauf und Verkauf von Unternehmen.

Neue Entwicklungen gibt es auch in den traditionellen Geschäftssparten der Banken und Sparkassen. Die dabei neu entstehenden Finanzierungsinstrumente fasst man unter dem Begriff *Finanzinnovationen* zusammen. Beispiele solcher Finanzinnovationen sind Swaps, Note Issuance Facilities (NIFs) oder Financial Futures.

Kreditinstitute nehmen in unserer Volkswirtschaft eine zentrale Stellung ein. Aufgrund dieser zentralen Stellung unterliegen sie einer ausgeprägteren **Kontrolle und Gesetzgebung** als andere Unternehmen. Die Kontrolle der Kreditinstitute wird gemeinsam vom Bundesaufsichtsamt für das Kreditwesen (BAK) und der Deutschen Bundesbank durchgeführt (§§ 6, 7 KWG und § 18 BBankG). Zahlreiche Spezialgesetze, so z.B. das KWG mit den §§ 10 ff. und das HypBankG mit § 7, schränken den Geschäftsumfang der Kreditinstitute zusätzlich ein. Mit der in den letzten Jahren zunehmenden Internationalisierung der Geschäfte der Kreditinstitute nahm auch die Notwendigkeit international vergleichbarer Kontrollmechanismen zu. So spielt heute auch die Bank für Internationalen Zahlungsausgleich (BIZ) eine wesentliche Rolle in der Festlegung dieser

Vorschriften. Ziel der Kontrolle und erweiterten Gesetzgebung ist es, die Funktionsfähigkeit des Bankensystems zu erhalten, d.h., die Kontrollinstanzen haben die Aufgabe dafür zu sorgen, dass die Banken und Sparkassen auch in einer wirtschaftlich schlechten Zeit ihre Zahlungsverpflichtungen erfüllen können.

Die **Risiken des Bankbetriebes** kann man grundsätzlich in die beiden Bereiche Liquiditäts- und Erfolgsrisiken gliedern.

Die Besonderheiten des **Liquiditätsproblems** der Banken ergeben sich aus der Tatsache, dass Banken sowohl aus Geschäften auf der Aktivseite als auch verstärkt auf der Passivseite Auszahlungen zu leisten haben und somit die Fristigkeit ihrer Zahlungen genau aufeinander abstimmen müssen.

Zusätzlich wird dieser Effekt durch den hohen Fremdkapitalanteil der Banken verstärkt. Weiterhin ist die Bank aufgrund ihrer besonderen Geschäftsstruktur stärker vom Verhalten der Kunden abhängig als beispielsweise andere Unternehmen. Das Kreditinstitut muss aber seinerseits, will es sein "Standing" nicht verlieren, jederzeit auszahlungsfähig sein.

Im KWG sind aus dieser besonderen Problematik heraus in § 11 KWG i.V.m. Grundsatz 2 und 3 über das Eigenkapital und die Liquidität der Kreditinstitute Strukturnormen für die Bilanz festgelegt worden, die einer Risikobegrenzung dienen und vom Bundesaufsichtsamt überwacht werden. Der aktiven Absicherung des Liquiditätsrisikos durch die Strukturnormen steht die passive Absicherung durch die einzelne Bank in Form von gehaltener Liquidität und durch einzelne oder mehrere Bankengruppen in Form von Einlagensicherungsfonds (z.B. des Bundesverbands deutscher Banken e.V.), Stützungsfonds bzw. Garantiefonds und einer Liquiditätskonsortialbank gegenüber.

Unter **Erfolgsrisiko** wird die Gefahr verstanden, einen Verlust bzw. geminderten Gewinn zu erzielen. Eine Einteilung des Erfolgsrisikos erfolgt zumeist in die Bereiche Kredit-, Währungs- und Zinsänderungsrisiko.

Unter Erfolgsrisiko kann allerdings auch die einseitige Festlegung auf bestimmte Aktiv- oder Passivgeschäfte subsumiert werden.

Das Erfolgsrisiko ist bei Banken besonders stark ausgeprägt. Das liegt zum einen in dem bewussten Eingehen von Risiken bei Kredit-, Währungs- und Wertpapiergeschäften und zum anderen in der Fristentransformation als notwendiger Bestandteil des Bankgeschäfts begründet. Verstärkt wird dieses Risiko durch den geringen Eigenkapitalanteil, der gerade dazu dienen sollte, eingetretene Verluste aufzufangen.

Aufgrund des Umfangs und der Stärke, mit der Erfolgsrisiken die Geschäftstätigkeit der Banken bedrohen und aus dem Grund heraus, dass Banken eine zentrale Stellung in der Volkswirtschaft einnehmen, werden bestimmte Erfolgsrisiken ebenfalls durch das Bundesaufsichtsamt für das Kreditwesen begrenzt und überwacht (vgl. Grundsatz 1, 1a i.V.m. §§ 10, 10a KWG).

Eine **Systematisierung der Kreditinstitute** kann erfolgen (vgl. aber auch Abb. 2/8):

a) nach der **Rechtsform**

- Privatrechtliche Unternehmensformen

  - z.B. Privatbankiers, Personengesellschaften (OHG, KG);

  - Kapitalgesellschaften (AG, GmbH);

  - Genossenschaften, freie Sparkassen;

- Öffentlich-rechtliche Unternehmensformen

  d.h. juristische Personen des öffentlichen Rechts
  z.B. Körperschaften oder Anstalten des öffentlichen Rechts
  (fast alle Sparkassen);

Die Kapital- und Finanzmärkte 55

b) nach der **Breite des Angebotes an Leistungen**

- Universalbanken

z.B. Kreditbanken, Sparkassen, Genossenschaftsbanken;

- Spezialbanken

betreiben nur wenige Bankgeschäfte, d.h., sie sind auf bestimmte Bankleistungen spezialisiert, z.b. Realkreditinstitute, Teilzahlungskreditinstitute, Kreditinstitute mit Sonderaufgaben.

Abb. 2/8: Systematisierung nach Bankengruppen

Bankengruppen (nach der Bankenstatistik der Deutschen Bundesbank)
Kreditbanken
• Großbanken
• Regionalbanken und sonstige Kreditbanken
• Zweigstellen ausländischer Banken
Institute des Sparkassensektors
• Sparkassen
• Landesbanken
• Deutsche Girozentrale
Institute des Genossenschaftssektors
• Kreditgenossenschaften
• Genossenschaftliche Zentralbanken
• Deutsche Genossenschaftsbank
Realkreditinstitute
Banken mit Sonderaufgaben
Bausparkassen

Kreditinstitute werden von Unternehmen betrieben, für deren **rechtliche Gestaltung** verschiedene Alternativen bestehen. Grundsätzlich unterscheidet man zwischen privatrechtlichen und öffentlich-rechtlichen Unternehmensformen.

Nach der **Breite des Angebotes** an Leistungen unterscheidet man gewöhnlich die sog. *Universalbanken*, die fast alle vorkommenden Geld- und Kreditgeschäfte ausüben, und die *Spezialbanken*, die sich auf bestimmte Geschäftszweige spezialisieren. In Deutschland dominiert eindeutig - im Unterschied zu den USA und zu Großbritannien - die Universalbank. Universalbanken sind vergleichbar mit einem "Supermarkt für Bankleistungen". Die Ausweitung der Aktivitäten setzt sich zudem unter dem Begriff **"Allfinanz"** immer weiter fort, um den Bedürfnissen der Kundschaft nach bequemerer Leistungsabnahme entgegenzukommen.

2221 Kreditbanken

Die Bankengruppe der Kreditbanken lässt sich nach Größe und Wirkungskreis in Großbanken, Regionalbanken und sonstige Kreditbanken sowie Zweigstellen ausländischer Banken einteilen.

Als **Großbanken** werden Kreditinstitute bezeichnet, die aufgrund ihres bundesweiten Filialnetzes besondere Bedeutung erlangt haben. In Deutschland zählen zu den Großbanken die Deutsche Bank AG, die Dresdner Bank AG, die Commerzbank AG und die Bayerische Hypo- und Vereinsbank AG. Die vier Großbanken sind typische Vertreter des Universalbankgeschäfts.

Durch Kooperationsverträge sind sie mit zahlreichen europäischen Banken verbunden und folglich stark auf ausländischen Bankplätzen und Kreditmärkten vertreten. Bei ihren vielfältigen Tätigkeiten stützen sich die Großbanken zusätzlich auf zahlreiche Tochtergesellschaften wie private Hypothekenbanken, Kapitalanlagegesellschaften, Bausparkassen und Leasinggesellschaften. Aber auch andere Institute aus dem banknahen (paramonetären) Raum wie Versicherungsgesellschaften oder Unternehmensberatungen gehören zu ihren Konzernen.

Letztlich ist zu erwähnen, dass die Großbanken eine führende Rolle bei der Ausgabe neuer Wertpapiere spielen. Unter ihrer Führung oder Mitführung in sog. *Bankenkonsortien* werden beträchtliche Teile der Aktien, Industrieschuldverschreibungen und öffentliche Anleihen emittiert.

In die Gruppe der **Regionalbanken und sonstigen Kreditbanken** werden alle Kreditinstitute eingeordnet, die in der Rechtsform einer Kapitalgesellschaft firmieren und ihre geschäftlichen Aktivitäten auf einen regionalen Bereich beschränken. Die Geschäftsstruktur der großen Regionalbanken ist ansonsten derjenigen der Großbanken gleich. Zahlreiche Regionalbanken verfügen ähnlich wie die Großbanken über große Filialnetze, Tochtergesellschaften, Niederlassungen oder Repräsentanzen im Ausland. Die größte Regionalbank gemessen an der Bilanzsumme ist die Bank für Gemeinwirtschaft AG.

Zu der Gruppe der Kreditbanken werden auch die **Zweigstellen ausländischer Banken** gezählt. So, wie deutsche Kreditinstitute im Ausland, sind auch viele ausländische Kreditinstitute in Deutschland mit Niederlassungen vertreten. Auch sie unterliegen den Vorschriften für das Kreditwesen, sofern sie aus Staaten außerhalb der Europäischen Union stammen. Für diese gilt das Prinzip der Herkunftslandkontrolle, d.h. sie unterliegen den Gesetzen des Heimatlandes. Ein Beispiel einer Zweigstelle einer bekannten ausländischen Bank ist die Barclays Bank International. Darüber hinaus halten große ausländische Kreditinstitute in vielen Fällen Beteiligungen an deutschen Banken.

2222 Sparkassensektor

Träger der meisten **Sparkassen** sind die Städte, Kreise oder Gemeinden, also die öffentliche Hand. Die wenigen freien Sparkassen sind Stiftungen, eingetragene Vereine (e.V.) oder Aktiengesellschaften. Die Gewährträger haften zwar für die Verbindlichkeiten des Institutes, erhalten aber andererseits Teile des Gewinns. Der Hauptzweck der Sparkassen liegt in der Erfüllung eines öffentlichen Auftrages; die Gewinnerzielung ist hierbei zweitrangig. Sparkassen beschränken ihre geschäftlichen Aktivitäten auf den geographischen Bereich ihres jeweiligen Gewährträgers (Kreis, Stadt). Beispiele sind die Stadtsparkasse Köln, die Hamburger Sparkasse oder die Sparkasse Geseke. Gesetzliche Grundlage sind die Sparkassengesetze der Länder.

Die Zentralinstitute der Sparkassen nennt man **Landesbanken**. Sie sind auf regionaler Ebene tätig und verwalten die Liquiditätsguthaben der Sparkassen. Zudem dienen sie häufig als Refinanzierungsquelle, d.h. sie leisten kurzfristige Liquiditätshilfe gegenüber den einzelnen Sparkassen. Eine weitere besondere Aufgabe, die den Landesbanken zukommt, ist die Verrechnung des bargeldlosen Zahlungsverkehrs der Sparkassen und die Abwicklung deren Auslandsgeschäfte. Beispiele für Landesbanken sind die Westdeutsche Landesbank, die Landesbank Hessen-Thüringen, die Bayerische Landesbank-Girozentrale und die Norddeutsche Landesbank. Vielfach verfügen die Girozentralen über eine Landesbausparkasse (LBS) als rechtlich unselbständige Abteilung.

Das Spitzeninstitut der Sparkassen ist die **Deutsche Girozentrale**. Sie verwaltet die Einlagen der einzelnen Girozentralen, dient als Depotbank für Sparkassen und beteiligt sich an Wertpapierkonsortien.

2223 Genossenschaftssektor

Die **Kreditgenossenschaften** haben die Aufgabe, den Erwerb und die Wirtschaft ihrer Mitglieder (Genossen) durch einen gemeinschaftlichen Geschäftsbetrieb zu fördern; die Gewinnerzielung ist wie bei den Sparkassen nur von sekundärer Bedeutung. Unternehmensbezeichnungen sind Volksbanken und Raiffeisenbanken; daneben auch Bankvereine, Beamtenbanken und Spar- und Darlehenskassen. Die Zielgruppe besteht neben den Privatkunden aus gewerblichen und landwirtschaftlichen Klein- und Mittelbetrieben. Kreditgenossenschaften bieten ihren Kunden die Möglichkeit zur aktiven Mitarbeit in Vorstands- und Aufsichtsratspositio-

Die Kapital- und Finanzmärkte 59

nen bzw. in einer Mitgliederversammlung. Die größten Kreditgenossenschaften sind die Deutsche Apotheker- und Ärztebank e.g., die Badische Beamtenbank e.g. und die Sparda Bank Mainz e.g.. Gesetzliche Grundlage der Kreditgenossenschaften ist das Genossenschaftsgesetz.

Der bargeldlose Verrechnungsverkehr zwischen den einzelnen Kreditgenossenschaften wird über die **genossenschaftlichen Zentralbanken** abgewickelt. Sie sind ebenso wie die Landesbanken auf regionaler Ebene tätig und in der Rechtsform der AG gegründet. Zu den genossenschaftlichen Zentralbanken zählen die Westdeutsche Genossenschafts-Zentralbank AG und die GZ-Bank AG.

Die zentrale Geschäftsbank der genossenschaftlichen Banken ist die **Deutsche Genossenschaftsbank AG** (DG-Bank). Sie bietet als Dienstleister für die anderen Institute im Genossenschaftssektor umfassende Bankdienstleistungen an. Die Deutsche Genossenschaftsbank ist daneben als Kreditinstitut mit eigener Kundschaft tätig. Zum genossenschaftlichen Verbund zählen weiterhin die Bausparkasse Schwäbisch-Hall, die DG-Hypothekenbank, die Union Investmentgesellschaft sowie die Raiffeisen- und Volksbanken-Versicherung (R&V-Versicherung).

2224 Realkreditinstitute

Anders als die bisher vorgestellten Universalbanken beschränken sich die Realkreditinstitute auf bestimmte Arten von Bankgeschäften, d.h., sie gehören zu den Spezialbanken.

Realkreditinstitute sind in der Rechtsform der AG oder KGaA firmiert und dienen vornehmlich der Bereitstellung von Wohnungsbauhypotheken. Sie unterliegen der üblichen Bankenaufsicht des KWG sowie einem staatlich bestellten Treuhänder bei privatrechtlichen Realkreditinstituten. Für öffentlich-rechtliche Grundkreditanstalten entfällt ein Treuhänder. Gesetzliche Grundlage bei den Privatinstituten ist das Hypothekenbankgesetz bzw. das Schiffsbankgesetz, bei den öffentlichen Anstalten das Pfandbriefgesetz. Beispiele sind die Frankfurter Hypothekenbank (privatrechtliches Realkreditinstitut) und die Deutsche Pfandbriefanstalt (öffentlich-rechtliche Grundkreditanstalt).

2225 Banken mit Sonderaufgaben

Die Banken mit Sonderaufgaben erfüllen spezielle Funktionen. Auf eine detaillierte Ausführung wird an dieser Stelle verzichtet. Beispiele für Kreditinstitute mit Sonderaufgaben sind die Kreditanstalt für Wiederaufbau (Investitionskredite, Exportfinanzierung, Kreditvergabe an Entwicklungsländer), die AKA Ausfuhrkredit-GmbH (Exportfinanzierung), die deutsche Ausgleichsbank (Finanzierungen von wirtschaftsfördernden sowie sozial- sowie umweltpolitischen Maßnahmen), die frühere Industriekreditbank AG - heute als IKB Deutsche Industriebank AG privatisiert -, und die Lastenausgleichsbank.

2226 Bausparkassen

Bausparkassen dienen in erster Linie zur Finanzierung des Eigenheims oder der Eigentumswohnung, aber auch sekundär zur Entschuldung und Renovierung des Eigentums. Ihre Zielgruppe sind insofern die privaten Bauherren. Die Mittel für die Baudarlehen stammen aus den angesammelten Beträgen, die die Bausparer als Bauspareinlagen einbringen.

Nach Erreichung einer vorgegebenen Ansparsumme (i.d.R. 40 % oder 50 % der vereinbarten Bausparsumme) und Einhaltung einer festgelegten Ansparzeit erfolgt eine Auszahlung der gesamten Bausparsumme. Die Attraktivität des Bausparens liegt primär in dem relativ niedrigen und festen Zinssatz. Die Sparbeträge werden zudem vom Finanzamt i.d.R. durch Steuervorteile oder Prämien begünstigt.

Auch bei Bausparkassen gibt es private Rechtsformen, die dann grundsätzlich in der Rechtsform der Aktiengesellschaft firmieren, und öffentlich-rechtliche Institute in der Rechtsform von öffentlichen Anstalten oder als Abteilungen von Landesbanken oder Sparkassen.

Da Bausparkassen im Sinne des § 1 KWG als Kreditinstitute gelten, sind für sie die KWG-Bestimmungen relevant. Ferner unterstehen die Bausparkassen dem Gesetz über Bausparkassen und der Bausparkassen-Verordnung. Das Bauspargeschäft darf nur von Bausparkassen betrieben werden.

Ein Beispiel für eine private Bausparkasse ist die Bausparkasse Schwäbisch-Hall AG. Ein Beispiel für eine öffentliche Bausparkasse ist die Badische Landesbausparkasse.

Exkurs: Das Europäische System der Zentralbanken (ESZB)

Das ESZB setzt sich aus den nationalen Zentralbanken der Europäischen Union (für Deutschland die Deutsche Bundesbank) sowie der Europäischen Zentralbank (EZB) zusammen.

Vorrangiges Ziel des ESZB ist es, Preisstabilität zu gewährleisten. Allerdings ist es verpflichtet, die allgemeine Wirtschaftspolitik der Regierungen der Europäischen Gemeinschaft zu unterstützen, soweit dies unter Wahrung der Preisstabilität möglich ist.

Die **Organe des ESZB** setzen sich zusammen aus:

(1) **EZB-Rat:** Der EZB-Rat ist das oberste Beschlussorgan. Er setzt sich aus den Mitgliedern des Direktoriums und den Präsidenten der nationalen Notenbanken zusammen und bestimmt die Währungs- und Kreditpolitik der Bundesbank.

(2) **Direktorium:** Das Direktorium ist das Exekutivorgan des ESZB. Seine Hauptaufgabe besteht darin, den nationalen Notenbanken Anweisungen zu geben, die die Umsetzung der Geldpolitik nach den Leitlinien des EZB-Rats ermöglichen. Das Direktorium besteht aus dem Präsidenten, dem Vizepräsidenten und vier

weiteren Mitgliedern, die eine besondere fachliche Qualifikation besitzen müssen.

(3) **Erweiterte Rat:** Der Erweiterte Rat ist im Wesentlichen für die Erhebung und Veröffentlichung statistischer Daten und der Erfüllung einer Beratungsfunktionen des ESZB zuständig.

So wie ein normales Kreditinstitut mit der Änderung der Kreditzinsen das Geld bzw. die Kreditaufnahme für ihre Kunden verteuern oder verbilligen kann, vermag auch das ESZB, im Geschäft mit den Kreditinstituten durch die Festsetzung bestimmter Rahmenbedingungen und Refinanzierungssätze den Preis für das Geld festzulegen. Da die Banken und Sparkassen das von dem ESZB geänderte Preisniveau im Allgemeinen an ihre Kunden weitergeben, wird dadurch mittelbarer Einfluss auf das allgemeine Zinsniveau ausgeübt. Langfristig ist die Preisstabilität eine der wichtigsten Voraussetzungen für ein anhaltendes reales Wachstum der Volkswirtschaft.

Die Deutsche Bundesbank, die ihre geldpolitische Souveränität an das ESZB abgegeben hat, ist für die Durchführung der gemeinsamen Geldpolitik im Europäischen System der Zentralbanken zuständig. Dazu stehen ihr die folgenden **kredit- und währungspolitischen Instrumente** zur Verfügung:

- die Offenmarktpolitik,
- die ständigen Fazilitäten und
- die Mindestreservepolitik.

Bedeutend ist, dass die ESZB beim Einsatz des kredit- und währungspolitischen Instrumentariums von den Regierungen der Mitgliedsstaaten unabhängig ist. Eine Reihe von Maßnahmen ist in der Satzung der ESZB vorgesehen, um die Unabhängigkeit zu garantieren. So sind beispielsweise die Mindestamtszeiten der Mitglieder des Direktoriums auf acht Jahre festgelegt und eine Amtsenthebung ist nur dann möglich, wenn die Voraussetzungen für die Ausübung des Amtes nicht mehr erfüllt sind bzw. dem Mitglied eine schwere Verfehlung vorgeworfen werden kann.

223 Institutionen des paramonetären Sektors

Unter dem Oberbegriff "Institutionen des paramonetären Sektors" werden alle Unternehmen zusammengefasst, die nur spezielle Bankgeschäfte oder bankähnliche Dienstleistungen anbieten (vgl. Abb. 2/9).

Abb. 2/9: Paramonetäre Institutionen

Paramonetäre Institutionen

- Kapitalanlagegesellschaften
- Versicherungsgesellschaften
- Leasing-Gesellschaften
- Factoring- und Forfaitierungs-Gesellschaften
- Kapitalbeteiligungsgesellschaften
- Kreditgarantiegemeinschaften
- Wertpapiersammelbanken
- Versandhäuser und Autoproduzenten
- Kreditkartenorganisationen

2231 Kapitalanlagegesellschaften

Neben den Kreditinstituten gehören die Kapitalanlagegesellschaften, auch als Investmentgesellschaften bekannt, zu den wichtigsten und beliebtesten Kapitalsammelstellen. Anleger geben den von ihnen zu investierenden Betrag an einen von einer Kapitalanlagegesellschaft verwalteten (Wertpapier-)Fond. Die Mittel des Fonds werden dann durch die Fondmanager der Investmentgesellschaft angelegt. Einzelne Fonds unterscheiden sich durch die Art der Wertgegenstände, die für den jeweiligen Fond erworben werden können. Zwischen den verschiedenen Fonds wählen Investoren gemäß ihrer Anlagezielsetzung. Hauptsächlich stehen ihnen reine Aktienfonds, Spezialitätenfonds, Rentenfonds, gemischte Investmentfonds und Immobilienfonds zur Verfügung.

Für seine Geldeinzahlung erhält der Anleger ein Investment-Zertifikat. Dieses verbrieft einen Anteil am Gesamtvermögen des Fonds. Jeder Anleger in einer Kapitalanlagegesellschaft ist über das Zertifikat am Fondsvermögen und schließlich auch an den Erträgen beteiligt. Indirekt sind die Käufer der Investmentanteile Miteigentümer an den Unternehmen, die für die Zusammensetzung des Fonds gekauft wurden.

Der genaue Wert eines Anteils errechnet sich als Division des Fondreinvermögens durch die Zahl der ausgegebenen Zertifikate. Da der Fond i.d.R. in Wertpapiere investiert, deren Kurse gemäß Angebot und Nachfrage schwanken, ändert sich auch das Fondreinvermögens und damit der Wert der Fondanteile.

Bei den in Deutschland üblichen offenen Fonds hat der Anleger börsentäglich die Möglichkeit, seine Zertifikate zum aktuellen Anteilswert zurückzugeben. Bei den geschlossenen Fonds, die i.d.R. zur Finanzierung von bestimmten Objekten, z.B. Flugzeugen oder Bauten aufgelegt werden, ist eine Rückgabe nicht ohne weiteres möglich.

Das Konzept des Investmentsparens erlaubt also Kapitalanlegern mit einem geringen Kapitaleinsatz eine breit gestreute bzw. diversifizierte Anlage zu erwerben. Nachteilig sind die in Deutschland häufig hohen

Die Kapital- und Finanzmärkte 65

Ausgabeaufschläge (typisch 2-5%), die Fonds gewöhnlich nur für einen mittel- bis langfristigen Anlagehorizont empfehlenswert machen.

Investmentgesellschaften sind mit Kreditinstituten vergleichbar und unterliegen zum Schutz der Anleger genau wie jedes Kreditinstitut der strengen Kontrolle des Bundesaufsichtsamtes für das Kreditwesen (BAK). Gesetzliche Grundlage ist das Gesetz über Kapitalanlagegesellschaften (KAGG), das Gesetz über den Vertrieb ausländischer Investmentanteile und das Gesetz über die Besteuerung der Erträge aus ausländischen Investmentanteilen.

2232 Versicherungsgesellschaften

Gesetzliche und private Versicherungen haben in unserer Volkswirtschaft eine wichtige Aufgabe übernommen. Sie sollen den Bürgern helfen, bestimmte Risiken des täglichen Lebens finanziell abzusichern. Neben der gesetzlichen Renten-, Kranken- und Arbeitslosenversicherung gibt es eine Vielzahl von privaten Möglichkeiten, sich gegen Risiken und Gefahren bei privaten Versicherungsgesellschaften zu schützen.

Versicherungen sind Unternehmen, die sich verpflichten, dem Versicherten gegen Zahlung der Prämien bei Eintritt des Versicherungsfalles bestimmte Leistungen zu gewähren. Die Geldvermögensbildung steht jedoch heutzutage gegenüber der Risikovorsorge deutlich im Vordergrund. Versicherungen bieten zunehmend Leistungen an, die bisher nur Kreditinstituten vorbehalten waren. Ihr Anteil an der privaten Vermögensbildung wird ständig größer. Dazu beigetragen hat auch die Möglichkeit bestimmte Beiträge für Versicherungen bei der Lohn- und Einkommensteuer als Sonderausgaben geltend zu machen. Die Sonderausgaben führen zu einer Senkung des steuerpflichtigen Einkommens und somit zu einer Verringerung der Steuerlast des Versicherungsnehmers.

Die wesentlichen Anbieter auf dem deutschen Versicherungsmarkt sind in der Rechtsform der Aktiengesellschaften, der Versicherungsvereine auf Gegenseitigkeit (VVaG), der öffentlich-rechtlichen Versicherungsgesellschaften oder als Niederlassungen ausländischer Versicherungsunternehmungen organisiert. Prinzipiell kann man auch mit ausländischen Versicherungsgesellschaften Verträge schließen, die keine Niederlassung in Deutschland haben. Die rechtlichen Folgen sind in einem solchen Fall abhängig von den getroffenen Vereinbarungen bzw. von der Ausgestaltung des Vertrags.

Sämtliche Versicherungen unterliegen dem Versicherungsvertragsgesetz sowie den strengen Vorschriften des Versicherungsaufsichtsgesetzes und der demzufolge verbundenen Kontrolle des Bundesaufsichtsamtes für das Versicherungswesen (BAV). Letztere hat als eine selbständige Bundesoberbehörde im Geschäftsbereich des Bundesministers der Finanzen die Aufgabe, darauf zu achten, dass der Geschäftsbetrieb der Versicherungsgesellschaften ordentlich verläuft und dass die Interessen der Versicherungsnehmer gewahrt werden.

Jährlich wird vom Bundesaufsichtsamt für das Versicherungswesen die gesamte Rechnungslegung der Versicherungsgesellschaften überprüft. Es wird kontrolliert, ob das Versicherungsunternehmen ausreichende Kapitalreserven gebildet und die dafür erforderlichen Gelder auch sicher angelegt hat. Für die Anlage der von den Versicherungsnehmern eingezahlten Prämien bestehen nämlich bestimmte gesetzlich verankerte Voraussetzungen. So gehören die im Versicherungsunternehmen angesammelten Sparanteile und Gewinnbeteiligungen zum sog. **Deckungsstock**, der nur in risikoarme Titel angelegt werden darf.

Auf dem Kapitalmarkt stellen die Versicherungen in ihrer Eigenschaft als **Kapitalsammelstellen** einen besonders wichtigen Marktteilnehmer in der Funktion des Anlegers dar.

2233 Leasing-Gesellschaften, Factoring- und Forfaitierungs-Gesellschaften

(vgl. Kapitel 7 "Die Finanzierungssurrogate")

2234 Kapitalbeteiligungsgesellschaften

Kapitalbeteiligungsgesellschaften haben neben der Beratungsaufgabe die Funktion, die Eigenkapitalversorgung nicht emissionsfähiger Klein- und Mittelbetriebe zu unterstützen. Diese mittelständischen Gesellschaften scheitern bei ihrer Finanzierung häufig an der erreichten Verschuldungsgrenze. Die Kapitalbeteiligungsgesellschaften beteiligen sich auf Zeit insbesondere an Einzelunternehmen, Personenhandelsgesellschaften oder an nicht kapitalmarktfähigen Kapitalgesellschaften mit Risikokapital, d.h. sie stellen voll haftendes Eigenkapital zeitlich befristet (bis zu 10 Jahre) zur Verfügung. Als Gegenleistung erhalten sie eine Mindestverzinsung, eine Gewinnbeteiligung und eine Wertzuwachspauschale, so dass die Kosten im Allgemeinen höher sind als bei einer üblichen Kreditfinanzierung.

Grundsätzlich gehen Kapitalbeteiligungsgesellschaften nur Minderheitenbeteiligungen bis maximal 49 % ein. Das unterstützte Unternehmen kann diese Beteiligung dann sukzessiv durch Rückkauf der Anteile reduzieren bzw. auflösen. Alternativ veräußert die Kapitalbeteiligungsgesellschaft ihre Anteile nach einem erfolgreichen Börsengang des Unternehmens.

Außer der Garantieübernahme des Inhabers bzw. Gesellschafters brauchen keine Sicherheiten gestellt zu werden, d.h. die Sicherheiten bleiben für Kredite frei verfügbar. Im Falle des Konkurses oder des gerichtlichen Vergleichs nimmt die Beteiligung der Kapitalbeteiligungsgesellschaften je nach Vertragsform u.U. am Verlust teil.

Bemerkenswert ist, dass Kapitalbeteiligungsgesellschaften im Allgemeinen keinen Anspruch auf die Geschäftsleitung haben. Es folgt lediglich ein Mitsprache- bzw. Vetorecht bei bedeutenden Entscheidungen bzw. Geschäften. Oft wird ein Beirat für das kapitalsuchende Unternehmen eingerichtet, in dem Vertreter der Kapitalbeteiligungsgesellschaft sitzen.

Kapitalbeteiligungsgesellschaften werden im Allgemeinen durch Kreditinstitute, Versicherungen, Organisationen der Wirtschaft oder der öffentlichen Hand getragen. Kapitalbeteiligungsgesellschaften sind z.B. die

"Mittelständische Beteiligungsgesellschaft Sachsen mbH" oder die "3i Deutschland Gesellschaft für Industriebeteiligungen mbH".

2235 Kreditgarantiegemeinschaften

Kreditgarantiegemeinschaften sind nach Branchen differenzierte öffentlich-rechtliche Einrichtungen, die mittelständischen Unternehmungen die Erlangung von Bankkrediten erleichtern sollen. Da Klein- und Mittelbetriebe bei der Aufnahme von Fremdkapital häufig nicht die notwendigen Sicherheiten stellen können, sollen die Kreditgarantiegemeinschaften (Bürgschaftsbanken, Bürgschaftsgemeinschaften oder Landesgarantiekassen) durch ihre Bürgschaft die Krediterlangung ermöglichen. Kreditgarantiegemeinschaften übernehmen i.d.R. aber nur Teilgarantien (80 % des Kreditbetrages), so dass das Restrisiko durch übliche Sicherheiten abgedeckt werden muss. Die Betragshöchstgrenzen für Ausfallbürgschaften betragen je nach Branche bis zu 0,5 Mio. €. Eine Überschreitung ist allerdings in Ausnahmefällen möglich. Die Laufzeit der Darlehen kann entsprechend dem jeweiligen Vorhaben und den betriebswirtschaftlichen Bedürfnissen des Antragstellers festgelegt werden. Von den Kreditgarantiegemeinschaften werden für die angebotenen Dienste eine einmalige Bearbeitungsgebühr (ca. 1 %) und eine laufende Bürgschaftsprovision (ebenfalls ca. 1 %) auf die noch in Anspruch genommene offene Bürgschaftssumme berechnet. Die Abwicklung erfolgt über die jeweilige Hausbank der Unternehmen.

Zur teilweisen Deckung des Risikos aus den Bürgschaften erhalten die Kreditgarantiegemeinschaften staatliche Rückbürgschaften. Alle Kreditinstitute behandeln die Ausfallbürgschaften der Kreditgarantiegemeinschaften als vollwertige Sicherheit.

Kreditgarantiegemeinschaften gibt es für die Wirtschaftszweige Handel, Industrie, Handwerk, Verkehr, Hotel- und Gaststättengewerbe, freie Berufe und Gartenbau.

Ein spezielles Beispiel für eine Kreditgarantiegemeinschaft ist die Hermes Kreditversicherungs-AG zur Abdeckung spezieller Risiken des Exportgeschäftes. Branchenspezifische Kreditgarantiegemeinschaften in Bayern sind bspw. die "Kreditgarantiegemeinschaft des bayerischen Handwerks GmbH" oder die "Kreditgarantiegemeinschaft für den Handel in Bayern GmbH".

Die einzelnen Kreditgarantiegemeinschaften der Länder haben wiederum zum Erfahrungsaustausch und zur gemeinsamen Vertretung nach außen bestimmte Bundeskreditgarantiegemeinschaften, z.b. "Bundeskreditgarantiegemeinschaft des Handwerks GmbH", als Spitzenorganisationen gegründet, die ihrerseits durch den Gemeinschaftsausschuss der Bundeskreditgarantiegemeinschaften als Dachorganisation repräsentiert werden.

Kurzer Abriß der Nationalökonomie

Von Kurt Tucholsky

Nationalökonomie ist, wenn die Leute sich wundern, warum sie kein Geld haben. Das hat mehrere Gründe, die feinsten sind die wissenschaftlichen Gründe, doch können solche durch eine Notverordnung aufgehoben werden.

Über die ältere Nationalökonomie kann man ja nur lachen und dürfen wir selbe daher mit Stillschweigen übergehn. Sie regierte von 715 vor Christo bis zum Jahre 1 nach Marx. Seitdem ist die Frage völlig gelöst: die Leute haben zwar immer noch kein Geld, wissen aber wenigstens, warum.

Die Grundlage aller Nationalökonomie ist das sog. „Geld".

Geld ist weder ein Zahlungsmittel noch ein Tauschmittel, auch ist es keine Fiktion, vor allem aber ist es kein Geld. Für Geld kann man Waren kaufen, weil es Geld ist, und es ist Geld, weil man dafür Waren kaufen kann. Doch ist diese Theorie inzwischen fallen gelassen worden. Woher das Geld kommt, ist unbekannt. Es ist eben da bzw. nicht da – meist nicht da. Das im Umlauf befindliche Papiergeld ist durch den Staat garantiert; dieses vollzieht sich derart, daß jeder Papiergeldbesitzer zur Reichsbank gehn und dort für sein Papier Gold einfordern kann. Das kann er. Die obern Staatsbankbeamten sind gesetzlich verpflichtet, Goldplomben zu tragen, die für das Papiergeld haften. Dieses nennt man Golddeckung.

Der Wohlstand eines Landes beruht auf seiner aktiven und passiven Handelsbilanz, auf seinen innern und äußern Anleihen sowie auf dem Unterschied zwischen dem Giro des Wechselagios und dem Zinsfluß der Lombardkredite; bei Regenwetter ist das umgekehrt. Jeden Morgen wird in den Staatsbanken der sog. „Diskont" ausgewürfelt; es ist den Deutschen neulich gelungen, mit drei Würfeln 20 zu trudeln.

Was die Weltwirtschaft angeht, so ist sie verflochten.

Wenn die Ware den Unternehmer durch Verkauf verlassen hat, so ist sie nichts mehr wert, sondern ein Pofel, dafür hat aber der Unternehmer das Geld, welches Mehrwert genannt wird, obgleich es immer weniger wert ist. Wenn ein Unternehmer sich langweilt, dann ruft er die andern und dann bilden sie einen Trust, das heißt, sie verpflichten sich, keinesfalls mehr zu produzieren, als sie produzieren können, sowie ihre Waren nicht unter Selbstkostenverdienst abzugeben. Daß der Arbeiter für seine Arbeit auch einen Lohn haben muß, ist eine Theorie, die heute allgemein fallen gelassen worden ist.

Eine wichtige Rolle im Handel spielt der Export. Export ist, wenn die andern kaufen sollen, was wir nicht kaufen können; auch ist es unpatriotisch, fremde Waren zu kaufen, daher muß das Ausland einheimische, also deutsche Waren konsumieren, weil wir sonst nicht konkurrenzfähig sind. Wenn der Export andersrum geht, heißt er Import, welches im Plural eine Zigarre ist. Weil billiger Weizen ungesund und lange nicht so bekömmlich ist wie teurer Roggen, haben wir den Schutzzoll, der den Zoll schützt sowie auch die deutsche Landwirtschaft. Die deutsche Landwirtschaft wohnt seit fünfundzwanzig Jahren am Rande des Abgrunds und fühlt sich dort ziemlich wohl. Sie ist verschuldet, weil die Schwerindustrie ihr nichts übrig läßt, und die Schwerindustrie ist nicht auf der Höhe, weil die Landwirtschaft ihr zu viel fortnimmt. Dieses nennt man den Ausgleich der Interessen. Von beiden Institutionen werden hohe Steuern gefordert, und muß der Konsument sie auch bezahlen.

Jede Wirtschaft beruht auf dem Kreditsystem, das heißt auf der irrtümlichen Annahme, der andre werde gepumptes Geld zurückzahlen. Tut er das nicht, so erfolgt eine sog. „Stützungsaktion", bei der alle, bis auf den Staat, gut verdienen. Solche Aktionen erkennt man daran, daß die Bevölkerung aufgefordert wird, Vertrauen zu haben. Weiter hat sie ja dann auch meist nichts mehr.

Wenn die Unternehmer alles Geld im Ausland untergebracht haben, nennt man dieses den Ernst der Lage. Geordnete Staatswesen werden mit einer solchen Lage leicht fertig; das ist bei ihnen nicht so wie in den kleinen Raubstaaten, wo Scharen von Briganten die notleidende Bevölkerung aussaugen. Auch die Aktiengesellschaften sind ein wichtiger Bestandteil der Nationalökonomie. Der Aktionär hat zweierlei wichtige Rechte: er ist der, wo das Geld gibt, und er darf bei der Generalversammlung in die Opposition gehn und etwas zu Protokoll geben, woraus sich der Vorstand einen sog. Sonnabend macht. Die Aktiengesellschaften sind für das Wirtschaftsleben unerläßlich: stellen sie doch die Vorzugsaktien und die Aufsichtsratsstellen her. Denn jede Aktiengesellschaft hat einen Aufsichtsrat, der rät, was er eigentlich beaufsichtigen soll. Die Aktiengesellschaft haftet dem Aufsichtsrat für pünktliche Zahlung der Tantiemen. Diejenigen Ausreden, in denen gesagt ist, warum die A.-G. keine Steuern bezahlen kann, werden in einer sogenannten „Bilanz" zusammengestellt.

Die Wirtschaft wäre keine Wirtschaft, wenn wir die Börse nicht hätten. Die Börse dient dazu, einer Reihe aufgeregter Herren den Spielklub und das Restaurant zu ersetzen; die frömmern gehn außerdem noch in die Synagoge. Die Börse sieht jeden Mittag die Weltlage an: dies richtet sich nach dem Weitblick der Bankdirektoren, welche jedoch meist nur bis zu ihrer Nasenspitze sehn, was allerdings mitunter ein weiter Weg ist. Schreien die Leute auf der Börse außergewöhnlich viel, so nennt man das: die Börse ist fest. In diesem Fall kommt – am nächsten Tag – das Publikum gelaufen und engagiert sich, nachdem bereits das Beste wegverdient ist. Ist die Börse schwach, so ist das Publikum allemal dabei. Dieses nennt man Dienst am Kunden. Die Börse erfüllt eine wirtschaftliche Funktion: ohne sie verbreiteten sich neue Witze wesentlich langsamer.

In der Wirtschaft gibt es auch noch kleinere Angestellte und Arbeiter, doch sind solche von der neuen Theorie längst fallen gelassen worden.

Zusammenfassend kann gesagt werden: die Nationalökonomie ist die Metaphysik des Pokerspielers.

Ich hoffe, Ihnen mit diesen Angaben gedient zu haben, und füge noch hinzu, daß sie so gegeben sind wie alle Waren, Verträge, Zahlungen, Wechseluuterschriften und sämtliche andern Handelsverpflichtungen –: also ohne jedes Obligo.

1931 von Kurt Tucholsky unter dem Pseudonym Peter Panter veröffentlicht

Aus: Kurt Tucholsky, Gesammelte Werke Band I, Hamburg (Rowohlt) 1960

aus: Kurt Tucholsky, GESAMMELTE WERKE; © 1960 by Rowohlt Verlag GmbH, Reinbek

Erläuternde Fragen und Antworten

1. **Definieren Sie den Begriff "Wertpapiere"!**

   Wertpapiere sind Urkunden, die ein Privatrecht in der Weise verbriefen, dass ohne die Innehabung der Urkunde eine Forderung nicht geltend gemacht werden kann. Der Gläubiger muss, um seine Forderung geltend machen zu können, die Urkunde vorlegen, d.h., ohne Urkunde hat er keinen Anspruch. Im begrifflichen Gegensatz dazu finden sich die Legitimationspapiere und Beweisurkunden.

2. **Wie lassen sich Wertpapiere nach ihren wirtschaftlichen Funktionen einteilen?**

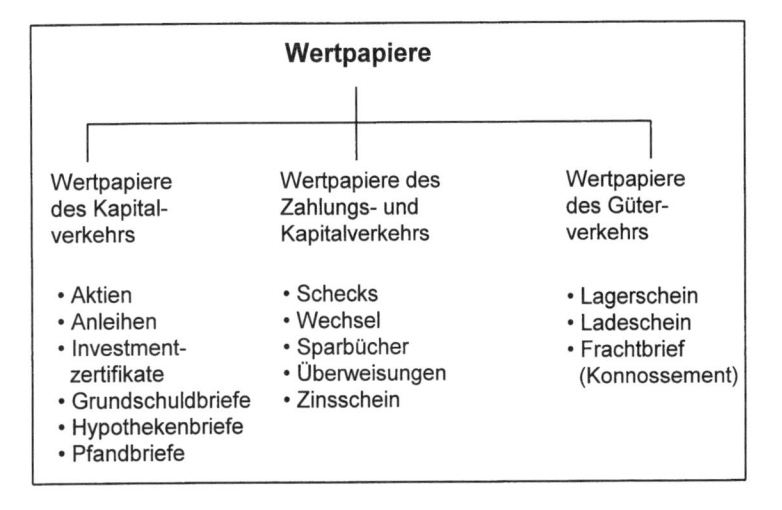

Wertpapiere		
Wertpapiere des Kapitalverkehrs	Wertpapiere des Zahlungs- und Kapitalverkehrs	Wertpapiere des Güterverkehrs
• Aktien • Anleihen • Investmentzertifikate • Grundschuldbriefe • Hypothekenbriefe • Pfandbriefe	• Schecks • Wechsel • Sparbücher • Überweisungen • Zinsschein	• Lagerschein • Ladeschein • Frachtbrief (Konnossement)

3. **Was sind Effekten?**

   Eine Unterart der Wertpapiere des Kapitalverkehrs sind die Effekten. Effekten sind Wertpapiere, bei denen es sich um vertretbare Sachen handelt, d.h., wenn das betreffende Wertpapier im Verkehr nach der Zahl, nach Stücken oder nach Wertpapieren bestimmt wird, z.B. wie bei Aktien und Anleihen. Dadurch ist die wichtigste Voraussetzung für den Handel mit Wertpapieren erfüllt, nämlich die Fungibilität, d.h. die Handelbarkeit der Wertpapiere. Effekten sind in ihren Eigenschaften derart standardisiert, dass eine Prüfung ihrer wesentlichen juristischen und wirtschaftlichen Merkmale für den Erwerber nicht erforderlich ist. Grundschuld- und Hypothekenbriefe sind dagegen zwar Wertpapiere, aber keine Effekten.

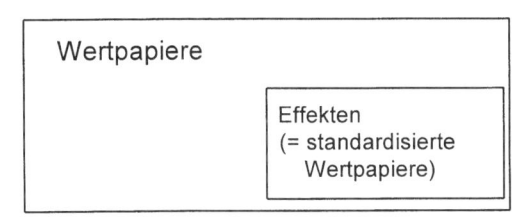

```
Wertpapiere
    ┌─────────────────┐
    │ Effekten        │
    │ (= standardisierte │
    │ Wertpapiere)    │
    └─────────────────┘
```

4. **Worin liegt der Unterschied zwischen Spezialwerten und Standardwerten?**

   Spezialwerte sind Aktien von kleinen Unternehmen mit nicht allzu großem Markt. Die Notierung der Spezialwerte erfolgt i.d.R. nur an einem oder wenigen Börsenplätzen. Standardwerte sind dagegen Aktien von Publikumsgesellschaften, die hohe Börsenumsätze haben und variabel gehandelt werden.

5. **Wozu dient der "Börsenprospekt"?**

   Unternehmen, die zur Börse zugelassen werden wollen, müssen zuvor einen sog. Börsenprospekt publizieren. Der Prospekt ist eine schriftliche Anzeige über die bevorstehende Ausgabe von neuen Wertpapieren sowie eine Publizierung wichtiger Angaben zum Wertpapier. Ziel ist die vorzeitige Information der Öffentlichkeit über den Emittenten und dessen Wertpapier. Sein Inhalt muss zumindest den von den Börsenkommissionen geforderten Vorschriften entsprechen. Gemäß Börsengesetz haften Emissionshaus und Emittent gesamtschuldnerisch, wenn sie bewusst oder grob fahrlässig unrichtige oder unvollständige Angaben gemacht haben (sog. Prospekthaftung).

6. **Was versteht man unter einem Tafelgeschäft?**

   Als Tafelgeschäft bezeichnet man das "Zug um Zug"-Geschäft ("über den Tisch oder Tresen = Tafel", ohne dass der Name des Käufers dokumentiert wird) und die private Verwahrung und Verwaltung von

Wertpapieren. Der Kapitalanleger erwirbt also Wertpapiere, die er bei sich zu Hause, im Unternehmen oder im privaten Banktresor aufbewahrt. Er muss sich dann selber um die rechtzeitige Einlösung der Zinskupons etc. kümmern.

7. **Wodurch sind Termineinlagen gekennzeichnet?**

Unter dem Begriff Termineinlagen werden Gelder zusammengefasst, die für eine bestimmte Frist angelegt sind - häufig kurzfristig auf einem sog. Festgeldkonto - oder die nach Ablauf zuvor festgelegter Kündigungsfristen fällig sind. Die Anlagefristen betragen zwischen einem Monat und maximal einem Jahr. Analog zur Länge der Laufzeit steigt i.d.R. auch die Verzinsung der Anlage. Nach Ablauf der Frist wird dem Anleger der Geldbetrag inkl. der aufgelaufenen Zinsen gutgeschrieben. Innerhalb des Bankensektors werden größere Beträge auch nur tageweise ge- und verliehen (Tagesgeld).

8. **Unterscheiden Sie zwischen Sicht-, Termin- und Spareinlagen!**

Die traditionellste Form der verzinslichen Einlage bei Kreditinstituten sind die Spareinlagen. Die Höhe der Verzinsung staffelt sich hierbei nach der Länge der vereinbarten Kündigungsfrist. Auf bestimmte Zeiträume (z.B. 30 Tage) befristete Einlagen werden als Termineinlagen bezeichnet. Dabei legt der Investor größere Geldbeträge (z.B. 10.000 €) auf einem besonderen Termingeldkonto an. Sichteinlagen sind Gelder, die nicht für eine bestimmte Zeit angelegt sind, sondern täglich verfügbar sind.

9. **Beschreiben Sie kurz die Aufgaben des KWG!**

Das Kreditwesengesetz (KWG) enthält Regelungen über die Form der Beaufsichtigung und Prüfung, die geschäftliche Betätigung, das Eigenkapital und die Liquidität der Kreditinstitute. Ergänzt wird das KWG durch die detaillierten Grundsätze, die das Bundesaufsichtsamt für das Kreditwesen (Berlin) gemeinsam mit der Deutschen Bundesbank erlässt. Ferner enthält das KWG Vorschriften über die Berichtspflicht der Kreditinstitute.

10. **Beschreiben Sie kurz die Aufgaben des Bundesaufsichtsamtes für das Kreditwesen (BAK)!**

    Die vielfältigen Aufgaben des BAK sind im KWG erläutert. Zu den Aufgaben gehören die laufende Überwachung der Tätigkeit der Kreditinstitute, das Eingreifen in die Geschäftsführung in Ausnahmefällen und die Entziehung der Geschäftserlaubnis, soweit dieses notwendig erscheint. Das BAK arbeitet eng mit der Deutschen Bundesbank zusammen und trifft seine Entscheidungen zum Großteil in Übereinstimmung mit ihr. Das BAK ist dem Geschäftsbereich des Bundesministers der Finanzen (BdF) unterstellt.

11. **Was verstehen Sie unter Devisen?**

    Devisen sind Zahlungsmittel in ausländischer Währung. Darunter fallen: täglich fällige Guthaben bei ausländischen Kreditinstituten, Schecks und Wechsel, die auf eine ausländische Währung lauten und im Ausland zahlbar sind. Noten und Münzen in ausländischer Währung bezeichnet man als "Sorten".

12. **Beschreiben Sie kurz die wesentliche Aufgabe des Europäischen Systems der Zentralbanken (ESZB)**

    Das ESZB regelt mit Hilfe der währungspolitischen Befugnisse den Geldumlauf und die Kreditversorgung der Wirtschaft mit dem Ziel, die Währung im Euroraum zu sichern.

13. **Was ist unter "Abwertung" und "Aufwertung" zu verstehen?**

    Bei der Ab- und Aufwertung handelt es sich um eine Neufestsetzung des Wechselkurses im internationalen Geschäftsverkehr. Bei freien Wechselkursen ergibt sich eine Ab- bzw. Aufwertung automatisch durch Angebot und Nachfrage.

    Als Abwertung bezeichnet man die Herabsetzung des Wertes einer Währung gegenüber einer ausländischen Währung, d.h., zum Kauf einer Auslandswährungseinheit sind mehr € erforderlich. Die Einfuhren in das abgewertete Land werden dadurch teurer, die Ausfuhren entsprechend billiger. Abwertungen eignen sich folglich dazu, den Export anzuregen und die Importe zu erschweren. Der Gegensatz dazu ist die Aufwertung = Heraufsetzung des Wertes einer Währung.

14. **Was sind Investment-Zertifikate?**

    Investment-Zertifikate dokumentieren den Anlegern bei Investmentgesellschaften ihren Anteil am Fondsvermögen. Die Investment-Zertifikate sind im Prinzip Wertpapiere wie Aktien oder Anleihen. Die Anlage in Investment-Zertifikaten hat für kleine Anleger den Vorteil der Risikostreuung, weil die Investmentgesellschaft das bei ihr angelegte Kapital breit gestreut über eine Vielzahl von unterschiedlich risiko- und chancenbehafteten Wertpapieren anlegt und auf diese Weise eine "optimale" Mischung des Gesamtportfolios erreicht. Eine derartige "Risikostreuung" ist dem einzelnen Anleger kaum möglich.

15. **Worin liegt der Unterschied zwischen geschlossenen und offenen Investmentfonds?**

    Ein geschlossener Investmentfonds besteht aus einer festgesetzten Zahl von Anteilen. Sind alle Anteile verkauft, so werden keine neuen Zertifikate mehr ausgegeben. Bei offenen Fonds dagegen werden laufend neue Anteile ausgegeben und alte Anteile zurückgenommen.

16. **Eine besondere Variante der Beteiligungsfinanzierung stellt die Venture-Capital-Finanzierung dar. Wie ist diese Finanzierungsform von den traditionellen Arten der Beteiligungsfinanzierung abzugrenzen!**

    Eine Venture-Capital-Finanzierung (Risiko-, Wagnis- oder Chancenkapital) ist prinzipiell rechtsformunabhängig. Es handelt sich hierbei um Beteiligungskapital mit anfänglich hohem Risiko, aber späteren überdurchschnittlichen Gewinnchancen. Es dient im Allgemeinen als Gründungskapital für Gesellschaften mit besonders innovativen Technologien.

3 Das Eigenkapital und seine Bedeutung für die Unternehmensfinanzierung

31 Begriff des Eigenkapitals

> **Eigenkapital** ist der Teil des Kapitals, der der Unternehmung von ihren Eigentümern in deren Eigenschaft als Eigentümer zur Verfügung gestellt oder durch Nichtentnahme des Gewinns (Selbstfinanzierung, Gewinnthesaurierung) belassen wird.

Die Unternehmung erlangt folglich Eigenkapital durch:

- Einzahlungen der Einzelunternehmer oder Gesellschafter der Personenhandelsgesellschaften (OHG, KG, stille Gesellschaft);

- Einzahlung des Kaufpreises für Gesellschaftsanteile an GmbHs;

- Zahlung des Gegenwertes für gezeichnete Aktien im Falle von Aktiengesellschaften.

In allen diesen Fällen wird Liquidität aus der Privatsphäre der Eigentümer in die Unternehmungssphäre überführt.

Sofern der Kaufpreis für die Geschäftsanteile nicht in bar, sondern durch Übertragung von Sachgütern (Grundstücken, Maschinen, PKW oder Rechte wie Patente oder Wertpapiere etc.) geleistet wird, spricht man von einer **Sacheinlage**. Der finanzielle Gegenwert stellt ebenfalls "Eigenkapital" dar.

In den bisher genannten Fällen wird das Eigenkapital der Unternehmung von **außen** zugeführt und findet in Vermögenswerten seinen Niederschlag (vgl. Abb. 3/1). Auf der Passivseite der Bilanz dokumentiert das Eigenkapital folglich in abstrakter Form den in Geldwerten ausgedrückten Finanzierungsbeitrag der (Eigen-)Kapitalgeber.

Neben dieser Eigenkapital-Bereitstellung von außen kann die Unternehmung selbst Eigenkapital generieren, indem sie erzielte Gewinne thesauriert, also nicht an die Eigentümer ausschüttet. Dieser Vorgang heißt **Selbstfinanzierung** und ist Teil der **Innenfinanzierung**. Bilanziell drückt sich dies in den Rücklagen aus (vgl. Abb. 3/2).

Abb. 3/1: Verwendung des Eigenkapitals

BILANZ

Kasse, Bankguthaben (bei Bareinzahlung)	Eigenkapital
Maschinen etc. (bei Sacheinlagen)	

Abb. 3/2: Zusammensetzung des Eigenkapitals und der Vermögensgegenstände

BILANZ

Vermögen	Grundstücke Maschinen Rohstoffe Bankguthaben	gezeichnetes Kapital	Eigenkapital
		Rücklagen	

Erweitern wir die Betrachtung durch Einbeziehung von Fremdkapital (Verbindlichkeiten, Rückstellungen) in die bilanzielle Darstellung, stellt das Eigenkapital den in Geld ausgedrückten Anteil am gesamten im Unternehmen vorhandenen Kapital dar und zeigt die Höhe des **Reinvermögens** bzw. den rechnerischen Saldo zwischen Vermögen und Schulden (vgl. Abb. 3/3).

Das *Reinvermögen* ist folglich der Teil des Vermögens, der den Eigentümern nach Erfüllung ihrer Verbindlichkeiten verbleibt.

Reinvermögen = Eigenkapital

In Einzelunternehmen und Personenhandelsgesellschaften wird das Eigenkapital lediglich auf den Kapitalkonten der Gesellschafter gezeigt, auf denen auch die Entnahmen und nicht entnommenen Gewinne verrechnet werden.

Das Eigenkapital und seine Bedeutung

Abb. 3/3: Reinvermögen einer Unternehmung

BILANZ

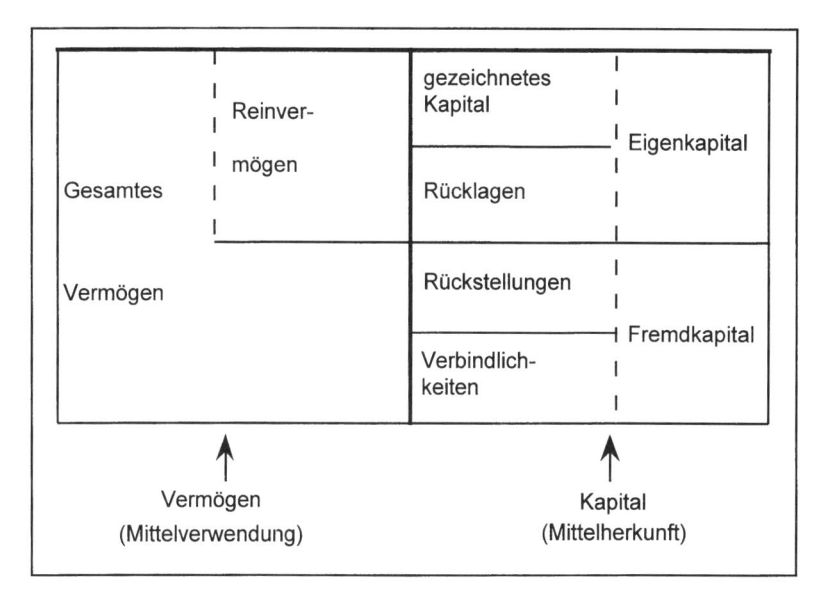

Gesamtes Vermögen	Reinvermögen	gezeichnetes Kapital	Eigenkapital
		Rücklagen	
	Rückstellungen	Fremdkapital
	Verbindlichkeiten	

↑ Vermögen (Mittelverwendung) ↑ Kapital (Mittelherkunft)

In **Kapitalgesellschaften** (AG, GmbH) setzt sich das Eigenkapital im Allgemeinen aus folgenden Bilanzpositionen zusammen:

	Gezeichnetes Kapital (= Nominalkapital)
+	Kapitalrücklage
+	Gewinnrücklagen
	• gesetzliche Rücklage (nicht bei GmbH)
	• Rücklage für eigene Anteile
	• satzungsmäßige Rücklage
	• andere Gewinnrücklagen
+	Gewinnvortrag
−	Verlustvortrag
+	Jahresüberschuss
−	Jahresfehlbetrag
=	**EIGENKAPITAL**

Das **gezeichnete Kapital** ist dadurch charakterisiert, dass es solange unverändert bleibt, wie nicht durch die Hauptversammlung (bei der AG) oder Gesellschafterversammlung (bei der GmbH) eine Kapitalerhöhung oder Kapitalherabsetzung beschlossen wird. Das gezeichnete Kapital umfasst den Teil des Eigenkapitals, auf den die Haftung der Gesellschafter für die Verbindlichkeiten der Kapitalgesellschaft gegenüber den Gläubigern beschränkt ist. Diese gesetzliche Definition darf nicht darüber hinwegtäuschen, dass es sich hierbei lediglich um eine abstrakte und formelle Rechengröße handelt. Zur Haftung der Gesellschaft gegenüber ihren Gläubigern ist das Gesamtvermögen der Gesellschaft heranzuziehen und nicht die Höhe des gezeichneten Kapitals. Die Haftung ist nur insofern auf das gezeichnete Kapital begrenzt, als die Gesellschafter und Aktionäre nicht mit ihrem übrigen Vermögen für die Schulden der Gesellschaft haften. Die Position gezeichnetes Kapital ist nichts anderes als das *Nominalkapital* (konstantes Eigenkapital einer Kapitalgesellschaft) und repräsentiert somit in der Bilanz der AG das *Grundkapital* und in der GmbH das *Stammkapital*.

Rücklagen werden aus versteuerten Gewinnen bzw. aus dem zuzüglich zum Nominalkapital gezahlten *Agio* (Differenz zwischen Nominalwert der Gesellschaftsanteile oder Aktien und dem gezahlten Kaufpreis) gebildet und erhöhen das Haftungskapital der Unternehmung. Eventuell anfallende Verluste können durch Auflösung von Rücklagen buchtechnisch ausgeglichen werden, ohne das konstante Nominalkapital (gezeichnetes Kapital) berichtigen zu müssen. Wie dem gezeichneten Kapital stehen auch den Rücklagen keine besonderen Gegenposten auf der Aktivseite der Bilanz gegenüber. Die laienhafte Vorstellung, Rücklagen seien eine Liquiditätsreserve, stimmt also ebenso wenig. Sie zeigen lediglich an, dass die Gesellschaft Gewinn nicht ausgeschüttet hat und folglich das gesamte Eigenkapital (Reinvermögen) einer Unternehmung größer ist als das gezeichnete Kapital.

Der **Gewinnvortrag** enthält den thesaurierten Teil des Gewinns, der nicht den Rücklagen zugeführt und auch nicht anderweitig verwendet worden ist, sondern durch Beschluss der Gesellschaftsorgane als Gewinnvortrag vorzutragen ist. Im Allgemeinen handelt es sich hierbei um nur einen geringen Restbetrag, der dadurch entsteht, dass die Ausschüttung einen durch den Dividendensatz bedingten auf- oder abgerundeten Betrag ausmacht und die Thesaurierung in ebenfalls vollen Beträgen erfolgt. Der

Das Eigenkapital und seine Bedeutung 81

Verlustvortrag resultiert aus nicht ausgeglichenen Verlusten aus früheren Jahren. Es handelt sich bei beiden Größen jeweils um den Ergebnisvortrag des Vorjahres, der mit dem entsprechenden positiven oder negativen Vorzeichen auszuweisen ist und das Eigenkapital erhöht oder verringert. Die Verrechnung erfolgt im Folgejahr mit dem Jahresüberschuss bzw. -fehlbetrag.

Der **Jahresüberschuss bzw. -fehlbetrag** ergibt sich aus der Gewinn- und Verlustrechnung als Differenz zwischen Erträgen und Aufwendungen.

32 Merkmale des Eigenkapitals

a) Quotenanteil

Die Geber von Eigenkapital haben einen ihrem Anteil am gesamten Eigenkapital entsprechenden (quotalen) Anspruch auf den Gewinn, auf die Rücklagen und auf den Liquidationserlös bei Auflösung der Unternehmung. (Geber von Fremdkapital haben Anspruch auf Rückzahlung des Nominalbetrages ihrer Forderung.)

b) Variabler Anteil am Erfolg

Der Anspruch auf Dividenden ist erfolgsabhängig und entfällt im Allgemeinen ganz bei Verlusten. (Fremdkapitalgeber haben einen festen Zinsanspruch zu den vereinbarten Terminen unabhängig davon, wie erfolg- oder verlustreich die Unternehmung gearbeitet hat.)

c) Unbefristet

Eigenkapital steht der Unternehmung i.d.R. unbefristet zur Verfügung, weil es bei Aktiengesellschaften überhaupt nicht kündbar und bei GmbHs nur durch die Kündigung oder Änderung des Gesellschaftsvertrages von den Gesellschaftern zurückverlangt werden kann. (Fremdkapital hingegen steht immer nur befristet zur Verfügung.)

d) Haftung/Risikoübernahme/Verlustgefahr

Gegenüber den Gläubigern stellt das Eigenkapital von Kapitalgesellschaften das (beschränkte) Haftungskapital dar. Die Geber von Eigenkapital übernehmen damit das Risiko des Verlustes ihrer Einlage.

OHG-Gesellschafter und Komplementäre einer KG haften darüber hinaus mit ihrem Privatvermögen. (Fremdkapitalgeber haften nicht für die Verbindlichkeiten der Unternehmung. Im Gegenteil: Sie haben stets einen Rückzahlungsanspruch, der allerdings dann zur Fiktion wird, wenn das Vermögen der Unternehmung verwirtschaftet worden ist.)

e) Eigenkapital gewährt einen Leitungsanspruch

Eigenkapitalhergabe gewährt einen Leitungsanspruch, der jedoch von der Rechtsform abhängig ist. So liegt die Geschäftsführung von Kapitalgesellschaften in Händen der "Organe" (Vorstand bei der AG, Geschäftsführer bei der GmbH) und die Mitwirkung der Aktionäre ist begrenzt auf die Hauptversammlung (Fremdkapitalgeber haben formal keinen Leitungsanspruch; faktisch können sie jedoch häufig Einfluss auf die Geschäftspolitik durch ihre Kreditvergabe oder -verlängerung nehmen).

f) Die "Bedienung" des Eigenkapitals

Die Bedienung des Eigenkapitals in Form von Gewinnen und Dividenden unterliegt bei Kapitalgesellschaften u.a. der Körperschaftsteuer. (Fremdkapitalzinsen sind dagegen Betriebsausgaben und reduzieren damit die Bemessungsgrundlage für die steuerliche Gewinnermittlung.)

33 Besondere Bedeutung und die Funktionen des Eigenkapitals

Während das Fremdkapital lediglich zur "Finanzierung" dient, erfüllt das Eigenkapital verschiedene Funktionen, die im Folgenden dargestellt werden sollen:

Das Eigenkapital und seine Bedeutung

a) Gründungs- bzw. Ingangsetzungsfunktion

Die Aufbringung eines bestimmten Mindesteigenkapitals ist für bestimmte Rechtsformen Voraussetzung dafür, dass die Gesellschaft überhaupt ins "Leben" treten kann. Das AktG fordert für die Aktiengesellschaft einen Mindestnennbetrag des Grundkapitals von € 50.000, das GmbHG dagegen für die GmbH nur ein Mindeststammkapital von € 25.000, von denen 25 %, mindestens aber € 12.500 eingezahlt werden müssen.

b) Haftungs- bzw. Garantiefunktion

Das Eigenkapital übernimmt sowohl im fortzuführenden wie auch im zu zerschlagenden Unternehmen eine Haftungs- bzw. Garantiefunktion aus der Sicht der Gläubiger, „indem es sich schützend vor das Fremdkapital" stellt. Dies wird deutlich, wenn man sich klarmacht, dass das Eigenkapital auf der Passiv-Seite der Bilanz mit dem "Reinvermögen" auf der Aktivseite korrespondiert und mit diesem "größengleich" ist. Verluste reduzieren das Reinvermögen und damit auch das Eigenkapital. Je höher nun das Reinvermögen bzw. das Eigenkapital ist, um so größer können die Verluste sein, bevor Vermögensmasse aufgezehrt wird, die zur Rückzahlung des Fremdkapitals benötigt wird.

Buchtechnisch oder bilanziell werden angefallene Verluste eines Geschäftsjahres im Fortführungsfall durch die Auflösung von Rücklagen verrechnet, wodurch sich das Eigenkapital mindert. Die Unternehmensführung gewinnt durch diese Pufferfunktion des Eigenkapitals die erforderliche Zeit, um geeignete unternehmenspolitische Maßnahmen zur Überwindung der Verlustphase ergreifen zu können.

Noch einmal: Jeder Gewinn ist eine Vermögensmehrung, jeder Verlust eine Vermögensminderung. Im Zerschlagungsfall bedeutet höheres Eigenkapital (= Reinvermögen) ceteris paribus eine geringere Verschuldung und damit eine größere Befriedigung der Gläubiger. Je größer also das Eigenkapital ist, desto besser sind die Gläubiger vor Verlusten geschützt (vgl. Abb. 3/4).

c) Existenzsicherungsfunktion

Während die "Haftungs- und Garantiefunktion" die Bedeutung des Eigenkapitals für die Gläubiger beschreibt, beinhaltet die "Existenzsicherungsfunktion" den gleichen Sachverhalt aus der Sicht der Eigentümer: je höher das Eigenkapital (Reinvermögen!), umso besser ist die Unternehmung gegen existenzbedrohende Verluste abgesichert. Bei vollständiger Aufzehrung des Eigenkapitals durch Verluste muss Konkurs wegen Überschuldung angemeldet werden.

Abb. 3/4: Vermögensminderung durch Verluste

Aktiva	BILANZ	Passiva

Verlust	aufgezehrtes Eigenkapital
verbleibendes Vermögen	restliches Eigenkapital
	Fremdkapital

d) Kreditwürdigkeitsfunktion

Die Aufbringung von Eigenkapital ist i.d.R. auch Voraussetzung dafür, dass sich andere Geldgeber, die nicht Eigentümer sind oder werden wollen, an der Finanzierung beteiligen. Insofern spielt das Eigenkapital eine herausragende Rolle im Rahmen der sachlichen Kreditwürdigkeitsprüfung.

e) Finanzierungsfunktion

Mit der Bereitstellung des Startkapitals durch die Eigentümer wie auch mit später folgenden Kapitalerhöhungen ist i.d.R. ein Zufluss von Zahlungsmitteln verbunden, die zur "Finanzierung" des Umsatzprozesses verwendet werden können.

Das Eigenkapital und seine Bedeutung

f) Gewinnverteilungsbasis

Der erwirtschaftete Jahresüberschuss stellt die Grundlage für die spätere Verwendung (Thesaurierung und/oder Ausschüttung) dar. Die Gewinnverteilung nach Gesetz oder Gesellschaftsvertrag basiert grundsätzlich auf der Höhe des von dem einzelnen Eigentümer in der Unternehmung eingelegten Beteiligungskapitals.

g) Repräsentations- bzw. Werbungsfunktion

Eine gesunde Eigenkapitalbasis stärkt die Vertrauenswürdigkeit einer Unternehmung nach außen. Von der Höhe des Eigenkapitals in der Bilanz können Wirkungen auf die Absatz- und Beschaffungsmärkte des Unternehmens ausgehen, d.h. Kunden und Lieferanten können sich bei ihren Entscheidungen von der finanziellen Darstellung der Unternehmung leiten lassen. Ebenso ist es für gesunde Unternehmen einfacher, qualifiziertes Personal zu akquirieren.

h) Herrschaftsfunktion

Durch die Hergabe von Eigenkapital sind die Kapitalgeber zur Führung des Unternehmens berechtigt. In Kapitalgesellschaften fallen Kapitalgeber und Managementfunktion jedoch auseinander. Die laufende Geschäftspolitik wird vom Vorstand (AG) oder den Geschäftsführern (GmbH) bestimmt, während die Eigenkapitalgeber nur die Grundsatzentscheidungen treffen und im Übrigen Überwachungs- und Kontrollrechte haben sowie die Geschäftsführer bzw. den Vorstand (über den Aufsichtsrat) bestellen.

i) Unabhängigkeitsfunktion

Das Eigenkapital sichert die Unabhängigkeit und Dispositionsfreiheit der Geschäftsleitung. Zwar sind formal nur die Geber von Eigenkapital berechtigt, Einfluss auf die Unternehmensführung auszuüben, doch kann eine hohe Verschuldung dazu führen, dass die Dispositionsfreiheit der Unternehmensleitung auch von Kreditgebern eingeschränkt wird. Das Eigenkapital sichert also prinzipiell die Verfügungsgewalt über Produktionsfaktoren und Vermögen.

34 Bemessung der Höhe des Eigenkapitals

Bei der Bemessung der Höhe des Eigenkapitalanteils müssen die im Folgenden dargestellten Vor- und Nachteile abgewogen werden, um zu einer optimalen bzw. angemessenen **Kapitalstruktur**, d.h. einem günstigen Verhältnis zwischen Eigen- und Fremdkapital, zu gelangen. Folglich kann die Ausstattung einer Unternehmung mit Eigenkapital auch nicht an festen Strukturgrößen ausgerichtet sein, sondern muss risikoentsprechend gestaltet werden. Dieses **Risiko** ist aber beispielsweise abhängig von der Branche, der Betriebsgröße, der Technologie, der Anpassungsflexibilität, den Haftungsverhältnissen und der Umschlagshäufigkeit des Kapitals. So erfordert z.b. die Betätigung in einer Branche, die durch schnelle Veränderungen, Produktinnovationen, raschen technischen Fortschritt etc. gekennzeichnet ist, einen weitaus höheren Eigenkapitalanteil als etwa ein Versorgungsunternehmen mit langfristig gesicherten stabilen Absatzverhältnissen.

$$\text{Eigenkapitalanteil} = \frac{\text{Eigenkapital}}{\text{Gesamtkapital}} \times 100$$

Die Frage, ob im konkreten Einzelfall ein vorhandener Kapitalbedarf durch Eigen- oder Fremdkapital gedeckt werden soll, kann also nicht grundsätzlich beantwortet werden. Es existieren aber eine Reihe von Vor- und Nachteilen, die für oder gegen eine der beiden Finanzierungsalternativen sprechen.

Für einen **hohen Eigenkapitalanteil** sprechen folgende Punkte:

Ein hoher Eigenkapitalanteil

(1) sichert die Dispositionsfreiheit und Unabhängigkeit der Unternehmensleitung,

(2) schützt vor Unternehmenszusammenbrüchen infolge von Überschuldung,

(3) vermindert das Risiko für die Gläubiger, stellt somit eine gute Grundlage für neue Kreditaufnahmen durch vorhandene Kreditwürdigkeit dar und

(4) reduziert die Gefahr kurzfristiger Liquiditätsengpässe.

(5) Das Eigenkapital steht zudem zeitlich unbegrenzt zur Verfügung, während Fremdkapital zumeist kurz- oder mittelfristiger Natur ist.

(6) Das Eigenkapital ist frei von Zinsbelastungen und Tilgungszahlungen. Die Geber von Eigenkapital haben keinen juristisch durchsetzbaren Anspruch auf feste Gewinn- oder Dividendenzahlung. Das Fremdkapital ist dagegen mit festen Zins- und Tilgungszahlungen belastet, die unabhängig vom Erfolg oder der Liquiditätslage gezahlt werden müssen.

Im Falle von Liquiditätsengpässen ist folglich ein mit hohem Eigenkapital ausgestattetes Unternehmen weniger durch feste Zahlungsverpflichtungen belastet.

(7) Die Geschäftsführung kann sich bei ausreichendem Eigenkapitalanteil in wirtschaftlich schlechten Zeiten auf die Überwindung der eigentlichen Krise konzentrieren, indem sie sich den für den dauerhaften Bestand der Gesellschaft bedeutenden Problembereichen wie Beschaffung, Lager, Produktion und Absatz widmet, statt sich um Liquidität oder Bilanzstruktur kümmern zu müssen.

Gründe für einen eher **niedrigen Eigenkapitalanteil** sind beispielsweise:

(1) Das Eigenkapital ist "teuer", d.h.

- Eigenkapitalgeber erwarten eine Risikohonorierung in Form von Dividenden, die i.d.R. eine höhere Bedienung verlangen als eine vergleichbare Kapitalmarktfinanzierung.

- Dividenden werden mit einem Ausschüttungssteuersatz von derzeit 25 % versteuert, während Fremdkapitalzinsen Betriebsausgaben darstellen und damit die Bemessungsgrundlage für die Besteuerung sogar noch verringern.

- Wie bereits erwähnt, werden Rücklagen aus versteuerten Gewinnen gebildet. Der derzeit gültige Körperschaftsteuersatz bei Gewinnthesaurierung beträgt ebenfalls 25 %.

(2) Zahlreiche Eigenkapitalgeber beanspruchen Mitspracherechte bei unternehmenspolitischen Entscheidungen, während Fremdkapitalgebern keine Mitspracherechte zustehen. Ebenso sind

die Informationsrechte von Eigenkapitalgebern im Allgemeinen höher als von Gläubigern.

(3) Für mittelständische, nicht emissionsfähige Unternehmen ist Eigenkapital oft schwer erlangbar.

(4) Obwohl die Geber von Eigenkapital keinen juristischen Anspruch auf feste Gewinn- bzw. Dividendenzahlungen haben, ist doch zu beachten, dass ein Unternehmen auch auf eine regelmäßige Bedienung seiner Eigentümer bedacht sein muss, wenn in Zukunft ein Bedarf an zusätzlichem Eigenkapital durch die Gesellschafter bereitgestellt werden soll.

(5) Unternehmen, die eine Scheu vor Fremdfinanzierungen haben und ihren Verschuldungsspielraum nicht ausnutzen, verzichten oftmals auf die Wahrnehmung von Wachstumschancen und notwendigen Anpassungen an den technischen Fortschritt, was auf längere Sicht zu ungünstigen Kostenstrukturen und zum Verlust der Wettbewerbsfähigkeit führen kann.

Als Fazit der Gegenüberstellung lässt sich festhalten, dass es zwar gute Gründe für den Einsatz von Fremdkapital gibt, die dauerhafte Überlebensfähigkeit einer Unternehmung aber wesentlich von einer gesunden Eigenkapitalausstattung abhängt.

Für die Bemessung der Höhe des Eigenkapitalanteils muss also ein **Optimum** gefunden werden, das die verschiedenen Aspekte und Gefahren berücksichtigt. Die Ausstattung einer Unternehmung mit Eigenkapital kann folglich nicht an festen Strukturgrößen ausgerichtet sein, sondern muss risikoentsprechend gestaltet werden. Das Risiko ist abhängig, das sei nochmals wiederholt, von

- der Branche,
- der Betriebsgröße,
- der Technologie,
- der Anpassungsflexibilität,
- den Haftungsverhältnissen,
- der Umschlagshäufigkeit des Kapitals.

Das Eigenkapital und seine Bedeutung 89

Obwohl der Einzelfall anders ausfallen kann, gilt als **Faustregel**, dass das Eigenkapital etwa ein Drittel des Gesamtkapitals ausmachen sollte, d.h., das Verhältnis von Fremdkapital zu Eigenkapital sollte 2:1 betragen.

Der Eigenkapitalanteil in deutschen Unternehmen beträgt zur Zeit im Durchschnitt etwa 20 %; dies erscheint als zu wenig und viele Konkurse der letzten Jahre lassen sich auf eine zu geringe Eigenkapitalausstattung zurückführen. Bei der Analyse des Eigenkapitalanteils von mittelständischen Unternehmen ergibt sich ein noch ungünstigeres Bild. Hier beträgt die Eigenkapitalquote im Durchschnitt nicht einmal 18 %. Dass jedoch der **Verschuldungskoeffizient** (Fremdkapital/Eigenkapital) von Branche zu Branche durchaus verschieden ist, zeigt Abb. 3/5.

Exkurs: Die Eigenkapitalausstattung deutscher Unternehmen im internationalen Vergleich

Insgesamt ist festzustellen, dass die Eigenkapitalausstattung deutscher Unternehmen im internationalen Vergleich mit einer Eigenkapitalquote von derzeit 20 % sehr niedrig ausfällt.

Ein Grund für diese schlechte Eigenkapitalausstattung deutscher Unternehmen könnte sein, dass sich die Ertragslage verschlechtert hat. Darunter leiden zum einen die Möglichkeiten zur Selbstfinanzierung, weil die Gewinne schrumpfen, darüber hinaus verschlechtern sich auch die Chancen der Eigen- bzw. Beteiligungsfinanzierung, weil Kapitalgeber nicht mit ausreichenden Renditen rechnen können. Es ist jedoch zu beachten, dass auch die Eigenkapitalquoten von Unternehmen mit hohen Gewinnen gesunken sind und dass die Eigenkapitalquoten bereits einen Abwärtstrend aufweisen, als die Renditen noch höher waren.

Folglich muss es auch andere Gründe für den vergleichsweise geringen Eigenkapitalanteil geben. Sie sind in folgenden Überlegungen zu suchen:

(1) Die bereits beschriebene steuerliche Begünstigung der Fremdfinanzierung lässt es aus Wirtschaftlichkeitsüberlegungen sinnvoll erscheinen, zunächst diese Finanzierungsquelle und die Verschuldungsspielräume zu nutzen.

(2) Der Wiederaufbau in den Nachkriegsjahren sowie die seitdem ständig notwendige Anpassung an technologische Veränderungen und die gebotenen Investitionschancen haben zur vollen Nutzung der finanziellen Ressourcen geführt und bei steigendem Gesamtkapital den Eigenkapitalanteil schrumpfen lassen.

Bezüglich des internationalen Vergleichs ist außerdem zu beachten, dass folgende zusätzliche Gründe die Vergleichbarkeit stören:

(3) unterschiedliche Finanzierungsgepflogenheiten und -möglichkeiten (so stellen das britische und amerikanische Bankensystem i.d.R. keine lang- und mittelfristigen Kredite für die Unternehmensfinanzierung zur Verfügung);

(4) unterschiedliche Bilanzierungsmodalitäten (stille Reserven infolge konservativer und vorsichtiger Bilanzierung oder aufgrund gesetzlicher Vorschriften) in deutschen Bilanzen lassen den Vergleich zu ungünstig für deutsche Unternehmen ausfallen. Diese Problematik wird insbesondere in der Diskussion um die Standardisierung und Internationalisierung der Rechnungslegung deutlich. So dürfen deutsche Unternehmen seit Aufnahme des § 292a in das HGB unter bestimmten Voraussetzungen auch Jahresabschlüsse nach international anerkannten Standards (IAS, US-GAAP) aufstellen. Die Umstellung auf internationale Standards führt häufig zu einem höheren Eigenkapitalausweis.

(5) Pensionsrückstellungen als eigenkapitalähnliche Mittel ersetzen zum großen Teil "echtes" Eigenkapital und schaffen einen dauernd verfügbaren Bodensatz an disponiblen Mitteln.

Zusammenfassend bleibt festzuhalten, dass viele deutsche Unternehmungen, insbesondere im mittelständischen Bereich, über ein zu geringes Eigenkapital verfügen und damit anfällig gegen Konjunkturschwankungen und unternehmensspezifische Risiken sind. Im internationalen Vergleich täuscht hingegen die Statistik: die Verhältnisse sind aus den genannten Gründen nicht so einfach vergleichbar.

Das Eigenkapital und seine Bedeutung 91

Abb. 3/5: Branchenspezifische Verschuldungskoeffizienten

Branche	1990	1991	1992	1993	1994
Alle Unternehmen	4,5	4,3	4,5	4,7	4,6
darunter					
Chemische Industrie	1,5	1,5	1,6	1,7	1,6
Herst. von Kunststoffwaren	4,8	5,1	4,5	4,2	4,3
Gew. + Verarb. Steine + Erden	4,4	4,2	3,8	3,9	4,2
Eisenschaffende Industrie	3,3	3,3	3,6	3,8	4,3
Stahl- und Leichtmetallbau	8,1	8,9	8,2	8,5	7,3
Maschinenbau	4,3	4,2	4,2	4,2	4,0
Straßenfahrzeugbau	3,2	3,3	3,1	3,2	3,2
Elektrotechnik	3,3	3,3	3,0	2,9	3,0
Herst. v. Eisen- + Blechwaren	4,4	4,3	4,3	4,1	3,7
Holzbearbeitung	5,1	5,1	5,0	5,6	5,6
Holzverarbeitung	12,3	13,7	11,8	10,8	11,7
Papier-/Pappeverarbeitung	3,8	4,3	3,8	4,0	3,9
Textilgewerbe	4,3	4,1	4,0	3,5	3,4
Bekleidungsgewerbe	10,1	8,9	6,5	6,1	5,8
Ernährungsgewerbe	4,1	4,0	4,3	4,0	4,2
Baugewerbe	17,2	19,0	15,1	16,2	16,2
Großhandel	6,3	6,3	6,5	6,2	6,2
Einzelhandel	19,8	17,5	15,1	17,2	20,3
minimaler Wert	1,6	1,5	1,4	1,4	1,5
maximaler Wert	33,6	9,0	42,7	36,6	42,6
durchschnittl. Wert	6,7	4,1	7,3	7,0	7,4

$$\text{Verschuldungskoeffizient} = \frac{\text{Fremdkapital}}{\text{Eigenkapital}}$$

Quelle: In Anlehnung an Krüger, G. (1997), S. 758

35 Aufbringung und Beschaffung von Eigenkapital

Da die Möglichkeiten und Modalitäten der Beschaffung von Eigenkapital weitgehend von der Rechtsform der Unternehmung und den damit verbundenen unterschiedlichen Haftungsfolgen abhängig sind, sollen zunächst die üblichen Gestaltungsformen dargestellt werden.

351 Rechtsformen von Unternehmungen

Die rechtliche Form einer Unternehmung legt zweierlei fest: Zum einen bestimmt sie die innere Organisation, das heißt die Leitung und Kontrolle der Gesellschaft. Zum anderen folgt aus ihr, welcher Art die Eigentumsverhältnisse sind, das heißt, wem die Unternehmung gehört. Im Einzelnen regeln die Rechtsformen das Verhältnis der Eigenkapitalgeber untereinander und ihre Beziehungen zu Dritten (Gläubigern). Die Zahl der möglichen Rechtsformen ist begrenzt, ihre Ausgestaltungen sind gesetzlich genau festgelegt.

Grundsätzlich sind zu unterscheiden:

(1) Einzelunternehmen;

(2) Personengesellschaften;

(3) Kapitalgesellschaften;

(4) Genossenschaften.

In der Bundesrepublik gibt es z.Zt. ca. 1,1 Mio. Einzelunternehmen und Personenhandelsgesellschaften. Von den Kapitalgesellschaften werden etwa 300.000 in der Rechtsform der GmbH und 3.000 als Aktiengesellschaften betrieben.

Einzelunternehmen haben definitionsgemäß nur einen Eigenkapitalgeber, den Alleineigentümer. Er konzentriert sämtliche Entscheidungsbefugnisse auf sich, vertritt das Unternehmen nach außen und haftet mit seinem gesamten Vermögen (einschließlich Privatvermögen).

Personengesellschaften und **Kapitalgesellschaften** basieren auf völlig unterschiedlichen Konzeptionen (vgl. auch Abb. 3/6):

Das Eigenkapital und seine Bedeutung

Abb. 3/6: Grundformen von Gesellschaften

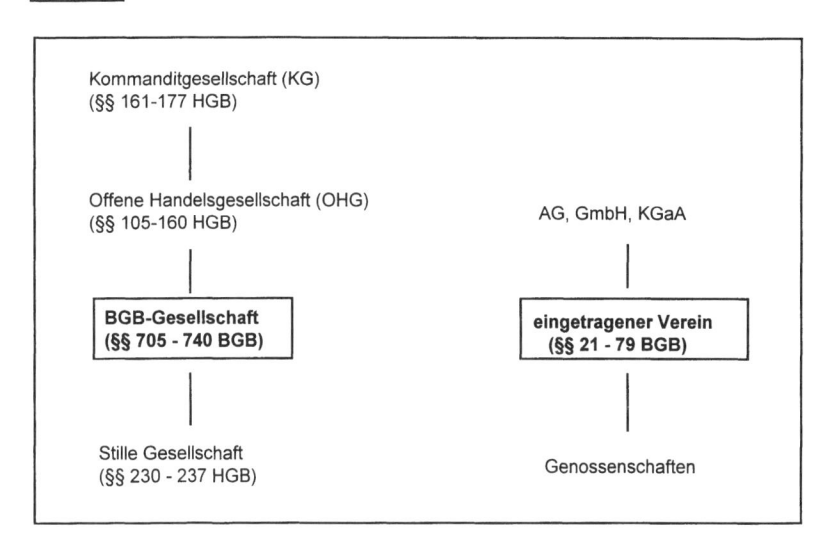

```
Kommanditgesellschaft (KG)
(§§ 161-177 HGB)
        |
Offene Handelsgesellschaft (OHG)      AG, GmbH, KGaA
(§§ 105-160 HGB)
        |                                     |
BGB-Gesellschaft                      eingetragener Verein
(§§ 705 - 740 BGB)                    (§§ 21 - 79 BGB)
        |                                     |
Stille Gesellschaft                   Genossenschaften
(§§ 230 - 237 HGB)
```

Grundform der **Personengesellschaften** ist die BGB-Gesellschaft - auch Gesellschaft bürgerlichen Rechts genannt (§§ 705-740 BGB): die einzelnen Gesellschafter stehen als Personen im Mittelpunkt und haben intensive Rechtsbeziehungen untereinander - daher auch der Begriff "Personengesellschaft". Träger der Rechte und Pflichten aus den Geschäften sind die Gesellschafter in ihrer Gesamtheit. Sie sind auch gemeinsam Partner der Rechtsbeziehungen zu Dritten. Für die Verbindlichkeiten haften sie persönlich, unmittelbar und gesamtschuldnerisch (Ausnahme: Kommanditisten in der KG). Die Existenz einer Personengesellschaft ist daher grundsätzlich abhängig vom gleichbleibenden Gesellschafterbestand.

Grundform der **Kapitalgesellschaft** ist der eingetragene Verein als juristische Person (§§ 21-79 BGB): Rechtsbeziehungen bestehen lediglich zwischen der Gesellschaft und ihren einzelnen Gesellschaftern. Ansprüche und Verpflichtungen haben diese jeweils nur gegenüber der Gesellschaft, nicht aber gegenüber den übrigen Gesellschaftern. Die Mitgliedschaft in einer Kapitalgesellschaft ist in der Kapitalbeteiligung begründet und kann jederzeit durch Verkauf der Beteiligung wieder beendet werden. Ebenso wird die Mitgliedschaft allein durch den Kauf der

Kapitalbeteiligung, also durch den Erwerb der Aktien bzw. Geschäftsanteile, begründet - daher auch der Begriff "Kapitalgesellschaft".

Der wesentliche Unterschied zwischen Personen- und Kapitalgesellschaften besteht darin, dass sich die Personengesellschaften auf Rechtskonstruktionen des BGB zurückführen lassen, in deren Mittelpunkt die Gesellschafter als natürliche Personen stehen, während die Kapitalgesellschaften als juristische Personen eigenständige Rechtspersönlichkeiten sind, die durch Organe (Geschäftsführer, Vorstand, Gesellschafterversammlung etc.) handeln.

Die typischen Merkmale von Personengesellschaften auf der einen und von Kapitalgesellschaften auf der anderen Seite lassen sich aus Übersicht 3/7 entnehmen.

Genossenschaften sind ebenfalls eingetragene Vereine mit nicht geschlossener Mitgliederzahl zur Führung eines gemeinsamen Geschäftsbetriebes. Ihre rechtliche Regelung finden die Genossenschaften im Genossenschaftsgesetz.

In der Übersicht 3/8 sind alle Rechtsformen stichwortartig zusammengefasst. In den nachstehenden Ausführungen erfolgt dann eine detailliertere Untersuchung dieser Unternehmensformen.

Das Eigenkapital und seine Bedeutung 95

Abb. 3/7: Personengesellschaften versus Kapitalgesellschaften

Personengesellschaften: OHG, KG	Kapitalgesellschaften: GmbH, AG, KGaA
Die einzelnen Gesellschafter als Personen stehen im Mittelpunkt	Die Gesellschaft als solche steht im Mittelpunkt
Abstimmung und z.t. auch die Gewinnverteilung "nach Köpfen"	Abstimmung und Gewinnverteilung nach Kapitalanteilen
Persönliche Mitarbeit vorgesehen	keine Mitarbeit, Gesellschaft handelt durch Organe; Besonderheit: geschäftsführender Gesellschafter der GmbH
Geschäftsführungsbefugnisse und intensive Kontrollrechte	Einfluss auf Geschäftsführung abhängig vom Kapitalanteil; wahrzunehmen in Haupt- bzw. Gesellschafterversammlung
enge Rechtsbeziehungen zwischen den einzelnen Gesellschaftern	Rechtsbeziehungen nur zwischen Gesellschaft und Gesellschaftern
Haftung: OHG und Komplementäre in KG unbegrenzt, Kommanditisten in KG nur mit Einlage	Haftung nur mit Einlage
Besteuerung der einzelnen Gesellschafter mit Einkommensteuer, keine Körperschaftsteuer	Gesellschaft: Körperschaftsteuer; Gesellschafter: Einkommensteuer
durch Ein- oder Austritt von Gesellschaftern wird der Gesellschaftsvertrag berührt	Anteilskäufe und –verkäufe berühren die Satzung nicht
Keine Prüfungspflicht	Prüfung des Jahresabschlusses durch Abschlussprüfer: vereidigte Buchprüfer, Wirtschaftsprüfer
Keine Publizität	strenge Publizitätspflicht

Abb. 3/8: Rechtsformen im Überblick

Gesellschaft bürgerlichen Rechts (GbR) (§§ 705 - 740 BGB)	Vertraglicher Zusammenschluss natürlicher und/ oder juristischer Personen zur Erreichung eines gemeinschaftlichen Ziels; Gesellschafter schließen sich nur für begrenzte Zeit zusammen (daher auch der Begriff der Gelegenheitsgesellschaft). Das eingebrachte und erwirtschaftete Kapital ist Vermögen zur gesamten Hand, d.h., der einzelne Gesellschafter kann über seinen Anteil nicht mehr verfügen. Auch die Geschäftsführung steht allen Gesellschaftern gemeinschaftlich zu. Die Haftung erfolgt gesamtschuldnerisch, persönlich und unbeschränkt. Die Beteiligung am Gewinn erfolgt - sofern nichts anderes bestimmt ist - nach Köpfen. Die erzielten Gewinne unterliegen bei den einzelnen Gesellschaftern der Einkommensteuer (im Rahmen der einheitlichen und gesonderten Gewinnfeststellung gem. §§ 179, 180 AO).
Offene Handelsgesellschaft (OHG) (§§ 105 - 160 HGB)	Alle Gesellschafter sind zur Geschäftsführung und Vertretungsmacht nach außen befugt; haften selbstschuldnerisch und solidarisch auch mit dem Privatvermögen; Gewinnverteilung: 4% auf Kapitaleinlage, Rest nach Köpfen.
Kommanditgesellschaft (KG) (§§ 161 - 177 HGB)	Komplementäre: geschäftsführungs- und vertretungsberechtigt, volle Haftung; Kommanditisten: nur Kontrollrechte; Gewinnverteilung: wie bei OHG 4 % Kapitalverzinsung, aber "Rest den Umständen nach angemessen".

Das Eigenkapital und seine Bedeutung

Stille Gesellschaft (§§ 230 - 237 HGB)	Reine Innengesellschaft; der stille Gesellschafter tritt nach außen nicht in Erscheinung, hat nur Kontrollrechte, keine Geschäftsführungs- oder Vertretungsbefugnis, keine Haftung gegenüber Dritten, Haftung im Innenverhältnis nur bis zur Höhe der Einlage; typisch: Anspruch nur auf Rückzahlung des Nominalbetrages der Einlage, nicht am Vermögen der Gesellschaft beteiligt, kein Anspruch auf stille Reserven, keine Mitunternehmerschaft im steuerrechtlichen Sinne, feste Verzinsung der Einlage; atypisch: Quotenanteil am Vermögen, Anspruch auf stille Reserven bei Ausscheiden (Auseinandersetzungsbilanz!), Gewinn- und Verlustbeteiligung, steuerlich Mitunternehmer.
Gesellschaft mit beschränkter Haftung (GmbH)	Als juristische Person eigene Rechtspersönlichkeit; Kapitalgesellschaft, aber starke personenbezogene Elemente: • schwere Übertragbarkeit der Geschäftsanteile, Änderung des Gesellschaftsvertrages und notarielle Beurkundung erforderlich; • Eigenkapital soll von Personen aufgebracht werden, die sich kennen; • Nachschusspflicht; • Abandonrecht. Geschäftsführung durch Organe (Geschäftsführer, Gesellschaftsversammlung, evtl. Beirat oder Aufsichtsrat).

	Haftung:
	Nur die GmbH als solche haftet, Mindesthaftkapital € 25.000; Gesellschafter haften nur mit ihrer Einlage; aber: § 32a GmbHG, Gesellschafter-Darlehen werden im Konkursfall als Eigenkapital behandelt, wenn bei Darlehensgewährung eine Eigenkapitalzufuhr notwendig gewesen wäre.
	Besteuerung:
	Körperschaftsteuer: 25% bei Thesaurierung (Einbehaltung der Gewinne, Rücklagenbildung), 25 % auf Ausschüttungen. Die Hälfte des ausgeschütteten Gewinns wird außerdem mit Einkommensteuer belastet (Halbeinkünfteverfahren).
GmbH & Co. KG	KG (Personengesellschaft), bei der die Position des Komplementärs von einer GmbH (Kapitalgesellschaft) wahrgenommen wird;
	Keine juristisch fixierte Rechtsform, sondern Kombination, die ursprünglich die Vorteile der Personengesellschaft (keine Körperschaftsteuer, keine Publizitätspflicht) mit denen der Kapitalgesellschaft (beschränkte Haftung, steuerliche Abzugsfähigkeit der Geschäftsführergehälter, Pensionsrückstellungen für Gesellschafter) verband.
	In Anpassung an EU-Recht unterliegt aber mittlerweile auch die GmbH & Co. KG der Publizitätspflicht von Kapitalgesellschaften.

Aktiengesellschaft (AG)	Anonyme Kapitalgesellschaft, größte Mobilisation von Kapital, indem viele Anleger sich mit kleinen Beträgen beteiligen können und wegen der Fungibilität der Anteile (leichte Veräußer- und Übertragbarkeit) jederzeit wieder Liquidität beschaffen können; Mindesthaftkapital € 50.000; leichter Zugang zu Börse und Kapitalmarkt; Geschäftsführung durch Organe: Vorstand, Aufsichtsrat; Mitwirkung der Aktionäre nur in der Hauptversammlung, Stimmrechte nach Maßgabe der Kapitalbeteiligung, des Aktienbesitzes; Besteuerung wie GmbH (Kapitalgesellschaft); strenge Normierung der Satzung, Rechnungslegung, Prüfung und Publizität.
Genossenschaft	Grundlage ist das Genossenschaftsgesetz; Genossenschaften sind eingetragene Vereine mit nicht geschlossener Mitgliederzahl zur Führung eines gemeinschaftlichen Geschäftsbetriebs. Die Tätigkeit betrifft die Förderung der Erwerbsinteressen ihrer Mitglieder. Die Organe sind denen der AG ähnlich: Vorstand (mindestens 2 Genossen), der vom Aufsichtsrat oder von der Generalversammlung gewählt wird, Aufsichtsrat (mindestens 3 Genossen), der von der Generalversammlung gewählt wird, sowie Generalversammlung, in der alle Genossen mit jeweils einer Stimme vertreten sind. Die Beteiligungsfinanzierung erfolgt aufgrund von Einlagen der Genossen, die je nach Art der Genossenschaft unbeschränkt oder beschränkt für die Schulden der Genossenschaft haften.

3511 Einzelunternehmung und stille Gesellschaft

Der Einzelunternehmer **haftet** als alleiniger Eigentümer seines Unternehmens für die Verbindlichkeiten grundsätzlich allein und unbeschränkt, d.h. auch mit seinem Privatvermögen.

Die **Eigenkapitalbasis** ist bei der Einzelunternehmung durch das Vermögen des Unternehmers begrenzt. Es gibt keine gesetzlichen Vorschriften über eine Mindesthöhe des Haftungskapitals. D.h., das eingelegte Kapital kann beliebig wieder entnommen werden, da der Einzelunternehmer ohnehin mit seinem gesamten Privatvermögen für die Verbindlichkeiten des Betriebes haftet.

Die **Gründung** erfolgt formlos. Falls der Gegenstand der gewerblichen Betätigung zu den in § 1 HGB aufgezählten Handelsgewerben zählt und einen in kaufmännischer Weise eingerichteten Geschäftsbetrieb erfordert, ist eine Eintragung in das Handelsregister erforderlich. Das Handelsregister ist ein öffentliches Verzeichnis (§§ 8-16 HGB), das bei den Amtsgerichten geführt wird. Seine Aufgabe ist es, dritten Personen die Möglichkeit zu geben, sich über bestimmte für sie bedeutsame Verhältnisse eines Vollkaufmanns (dazu gehören auch die Personen- und Kapitalgesellschaften) zuverlässig zu unterrichten. Es steht daher jedermann zur Einsicht offen.

Die Firma der Einzelunternehmung ist eine Personenfirma, d.h., sie muss gemäß § 18 Abs. 1 HGB einen Familiennamen und mindestens einen ausgeschriebenen Vornamen enthalten. Obwohl nur der Einzelunternehmer selbst und nicht die Firma Träger von Rechten und Pflichten ist, kann er auch unter seiner Firma klagen und verklagt werden.

Bei der Einzelunternehmung besteht oft die einzige Möglichkeit zur **Erhöhung des Eigenkapitals** in der Nichtentnahme erzielter Gewinne (Selbstfinanzierung), es sei denn, der Einzelunternehmer verfügt noch über Privatvermögen (z.B. durch Erbschaft), das er in das Unternehmen einbringen kann, oder es gelingt ihm, einen stillen Gesellschafter aufzunehmen.

Die Einlage des **stillen Gesellschafters** geht in das Vermögen des Einzelunternehmers über. Im Gegensatz zu anderen Gesellschaften wird

Das Eigenkapital und seine Bedeutung

also kein gemeinsames Gesellschaftsvermögen gebildet. Der stille Gesellschafter hat keine Leitungsbefugnisse, d.h., er ist von der Geschäftsführung und der Vertretung des Betriebes nach außen grundsätzlich ausgeschlossen. Er muss dafür aber stets am Gewinn beteiligt werden. Eine Verlustbeteiligung kann vertraglich ausgeschlossen werden.

> Die **stille Gesellschaft** stellt den Zusammenschluss eines Einzelkaufmanns mit einem Kapitalgeber dar mit dem Zweck, ein Handelsgewerbe zu betreiben. Dabei treten sowohl der Name als auch die Höhe des Kapitalbetrages nicht nach außen in Erscheinung.

Von einer *echten oder typischen stillen Gesellschaft* spricht man, wenn der stille Gesellschafter nicht an den stillen Rücklagen der Gesellschaft beteiligt wird, so dass dieser also nur Anspruch auf Gewinn- bzw. Verlustbeteiligung und Rückzahlung seiner Nominaleinlage hat. Dagegen spricht man von einer *unechten oder atypischen stillen Gesellschaft,* wenn der stille Gesellschafter neben der Gewinn- bzw. Verlustbeteiligung auch an den stillen Rücklagen beteiligt wird und eventuell auch unternehmerische Tätigkeiten ausübt.

3512 Personengesellschaft

Als Personengesellschaften können neben der Gesellschaft des bürgerlichen Rechts (GbR) die Offene Handelsgesellschaft (OHG) und die Kommanditgesellschaft (KG) unterschieden werden.

> Die **Gesellschaft bürgerlichen Rechts** (GbR) - auch *BGB-Gesellschaft* genannt - ist die Grundform aller Personengesellschaften. Sie kann jeden beliebigen Zweck erfüllen.

> Die **Offene Handelsgesellschaft** (OHG) ist der vertragliche Zusammenschluss von mindestens zwei Personen zum Betrieb eines Handelsgewerbes unter gemeinschaftlicher Firma und mit unbeschränkter Haftung der Gesellschafter.

> Die **Kommanditgesellschaft** (KG) ist eine Personengesellschaft, bei der mindestens ein Gesellschafter voll mit seinem Vermögen (Komplementär) und mindestens ein weiterer Gesellschafter beschränkt nur mit der Einlage (*Kommanditist*) haftet.

Die *Kommanditgesellschaft* (KG) ist ebenso wie die *Offene Handelsgesellschaft* (OHG) eine Sonderform der *Gesellschaft bürgerlichen Rechts* (GbR). Das zeigt sich u.a. darin, dass die Vorschriften für die BGB-Gesellschaft ergänzend auch für diese beiden Personengesellschaften gelten.

Die persönliche **Haftung** jedes Gesellschafters bedingt, dass zwischen den Gesellschaftern ein Vertrauensverhältnis, eine enge personenrechtliche Beziehung bestehen muss. Das gilt uneingeschränkt für die GbR und die OHG sowie für die Komplementäre der KG und eingeschränkt für die Kommanditisten der KG.

Bei Personengesellschaften, die gesetzlich nicht verpflichtet sind, ihren Betrieb mit einem bestimmten Mindesteigenkapital auszustatten, erfolgt die Beschaffung des Eigenkapitals i.d.R. durch **Kapitaleinlagen** der Gesellschafter.

Für jeden Gesellschafter ist ein eigenes Kapitalkonto zu führen. Die eingezahlten Beträge werden gemeinschaftliches Vermögen der Gesellschaft, das den Gesellschaftern zur gesamten Hand zusteht, d.h., der einzelne Gesellschafter kann allein nicht mehr rechtswirksam über seinen Anteil verfügen (vgl. §§ 115, 125 und insbesondere 126 HGB). Den **Kapitalanteilen** der Gesellschafter kommt rechtliche Bedeutung zu, da sie als Maßstab bei der Gewinnverteilung herangezogen werden. Die Kapitalanteile sind keine festen Größen. Durch Gewinnzuschreibungen, Verlustverrechnungen, weitere Einlagen und Entnahmen schwanken sie im Laufe der Jahre.

Die Gesellschafter einer Personengesellschaft haben weiterhin ein Recht auf anteiligen **Gewinn**. Die Beteiligung am Gewinn erfolgt bei einer *OHG*, sofern keine anderen vertraglichen Regelungen getroffen sind, durch Verzinsung der Kapitaleinlage mit 4 %; der verbleibende Rest wird dann nach "Köpfen" verteilt. Der Gewinn jedes Gesellschafters wird seinem Kapitalkonto zugeschrieben und unterliegt der Einkommensteuer. Steuerpflichtig sind also nur die einzelnen Gesellschafter und nicht die Personengesellschaft als Ganzes.

Beispiel:

A	Bilanz vor Gewinnverteilung		P
Vermögen	101.000	Eigenkapital	
		Geschäftsanteil A	20.000
		Geschäftsanteil B	20.000
		Geschäftsanteil C	10.000
		Jahresüberschuss	11.000
		Fremdkapital	40.000
	101.000		101.000

A 20.000 € * 0,04 = 800 €
B 20.000 € * 0,04 = 800 €
C 10.000 € * 0,04 = 400 €
                    2.000 €

Gewinnverteilung nach Köpfen: 11.000 € - 2.000 € = 9.000 €

9.000 € / 3 Personen = 3.000 €

A	Bilanz nach Gewinnverteilung		P
Vermögen	101.000	Eigenkapital	
		Geschäftsanteil A	23.800
		Geschäftsanteil B	23.800
		Geschäftsanteil C	13.400
		Fremdkapital	40.000
	101.000		101.000

Die Gesellschafter der OHG sind auch zur Beteiligung am **Verlust** verpflichtet. Diese erfolgt ebenfalls anteilig nach "Köpfen". Der Verlustbetrag reduziert die Geschäftsanteile der Gesellschafter.

Etwas anders ist die Gewinnverteilung bei der *Kommanditgesellschaft*. Vom Gewinn stehen jedem Gesellschafter bis 4 % der Kapitaleinlage zu.

Der verbleibende Gewinn wird jedoch nicht wie bei der OHG nach "Köpfen", sondern in einem angemessenen Verhältnis - im Allgemeinen dann nach Gesellschaftsvertrag - verteilt. Enthält der Gesellschaftsvertrag keine näheren Verteilungsschlüssel, dann wird jeder Gesellschafter unabhängig von Art und Höhe des Kapitalanteils einen gleichen Gewinnanteil erhalten. Die Gewinne der Komplementäre werden analog zur Vorgehensweise bei der OHG den Kapitalkonten gutgeschrieben, wodurch sich deren Geschäftsanteil erhöht; die Gewinne der Kommanditisten werden - vorausgesetzt die Einlage ist vollständig einbezahlt - i.d.R. ausgeschüttet. Der Kapitalanteil des Kommanditisten kann folglich niemals die Pflichteinlage überschreiten. Lässt der Kommanditist dennoch seinen Gewinn in der Gesellschaft stehen, so hat dieser nicht Eigenkapitalcharakter, sondern Darlehenscharakter. Erwirtschaftet die KG einen Verlust, so wird dieser analog zur OHG von den Kapitalanteilen abgeschrieben.

Die **Eigenkapitalbasis** wird grundsätzlich nicht durch das Privatvermögen der Gesellschafter begrenzt, weil weitere Gesellschafter aufgenommen werden können. Die Möglichkeiten der Eigenfinanzierung der *Kommanditgesellschaft* (KG) sind i.d.R. größer als bei der *Offenen Handelsgesellschaft* (OHG), weil durch die Beschränkung der Haftung der Kommanditisten auf ihre Kapitaleinlagen eher Kapitalgeber gefunden werden können.

Das Eigenkapital von Personengesellschaften kann auf dem Wege der **Beteiligungsfinanzierung** durch weitere Einlagen der bisherigen Gesellschafter oder durch die Aufnahme neuer Gesellschafter erhöht werden. Beide Maßnahmen werfen aufgrund der resultierenden Verschiebungen der prozentualen Anteile u.U. erhebliche Probleme auf. Die Ausweitung der Kapitalbasis durch Aufnahme weiterer Gesellschafter bedeutet für die bisherigen Eigentümer meist unerwünschte Mitspracherechte und Informationsbedürfnisse. Die Unabhängigkeit der alten Gesellschafter wird somit u.U. erheblich eingeschränkt. Zudem bereitet die Aufteilung bereits gebildeter stiller Reserven Probleme. Deshalb kann in der Praxis häufig beobachtet werden, dass die Aufnahme eines neuen Eigentümers erst dann vorgenommen wird, wenn sich die Unternehmung bereits in erheblichen Liquiditätsschwierigkeiten befindet.

Das Eigenkapital und seine Bedeutung

Da kleine und mittelständische Gesellschaften und insbesondere die hier angesprochenen Personengesellschaften nicht börsennotiert sind, bietet sich als Möglichkeit, die Nachteile der direkten Beteiligungsfinanzierung zu umgehen, die indirekte Beteiligungsfinanzierung durch **Kapitalbeteiligungsunternehmen** (vgl. Kapitel 2235) an. Auch die Personengesellschaften können ihre Eigenkapitalbasis durch Aufnahme eines **stillen Gesellschafters** erweitern.

Abb. 3/9: Merkmale von Personengesellschaften und Einzelkaufleuten

Rechtsform / Merkmale	Einzelkaufmann	Personengesellschaften			
		OHG	KG	Stille Gesellschaft	Bürgerliche Gesellschaft
Eigentümer	Kaufmann (Unternehmer)	Gesellschafter	a) Komplementäre b) Kommanditisten	Geschäftsinhaber	Gesellschafter
Mindestzahl der Gründer	1	2	a) 1 b) 1	2	2
Mindestkapital und -anteil	kein festes Kapital, keine Mindesteinlage	kein festes Kapital, keine Mindesteinlage vorgeschrieben	a) wie OHG b) feste Einlagen, Höhe beliebig	wie OHG; Einlage des stillen Gesellschafters nominell festgelegt	Beiträge nach Vereinbarung
Haftung	unbeschränkte persönliche Haftung	Gesamtschuldnerische Haftung. Jeder Ges. haftet unmittelbar, unbeschränkt und solidarisch für die Gesellschaft.	Vor HR-Eintragung haften alle Gesellschafter unbeschränkt; Nachher Komplementäre unbeschränkt, Kommanditisten bis zur Einlage.	Der stille Gesellschafter nimmt am Verlust bis zur Höhe seiner Einlage teil. Haftung des Geschäftsinhabers richtet sich nach der Rechtsform.	Unbeschränkte Haftung für alle Gesellschafter.
Steuerliche Behandlung	keine Körperschaftsteuer	keine Körperschaftsteuer	keine Körperschaftsteuer	keine Körperschaftsteuer	keine Körperschaftsteuer
Organe	Kaufmann	Gesellschafter	Komplementäre		Gesellschafter
gesetzliche Vorschriften	HGB, bes. §§ 1 - 104	HGB §§ 105 - 160	HGB §§ 161 - 177	HGB §§ 230 - 236	BGB §§ 705 - 740

Quelle: Perridon, L./Steiner, M. (1999), S. 351

3513 Gesellschaft mit beschränkter Haftung

Die Gesellschaft mit beschränkter Haftung (GmbH) ist eine Rechtsform, bei der die Gesellschafter ihre Haftpflicht bzw. ihr Kapitalrisiko auf das **Stammkapital** *(Nominalkapital, gezeichnetes Kapital)*, das 25.000 € nicht unterschreiten darf, beschränken, so dass die GmbH - von den Rücklagen abgesehen - kein zusätzliches Haftungskapital besitzt. Die Höhe des Stammkapitals wird im notariell beurkundeten Gesellschaftsvertrag festgelegt und ins Handelsregister eingetragen. Eine nachträgliche Änderung, z.b. Kapitalerhöhung, ist folglich nur durch eine Satzungsänderung möglich, die von der Gesellschafterversammlung mit 3/4-Mehrheit beschlossen werden muss.

Die **Gründung** der GmbH kann von einem (Ein-Mann-GmbH) oder von mehreren Gesellschaftern vorgenommen werden. Zur Anmeldung zum Handelsregister ist es erforderlich, dass 25 % jeder Stammeinlage, mindestens aber insgesamt 12.500 € auf das Stammkapital eingezahlt sind. Der Gesellschaftsvertrag kann vorsehen, dass die Gesellschafter die Einforderung weiterer über die Stammeinlagen hinausgehender Einzahlungen beschließen können *(Nachschusspflicht)*. Mit der Nachschusspflicht korrespondiert das *Abandonrecht*. Hiernach hat der Gesellschafter bei unbeschränkter Nachschusspflicht das zwingende und unabdingbare Recht der Preisgabe seines Geschäftsanteils, indem er diesen der Gesellschaft anbietet und ausscheidet.

Die **Führung der GmbH** obliegt der Gesellschafterversammlung, der Geschäftsführung und - soweit vorhanden - dem Aufsichtsrat. Der Geschäftsanteil der Gesellschafter, d.h. die Mitgliedschaft an der GmbH, bestimmt sich nach dem Nennbetrag der übernommenen Stammeinlage. Grundsätzlich ist jedoch eine Kündigung der Geschäftsanteile nicht möglich.

Im Gegensatz zur Personengesellschaft müssen bei der GmbH weitere **Eigenkapitalkonten** (Rücklagen) eingefügt werden, welche das zuzüglich zu dem konstanten Stammkapital (gezeichnetes Kapital) gezahlte Agio (Kapitalrücklagen) und die thesaurierten Gewinne (Gewinnrücklagen) aufnehmen. Das in der Handelsbilanz insgesamt auszuweisende Eigenkapital der GmbH setzt sich also bei differenzierterer Betrachtung (Minimalanforderung des HGB) aus folgenden Bilanzpositionen zusammen:

Gezeichnetes Kapital	
Kapitalrücklage	
Gewinnrücklagen	Rücklage für eigene Anteile
	Satzungsmäßige Rücklage
	Andere Gewinnrücklagen
Gewinn-/Verlustvortrag	
Jahresüberschuss/-fehlbetrag	

Die **Gewinnrücklagen** der GmbH wiederum setzen sich aus drei Rücklagearten zusammen:

(1) Die **Rücklage für eigene Anteile** erfasst auf der Passiv-Seite der Bilanz den Betrag der im Unternehmen gehaltenen eigenen Anteile als Gegenposition zu dem Ausweis des Vermögenswertes „eigene Anteile" auf der Aktiv-Seite. Die Bildung dieser Rücklagen hat den Sinn, Ausschüttungen in dieser Höhe zu verhindern.

(2) **Satzungsmäßige Rücklagen** *(statutarische Rücklagen)* erfassen alle die Rücklagen, zu deren Bildung die GmbH aufgrund der Satzung verpflichtet ist (Vertragsfreiheit).

(3) **Andere Gewinnrücklagen** werden aufgrund von Beschlüssen über die Gewinnverwendung gebildet. Allen Rücklagen ist gemein, dass sie „Selbstfinanzierungsmittel" repräsentieren.

Der **Jahresüberschuss** der GmbH ist grundsätzlich der Körperschaftsteuer zu unterwerfen, die für ausgeschüttete und thesaurierte Gewinne 25 % beträgt. Beim Gesellschafter wird zudem die Hälfte des ausgeschütteten Gewinns noch mit Einkommensteuer belastet (Halbeinkünfteverfahren). Die Gewinnverteilung richtet sich nach dem Verhältnis der Geschäftsanteile, sofern der Gesellschaftsvertrag keine anderen Regelungen enthält.

Das Eigenkapital der GmbH kann ebenso wie bei der Personengesellschaft auf dem Wege der **Beteiligungsfinanzierung** durch weitere Einlagen der bisherigen Gesellschafter oder durch die Aufnahme neuer Gesellschafter erhöht werden. Bei der Beteiligung neuer Gesellschafter allerdings können wie bei der Personengesellschaft auch Probleme und Schwierigkeiten aufgrund der resultierenden Verschiebungen der prozentualen Anteile auftreten.

Eine **Kapitalerhöhung** ist - wie bereits erwähnt - nur durch eine Änderung des Gesellschaftsvertrages möglich, die von der Gesellschafterversammlung mit 3/4-Mehrheit beschlossen, notariell beurkundet und ins Handelsregister eingetragen werden muss. Insbesondere unterliegt die Kapitalerhöhung der GmbH den gesetzlichen Vorschriften der §§ 53-57b GmbHG.

Im Gegensatz zu den vier Kapitalerhöhungsformen der AG bieten sich für die GmbH nur **zwei Möglichkeiten für die Erhöhung der Stammeinlagen:**

- Kapitalerhöhung gegen Stammeinlagen und
- Kapitalerhöhung aus Gesellschaftsmitteln.

Abb. 3/10: Kapitalerhöhungsformen der GmbH

	Kapitalerhöhung gegen Einlagen	Kapitalerhöhung aus Gesellschaftsmitteln
gesetzliche Regelung	§§ 55 - 57 GmbHG	§§ 1 - 17 KapErhG
Zuführung	neuer Mittel in Form von Geld- oder Sacheinlagen	keine
Wirksamwerden der Kapitalerhöhung	bei Eintragung der Durchführung der Kapitalerhöhung in das Handelsregister (§ 54 Abs. 3 GmbHG)	bei Eintragung der Durchführung der Kapitalerhöhung in das Handelsregister (§ 8 Abs. 1 KapErhG)
Durchführung der Kapitalerhöhung	erfolgt durch Übernahme neuer Stammeinlagen mit notarieller Beurkundung durch bisherige oder neue Gesellschafter. Vor Anmeldung ins Handelsregister ist mindestens ein Viertel der Stammeinlagen einzuzahlen.	erfolgt durch Umwandlung der Rücklagen in Stammkapital. Dabei werden entweder neue Stammeinlagen gebildet oder bisherige werden erhöht.

Quelle: Coenenberg, A.G. (1997), S. 191

Die **Kapitalherabsetzung** des Stammkapitals bei der GmbH, die grundsätzlich an bestimmte dem Gläubigerschutz dienende Voraussetzungen geknüpft ist, ist in § 58 GmbHG gesetzlich geregelt.

3514 GmbH & Co. KG

Eine weitere wichtige Erscheinungsform der Personengesellschaft ist die gesetzlich nicht definierte **GmbH & Co.** Sie ist eine Kreation der Praxis, die versucht, die Vorteile der Personengesellschaft (keine Körperschaftsteuerpflicht), mit denen der Kapitalgesellschaft (beschränkte

Haftung) zu verbinden bzw. die jeweiligen Nachteile der beiden Rechtsformen zu vermeiden. Unter einer GmbH & Co. versteht man eine Personengesellschaft, bei der die Funktion des Vollhafters von einer GmbH übernommen wird. Herausragende Bedeutung hat in der Praxis die GmbH & Co. KG, deren Besonderheiten im Folgenden kurz vorgestellt werden sollen.

Die GmbH & Co. KG ist eine Kommanditgesellschaft, deren persönlich haftender Gesellschafter eine GmbH ist. Die Gesellschafter der GmbH sind wiederum üblicherweise die Kommanditisten der KG.

Die **GmbH & Co. KG** stellt eine Kombination zwischen einer Personengesellschaft und einer Kapitalgesellschaft dar. Sie ist eine Kommanditgesellschaft, an der als persönlich haftender Gesellschafter eine Kapitalgesellschaft (GmbH) beteiligt ist. Auf diese Weise wird Körperschaftsteuerpflicht vermieden bzw. auf die GmbH reduziert und gleichzeitig die Haftung auf die Stammeinlage der GmbH und die Einlage der Kommanditisten begrenzt.

Wesentlicher Grund für die weite Verbreitung dieser Rechtsformenkombination ist die Möglichkeit, die Haftung auf die Einlagen der Kommanditisten und auf das Gesellschaftsvermögen der GmbH als Komplementär zu begrenzen. Durch die GmbH als Komplementär besitzt die Gesellschaftsform einen "unsterblichen" Gesellschafter, der neben der Haftungsbeschränkung auch zur Sicherung der Unternehmensfortführung dient.

Die steuerlichen Vorteile liegen darin, dass nur die Einkünfte der GmbH der Körperschaftsteuer unterliegen, während die Einkünfte der Kommanditisten der KG lediglich der Einkommensteuer unterliegen.

Die Komplementär-GmbH beschränkt sich i.d.R. darauf, die Geschäfte der KG zu führen, und ist demzufolge nur mit wenig Kapital ausgestattet.

Abb. 3/11: Grundstruktur der GmbH & Co. KG

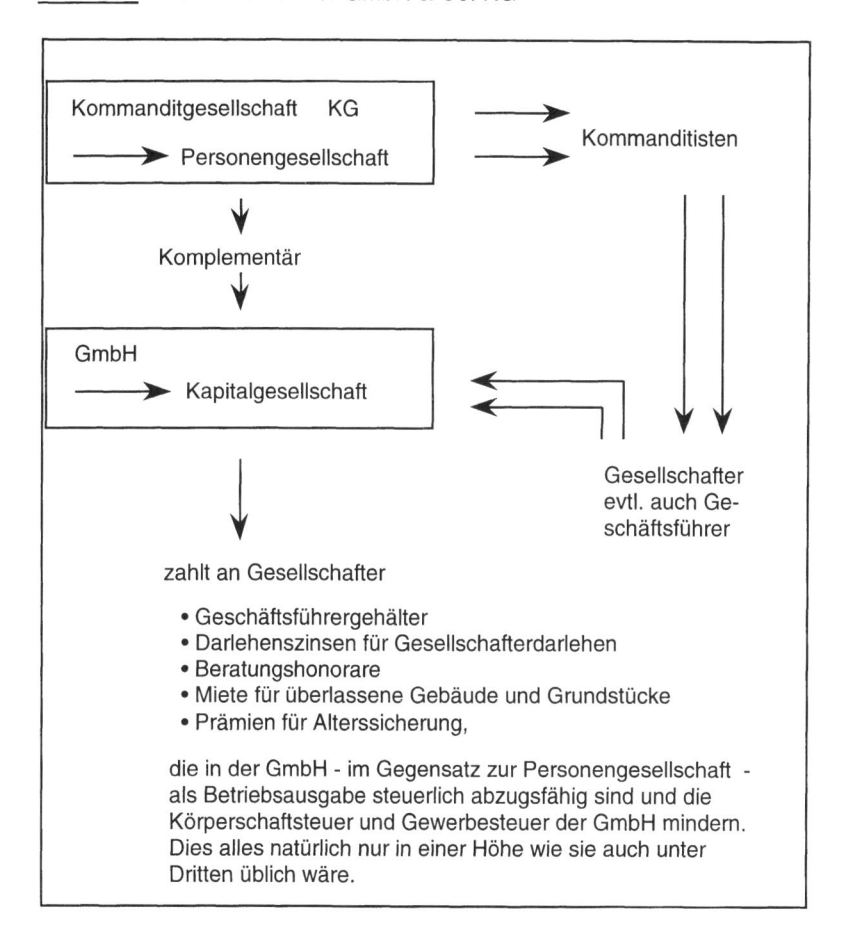

```
┌─────────────────────────────────────────────────────────────────┐
│                                                                 │
│   Kommanditgesellschaft  KG          ──▶                        │
│      ──▶ Personengesellschaft        ──▶   Kommanditisten       │
│                                                                 │
│                    ▼                                            │
│            Komplementär                                         │
│                    ▼                                            │
│  ┌──────────────────────────────┐    ◀─┐     │ │                │
│  │ GmbH                         │      │     │ │                │
│  │   ──▶ Kapitalgesellschaft    │    ◀─┤     │ │                │
│  └──────────────────────────────┘      │     ▼ ▼                │
│                    │                                            │
│                    │                         Gesellschafter     │
│                    ▼                         evtl. auch Ge-     │
│           zahlt an Gesellschafter            schäftsführer      │
│                                                                 │
│     • Geschäftsführergehälter                                   │
│     • Darlehenszinsen für Gesellschafterdarlehen                │
│     • Beratungshonorare                                         │
│     • Miete für überlassene Gebäude und Grundstücke             │
│     • Prämien für Alterssicherung,                              │
│                                                                 │
│     die in der GmbH - im Gegensatz zur Personengesellschaft -   │
│     als Betriebsausgabe steuerlich abzugsfähig sind und die     │
│     Körperschaftsteuer und Gewerbesteuer der GmbH mindern.      │
│     Dies alles natürlich nur in einer Höhe wie sie auch unter   │
│     Dritten üblich wäre.                                        │
└─────────────────────────────────────────────────────────────────┘
```

Im Übrigen finden auf die GmbH & Co. KG die Vorschriften zur Personengesellschaft und auf die Komplementärgesellschaft die Regelungen zur GmbH Anwendung. Auch hinsichtlich der Eigenkapitalbeschaffung kann auf die entsprechenden Ausführungen zur KG bzw. GmbH verwiesen werden. Abweichend von den Vorschriften zu Personengesellschaften muss die GmbH & Co. KG allerdings einen Jahresabschluss nach den strengen Regeln für Kapitalgesellschaften erstellen und publizieren.

Abb. 3/12: Merkmale von Kapitalgesellschaften und Genossenschaften

Rechtsform / Merkmale	Kapitalgesellschaften			Genossenschaft
	GmbH	AG	KGaA	eG
Eigentümer	Gesellschafter	Aktionäre	a) Komplementäre b) Kommanditisten	Genossen
Mindestzahl der Gründer	1	1	5	7
Mindestkapital und -anteil	festes Stammkapital, mind. 25.000 € Mindestgeschäftsanteil 100 €	festes Grundkapital, mind. 50.000 €	festes Grundkapital, mind. 50.000 €	kein festes Grundkapital; Mindesteinlage statutarisch festgelegt
Haftung	Das Gesellschaftsvermögen haftet in voller Höhe. Vor Eintragung ins HR haften alle Gesellschafter solidarisch; danach schulden sie nur ihre rückständige Einlage.	Das Gesellschaftsvermögen haftet in voller Höhe. Vor Eintragung ins HR haften die Handelnden persönlich und unbeschränkt; danach entfällt die persönliche Haftung.	Nach Eintragung ins Handelsregister haften Komplementäre unbeschränkt, die Kommanditisten nur bis zur Höhe ihrer Einlage.	Den Gläubigern haftet nur das Vermögen der Genossenschaft. Das Statut kann Nachschüsse der Genossen an die Konkursmasse vorsehen.
Steuerliche Behandlung	Körperschaftsteuer	Körperschaftsteuer	Körperschaftsteuer	KöSt mit Vergünstigungen
Organe	Geschäftsführer Gesellschafterversammlung evtl. Aufsichtsrat	Vorstand Aufsichtsrat Hauptversammlung	Komplementäre Aufsichtsrat Hauptversammlung	Vorstand Aufsichtsrat Generalversammlung
gesetzliche Vorschriften	GmbH-Gesetz HGB (§§ 238 ff.) (Rechnungslegung)	Aktiengesetz HGB §§ 238ff. (Rechnungslegung)	Aktiengesetz §§ 278 - 290	Genossenschaftsgesetz HGB §§ 336 - 339

Quelle: Perridon, L./Steiner, M. (1999), S. 352

3515 Kommanditgesellschaft auf Aktien (KGaA)

Eine wesentlich geringere Rolle als die GmbH & Co. KG spielt die **Kommanditgesellschaft auf Aktien (KGaA)**. Die KGaA ist als Gesellschaftsform ebenfalls eine Mischform zwischen Kapital- und Personengesellschaft, jedoch mit eigener Rechtspersönlichkeit. Sie ist einmal wie die

Aktiengesellschaft eine juristische Gesellschaft mit einem in Aktien zerlegten gezeichneten Kapital *(Kommanditaktionäre),* und zum anderen hat sie wie die Kommanditgesellschaft mindestens einen persönlich haftenden Gesellschafter.

> Die **Kommanditgesellschaft auf Aktien** (KGaA) ist eine Mischform zwischen der persönlich organisierten Kommanditgesellschaft und der kapitalistisch strukturierten Aktiengesellschaft.

Die persönlich haftenden Gesellschafter bilden den Vorstand. Sie sind die gesetzlichen Vertreter der Gesellschaft und somit zur Geschäftsführung berechtigt. Die Kommanditaktionäre sind nur an dem in Aktien zerlegten Grundkapital beteiligt, ohne unbeschränkt den Gläubigern zu haften. Sie fassen als Gesamtheit ihre Beschlüsse in den Hauptversammlungen.

352 Einflussfaktoren für die Wahl der Rechtsform

Einflussfaktoren für die **Wahl der Rechtsform** sind:

(1) Haftung der Eigenkapitalgeber;

(2) Rechtsbeziehungen der Eigenkapitalgeber untereinander, insbesondere die Leitungsbefugnis, sowie die Regelungsmöglichkeiten der Nachfolge und Erbschaft;

(3) Gewinn- und Verlustbeteiligung;

(4) Steuerbelastung;

(5) Aufwendungen für die Rechtsform (Gründungs- und Kapitalerhöhungskosten, Pflichtprüfung und Veröffentlichung des Jahresabschlusses);

(6) Publizitätserfordernisse;

(7) Finanzierungsmöglichkeiten, insbesondere
 • Umfang und Form der Kapitalanlage;
 • Möglichkeiten der künftigen Kapitalbeschaffung;
 • Haftung und damit eng verbunden
 • Kreditwürdigkeit.

353 Zusammenhang zwischen Rechtsform und Finanzierung

Nach Darlegung der unterschiedlichen Rechtsformen, in denen Unternehmungen betrieben werden können, muss nun der Zusammenhang zwischen diesen Rechtsformen und den jeweiligen Finanzierungsmöglichkeiten hergestellt werden.

Ansatzpunkt dafür sind die rechtsformenspezifischen Eigenkapitalbeschaffungsmöglichkeiten, denn die zusätzliche Ausstattung mit Fremdmitteln ist - wie vorne ausführlich dargestellt wurde - vom Eigenkapital als Haftungskapital abhängig.

Im Falle der **Einzelunternehmung und der Personengesellschaften** wird das verfügbare Eigenkapital von vornherein durch das Vermögen der Gesellschafter limitiert. Eine weitere Begrenzung der Eigenkapitalbeschaffung erfahren diese Rechtsformen dadurch, dass auch der Kreis der Gesellschafter eben wegen der Personenbezogenheit, der Mitwirkungsrechte und -pflichten der Gesellschafter klein bleiben muss. Insbesondere in Familiengesellschaften ist dies auch erwünscht: fremder Einfluss durch neue Gesellschafter soll vermieden werden. Folglich sind auch die Kreditfinanzierungsmöglichkeiten begrenzt. Die Grenzen werden durch das Eigenkapital der Unternehmung, die zur Kreditsicherung (vgl. Kapitel 52) einsetzbaren Vermögenswerte der Gesellschafter und die Ertragskraft des Unternehmens determiniert. Es ist offensichtlich, dass der Finanzierungsrahmen i.d.R. eng ist und diese Rechtsformen eher in Klein- und Mittelbetrieben anzutreffen sind.

Größere Eigenmittel können in der **GmbH** zusammengebracht werden, weil der Kreis der Gesellschafter wegen der Haftungsbeschränkung und der Möglichkeit der reinen kapitalmäßigen Beteiligung größer sein kann. Dabei stehen als Eigenmittel zunächst die Gegenwerte der gesellschaftsvertragsmäßigen Einlagen (in ihrer Summe stellen sie das Stammkapital oder bilanziell ausgedrückt das gezeichnete Kapital dar) als Eigenkapital zur Verfügung. Dieses Kapital stellt das Haftungskapital dar. Da es häufig als Grundlage für die zusätzlich notwendige Kreditfinanzierung nicht ausreicht, übernehmen einzelne Gesellschafter gelegentlich Bürgschaften für die Gesellschaft oder sichern Kredite durch dingliche Sicherheiten an in ihrem Vermögen befindliche Grundstücke ab. Die Folge ist natürlich, dass die Haftung nicht auf das Stammkapital der Gesellschaft beschränkt ist, sondern das die die Sicherheiten gewährenden Gesellschafter mit ihrem übrigen Vermögen im Obligo sind. Damit wird deutlich, dass auch bei den GmbHs die Haftung nicht auf das Gesellschaftsvermögen begrenzt sein muss, sondern Kreditgeber - insbesondere Banken machen von dieser Möglichkeit häufig Gebrauch - die Bereitstellung von Fremdkapital zusätzlich absichern können, wodurch der Finanzierungsspielraum vergrößert wird.

Eine besondere Rolle für die Finanzierung der GmbH spielen die **Gesellschafterdarlehen**. Es handelt sich dabei um Kredite, die die Gesellschafter ihrer GmbH zur Verfügung stellen, um Finanzierungslücken zu schließen. Sie erlangen damit neben ihrer Gesellschafterstellung auch eine Gläubigerposition, die sie im Konkursfall u.U. besser stellen kann. Um einer Unterkapitalisierung der GmbH und der Substitution von Eigenkapital durch (Gesellschafter-) Fremdkapital zum Zwecke der Haftungsbegrenzung des Gesellschafterkreises vorzubeugen, sieht § 32a GmbHG jedoch vor, dass Gesellschafterdarlehen im Konkursfall wie Eigenkapital behandelt werden, wenn zum Zeitpunkt der Gewährung der Darlehen eigentlich eine Zuführung von Eigenkapital erforderlich gewesen wäre.

Die Leistung der gesellschaftsvertraglich festgelegten Einlage braucht nicht in bar, sondern kann auch in Vermögenswerten (Grundstücke, Maschinen, Geschäftsanteile an anderen Unternehmen etc.) erfolgen, wodurch die Aufbringung von "Eigenkapital" durch die Gesellschafter erleichtert und damit das Eigenkapitalvolumen der Gesellschaft als Haftungsgrundlage vergrößert wird. Da derartige **Sacheinlagen** oder Sachgründungen jedoch wegen der Manipulationsmöglichkeiten (zu hohe Bewertung der Sacheinlage!) besondere Risiken für die Gläubiger darstellen können, macht das GmbH-Gesetz (§ 5 Abs. 4) diesbezüglich strenge Auflagen.

Insgesamt sind die Eigen- und Fremdkapitalbeschaffungsmöglichkeiten der GmbH damit deutlich besser als die der Einzelunternehmen und Personenhandelsgesellschaften. Wegen der gleichwohl bestehenden "Personenbezogenheit" dieser Kapitalgesellschaft - sie kommt in den Vorschriften zum notariellen Abschluss des Gesellschaftsvertrages, den umfangreichen Rechten der Gesellschafterversammlung etc. zum Ausdruck - ist auch hier der Kreis der Gesellschafter nicht beliebig ausdehnbar. Damit sind auch hier die Finanzierungsmöglichkeiten begrenzt, weshalb die GmbH eine typische Rechtsform mittelständischer Unternehmen darstellt.

Die besten Chancen zur Beschaffung von Eigenkapital hat die **Aktiengesellschaft**, weil es die rechtliche Ausgestaltung dieser Gesellschaftsform erlaubt, das Spannungsverhältnis zwischen der Gesellschaft und ihrem Großbedarf nach langfristigem Kapital und den Anlagewünschen einer unbegrenzten Zahl Anbietern auch kleiner Beträge bei kurzfristiger Liquidierbarkeit zu lösen. Die hohe Fungibilität und Mobilität des Anteilspapiers Aktie und die Nutzung des organisierten Kapitalmarktes (Börse), der Kauf- und Verkaufswünsche regelmäßig zusammenbringt, ermöglichen dieses.

Wegen des Umfanges und der besonderen Bedeutung soll der Eigenkapitalbeschaffung der **Aktiengesellschaften** ein besonderes Kapitel gewidmet werden.

36 Subventionsfinanzierung

Die **Subventionsfinanzierung** zählt eindeutig zur Außenfinanzierung, da der Unternehmung Finanzmittel von außen zufließen. Sie wird zudem der Eigenfinanzierung zugerechnet, weil die in die Unternehmung fließenden Subventionen das Eigenkapital erhöhen. Charakteristisches Merkmal der Subventionsfinanzierung ist, dass die erhaltenen Finanzmittel nicht zurückgezahlt werden brauchen und die externen Kapitalgeber keinerlei Einfluss auf die Gesellschaft ausüben.

Die Subventionsfinanzierung entspricht insofern weder der Beteiligungs- noch der Kreditfinanzierung.

Gründe staatlicher Subventionen sind beispielsweise:

- Förderung von Industrieansiedlungen;
- Exportförderung;
- regionale Strukturverbesserungen;
- Förderung von Innovationen und moderner Technologien;
- Ermöglichung der Wettbewerbsfähigkeit.

Abb. 3/13: Formen der Subventionsfinanzierung

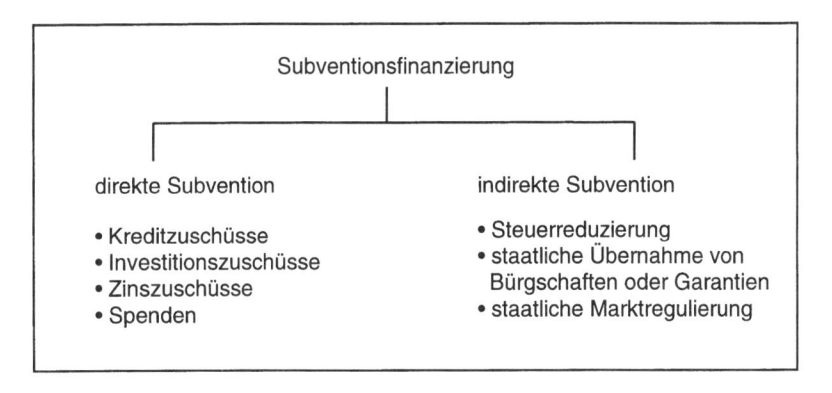

```
                        Subventionsfinanzierung
                                 |
          ┌──────────────────────┴──────────────────────┐
    direkte Subvention                          indirekte Subvention

    • Kreditzuschüsse                           • Steuerreduzierung
    • Investitionszuschüsse                     • staatliche Übernahme von
    • Zinszuschüsse                               Bürgschaften oder Garantien
    • Spenden                                   • staatliche Marktregulierung
```

Erläuternde Fragen und Antworten

1. **Warum sind die Größen des in der Bilanz ausgewiesenen und des tatsächlichen Eigenkapitals nicht in jedem Falle identisch?**

   Da es Teile des Eigenkapitals gibt, deren Höhe nicht aus der Bilanz ersichtlich sind. Diese werden als "stille Rücklagen" oder "stille Reserven" im Gegensatz zu den "offenen Rücklagen" bezeichnet.

   Stille Rücklagen sind sowohl in den Vermögenswerten auf der Aktivals auch in Rückstellungspositionen und Verbindlichkeiten (z.B. bei solchen in fremder Währung) auf der Passivseite der Bilanz enthalten. Auf der Aktivseite entstehen sie durch zu niedrige Bewertung bzw. Nichtaktivierung von Vermögensgegenständen und auf der Passivseite durch zu hohe Wertansätze der Schulden und Rückstellungen. Die Höhe der stillen Rücklagen ergibt sich aus der Differenz zwischen den Buchwerten der Bilanz und den "tatsächlichen" Werten (z. B. Verkehrswerte).

   Vermögensgegenstände, wie Gebäude und maschinelle Anlagen eines Unternehmens, stehen zu „Buchwerten" in der Bilanz, die von Jahr zu Jahr durch die Abschreibung geringer werden. Wird nun ein Gebäude oder eine Anlage oder auch das ganze Unternehmen verkauft und erbringt es einen höheren Preis als den in den Büchern stehenden Wert, so erzielt der Verkäufer einen Buchgewinn, der aus der Aufdeckung der stillen Reserven resultiert.

2. **Was bedeutet gesamtschuldnerische Haftung?**

   Gesamtschuldnerische Haftung bedeutet, dass der Gläubiger zwar die Leistung nur einmal verlangen kann, dass aber jeder Gesellschafter (Gesamtschuldner) allein für die ganze Schuld haftet.

3. **Wodurch ist eine juristische Person gekennzeichnet?**

   Charakteristische Eigenschaft einer natürlichen Person ist die Rechtsfähigkeit, die Fähigkeit also, Träger von Rechten und Pflichten zu sein. Rechtsfähigkeit ist die Voraussetzung, um am Rechtsverkehr teilnehmen zu können. Nun sieht das Gesetz vor, dass auch bestimmte Organisationen als solche die Rechtsfähigkeit besitzen sollen, also selbst Träger von Rechten und Pflichten werden. Solche rechtsfähigen Organisationen sind Zweckschöpfungen des Rechts und heißen "juristische Personen". Beispielsweise sind der Staat, die Gemeinden, die Landkreise, die Sozialversicherungsträger, die Handelskammern, aber auch die Hochschulen juristische Personen des öffentlichen Rechts. Der Gesetzgeber hat es aber auch für zweckmäßig gehalten, dass private Organisationen unter bestimmten Voraussetzungen die Rechtsfähigkeit erlangen können. Sie sind dann juristische Personen des privaten Rechts. Zu ihnen zählen der eingetragene Verein (e.V.), die Gesellschaft mit beschränkter Haftung (GmbH), die Aktiengesellschaft (AG), die Kommanditgesellschaft auf Aktien (KGaA) und die eingetragene Genossenschaft (e.G.). Aber auch der Versicherungsverein auf Gegenseitigkeit (VVaG), die bergrechtliche Gewerkschaft und die rechtsfähige Stiftung gehören zu den juristischen Personen des privaten Rechts.

4 Die Eigenkapitalbeschaffung der Aktiengesellschaft

41 Besonderheiten der Aktienfinanzierung

Die Aktiengesellschaft (AG) ist eine Kapitalgesellschaft, bei der die Aktionäre ihre Haftpflicht bzw. ihr Kapitalrisiko auf das **Grundkapital** *(Nominalkapital, gezeichnetes Kapital)*, das 50.000 € nicht unterschreiten darf, beschränken.

Durch die **Stückelung des Grundkapitals in Aktien** ("Anteile") und deren **Fungibilität** (leichte Veräußerbarkeit, i.d.R. durch Einigung und Übergabe) wird die Kapitalbeschaffung der AG wesentlich vereinfacht, da eine unbegrenzte Zahl von Aktionären auch mit relativ geringen Anteilen als Kapitalgeber in Frage kommt (**Prinzip der Mobilisation**).

Abb. 4/1: Prinzip der Aktienfinanzierung

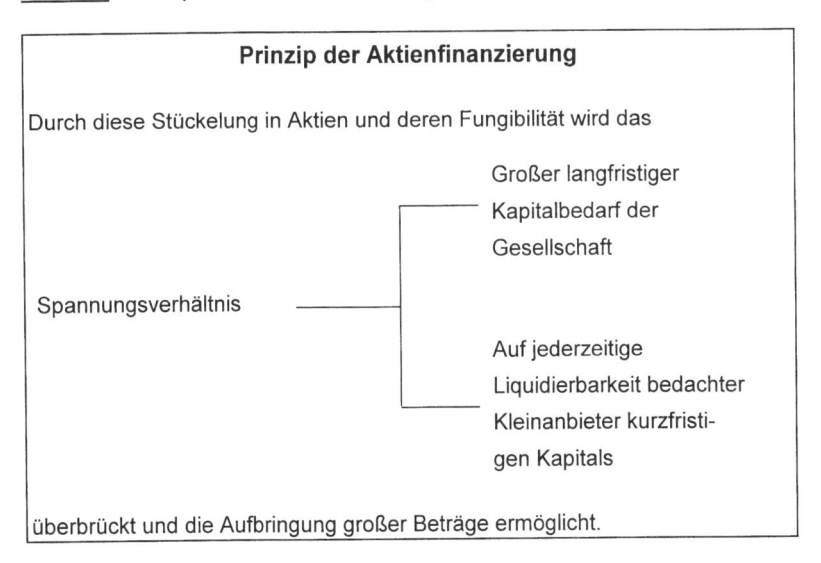

Prinzip der Aktienfinanzierung
Durch diese Stückelung in Aktien und deren Fungibilität wird das
Spannungsverhältnis ⎯⎯⎯ ⎡ Großer langfristiger Kapitalbedarf der Gesellschaft ⎣ Auf jederzeitige Liquidierbarkeit bedachter Kleinanbieter kurzfristigen Kapitals
überbrückt und die Aufbringung großer Beträge ermöglicht.

Während die AG über die Aktienemission unbefristetes Kapital bekommt, besitzen die Aktionäre börsengehandelter Aktiengesellschaften täglich die Möglichkeit, ihre Aktien zum Kurswert zu verkaufen. Dadurch kann die AG als Prototyp der "entfalteten" Kapitalgesellschaft das Spannungsverhältnis zwischen Großnachfrager nach langfristigem Kapital einerseits und auf

Liquidität bedachten Kleinanbietern kurzfristigen Kapitals andererseits überbrücken (vgl. Abb. 4/1).

Eine Einteilung der Aktienarten kann erfolgen:

a) nach **Zerlegung des Grundkapitals**

Nennwertaktien sind Aktien, die auf einem in Geld ausgedrückten Nennbetrag lauten. Die Summe der Nennbeträge ergibt das Grundkapital. Der Mindestnennwert einer Aktie beträgt 1 €.

Stückaktien sind Aktien, die einen Anspruch auf einen jeweils gleichen Anteil am Grundkapital verbriefen. Der auf eine Aktie rechnerisch entfallende Anteil des Grundkapitals darf 1 € nicht unterschreiten.

b) nach den **Übertragungsbestimmungen**

Bei **Inhaberaktien** steht jedem Inhaber (Besitzer) die Geltendmachung des Rechts zu. Die Übertragung der Inhaberaktien erfolgt wie bei allen Inhaberpapieren durch Einigung und Übergabe (Das Recht aus dem Papier folgt dem Recht am Papier). Inhaberaktien sind, bedingt durch ihre leichte Übertragbarkeit, die in der Praxis übliche Form der Aktien (Normaltyp).

Namensaktien lauten auf den Namen des Aktionärs, der in das Aktienbuch der Gesellschaft eingetragen werden muss. Sie sind gesetzlich für den Fall vorgeschrieben, dass die Aktienausgabe erfolgt, bevor das Grundkapital voll eingezahlt ist. Die Übertragung der Namensaktien erfolgt wie bei allen Orderpapieren durch ein *Indossament* (ital. in dosso = auf dem Rücken) - darunter ist die Dokumentation der Eigentumsübertragung durch Unterschrift des Übertragenden und Nennung des neuen Eigentümers auf der Rückseite des Wertpapiers zu verstehen. Ebenfalls wird eine Umschreibung im Aktienbuch notwendig.

Vinkulierte Namensaktien sind eine Sonderform der Namensaktien, bei denen die Übertragung an die Zustimmung der Gesellschaft gebunden ist (§ 68 Abs. 2 AktG). Sie sollen die Gesellschaft - insbesondere bei Familienunternehmen - vor Überfremdung schützen.

c) nach dem Umfang der Rechte

Stammaktien sind Aktien, die gleiches Stimmrecht in der Hauptversammlung, gleichen Anspruch auf Dividende, gleichen Anteil am Liquidationserlös und ein gesetzliches Bezugsrecht gewähren. Stammaktien sind in der Praxis die übliche Form der Aktien (Normaltyp).

Vorzugsaktien sind Aktien besonderer Gattung, die dem Aktionär im Verhältnis zur Stammaktie, insbesondere bei der Gewinnverwendung oder der Verteilung des Liquidationserlöses, Vorrechte gewähren (§§ 11, 12, 139, 204 AktG). Häufig werden derartige Vorzüge als Äquivalent zum Ausschluss der Stimmrechte gewährt. Primäres Motiv für die Ausgabe von stimmrechtslosen Vorzugsaktien ist die Erhöhung des Eigenkapitalanteils bei gleichzeitiger Beibehaltung der Stimmrechtsverhältnisse in der Hauptversammlung (Beispiel: SAP AG).

Eine besondere Form der Vorzugsaktien stellen die **Dividendenvorzugsaktien** dar, die i.d.R. stimmrechtlos sind. Der Vorzug dieser Form kann unterschiedlich ausgestaltet sein:

- **Prioritätischer Dividendenanspruch**: aus dem ausschüttungsfähigem Gewinn werden zuerst die Vorzugsaktionäre bedient und sodann erst die Stammaktionäre.

- **Prioritätischer Dividendenanspruch mit Überdividende**: Die Vorzugsaktionäre werden nicht nur vorrangig bedient, der ihnen garantierte Dividendensatz liegt darüber hinaus auch konstant über demjenigen, der den Stammaktionären jeweils gezahlt wird.

- **Limitierte Vorzugsdividende**: die Dividendenhöhe der Vorzugsaktien wird auf einen Höchstbetrag festgelegt, es wird also eine "Festverzinsung" gewährleistet. Bei einem hohen ausschüttungsfähigem Gewinn, kehrt sich in diesem Fall der Vorzug in einen Nachteil um.

- **Kumulative Vorzugsdividende**: in diesem Fall entsteht ein Dividendenanspruch auch in Verlustjahren. In Verlustjahren nicht gezahlte Dividende muss in den folgenden Gewinnjahren nachgeholt werden. Ist ein kumulativer Dividendenvorzug mit einem Stimmrechtsentfall verbunden, lebt das Stimmrecht wieder auf, wenn in zwei aufeinander folgenden Jahren keine oder nur eine teilweise Dividendenzahlung erfolgt ist (§ 140 Abs. 2 AktG).

An der **Gründung** der AG muss seit der Novellierung des Aktiengesetzes 1994 („Gesetz für kleine Aktiengesellschaften") nur noch mindestens eine Person beteiligt sein. Zur Anmeldung zum Handelsregister ist es erforderlich, dass

- bei einer Ausgabe der Aktien zum Nennwert *(pari)* bzw. des anteilig auf eine einzelne Stückaktie entfallenden Betrages des Grundkapitals mindestens 25% des Nennwertes oder

- bei einem Ausgabepreis oberhalb dieses Wertes *(über pari)* mindestens 25% des Nennwertes und der gesamte über den Nennwert hinausgehende Mehrbetrag (Agio)

eingezahlt sind (§ 36a Abs. 1 AktG). Dabei dürfen Aktien nicht unter ihrem Nennwert *(unter pari)* bzw. unterhalb des auf eine Stückaktie entfallenden Betrages des Grundkapitals, wohl aber - wie üblich - darüber *(über pari)* ausgegeben werden. Aufgrund der umfangreichen Formvorschriften sind die Gründungskosten der AG im Gegensatz zu den anderen Gesellschaftstypen relativ hoch.

Das in der Handelsbilanz insgesamt auszuweisende Eigenkapital der AG setzt sich aus folgenden Bilanzpositionen zusammen:

Gezeichnetes Kapital	
Kapitalrücklage	
Gewinnrücklage	
	Gesetzliche Rücklage
	Rücklage für eigene Anteile
	Satzungsmäßige Rücklage
	Andere Gewinnrücklagen
Gewinn-/Verlustvortrag	
Jahresüberschuss/-fehlbetrag bzw. Bilanzgewinn	

Das gezeichnete Kapital wird stets in voller Höhe ausgewiesen, unabhängig davon, ob der Gegenwert bereits eingezahlt wurde oder nicht.

Die **Kapitalrücklage** erfasst die darüber hinaus von Aktionären eingezahlten Beträge, insbesondere das *Agio* bei einer Emission über pari, also die Differenz zwischen dem Ausgabekurs der jungen Aktien und deren Nennwert.

Die **Gewinnrücklagen** der AG wiederum setzen sich aus vier Rücklagearten zusammen:

(1) Unter der **gesetzlichen Rücklage** versteht man nach dem HGB den Teil der Gewinnrücklagen, der aufgrund gesetzlicher Vorschriften (hier § 150 AktG) gebildet wurde. Gemäß § 150 AktG sind so lange 5 % des Jahresüberschusses in die gesetzliche Rücklage einzustellen, bis diese zusammen mit der Kapitalrücklage 10 % des Grundkapitals oder einen von der Satzung bestimmten höheren Prozentsatz erreicht hat.

(2) Die **Rücklage für eigene Anteile** erfasst den Betrag der im Unternehmen gehaltenen eigenen Anteile. Der Erwerb eigener Anteile ist grundsätzlich verboten und nur in bestimmten Ausnahmefällen zulässig. Beispielsweise kann die Hauptversammlung eine Ermächtigung zum Erwerb in Höhe von bis zu 10% des Grundkapitals unter Festlegung von höchstem und niedrigstem Erwerbskurs erteilen (Aktienrückkauf). Als Zweck dieser Ermächtigung ist jedoch der Handel in eigenen Aktien verboten.

(3) **Satzungsmäßige Rücklagen** *(statutarische Rücklagen)* erfassen alle die Rücklagen, zu deren Bildung die Kapitalgesellschaft aufgrund der Satzung oder des Gesellschaftsvertrages verpflichtet ist (Vertragsfreiheit).

(4) **Andere Gewinnrücklagen** werden aufgrund von Beschlüssen über die Gewinnverwendung gebildet.

Beim **Gewinnvortrag** handelt es sich um den Teil des Bilanzgewinns der Vorjahre, der nicht ausgeschüttet wurde, während der **Verlustvortrag** aus nicht ausgeglichenen Verlusten der Vorjahre resultiert.

Der **Jahresüberschuss/-fehlbetrag** ergibt sich aus der Gewinn- und Verlustrechnung. Er findet sich nur dann in der Bilanz, wenn diese vor erfolgter Gewinnverwendung bzw. vor den entsprechenden Beschlüssen erstellt wird.

Ist ein Beschluss über die Gewinnverwendung, also über die Ausschüttung und Rücklagenbildung bereits gefasst oder macht der Vorstand der Hauptversammlung einen entsprechenden Vorschlag, finden sich die neu gebildeten Rücklagen schon in der entsprechenden Bilanzposition. Der Teil des Jahresüberschusses, der ausgeschüttet werden soll bzw. zur Disposition der Hauptversammlung steht, wird dann als **Bilanzgewinn** ausgewiesen. Der Bilanzgewinn stellt also trotz seiner Bezeichnung keine "Gewinngröße" im Sinne des Jahresergebnisses, sondern den Teil des Jahresüberschusses dar, der sich nach Bildung (oder Auflösung) von Rücklagen ergibt. Er kann folglich größer oder kleiner als der Jahresüberschuss sein.

Die **Geschäftsführung der AG** obliegt dem Vorstand, der vom Aufsichtsrat bestellt und kontrolliert wird. Der Aufsichtsrat seinerseits wird von der Hauptversammlung bzw. der Belegschaft gewählt. Die Hauptversammlung hat im Übrigen keinen Einfluss auf die laufende Geschäftsführung, sondern entscheidet nur in den folgenden gesetzlich geregelten Fällen (§ 119 AktG):

- Bestellung der von der Hauptversammlung zu wählenden Mitglieder des Aufsichtsrates,
- Verwendung des Bilanzgewinns,
- Entlastung der Mitglieder des Vorstands und des Aufsichtsrates,
- Bestellung der Abschlussprüfer,
- Satzungsänderungen,
- Maßnahmen der Kapitalbeschaffung und Kapitalherabsetzung,
- die Auflösung der Gesellschaft.

Das **Stimmrecht** der Gesellschafter bzw. Aktionäre, d.h. die Mitgliedschaft und Einflussnahme an der AG, bestimmt sich nach dem Nennbetrag bei Nennwertaktien bzw. nach der Stückzahl bei Stückaktien.

Die Eigenkapitalbeschaffung der Aktiengesellschaft 127

Von einer gesetzlich geregelten Übertragung des Stimmrechts machen vor allem Kleinaktionäre Gebrauch, indem sie ihr Kreditinstitut beauftragen, ihre Stimmen in der Hauptversammlung zu vertreten (**Vollmachtsstimmrecht**).

Den Aktionären ist eine Kündigung ihrer Geschäftsanteile grundsätzlich nicht möglich. Es bleibt ihnen wie oben erwähnt jedoch der Verkauf an andere Anleger, wodurch die Gesellschaft vor Einzug ihres Eigenkapitals geschützt ist; die Aktionäre haben aber die Möglichkeit, ihre Wertpapiere in Liquidität umzusetzen.

Abb. 4/2: Organe der Aktiengesellschaft

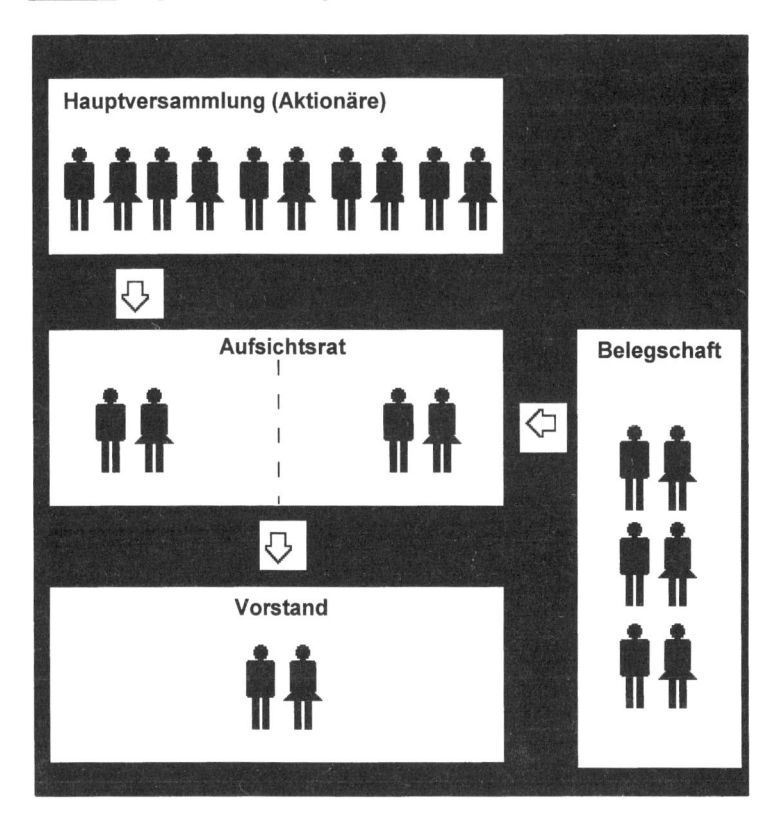

GEA

mg

Wertpapier-Kenn-Nummern 585700 und 585703
Einladung an die Aktionäre der GEA-Aktiengesellschaft

Herzlich willkommen zur
11. ordentlichen Hauptversammlung

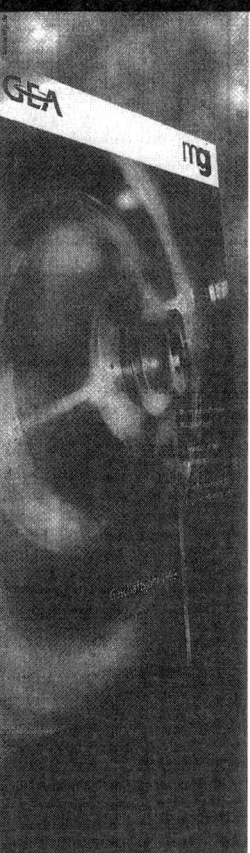

am Mittwoch, 15. März 2000, 10.30 Uhr,
in der Ruhrlandhalle in Bochum, Stadionring 20.

Tagesordnung (Kurzfassung)

1. Vorlage des festgestellten Jahresabschlusses und des Konzernabschlusses, des Lageberichts des Vorstands für die GEA AG und den Konzern sowie des Berichts des Aufsichtsrats für das Rumpfgeschäftsjahr vom 1. Januar bis zum 30. September 1999
2. Beschlussfassung über die Verwendung des Bilanzgewinns
Zahlung einer Dividende von DM 0,80 je Vorzugsstückaktie und von DM 0,75 je Stammstückaktie, Einstellung in die Gewinnrücklagen sowie Vortrag auf neue Rechnung
3. Beschlußfassung über die Entlastung des Vorstands für das Rumpfgeschäftsjahr vom 1. Januar bis zum 30. Septemer 1999
4. Beschlußfassung über die Entlastung des Aufsichtsrats für das Rumpfgeschäftsjahr vom 1. Januar bis zum 30. September 1999
5. Wahlen zum Aufsichtsrat
(Vorschlag: Dr. Karl Josef Neukirchen, Dr. jur. Leonhard Aulinger, Dr. jur. Kurt Hochheuser, Karlheinz Hornung, Dr. Harald Rieger, Dr. Norbert Sondermann)
6. Beschlußfassung über einen Beherrschungs- und Ergebnisabführungsvertrag zwischen der GEA AG und der Grasso GmbH Refrigeration Technology
7. Wahl des Abschlußprüfers für das Geschäftsjahr vom 1. Oktober 1999 bis 30. September 2000

Die vollständige Einladung mit den Vorschlägen zur Beschlußfassung ist im Bundesanzeiger Nr. 22 vom 2. Februar 2000 veröffentlicht.

Zur Teilnahme an der Hauptversammlung sind die Stamm- und Vorzugsaktionäre und zur Ausübung des Stimmrechts die Stammaktionäre berechtigt, die Aktien bis spätestens Dienstag, den 7. März 2000, bei unserer Gesellschaft oder einer der nachstehenden Hinterlegungsstellen

Commerzbank AG • Bayrische Hypo- und Vereinsbank AG • BHF-BANK AG Credit Suisse First Boston AG • DG BANK Deutsche Genossenschaftsbank Dresdner Bank AG • Sal. Oppenheim jr. & Cie. Kommanditgesellschaft auf Aktien • Westdeutsche Landesbank Girozentrale • Westfalenbank AG

oder bei einer Wertpapiersammelbank oder bei einem deutschen Notar während der üblichen Geschäftsstunden hinterlegen und bis zur Beendigung der Hauptversammlung dort belassen. Im Falle der Hinterlegung der Aktien bei einem Notar ist die Bescheinigung über die erfolgte Hinterlegung in Urschrift oder in beglaubigter Abschrift spätestens bis Mittwoch, 8. März 2000, bei der Gesellschaft einzureichen.

Die Hinterlegung ist auch dann ordnungsgemäß erfolgt, wenn die Aktien mit Zustimmung einer der vorgenannten Hinterlegungsstellen für sie bei einem anderen Kreditinstitut bis zur Beendigung der Hauptversammlung gesperrt gehalten werden.
Stammaktionäre, die nicht selbst an der Hauptversammlung teilnehmen wollen, können ihr Stimmrecht unter entsprechender Vollmachtserteilung durch einen Bevollmächtigten, auch durch ein Kreditinstitut oder eine Vereinigung von Aktionären, ausüben lassen.

Bochum, im Februar 2000   Der Vorstand

Gerne senden wir Ihnen unseren Geschäftsbericht 1999 zu:
GEA AG • Zentralabteilung Public Relations • Dorstener Straße 484 • 44809 Bochum
Tel.: 0234 / 980-1081 • Fax: 0234 / 980-1087 • e-mail: pr@gea-ag.com

Quelle: Handelsblatt vom 2.2.2000

Die Eigenkapitalbeschaffung der Aktiengesellschaft

Nestlé.

Nestlé Deutschland AG
Frankfurt am Main

– Wertpapier-Kenn-Nummer 675 920 –

Erste Aufforderung zum Aktienumtausch

Die ordentliche Hauptversammlung der Nestlé Deutschland Aktiengesellschaft vom 10. Juli 1998 hat u.a. die Änderung der Einteilung des Grundkapitals von der Nennbetragsaktie in die nennbetragslose Stückaktie beschlossen. Jede Stückaktie ist am Grundkapital der Nestlé Deutschland AG in gleichem Umfang beteiligt; der jeweilige Anteil eines Aktionärs am Grundkapital der Nestlé Deutschland AG hat sich durch die Umstellung auf die Stückaktie nicht verändert. An die Stelle von jeweils einer Aktie im Nennbetrag von DM 50,- ist eine Stückaktie getreten. Die entsprechende Satzungsänderung ist in das Handelsregister des Amtsgerichts Frankfurt am Main eingetragen worden.

Die Umstellung der Wertpapierdepots sowie die Umstellung der Börsennotierung auf die Stückaktie ist bereits am 1. Oktober 1999 erfolgt.

Durch die Umstellung auf Stückaktien ist der Inhalt der bisher ausgegebenen Aktienurkunden unserer Gesellschaft unrichtig geworden. Die alten Aktienurkunden sollen deshalb durch neue Aktienurkunden über Stückaktien ausgetauscht werden.

Wir fordern daher unsere Aktionäre auf, ihre alten auf einen Nennbetrag lautenden Aktien mit Erneuerungsschein in der Zeit

vom 31. Januar bis zum 2. Mai 2000 einschließlich

bei einer Niederlassung der Deutsche Bank AG während der üblichen Schalterstunden zum Umtausch in Stückaktien einzureichen.

Die neuen auf Stückaktien lautenden Aktienurkunden tragen das Ausstellungsdatum „im September 1999" und sind mit Gewinnanteilscheinen Nr. 1 bis 20 und einem Erneuerungsschein ausgestattet.

Sofern die umzutauschenden Aktien von einem Kreditinstitut verwahrt werden, wird der Umtausch ohne besonderen Auftrag des Depotinhabers durchgeführt; in diesem Fall ist von den Aktionären nichts zu veranlassen. Die neuen Stückaktien werden den Aktionären provisions- und spesenfrei zur Verfügung gestellt.

Die unrichtig gewordenen Aktienurkunden unserer Gesellschaft, die nicht bis zum 2. Mai 2000 eingereicht worden sind, werden wir gemäß § 73 AktG für kraftlos erklären. Die erforderliche Genehmigung hat das zuständige Amtsgericht am 5. Oktober 1999 erteilt.

Frankfurt am Main, im Januar 2000

Der Vorstand

Quelle: Handelsblatt vom 25.01.2000

Rolf Benz geht mit stimmrechtslosen Vorzugsaktien an die Börse

Der exquisite Möbelhersteller wird in Frankfurt notiert / Kooperation statt Akquisition / Gespräch mit Rolf Benz

Rolf Benz AG, Nagold. Das als Hersteller hochwertiger Polstermöbel bekannte Unternehmen wird an die Börse gebracht. Am nächsten Montag wird das Emissionshaus, die Deutsche Bank, den Kaufpreis für die 80 000 stimmrechtslosen Vorzugsaktien, die zunächst an die Börse kommen sollen, bekanntgeben. „Der Kurs wird sicher nicht über 400 DM je Aktie liegen", sagte Rolf Benz in einem Gespräch mit dieser Zeitung. Einerseits wolle man nicht „der billige Jakob" sein, andererseits will Benz aber auch, wie er es ausdrückt, die Grenzen nicht überziehen. Benz verweist auf die hohe Substanz, die hinter dem Unternehmen stehe, auf die seriöse Bilanzierung mit einem beachtlichen Anteil niedrig bewerteter Grundstücke und auf den größten Aktivposten, in den sein Unternehmen Jahrzehnte eine Menge Geld investiert habe: die Marke. „Hochwertige Möbel können nur über entsprechende Markennamen verkauft werden", sagt der gelernte Polsterer, der am Grundkapital der Rolf Benz AG von derzeit gut 12 Millionen DM ein Aktienpaket von 6 Prozent hält.

Überlegungen zu einem Börsengang gibt es schon lange im Hause Benz. „Nachdem wir 1972 konsequent mit der Markenwerbung begannen, war der nächste Schritt einfach vorprogrammiert", sagt Benz, der das Unternehmen 1964 mit 25 Mitarbeitern ins Leben rief. „Bereits 1979 haben wir über den Schritt, das Unternehmen an die Börse zu führen, nachgedacht." Seit dieser Zeit sei sehr viel in dem Hause Rolf Benz in die Logistik investiert worden. Sein Ziel sei es immer gewesen, das Unternehmen „in guter Verfassung an den Markt zu bringen". Dieser Zeitpunkt sei nun gekommen. Das Grundkapital der Rolf Benz AG wird nach der Durchführung der von der Hauptversammlung Anfang Juni genehmigten Kapitalerhöhung auf 16 Millionen DM aus 200 000 Stammaktien (nominal 10 Millionen DM) und 120 000 stimmrechtslosen Vorzugsaktien (nominal 6 Millionen DM) bestehen. Von den Vorzugsaktien wiederum werden 80 000 Stück an den Geregelten Markt der Frankfurter Börse und an die Stuttgarter Börse eingeführt. Somit befinden sich nur 25 Prozent des Grundkapitals am Markt. Bei einem Ausgabekurs von an die 400 DM je Aktie flössen dem Unternehmen frische Mittel von bis zu 32

Die Zeichnungsfrist für die 80 000 stimmrechtslosen Vorzugsaktien des Polstermöbelherstellers ist für den 28. und den 29. Juni vorgesehen. Am 5. Juli soll die Aktie zum ersten Mal gehandelt werden. Die Rolf Benz AG gehört zur Welle Holding AG, Paderborn, unter deren Dach 13 Unternehmen der Möbelbranche zusammengefaßt sind. Über 8000 Mitarbeiter haben 1993 einen Konzernumsatz von 1,7 Milliarden DM erwirtschaftet. Nach einem erfolgreichen Börsengang der Rolf Benz AG ist geplant, im Laufe des nächsten Jahres den Küchenhersteller Leicht Küchen AG, Waldstetten, an den Kapitalmarkt zu bringen.

Millionen DM zu. Bei einer Bilanzsumme von 215 Millionen DM im Geschäftsjahr 1993 eine ansehnliche Summe. „Es sind keine Eskapaden geplant", sagt Benz auf die Frage, wie diese frischen Mittel denn verwendet werden sollen, und gibt damit zu verstehen, daß keine Akquisitionen vorgesehen seien. Die größten Investitionsfehler werden seiner Meinung nach mit Akquisitionen gemacht. Die Rolf Benz AG werde dagegen weiter auf Kooperationen bauen.

Zusätzlich zu dem Stammsortiment an Polstermöbeln bietet das Unternehmen schon heute unter seinem Markennamen auch Couchtische und Schrankwände anderer Hersteller an. Diese Kooperationsstrategie wolle Benz auf Möbel für das Eßzimmer und vielleicht auch auf Polsterbetten ausweiten. Für diese Produkte werde das Unternehmen aus dem Emissionserlös die Mittel für eine umfassende Markteinführungskampagne nehmen.

Neben der Ausweitung des Produktsortiments durch Kooperationen will Rolf Benz als Vorstandsvorsitzender auch die Präsenz im Ausland verstärken. In Österreich, der Schweiz, den Niederlanden und Belgien soll das Unternehmen eine Marktdurchdringung wie in Deutschland erreichen. Die Exportquote würde dadurch von 22 auf 30 bis 35 Prozent steigen. Erhebliches Entwicklungspotential sieht Benz auch in den Neuen Bundesländern, wo die hochpreisigen Produkte seines Hauses allerdings erst in der Zukunft verstärkt nachgefragt werden würden.

Die Rolf Benz AG rechnet auch für 1994 wie im vergangenen Geschäftsjahr wieder mit einem Umsatzwachstum von 6 bis 7 Prozent. 1993 wurden mit etwa 860 Mitarbeitern 215 Millionen DM erlöst. Das Ergebnis der gewöhnlichen Geschäftstätigkeit stieg trotz des schwierigen Marktumfeldes um 13 Prozent auf 13 Millionen DM. Der Gewinnanstieg soll sich auch dieses Jahr parallel zum Umsatz bewegen, hofft Benz. Auf die Frage, mit welcher Dividende die Aktionäre für die anteiligen sechs Monate des laufenden Geschäftsjahres rechnen können, will er nicht direkt antworten. Aber als Richtgröße gibt er den Hinweis, daß in der Rolf Benz AG gewöhnlich die Hälfte des Gewinnes reinvestiert werde, die andere Hälfte als Gewinn ausgeschüttet werde. ull.

Artikel vom 06.07.99

Siemens-Titel wird Namensaktie

Der Siemens-Konzern bereitet sich auf die Notierung in den USA vor, die Aktie AG wird ab dem 16. August als Namensaktie ohne Nennbetrag im Börsenhandel notiert. Die Umstellung auf **Namensaktien** eröffne die Möglichkeit zu einer direkten und schnelleren Kommunikation mit seinen Aktionären", erklärte das Unternehmen heute. Zudem vereinfache die **Namensaktie** die Notierung der Siemens-Aktie in den USA, die für das Frühjahr 2001 vorgesehen sei. Die Umstellung erfolgt den Angaben zufolge bei Aktien, die in einem Bankdepot liegen, automatisch und kostenlos. Inhaber, die ihre Wertpapiere selbst verwalten, forderte Siemens auf, die Aktien bis spätestens zum 6. Dezember bei einem Kreditinstitut für die Umstellung einzureichen. Mit der Umstellung von Inhaber auf **Namensaktien** erhält das Siemenspapier die neue Wertpapierkennnummer 723 610.

Quellen: oben FAZ vom 23.06.1994; Wirtschaftswoche vom 06.07.1999
abrufbar unter www.wiwo.de

42 Kapitalerhöhung

Die Erhöhung des gezeichneten Kapitals (Grundkapitals) erfolgt durch verschiedene Arten der Kapitalerhöhung, die durch unterschiedliche Folgen für die Liquidität und durch andersartige gesellschaftsrechtliche Voraussetzungen charakterisiert sind.

Es sind zu unterscheiden:

- Die **ordentliche Kapitalerhöhung**, sie erfolgt durch Ausgabe und Verkauf junger Aktien und stellt den **Normalfall** zur Erlangung zusätzlicher Liquidität dar.

- Die **genehmigte Kapitalerhöhung** ist ein **Sonderfall** der ordentlichen Kapitalerhöhung; wird von der Hauptversammlung vorab "genehmigt", aber erst später (innerhalb von 5 Jahren) zu einem auf dem Kapitalmarkt günstigen Zeitpunkt durchgeführt (hohes Agio dann leichter durchsetzbar!).

- Die **bedingte Kapitalerhöhung** darf **nur** bei Eintritt bestimmter Bedingungen (z.b. Weitergabe an Mitarbeiter als "Belegschaftsaktie" häufig zu Sonderkonditionen und steuerbegünstigt) durchgeführt werden.

- Die **Kapitalerhöhung aus Gesellschaftsmitteln** führt zu keinem Liquiditätszufluss und stellt lediglich eine Umwandlung von Rücklagen in gezeichnetes Kapital dar.

Sämtliche Formen der Kapitalerhöhung bedürfen der *Zustimmung einer 3/4-Mehrheit* des anwesenden Aktienkapitals der Hauptversammlung und einer *Eintragung ins Handelsregister*, wobei zu beachten ist, dass die Satzung eine andere Kapitalmehrheit bestimmen kann. Im Anschluss daran ist das Bezugsrecht der Aktionäre u.a. im Bundesanzeiger zu veröffentlichen.

Die nachfolgende Übersicht (Abb. 4/3) soll die vier im Folgenden näher beschriebenen Formen der Kapitalerhöhung der AG vorweg kurz charakterisieren.

Abb. 4/3: Kapitalerhöhungsformen der AG

Kriterien \ Formen	Kapitalerhöhung gegen Einlagen	bedingte Kapitalerhöhung	genehmigtes Kapital	Kapitalerhöhung aus Gesellschaftsmitteln
gesetzliche Regelung	§§ 182-191 AktG	§§ 192-201 AktG	§§ 202-206 AktG	§§ 207-220 AktG
Zuführung	neuer Mittel in Form von Geld- oder Sacheinlagen	neuer Mittel in Form von Geld- oder Sacheinlagen	neuer Mittel in Form von Geld- oder Sacheinlagen	keine
Wirksamwerden der Kapitalerhöhung	bei Eintragung der Durchführung der Kapitalerhöhung ins Handelsregister (§ 189 AktG)	bei Ausgabe der Bezugsaktien (§§ 199, 201 AktG)	bei Eintragung der Durchführung der Kapitalerhöhung (§ 203 Abs. 1 AktG i.V. mit § 189 AktG)	bei Eintragung des HV-Beschlusses über die Kapitalerhöhung aus Gesellschaftsmitteln in das HR (§ 211 AktG)
Ausgabe der neuen Aktien	nach Eintragung der Durchführung der Kapitalerhöhung in das Handelsregister (§ 191 AktG)	nach Eintragung des HV-Beschlusses über die bedingte Kapitalerhöhung (§ 197 AktG) und voller Leistung des Gegenwertes (§ 199 Abs. 1 AktG)	nach Eintragung der Durchführung der Kapitalerhöhung in das Handelsregister (§ 203 Abs. 1 AktG i.V. mit § 191 AktG)	nach Eintragung des HV-Beschlusses in das Handelsregister (§ 214 Abs. 1 AktG)
Obergrenze des Nennbetrags der Kapitalerhöhung	keine	Hälfte des Grundkapitals zum Zeitpunkt der Beschlußfassung über die bedingte Kapitalerhöhung (§ 192 Abs. 3 AktG)	Hälfte des Grundkapitals zum Zeitpunkt der Beschlußfassung über das genehmigte Kapital (§ 202 Abs. 3 AktG)	Kapitalrücklagen und gesetzliche Rücklagen, soweit sie 10 % des Grundkapitals oder den lt. Satzung höheren Betrag übersteigen sowie andere Gewinnrücklagen, soweit vorhanden (§ 208 Abs. 1 AktG)

Quelle: Coenenberg, A.G. (1997), S. 191

421 Ordentliche Kapitalerhöhung

4211 Charakteristika

Unter einer **ordentlichen Kapitalerhöhung** versteht man die Erhöhung des gezeichneten Kapitals auf dem Wege der Außenfinanzierung durch den Verkauf junger Aktien.

Eine Erhöhung des Eigenkapitals wird i.d.R. erfolgen müssen, wenn ein Unternehmen

- seine Kapazität erheblich erweitern,
- größere Umstellungen im Produktionsprogramm vornehmen oder
- sich an anderen Unternehmen beteiligen

will und folglich zusätzliche Mittel zur Finanzierung benötigt. Auch Rationalisierungs- und Modernisierungsmaßnahmen können Kapitalerhöhungen erforderlich machen.

Erhöhungen des Eigenkapitals können aber auch dazu dienen, Fremdkapital durch Eigenkapital zu ersetzen, so dass keine Erweiterung der Kapitalbasis, sondern eine Verbesserung der Kapitalstruktur durch Erhöhung des Haftungskapitals eintritt.

Zur erfolgreichen Durchführung einer Kapitalerhöhung sind folgende Überlegungen und Planungen notwendig:

- die Wahl des Ausgabezeitpunktes: Dieser ist abhängig von der Kapitalmarktverfassung und bestimmt u.U. wesentlich den finanziellen Erfolg der Kapitalerhöhung;
- die Ermittlung des notwendigen Kapitalerhöhungsbetrages: Dieser folgt aus einer längerfristigen Finanzmittelbedarfsplanung;
- die Festlegung des Ausgabe- bzw. Bezugskurses: Dieser bestimmt ausschlaggebend die Attraktivität der Emission (lat. emittere = hinausgeben)!

Zur Vereinfachung der Durchführung der Kapitalerhöhung werden die neuen Aktien gewöhnlich von einer Bank oder einem Bankenkonsortium übernommen *(Fremdemission)* und dann an die Börse gebracht. Fremdemission bedeutet i.d.r. den Einsatz der Dienstleistungs- und Beratungskapazität einer Bank oder eines Bankenkonsortiums mit einem bestehenden Vertriebssystem zum Verkauf der jungen Aktien an das Publikum. In Einzelfällen erflogt eine Aktienplatzierung aber auch ohne Beteiligung von Banken.

4212 Wirkungen

Die alten (oder neuen) Aktionäre erwerben die jungen Aktien gegen Zahlung des Kaufpreises. Der der Gesellschaft zustehende Kaufpreis stellt den Liquiditätszufluss dar. Üblicherweise liegt der **Bezugskurs** (Ausgabekurs oder *Emissionskurs*) über dem Nennwert der jungen Aktien bzw. dem anteiligen Betrag des Grundkapitals bei Stückaktien, denn die Erwerber sollen nicht nur den Nominalwert der neuen Aktien, sondern deren tatsächlichen Wert, also auch die stillen Reserven, "bezahlen".

Die Differenz zwischen Nennwert und Ausgabekurs wird als **Agio** bezeichnet. Während der Gegenwert des Nennwertes das "gezeichnete Kapital" erhöht, wird das Agio der **Kapitalrücklage** zugeführt.

Der Liquiditätszufluss setzt sich aus beiden Komponenten zusammen und findet seinen Niederschlag auf der Aktiv-Seite der Bilanz, i.d.R. unter "Guthaben bei Kreditinstituten".

Liquiditätszufluss = nominelle Kapitalerhöhung + Agio

Beispiel:

Eine AG erhöht ihr Grundkapital von 600 Mio. € auf 800 Mio. € durch den Verkauf von jungen Aktien im Nennwert von 5 € je Stück. Der Ausgabekurs betrage 15 €.

Wie ändern sich das "gezeichnete Kapital" und die "Kapitalrücklage", wie hoch ist der Liquiditätszufluss?

Die Eigenkapitalbeschaffung der Aktiengesellschaft 135

> **Lösung:**
>
> 40 Mio. junge Aktien werden verkauft: (200 Mio. € : 5 € = 40 Mio.)
>
> Liquiditätszufluss: 40 Mio. Stck. x € 15 = € 600 Mio.
>
> Die 600 Mio. € setzen sich zusammen aus: 200 Mio. € Erhöhung des gezeichneten Kapitals und 400 Mio. € Agio.
>
> Das gezeichnete Kapital erhöht sich von 600 Mio. € auf 800 Mio. €. Der Kapitalrücklage werden 400 Mio. € zugeführt.

www.wiwo.de
Artikel-Recherche

Artikel vom 30.11.99

WCM beschließt Kapitalerhöhung

Die Hamburger WCM Beteiligungs- und Grundbesitz-AG hat eine Erhöhung des Grundkapitals beschlossen, um damit im kommenden Jahr Zukäufe zu finanzieren. Wie die im MDax vertretene Gesellschaft am Montag abend bekannt gab, soll das Grundkapital durch die Ausgabe von 10.608.000 Stückaktien auf nominal 169.728.000 Euro steigen. Ein Bankenkonsortium unter Führung der Deutschen Bank wird den Altaktionären die Dividendenpapiere im Verhältnis 15:1 anbieten.

Unterdessen hat der Mehrheitsaktionär bereits angekündigt, die **Kapitalerhöhung** in vollem Umfang zeichnen zu wollen. Bisher hält die Familie Ehlerding 66,6 Prozent an WCM.

Den Angaben zufolge wird der Bezugspreis am 1. Dezember festgestellt. Es ist vorgesehen, die Aktien in der Zeit vom 3. bis 17. Dezember mit einem Abschlag von mindestens 30 Prozent zum Bezug anzubieten. Die neuen Aktien sollen für das Geschäftsjahr 1999 voll dividendenberechtigt sein.

Quelle: Wirtschaftswoche vom 30.11.1999, abrufbar unter www.wiwo.de

Bundesbank: Wagniskapitalmarkt ist zurückgeblieben

Trotz deutlicher Zuwächse hinkt der deutsche Markt für Wagniskapital noch immer hinter den USA her. Nach wie vor spiele Wagniskapital in der Bundesrepublik eine wesentlich geringere Rolle als in den Vereinigten Staaten, stellte die Deutsche Bundesbank in ihrem jüngsten Monatsbericht fest.

Angesichts der volkswirtschaftlichen Bedeutung dieser Finanzierungsform für junge Unternehmen müsse die Bundesregierung die Rahmenbedingungen für ein günstiges Investitionsklima schaffen.

Die Zahl der Gesellschaften, die vorwiegend jungen Unternehmen eine Kapitalbeteiligung bieten, hat sich von 1997 bis 1999 den Angaben zufolge verdoppelt. Ähnlich kräftig stiegen der Anteil am Beteiligungsvolumen am Bruttoinlandsprodukt, das anlagebereite Fondsvolumen und die jährlichen Bruttoinvestitionen im Wagniskapitalmarkt.

Dennoch blieb Deutschland den Angaben zufolge im vergangenen Jahr beim Zuwachs der Bruttoinvestitionen mit 61 Prozent leicht hinter dem europäischen Durchschnitt und deutlich hinter dem Zuwachs in den USA von 152 Prozent zurück. Während in Deutschland 1999 drei Milliarden Euro (5,85 Milliarden Mark) an Wagniskapital investiert wurden, waren es in den USA 48 Milliarden Dollar (rund 112 Milliarden Mark).

Nach Einschätzung der Bundesbank hat die Finanzierung junger innovativer Unternehmen durch Wagniskapital positive Folgen für die Gesamtwirtschaft. Gerade junge High-Tech-Unternehmen expandierten, wenn sie sich an den Märkten etablieren konnten und zählten dann zu den Hauptantriebskräften für Wachstum und Beschäftigung. Laut einer empirischen Studie wiesen die mit Venture Capital ausgestattete Firmen im Durchschnitt höhere Wachstumsraten bei Wertentwicklung, Umsatz und Beschäftigung auf als etablierte Unternehmen.

Studie: Jungunternehmer begrüßen Wagniskapital

Die nach US-Vorbild auch in Deutschland zunehmende Unternehmensfinanzierung mit Wagniskapital ist aus Sicht der Jungunternehmer trotz einiger Kritikpunkte ein Erfolg.

Nach einer aktuellen Studie würden sich 90 Prozent der Jungunternehmer wieder mit Risikokapital finanzieren lassen. Allerdings vermissten die Unternehmensgründer bei den Investoren vor allem Verständnis für ihr Tagesgeschäft. 40 Prozent der Befragten hielten ihren Geldgebern vor, sich in der Partnerschaft ausschließlich für eigene Ziele zu interessieren.

Auf der anderen Seite hält jeder zweite Investor die Umsatz- und Ergebniserwartungen der Jungunternehmer für "viel zu optimistisch". Sogar mehr als zwei Drittel aller Kapitalgeber würden Defizite im Management sehen. Mit 49 Prozent verläßt sich fast jedes zweite Jungunternehmen bei den Beteiligungsverhandlungen auf externe Berater.

Die Studie war von der Unternehmensberatung Baumgartner & Partner, der Wochenzeitung VDI nachrichten und der Gründungs-Beratung area5F in Auftrag gegeben worden. Zu diesem Stimmungsbarometer in der New Economy wurden 120 Gründer sowie 81 Risikokapital- Gesellschaften befragt.

Quelle: Wirtschaftswoche vom 25.10.2000, abrufbar unter www.wiwo.de

4213 Festsetzung des Bezugskurses für junge Aktien

Die **Höhe des Bezugs-** bzw. **Ausgabekurses** für neue (junge) Aktien kommt nicht durch Angebot und Nachfrage zustande, sondern wird durch die Organe der AG festgelegt. Er ist für das Unternehmen von besonderer Bedeutung, da er den Zufluss an liquiden Mitteln bestimmt. Will eine Unternehmung einen bestimmten Betrag an finanziellen Mitteln über eine Kapitalerhöhung beschaffen, so muss die Erhöhung des Grundkapitals um so höher sein, je niedriger der Bezugskurs gewählt wird; um so größer ist dann auch die Kapital- bzw. Vermögensverwässerung, d.h. die Wertminderung der alten Aktien.

Während der **Nennwert** (bei Nennbetragsaktien) bzw. der anteilig auf eine Stückaktie entfallende Betrag des Grundkapitals als Untergrenze für den Ausgabekurs **nicht unterschritten** werden darf, bildet der aktuelle Börsen- oder **Tageskurs** der Altaktie theoretisch die **Höchstgrenze**. Der Vorstand muss versuchen, einen Ausgabekurs zu finden, der einerseits von der Hauptversammlung noch genehmigt wird und andererseits auch am Kapitalmarkt untergebracht werden kann. Die Termini "niedrige" bzw. "hohe" Bezugskurse beziehen sich auf die Relation zum Tageskurs der Aktien.

Für die Festsetzung hat der Vorstand im Hinblick auf den Zufluss an liquiden Mitteln die im Folgenden näher beschriebenen **Faktoren** zu berücksichtigen.

Merkmale eines niedrigen Bezugskurses:

- Untergrenze ist der Parikurs;

- Geringer Zufluss neuer Finanzierungsmittel;

- Soll ein bestimmter Betrag an Finanzierungsmitteln beschafft werden, so muss die Erhöhung des Grundkapitals größer sein als bei einem hohen Bezugskurs (Kapital- bzw. Vermögensverwässerung!);

- Ein niedriger Bezugskurs wird i.d.R. besser von der Börse abgenommen;

- Er führt i.d.R. zu einem niedrigeren Börsenkurs der alten Aktien. Dies ist erstrebenswert, wenn der Kauf der Altaktien zwecks Ausweitung des Aktionärskreises erleichtert werden soll.

Merkmale eines hohen Bezugskurses:

- Höchstgrenze bildet der aktuelle Tages- bzw. Börsenkurs der Alt-Aktien;

- Das Bezugsrecht wird bei Ausgabe in Höhe des Tages- bzw. Börsenkurses wertlos, da sich der Aktionär direkt an die Börse wenden kann, um dort zusätzlich Aktien zu kaufen;

- Die jungen Aktien werden nur sehr schleppend von der Börse angenommen;

- Bei nicht sehr liquiden Aktionären besteht wegen des hohen Bezugskurses die Gefahr einer Verschlechterung der Beteiligungsquote (Hinauswerfen der Kleinaktionäre).

I.d.R. wird sich der Vorstand für einen Mittelweg entscheiden. Ausgangsbasis für die Ermittlung des Ausgabepreises ist der Bilanzkurs.

Der **Bilanzkurs** drückt das Verhältnis zwischen der Summe aus gezeichnetem Kapital (Grundkapital) sowie offenen Rücklagen der Gesellschaft und dem gezeichneten Kapital aus und stellt damit den bilanziellen Wert der Unternehmung bzw. der Anteile dar.

$$\text{Bilanzkurs} = \frac{\text{gezeichnetes Kapital} + \text{Rücklagen}}{\text{gezeichnetes Kapital}} \times 100$$

Bei der Wahl des Bilanzkurses als Ausgabekurs muss der neueintretende Aktionär die offenen Rücklagen nach Maßgabe seiner Beteiligung voll bezahlen. Dies wird einsichtig, wenn man sich vergegenwärtigt, dass Grundkapital und Rücklagen dem Reinvermögen und damit dem bilanzierten Unternehmenswert entsprechen.

Ein Bilanzkurs von beispielsweise 120 % bedeutet, dass auf eine Aktie im Nennwert von 5 € 1 € weiteres Eigenkapital entfällt. Eine Aktie im Nennwert von 5 € hat also im Falle der Liquidation einen Wert von 6 €, vorausgesetzt es wird tatsächlich nur der Buchwert des Vermögens erzielt.

Jedoch muss der Bilanzkurs in Höhe der stillen Rücklagen korrigiert werden, damit auch diese von den neuen Aktionären mitbezahlt werden. Das effektiv vorhandene Eigenkapital ist also um die stillen Reserven höher anzusetzen. Die Einbeziehung der stillen Reserven ergibt den **korrigierten Bilanzkurs**.

$$\text{korrigierter Bilanzkurs} = \frac{\text{gez. Kap. + offene Rückl. + stille Rückl.}}{\text{gezeichnetes Kapital}} \times 100$$

Ein korrigierter Bilanzkurs von beispielsweise 150 % bedeutet, dass auf eine Aktie im Nennwert von 5 € 2,50 € weiteres Eigenkapital entfallen. Eine Aktie im Nennwert von 5 € hat also im Falle der Liquidation einen Wert von 7,50 €, vorausgesetzt es wird nicht nur der Buchwert des Vermögens erzielt, sondern es werden auch die stillen Reserven realisiert.

Letztlich erfolgt eine **Feineinstellung des Bezugskurses** im Hinblick auf den gegenwärtigen Börsenkurs der Alt-Aktien in Form eines Zu- oder Abschlags. Diese Korrektur kann mitunter sehr groß sein, beispielsweise wenn die Zukunftsaussichten des Unternehmens sehr positiv beurteilt werden. Besonders deutlich wird dies an Unternehmen, die in Branchen wie Informationstechnologie oder Gentechnik tätig sind. Obwohl viele dieser Unternehmen noch keine Gewinne erwirtschaftet haben, haben sie einen sehr hohen Börsenwert.

Ausgabekurs der jungen Aktien

Bilanzkurs als Ausgangsgröße
+ Zuschlag für stille Reserven
+ Feineinstellung im Hinblick auf den gegenwärtigen Börsenkurs (Zuschlag oder Abschlag)

= Bezugskurs für junge Aktien

Beispiel:

Aktiva		BILANZ (in T€)	Passiva
Sachanlagen	2.000	Gez. Kapital	500
Finanzanlagen	1.000	Kapitalrücklage	600
		Gewinnrücklage	400
Umlaufvermögen	2.000	Jahresüberschuß	200
		Rückstellungen	100
		Verbindlichkeiten	3.200
	5.000		5.000

Im Sachanlagevermögen (Grundstücke) stecken stille Reserven in Höhe von 3.000 €. Der Verkehrswert der Finanzanlagen betrage 2.000 €. Der Börsenkurs der 5 € Aktie der Aktiengesellschaft beläuft sich auf ca. 70 €.

$$\text{Bilanzkurs} = \frac{500 + 600 + 400}{500} * 100 = 300\,\%$$

(Wert der Aktie auf Basis des Bilanzkurses: € 15)

$$\text{korrigierter Bilanzkurs} = \frac{1.500 + 3.000 + 1.000}{500} * 100 = 1.100\,\%$$

(3.000 = stille Reserve im Sachanlagevermögen;

1.000 = stille Reserve im Finanzanlagevermögen;

Wert der Aktie auf Basis des korrigierten Bilanzkurses: € 55)

Feineinstellung, 55 € + 7 € Zuschlag (beispielsweise)

——> **Festgelegter Ausgabekurs € 62**

Die Eigenkapitalbeschaffung der Aktiengesellschaft

www.wiwo.de
Artikel-Recherche

Artikel vom 25.05.99

Kamps: Details zur Kapitalerhöhung

Die Filialbäckerei **Kamps** wird die Aktien bei ihrer angekündigten Kapitalerhöhung in zwei Schritten ausgeben. Zum einen werde es eine Tranche mit Bezugsangebot für die bisherigen Aktionäre (Kapitalerhöhung I) und zum anderen eine Tranche unter Ausschluß des Bezugsrechtes (Kapitalerhöhung II) geben.

Im ersten Schritt würden bis zu 4,5 Millionen Stückaktien im Bezugsverhältnis zehn zu drei ausgegeben. Die bisherigen Aktionäre könnten die neuen Aktien dabei zwischen dem 27. Mai und dem 10. Juni zu einem Preis von 23 Euro zu erwerben. Die Bezugsrechte könnten vom 27. Mai bis 8. Juni gehandelt werden.

Bei der zweiten Tranche würden zwischen dem 1. Juni und dem 14. Juni im Rahmen eines öffentlichen Angebotes bis zu 1,275 Millionen Aktien offeriert, teilte **Kamps** mit. Die Aktien könnten dabei im Rahmen eines Bookbuildingverfahrens ohne vorher festgelegte Preisspanne gezeichnet werden. Darüber hinaus stehe ein Greenshoe von bis zu 225.000 Aktien zur Verfügung.

Die neuen Aktien sind den Angaben zufolge bereits für das laufende Geschäftsjahr voll dividendenberechtigt. Bis zur Kapitalerhöhung seien bislang 15 Millionen nennwertlose Stückaktien an der Börse eingeführt.

www.wiwo.de
Artikel-Recherche

Artikel vom 15.06.99

Kamps schließt Kapitalerhöhung ab

Zwei Kapitalerhöhungen haben die Kassen der **Kamps** AG (Düsseldorf) klingeln lassen und der Filialbäckerei Mittel in Höhe von 278 Millionen Mark eingebracht. Das Geld solle zur Finanzierung des Wachstums durch Firmenzukäufe und zum Abbau der Schulden eingesetzt werden, kündigte das Unternehmen am Dienstag in Düsseldorf an. Die Emission sei stark überzeichnet gewesen und überwiegend von internationalen und deutschen institutionellen Investoren gezeichnet worden. Die neuen Aktien sind für das laufende Geschäftsjahr 1999 voll dividendenberechtigt.

Quelle: Wirtschaftswoche vom 25.5.1999 und 15.06.99, abrufbar unter www.wiwo.de

4214 Das Bezugsrecht und sein "rechnerischer" Wert

Das **Bezugsrecht** ist ein Grundrecht des Aktionärs, bei einer Kapitalerhöhung entsprechend seines bisherigen Anteils am Grundkapital der AG berücksichtigt zu werden.

Durch die Emission junger Aktien würde ohne Existenz eines Bezugsrechtes eine Benachteiligung der Altaktionäre infolge

- der Änderung der Mehrheitsverhältnisse und damit der Einflussmöglichkeiten sowie

- der "Kapitalverwässerung", weil sich die in der Gesellschaft gebildeten Rücklagen auf eine größere Zahl von Aktien verteilen, wodurch der Kurswert der "Alt-Aktien" sinken würde (Voraussetzung: Kurs der jungen Aktien < Kurs der alten Aktien),

entstehen. Der **Zweck des Bezugsrechts** liegt somit im Schutz des Aktionärs vor Änderungen der Mehrheitsverhältnisse und vor dem Verlust des Substanzwertes seiner Beteiligung durch einen i.d.R. sinkenden Kurs (Kapitalverwässerung bzw. Vermögensverwässerung).

Da das Bezugsrecht eine **Entschädigung** für die Vermögens- und Stimmrechtsverwässerung darstellt, ist es **kein "Geschenk"** an den Aktionär, obwohl es gelegentlich fälschlicherweise so gesehen wird.

Das Bezugsrecht sichert also den Altaktionären den Erwerb der jungen Aktien zu. Wenn alle Altaktionäre ihre Bezugsrechte nutzen, ändern sich die Stimmrechtsverhältnisse nicht und es treten auch keine Vermögensnachteile ein. Durch Gewährung eines grundsätzlich nicht entziehbaren Bezugsrechts auf die neuen Aktien sollen diese Nachteile ausgeglichen werden. D.h., die Altaktionäre bekommen als erste die jungen Aktien proportional zu den bisherigen Altaktien angeboten.

Der **Ausschluss dieses Bezugsrechts** ist nur durch Beschluss der Hauptversammlung mit 3/4-Mehrheit des vertretenen Grundkapitals möglich. Der Ausschluss des Bezugsrechts wird beispielsweise dann notwendig,

- wenn bei einer Unternehmensfusion die Aktionäre der aufgenommenen Unternehmung mit Aktien der aufnehmenden Unternehmung entschädigt werden sollen,
- wenn den Belegschaftsmitgliedern Aktien angeboten werden sollen

Allein die "Gewährung" des Bezugsrechts reicht jedoch zur Sicherung der Stimmrechtsverhältnisse der Altaktionäre nicht aus, denn

- nicht alle Aktionäre können an einer Kapitalerhöhung teilnehmen, z.b. weil ihnen die Liquidität zum Erwerb der jungen Aktien fehlt; und
- manche Altaktionäre wollen vielleicht die jungen Aktien nicht erwerben, weil sie ein weiteres Engagement in der Gesellschaft nicht für rentabel oder sinnvoll halten.

Aus diesen Gründen sind Bezugsrechte **selbständig veräußerbar und verwertbar**, d.h. sie können verkauft werden. In diesem Fall werden die nicht an der Kapitalerhöhung teilnehmenden Altaktionäre durch den für das Bezugsrecht erzielten Verkaufspreis "entschädigt".

Die **Frist für die Ausübung des Bezugsrechts** beträgt gemäß § 186 Abs.1 AktG mindestens zwei Wochen. Während dieser Zeit werden die Bezugsrechte eigenständig an der Börse gehandelt, was folglich zu einem Bezugsrechtsabschlag "ex B" auf den Kurs der Altaktien führt.

Will ein Außenstehender neue Aktien erwerben, so muss er zunächst die erforderlichen Bezugsrechte an der Börse kaufen, die i.d.R. 14 Tage vor der Ausgabe der neuen Aktien notiert werden.

Um seine Entscheidung zur Nutzung des Bezugsrechts

Erwerb der jungen Aktien oder Verkauf des Bezugsrechts

---

treffen zu können, müsste der Aktionär den Wert des Bezugsrechts kennen. Dieser ergibt sich jedoch erst durch das Zusammenspiel von Angebot und Nachfrage während des Börsenhandels.

Da der Wert des Bezugsrechts theoretisch das Ergebnis einer Mischungsrechnung aus der Zahl der alten und neuen Aktien und deren Kurswert ist, lässt er sich immerhin rechnerisch und damit annäherungsweise bestimmen.

Erfolgt nach der Kapitalerhöhung eine gemeinsame Kursfestsetzung für junge und alte Aktien, so ergibt sich ein zwischen dem Kurs der alten Aktien und dem Ausgabekurs der neuen Aktien liegender neuer Kurs (Mittelkurs), der vom Bezugsverhältnis und der Höhe des Bezugskurses der neuen Aktien abhängig ist.

$$\text{Mittelkurs} = \frac{a * Ka + n * Kn}{a + n}$$

a	= Zahl der alten Aktien;	n	= Zahl der neuen Aktien
Ka	= Kurs der alten Aktien;	Kn	= Ausgabekurs der neuen Aktien

Da der Bezugsrechtswert die Differenz zwischen dem alten Aktienkurs und dem neuen Mittelkurs ausgleichen soll, errechnet sich der Wert des Bezugsrechts als

$$\text{Bezugsrecht (B)} = Ka - \frac{a * Ka + n * Kn}{a + n}$$

Durch Umformung der Formel erhält man schließlich folgende Gleichungen:

$$B = \frac{(a + n) Ka - a * Ka - n * Kn}{a + n}$$

$$B = \frac{a * Ka + n * Ka - a * Ka - n * Kn}{a + n}$$

$$B = \frac{n (Ka - Kn)}{a + n}$$

Die Eigenkapitalbeschaffung der Aktiengesellschaft

$$\text{Bezugsrecht (B)} = \frac{Ka - Kn}{a/n + 1}$$

mit B: Bezugsrecht

Ka: Kurs der alten Aktie

Kn: Kurs (Ausgabekurs) der neuen Aktie

a: Zahl der alten Aktien

n: Zahl der neuen Aktien

BV: Bezugsverhältnis (a/n)

Beispiel:

Die XY-AG mit einem Grundkapital von 900 Mio. € will eine Kapitalerhöhung von 300 Mio. € durchführen. Der Kurswert der alten Aktie betrage 240 €, der Ausgabekurs der neuen Aktie soll 150 € betragen. Beide Aktien haben einen Nennwert von 50 €.

$$B = \frac{Ka - Kn}{a/n + 1} = \frac{240 - 150}{3/1 + 1} = 22{,}50 \text{ €}$$

Das Agio pro junge Aktie (Ausgabekurs - Nennwert) beträgt 100 €, d.h., insgesamt ergibt sich ein Agio von 600 Mio. € (Agio pro Stück * Anzahl neuer Aktien), das der Kapitalrücklage zugeführt werden muss. Das Grundkapital nach der durchgeführten Kapitalerhöhung beläuft sich auf 1.200 Mio. €. Insgesamt kann die XY-AG einen Liquiditätszufluss von 900 Mio. € (Betrag der Kapitalerhöhung + Agio) verbuchen.

Voraussetzung bei der Anwendung der dargestellten Berechnungsformel ist, dass für alte und neue Aktien ein gleicher Dividendenanspruch besteht. Bei abweichenden Dividendenberechtigungen ist die Formel entsprechend zu modifizieren. Zudem ist bei zwischenzeitlicher Kapitalerhöhung zu berücksichtigen, dass die neuen Aktien an der Dividendenzahlung der laufenden Geschäftsperiode noch nicht in voller Höhe teilnehmen. Dieses kann in Form einer Erhöhung des Emissionskurses der neuen Aktien oder als Abzug vom Kurs der alten Aktien berücksichtigt werden.

Hintergrund: Der Showdown am 25. Juni

Am Freitag, dem 25. Juni wurden insgesamt 19,5 Millionen Telekom-Aktien gehandelt - 13 Millionen davon allein in der Schlußauktion. In dieser Auktion werden alle Aufträge abgearbeitet, die zum Schlußkurs abgewickelt werden sollen. Der Schlußkurs der alten Telekom-Aktien vom Freitag war zugleich der Emissionspreis der neuen Papiere – eine feste Größe also, mit der die Börsianer rechnen konnten.

Einige Anleger rechneten genau und fanden eine Möglichkeit, risikolos Geld zu verdienen. Die **Bezugsrechte** von Altaktionären erlauben nämlich, neue Aktien zwei Euro unter dem eigentlichen Wert zu erwerben. Diese **Bezugsrechte** wurden am Freitag wiederum unter ihrem fairen Wert gehandelt - der Preisnachlaß durch die **Bezugsrechte** war also höher als der Preis der Rechte selber. Wer also genug **Bezugsrechte** gesammelt hatte, konnte am Freitag also seine T-Aktien zu einem beliebig niedrigen Kurs abstoßen. Er konnte sicher sein, die selben Aktien am nächsten Handelstag zurückkaufen zu können - mit zwei Euro Rabatt.

Von dieser Möglichkeit machten so viele Händler Gebrauch, daß der Schlußkurs der Telekom-Aktien erst mit halbstündiger Verspätung festgestestellt werden konnte. Nach Ende des Xetra-Handels mußten noch 41,68 Euro für jedes Papier bezahlt werden. Bei der anschließenden Auktion, die an jedem Handelstag durchgeführt wird, sank der Kurs ins Bodenlose.

Für solche Fälle hat die Deutsche Börse einen Schutzmechanismus entwickelt: Weicht ein Kurs um mehr als fünf Prozent unter den zuletzt gehandelten Wert, setzt automatisch eine sogenannte Volatilitäts-Unterbrechung ein, um allen Marktteilnehmern noch einmal die Gelegenheit zu geben, ihre Order zu überdenken. Diese "Vola-Unterbrechungen sind ganz gewöhnliche Vorgänge, die mehrmals am Tag auftreten können", sagte ein Börsensprecher zu *Wirtschaftswoche heute*. Im Xetrahandel sind solche Mechanismen notwendig, weil die Preise häufig nicht der wahren Marktlage entsprechen. Der Grund: Xetra-Händler müssen nicht, anders als amtlich bestellte Kursmakler, den Parapgraphen 29 des Börsengesetzes beachten. Der verlangt, daß die im Parketthandel festgestellten Preise der tatsächlichen Marktlage entsprechen.

Auch nach einer solchen Auszeit lag der Telekom-Kurs am Freitag mit 38 Euro außerhalb des 5-Prozent-Korridors. Erst nach einer abermaligen Unterbrechung hatte sich der Kurs wieder bei 39,50 Euro gefangen. Auch wenn Telekom-Chef Ron Sommer anschließend unermüdlich behauptete, dieses sei ein Traumergebnis - das Kurs Jo-Jo hat die Telekom immerhin rund 1,22 Milliarden Mark gekostet.

Quelle: Wirtschaftswoche vom 05.07.1999, abrufbar unter www.wiwo.de

Die Eigenkapitalbeschaffung der Aktiengesellschaft

	Institut	Depotkontonummer
Bezugsaufforderung	47865	88422

Kenn-Nr

508850 AVA ALLGEMEINE HANDELSGESELLSCHAFT DER VERBRAUCHER AG

Die Gesellschaft erhöht ihr Aktienkapital von **DM 116,86 MIO** auf **DM 136,26 MIO**

Die neuen Aktien mit Gewinnbeteiligung ab **01.01.92** werden den Aktionären bzw. den Inhabern der Wandelschuldverschreibungen im Verhältnis **7,00** zu **1,00** in der Zeit vom **30.01.92** bis **12.02.92** einschließlich gegen Einreichung des Gewinnanteilscheins **27** zum Bezug angeboten.

Der Bezugsrechtshandel findet vom **30.01.92** bis **10.02.92** statt.

DER BEZUGSPREIS BETRÄGT DM 400,-- JE NEUE AKTIE ZU NOM. DM 50,--. WEITERE EINZELHEITEN SIEHE ANLAGE.

Ihr Bestand beträgt **ST. 2,00 AVA ALLG.HANDELSGES.D.VERBRAUCHER AG.INH**

Herrn, Frau, Firma	Absender
PROF.DR.HORST GRAEFER AUGUST-NIEMOELLER-WEG 2 4830 GUETERSLOH	SPARKASSE GUETERSLOH BERLINER STR. 64 4830 GUETERSLOH

5 24.01.92 8620 030550

Bearbeitungsvermerk

4215 Operation blanche

Die "operation blanche" bedeutet, dass ein Altaktionär an einer Kapitalerhöhung teilnimmt, ohne dass er zusätzliche Finanzierungsmittel einsetzt, und den Kaufpreis für die jungen Aktien aus dem Gegenwert seiner Bezugsrechte zahlt. Die vorhandenen Bezugsrechte werden also teilweise verkauft, teilweise für den Bezug der jungen Aktien eingesetzt. Es fragt sich folglich, wie viele junge Aktien von einem Altaktionär im Rahmen einer ordentlichen Kapitalerhöhung unter diesen Voraussetzungen erworben werden können.

Beispiel:

Ein Aktionär besitzt 48 Aktien der XY-AG. Der derzeitige Börsenwert der XY-Aktie beträgt 250 €. Bei einer ordentlichen Kapitalerhöhung im Verhältnis 4:1 werden neue XY-Aktien zum Kurswert von 200 €/Stück ausgegeben.

Wie viele neue Aktien kann der Aktionär erwerben, ohne weitere Finanzmittel einzusetzen?

Das Bezugsrecht errechnet sich anhand der obigen Angaben zu:

$$B = \frac{Ka - Kn}{a/n + 1} = \frac{250 - 200}{4/1 + 1} = 10{,}00 \text{ €}$$

Der Aktionär kann nun 40 Aktien verkaufen und erhält als Verkaufserlös 40 * 10 € = 400 €. Übt er zusätzlich die 8 verbleibenden Bezugsrechte aus, kann er zwei neue Aktien zu je 200 € erwerben. Die Gesamtzahl der Aktien nimmt von 48 Aktien auf 50 Aktien zu; der Gesamtwert des Depots bleibt jedoch mit nunmehr 50 Aktien * 240 € Mittelkurs = 12.000 € unverändert.

Mit nachstehender Formel kann problemlos berechnet werden, wie viele neue Aktien ohne zusätzlichen Finanzierungsaufwand durch die "operation blanche" erworben werden können:

Die Eigenkapitalbeschaffung der Aktiengesellschaft

$$OB = \frac{AB * B}{Kn + B * BV}$$

mit OB: Anzahl der zu beziehenden neuen Aktien

AB: Anzahl der vorhandenen Bezugsrechte

B: Rechnerischer Wert des Bezugsrechtes

Kn: Kurswert der jungen Aktien

BV: Bezugsverhältnis (a/n)

Beispiel:

(siehe oben)

$$OB = \frac{AB * B}{Kn + B * BV} = \frac{48 * 10}{200 + 10 * 4/1} = 2$$

Die Anschaffung der zusätzlichen Aktien ist im Allgemeinen fiktiv, weil mit den Bezugsrechtserlösen nur Bruchteile junger Aktien beschafft werden können. Trotz dieser Ganzzahligkeitsbedingung bleibt die Vergleichsrechnung in ihrer allgemeinen Aussage richtig.

Mit der "operation blanche" verliert das Portefeuille zwar nicht an Substanz, dennoch ist die volle Teilnahme des Aktionärs am Unternehmungswachstum nicht gewährleistet. Durch die für die "operation blanche" notwendige Veräußerung der Bezugsrechte reduziert sich der Anteil an der Gesellschaft. Nur durch Ausübung sämtlicher Bezugsrechte und infolgedessen Zugabe weiterer Finanzmittel kann dieses verhindert werden.

422 Genehmigte Kapitalerhöhung

> Bei der **genehmigten Kapitalerhöhung** handelt es sich um eine Ermächtigung des Vorstandes durch die Hauptversammlung für eine Dauer von maximal 5 Jahren, das Grundkapital um einen bestimmten Nennbetrag (*genehmigtes Kapital*) durch Ausgabe neuer Aktien gegen Einlagen zu erhöhen.

Das genehmigte Kapital (§§ 202-206 AktG) ist eine Form der Kapitalerhöhung, bei der der Vorstand von der Hauptversammlung für einen Zeitraum von maximal fünf Jahren ermächtigt wird, das Grundkapital bis zu einem festgelegten Nennbetrag durch Emission junger Aktien mit Zustimmung des Aufsichtsrates zu erhöhen.

Die genehmigte Kapitalerhöhung soll die Schwerfälligkeit der ordentlichen Kapitalerhöhung überwinden und dem Vorstand eine größere Dispositionsfreiheit, insbesondere durch Ausnutzung günstiger Kapitalmarktsituationen, ermöglichen.

Grundsätzlich besitzen die Aktionäre auch bei der genehmigten Kapitalerhöhung ein Bezugsrecht, das allerdings durch die Hauptversammlung ausgeschlossen werden kann. Wird das Bezugsrecht ausgeschlossen, so erleiden die Altaktionäre nur dann keinen Verlust, wenn die neuen Aktien zum Tages- oder Börsenkurs der Alt-Aktien ausgegeben werden. Anderenfalls dürfte es auch schwierig sein, die erforderliche 3/4-Mehrheit zu finden.

423 Bedingte Kapitalerhöhung

Bei der **bedingten Kapitalerhöhung** handelt es sich um eine Sonderform, bei der der Vorstand bei Eintritt bestimmter Bedingungen ermächtigt wird, das Kapital der Unternehmung von sich aus je nach Bedarf durch Ausgabe (*Emission*) neuer Aktien zu erhöhen.

Die bedingte Kapitalerhöhung (§§ 192-201 AktG) kann nur zu folgenden **Zwecken** beschlossen werden (vgl. § 192 Abs. 2 AktG):

- Zur Gewährung von Umtausch- oder Bezugsrechten an Inhaber von Wandelanleihen, die von ihrem Recht des Umtausches der Wandelanleihe in Aktien Gebrauch machen wollen. "Bedingt" ist diese Form deshalb, weil die Kapitalerhöhung als solche aufschiebend, bedingt durch die Ausübung der Umtausch- oder Bezugsrechte Dritter, ist;

- Zur Vorbereitung des Zusammenschlusses (Fusion) mehrerer Unternehmen (vgl. § 343 AktG);

- Zur Gewährung von Bezugsrechten an Arbeitnehmer der Gesellschaft zum Bezug neuer Aktien gegen Einlage von Geldforderungen, die den Arbeitnehmern aus einer ihnen von der Gesellschaft eingeräumten Gewinnbeteiligung zustehen.

Der **Nennbetrag des bedingten Kapitals** darf die Hälfte des Grundkapitals nicht überschreiten, das zur Zeit der Beschlussfassung über die bedingte Kapitalerhöhung vorhanden ist.

Nach erfolgter Eintragung der bedingten Kapitalerhöhung ins Handelsregister dürfen die **Bezugsaktien** ausgegeben werden, allerdings nur so viele, wie Umtausch- oder Bezugsrechte ausgeübt werden. Das Bezugsrecht der bisherigen Aktionäre ist ausgeschlossen, es sei denn, dass sie Inhaber von Anleihen sind, die in Aktien gewandelt werden sollen.

424 Kapitalerhöhung aus Gesellschaftsmitteln

> Unter einer **Kapitalerhöhung aus Gesellschaftsmitteln** versteht man die Umwandlung von Rücklagen in gezeichnetes Kapital. Ein Liquiditätszufluss findet nicht statt.

Bei der Kapitalerhöhung aus Gesellschaftsmitteln (§§ 207-220 AktG) handelt es sich im Gegensatz zu den bisher genannten Formen nicht um eine Kapitalerhöhung durch Zuführung neuer Geldmittel, sondern um eine rein buchmäßige Kapitalerhöhung durch Übertragung der Kapital- und/oder Gewinnrücklage bzw. Teile davon auf das gezeichnete Kapital. D.h., es ändert sich durch diesen Passivtausch lediglich die Struktur des Eigenkapitals, nicht aber dessen Höhe.

Mit der Eintragung des Beschlusses über die Kapitalerhöhung aus Gesellschaftsmitteln in das Handelsregister ist das Grundkapital erhöht. Während bei Nennbetragsaktien stets neue Aktien bei der Kapitalerhöhung aus Gesellschaftsmitteln ausgegeben werden, können Gesellschaften mit Stückaktien ihr Grundkapital auch ohne Ausgabe neuer Aktien erhöhen. Letzteres bewirkt lediglich eine Erhöhung des rechnerisch auf die einzelne Aktie entfallenden Grundkapitals.

Zweck ist es i.d.R. über die Ausgabe neuer Aktien das Kursniveau der ausstehenden Aktien zu senken und sich auf diese Weise einen breiten Markt für eine spätere Kapitalerhöhung zu schaffen, in dem auch Kleinaktionäre sich den Kauf von Aktien leisten können.

Werden im Rahmen der Kapitalerhöhung neue Aktien ausgegeben, erhalten die betroffenen Aktionäre ein im Verhältnis zu ihren bisherigen Aktien unentziehbares **Bezugsrecht auf Gratisaktien** (besser *Berichtigungsaktien*), wodurch der i.d.R. sinkende Kurswert ausgeglichen wird. Der Ausdruck **Gratisaktie** ist in diesem Zusammenhang etwas unglücklich gewählt, da es sich nicht um ein Geschenk der Unternehmung an die Aktionäre handelt, sondern um einen in früheren Jahren den Aktionären vorenthaltenen, d.h. nicht ausgeschütteten Gewinn. Ebenso können aber auch in vergangenen Jahren gebildete Kapitalrücklagen umgewandelt werden. Ein Vorteil für den Aktionär kann allerdings dann bestehen, wenn der Dividendensatz pro Aktie gleich bleibt, währenddessen sich die Anzahl der Aktien erhöht hat.

Die Eigenkapitalbeschaffung der Aktiengesellschaft

Beispiel:

Kapitalerhöhung aus Gesellschaftsmitteln um 200 Mio. €:

A	BILANZ (vorher)		P
Vermögen	1.000	Gez. Kapital	200
		Rücklagen	300
		Eigenkapital	500
		Fremdkapital	500
	1.000		1.000

A	BILANZ (nachher)		P
Vermögen	1.000	Gez. Kapital	400
		Rücklagen	100
		Eigenkapital	500
		Fremdkapital	500
	1.000		1.000

Ad hoc-Service: Allianz Lebensvers.

Ad hoc-Service: Allianz Lebensvers. Ad hoc-Mitteilung verarbeitet und übermittelt durch die DGAP. Für den Inhalt der Mitteilung ist der Emittent verantwortlich.

Geschäftsergebnisse Allianz Leben 1999 Höhere Dividende und **Gratisaktien** Allianz Leben hat 1999 einen Gesamtüberschuß von 2,9 Milliarden Euro erwirtschaftet. Davon werden 2,6 Milliarden der Rückstellung für Beitragsrückerstattung an die Versicherungsnehmer zugewiesen. Der Jahresüberschuß beträgt 151,2 Millionen Euro. Dies bedeutet gegenüber dem Vorjahr eine Steigerung von 23,2 Prozent. Vorbehaltlich der Billigung durch den Aufsichtsrat werden vom Vorstand 75,6 Millionen Euro in die anderen Gewinnrücklagen eingestellt. Der am 4. Mai 2000 stattfindenden Hauptversammlung soll vorgeschlagen werden, die Dividende an die Aktionäre von bisher 14 DM (7,16 Euro) auf 9 Euro zu erhöhen. Die Dividendensumme betrüge dann ebenfalls 75,6 Millionen Euro. Des weiteren wird der Hauptversammlung eine Kapitalerhöhung aus Gesellschaftsmitteln vorgeschlagen. Das Grundkapital soll um 54,6 Millionen Euro auf 273 Millionen Euro erhöht werden. Die neuen Gratis-Aktien sollen den Aktionären im Verhältnis 4 : 1 zustehen und für das Geschäftsjahr 2000 voll gewinnberechtigt sein. Der Aufsichtsrat wird sich Mitte März mit diesen Vorschlägen befassen. Ende der Mitteilung

43 Kapitalherabsetzung

> Unter einer **Kapitalherabsetzung** versteht man die Verminderung des gezeichneten Kapitals von Kapitalgesellschaften.

Bei **Einzelunternehmen** und **Personengesellschaften** bewirken jeder Verlust und jede Privatentnahme eine Kapitalherabsetzung.

Bei **Kapitalgesellschaften** besteht sie in der Herabsetzung des gezeichneten Kapitals, also in der ziffernmäßigen Herabsetzung des in der Satzung oder im Gesellschaftsvertrag genannten Kapitals.

Entsprechend der Zwecke der Kapitalherabsetzung lassen sich zwei Arten unterscheiden:

- die effektive Kapitalherabsetzung
- die nominelle Kapitalherabsetzung.

Um eine **effektive Kapitalherabsetzung** handelt es sich, wenn Gesellschaftsvermögen an die Gesellschafter - gegen Rückgabe der Aktien - zurückgezahlt wird, z.B. weil Eigenkapital in dieser Höhe nicht mehr benötigt wird. Wirtschaftlich gesehen bedeutet sie einen Abfluss an Liquidität, eine Reduzierung des Haftungskapitals und damit eine Verschlechterung der Gläubigerposition. Sie darf aus diesem Grund nur durchgeführt werden, wenn die Gesellschaftsgläubiger zustimmen oder befriedigt bzw. sichergestellt sind (vgl. die Vorschriften zur ordentlichen Kapitalherabsetzung in §§ 222 bis 228 AktG).

Der Herabsetzungsbeschluss muss dreimal veröffentlicht werden, um damit die Gläubiger aufzufordern, ihre Forderungen anzumelden. Die Herabsetzung des Kapitals kann dem Handelsregister erst ein Jahr nach der letzten Veröffentlichung gemeldet, dort eingetragen und damit wirksam werden. Auch bilanziell ist sie erst zu diesem Zeitpunkt zu erfassen, da die Haftung bis dahin fortbesteht.

Eine effektive Kapitalherabsetzung kann auch Ergebnis der Ermächtigung des Erwerbs eigener Anteile über die Börse sein. Diese Ermächtigung ist durch die Hauptversammlung zu erteilen. Dabei ist der Anteil am Grundkapital, das erworben werden darf (maximal 10%), sowie Höchst-

und Tiefstkurse festzulegen (§ 71 AktG). In diesem Fall fließt auch Geld vom Unternehmen an die Aktionäre, die ihre Papiere veräußern, ohne dass sich das Grundkapital unmittelbar verändert. In einem zweiten Schritt können die Aktien dann eingezogen und damit das Grundkapital herabgesetzt werden.

Die **nominelle Kapitalherabsetzung** wird zur Beseitigung einer "Unterbilanz" vorgenommen. Eine Unterbilanz liegt vor, wenn Verluste buchtechnisch nicht mehr durch die Auflösung von Rücklagen ausgeglichen werden können, sondern schon Teile des gezeichneten Kapitals "aufgezehrt" worden sind, das Reinvermögen also kleiner als das gezeichnete Kapital ist. Um nun zu einem bilanziellen Ausgleich zu gelangen, wird das gezeichnete Kapital lediglich "buchtechnisch" herabgesetzt, es fließt keine Liquidität ab. Der Eigenkapitalausweis wird lediglich den realen Verhältnissen angepasst.

In solchen Fällen ist, da die Gläubigersituation bereits verschlechtert ist und nicht erst durch die Kapitalherabsetzung beeinträchtigt wird, eine "vereinfachte" Kapitalherabsetzung möglich (vgl. §§ 229 bis 229 AktG).

Sie erfolgt durch Korrektur des Ausweises des gezeichneten Kapitals in der Bilanz bei gleichzeitigem Einzug von umlaufenden Aktien oder dem "Herunterstempeln" ihres Wertes, um Kapitalausweis und Nominalwert der entsprechenden Aktien wieder in Übereinstimmung zu bringen.

Beispiel:

Das gezeichnete und in der Bilanz ausgewiesene Eigenkapital einer Gesellschaft betrage 200 Mio. €; es sind Verluste in Höhe von 50 Mio. € entstanden, die nicht durch Rücklagen ausgeglichen werden konnten. Sie müssen in der Bilanz als "nicht durch Eigenkapital gedeckter Fehlbetrag" gezeigt werden:

Unterbilanz

Anlagevermögen	300 Mio. €	Gez. Kapital	200 Mio. €
Umlaufvermögen	450 Mio. €	Verbindlichkeiten	600 Mio. €
Nicht durch EK gedeckter Fehlbetrag	50 Mio. €		
	800 Mio. €		800 Mio. €

Es erfolgt eine **nominelle Kapitalherabsetzung** durch Einziehung von Aktien im Verhältnis 4 : 1, d.h., jeder Besitzer von 4 Aktien muss eine zurückgeben - ohne einen Gegenwert dafür zu erhalten. Alternativ kann bei Nennbetragsaktien eine entsprechende Korrektur des Nominalwertes der Aktien durch "Herunterstempeln" bzw. durch den Umtausch von alten Aktien gegen solche mit dem korrigierten Nominalwert erfolgen. In diesem Fall reduziert sich bei Stückaktien lediglich das auf eine einzelne Aktie entfallende Grundkapital.

Bilanz nach Kapitalherabsetzung

Anlagevermögen	300 Mio. €	Gezeichn. Kapital	150 Mio. €
Umlaufvermögen	450 Mio. €	Verbindlichkeiten	600 Mio. €
	750 Mio. €		750 Mio. €

Nominelle Kapitalherabsetzungen dieser Art sind beispielsweise in **Sanierungsfällen** erforderlich, wenn eine ordentliche Kapitalerhöhung zur Erlangung neuen Eigenkapitals erforderlich ist, der Kurs der umlaufenden Aktien aber "unter pari" gesunken ist. Da Emissionen zum Ausgabekurs unter dem Nominalwert nicht zulässig sind, muss durch einen **"Kapitalschnitt"** zunächst dafür gesorgt werden, dass der Kurs der umlaufenden Aktien über ihren Nominalwert steigt. Dies wird durch die Kapitalherabsetzung und den sie begleitenden Einzug oder das Herunterstempeln von Aktien erreicht, weil nunmehr eine geringere Zahl von Aktien im Umlauf ist, deren Wert nach den Regeln von Angebot und Nachfrage steigt. Nach erfolgter Kurserholung kann dann eine Kapitalerhöhung durchgeführt und damit neues Eigenkapital erlangt werden.

Die Eigenkapitalbeschaffung der Aktiengesellschaft

ftd.de, 10:06
Einzelhandel: Douglas Holding kauft eigene Aktien zurück

Der Kosmetik- und Einzelhandelskonzern Douglas Holding AG will ab sofort bis zu 1,77 Mio. eigene Aktien zurückkaufen. Dies entspricht einem Anteil von fünf Prozent des Grundkapitals.

Der Betrag solle abhängig von der Marktlage eventuell aufgestockt werden. Insgesamt könne der Vorstand bis zu 3,53 Mio. eigene Aktien, also bis zu zehn Prozent des Grundkapitals in Höhe von 176,5 Mio. DM, zurückkaufen. Das gab das Unternehmen am Mittwochmorgen in einer Ad-Hoc-Mitteilung bekannt.

Als Begründung für den Rückkauf nannte die Holding den ihrer Ansicht nach unterbewerteten Aktienkurs. Zudem erhalte der Vorstand dadurch Flexibilität bei künftigen Akquisitionen, weil die eigenen Douglas-Aktien als Akquisitionswährung eingesetzt werden können.

Douglas-Aktien hatten am Dienstag mit 31 Euro nur knapp über dem Jahrestief von 30,51 Euro geschlossen.

Beim Erwerb der eigenen Aktien an der Börse dürfe der durchschnittliche Schlusskurs der Aktie an der Frankfurter Wertpapierbörse an den drei vorausgehenden Börsentagen um nicht mehr als zehn Prozent über- oder unterschritten werden, hieß es.

AGIV AG: Kapitalherabsetzung und Aktienrückkauf

Frankfurt am Main, 24. Februar 2000 - In seiner heutigen Sitzung hat der Aufsichtsrat der Gesellschaft dem Vorschlag des Vorstands zugestimmt, zum Zwecke der Kapitalherabsetzung einen Rückkauf von Aktien durchzuführen, sofern die Aktionäre auf der außerordentlichen Hauptversammlung am 25. Februar 2000 die hierzu erforderlichen Beschlüsse fassen. Dabei handelt es sich um die Genehmigung der Beteiligungsveräußerungen der Barmag AG und der Carl Schenck AG sowie um eine Herab-setzung des Grundkapitals von derzeit 191 Mio. DM um bis zu 51 Mio. DM auf bis zu 140 Mio. DM.

Der Aktienrückkauf soll im Wege des öffentlichen Kaufangebots an die Aktionäre der Gesellschaft durchgeführt werden, vorausgesetzt, der testierte Jahresabschluß 1999 weist einen ausreichenden ausschüttungsfähigen Bilanzgewinn aus. Vorgesehen ist ein Umfang von bis zu 6 Mio. Stück Aktien (rund 15,7% des Grundkapitals) zu einem Preis von bis zu 22 Euro je Aktie (entsprechend einem Aufschlag von 15% auf einen Aktienkurs von 19,13 Euro - der durchschnittliche Kurs der AGIV-Aktie seit Anfang dieses Jahres betrug 18,20 Euro). Daraus ergibt sich ein Rückkaufvolumen von insgesamt bis zu 132 Mio. Euro oder rund 258 Mio. DM.

Mit dem Rückkauf soll begonnen werden, sobald der testierte Jahresabschluß 1999 der AGIV AG vorliegt, was für Anfang April 2000 erwartet wird. Nach dem heutigen Stand der Jahresabschlussarbeiten erreicht der Jahresüberschuss eine Größenordnung von rund 700 Mio. DM.

Quelle: oben FTD vom 23.02.2000, abrufbar unter www.ftd.de
Mitteilung nach §15 WpHG, abrufbar unter www.agiv.de

Erläuternde Fragen und Antworten

1. **Welchen Sinn hat die Regelung in § 36a Abs. 1 AktG, nach der nur ein Teil des gezeichneten Grundkapitals eingezahlt werden muss?**

   Zweck dieser Regelung ist, es der Gesellschaft zu ermöglichen, die Einzahlungen nach Maßgabe ihres Liquiditätsbedarfs sukzessive in Teilbeträgen einzufordern. Außerdem ist häufig nicht der Liquiditätseffekt einer Kapitalerhöhung, sondern die Haftung, die mit der Zeichnung von Grundkapital übernommen wird, von Bedeutung (Beispiel: Versicherungsgesellschaften).

2. **Welche Aufgaben hat der Aufsichtsrat?**

   Der Aufsichtsrat ist ein Organ zur Überwachung und Beratung des Vorstandes. Die Mitglieder werden z.t. von den Anteilseignern (Aktionären) und z.t. von den Arbeitnehmern des Unternehmens gewählt (Mitbestimmungsgesetz).

3. **Was bezeichnet man als Dividende?**

   Die Dividende (lat. dividere = verteilen) ist der Gewinnanteil der Aktionäre am Jahresüberschuss der Aktiengesellschaft. Auch die Gewinnausschüttungen der GmbH werden oft als Dividende bezeichnet.

4. **Wann spricht man von Streubesitz?**

   Streubesitz ist dann gegeben, wenn sich die Aktien einer Unternehmung in den Händen vieler Aktionäre befinden.

5. **Was erfassen satzungsmäßige Rücklagen?**

   Satzungsmäßige Rücklagen (statutarische Rücklagen) erfassen alle die Rücklagen, zu deren Bildung die Gesellschaft auf Grund der Satzung verpflichtet ist (Vertragsfreiheit).

Entsprechend ihrer Bildung können satzungsmäßige Rücklagen nur nach Maßgabe der Satzung aufgelöst und ausgeschüttet werden.

6. **Nennen Sie einige denkbare Vorzugsrechte der Dividendenvorzugsaktie!**

Der Vorzug der Dividendenvorzugsaktie kann unterschiedlich gestaltet sein:

- Prioritätischer Dividendenanspruch:

- Prioritätischer Dividendenanspruch mit Überdividende:

- Limitierte Vorzugsdividende:

- Kumulative Vorzugsdividende:

5 Die Kreditfinanzierung

Über den Kreditbegriff herrscht in der Fachliteratur weitgehend Einigkeit. Unter Kredit ist allgemein die Einräumung des Verfügungsrechts über wirtschaftliche Güter (Geld, Sachvermögen) im Vertrauen auf künftige Gegenleistung zu verstehen.

Kreditfinanzierung liegt vor, wenn einer Unternehmung von außen Kapital durch Gläubiger zugeführt wird, die keine Eigentumsrechte erwerben (Kredit: lat. credere = vertrauen, glauben).

Die **kurz- und mittelfristige** Kreditfinanzierung erfolgt durch Lieferantenkredite, Anzahlungen von Kunden und auch verschiedenen Arten von kurzfristigen Bankkrediten, die sich durch die Art ihrer Sicherung und den damit verbundenen Kreditkosten unterscheiden. Die **langfristige** Kreditfinanzierung ist i.d.R. eine Darlehensfinanzierung mit fest vereinbarten Zins- und Tilgungszahlungen. Kreditfinanzierung gehört insofern zur Kategorie der Fremdfinanzierung. Auch **Rückstellungen**, insbesondere Pensionsrückstellungen, zählen zum Fremdkapital, da es sich hierbei um nur vorübergehend im Unternehmen verbleibende Mittel handelt und mit Zahlungen an Dritte gerechnet werden muss.

51 Merkmale und Funktion des Fremdkapitals

Das Fremdkapital ergänzt die Ausstattung der Unternehmung mit Finanzierungsmitteln und hat ausschließlich eine **Finanzierungsfunktion** (vgl. hingegen die Funktionen des Eigenkapitals).

Das in der Handelsbilanz insgesamt auszuweisende Fremdkapital setzt sich i.d.R. aus folgenden **Positionen** zusammen (vgl. auch Abb. 5/1):

- Rückstellungen;

- Verbindlichkeiten;

- Passive Rechnungsabgrenzungsposten.

Abb. 5/1: Ausweisformen des Fremdkapitals

Aktiva	Bilanz	Passiva
	Eigenkapital	
	Rückstellungen	
Vermögen	**Verbindlichkeiten** • Anleihen • Verbindlichkeiten gegenüber Kreditinstituten • Erhaltene Anzahlungen • Verbindlichkeiten aus Lieferungen und Leistungen • Verbindlichkeiten aus Wechseln • Verbindlichkeiten gegen verbundene Unternehmen • Verbindlichkeiten gegen Unternehmen, mit denen ein Beteiligungsverhältnis besteht • sonstige Verbindlichkeiten	
	Rechnungsabgrenzungsposten	

Rückstellungen sind aus betriebswirtschaftlicher Sicht Aufwendungen, die in der Abrechnungsperiode verursacht wurden. Sie stehen am Bilanzstichtag dem Grunde nach fest, aber Höhe, Fälligkeit und tatsächliche Realisierung sind noch ungewiss. Die zugehörige Auszahlung erfolgt erst in einer späteren Periode.

Verbindlichkeiten sind Verpflichtungen (Kredite) des Unternehmens, die am Bilanzstichtag ihrer Höhe und Fälligkeit nach feststehen.

Die **Rechnungsabgrenzungsposten** dienen der periodengerechten Verteilung von Vermögensänderungen. Diese dürfen nur für sogenannte transitorische Vorgänge gebildet werden, die dadurch charakterisiert sind,

Die Kreditfinanzierung

dass die Ein- oder Auszahlung in der Abrechnungsperiode erfolgt ist, der Ertrag bzw. Aufwand jedoch erst in der Folgeperiode entsteht.

Merkmale der Kreditfinanzierung sind:

(1) **Nominalanspruch:** Der Gläubiger eines Unternehmens hat einen Anspruch auf Rückzahlung des Nominalwertes des Darlehens oder Kredites.

(2) **Fester Zinsanspruch:** Darüber hinaus hat der Gläubiger einen festen Zinsanspruch, unabhängig von der Erfolgslage des Unternehmens.

(3) **Befristet:** Der Gläubiger stellt seine Einlage i.d.R. dem Unternehmen nur befristet zur Verfügung. Es werden feste Tilgungs- und Rückzahlungsmodalitäten vereinbart.

(4) **Keine Haftung:** Der Gläubiger ist nicht Haftungsverpflichteter, sondern Haftungsberechtigter.

(5) **Keine Leitung:** Der Gläubiger hat grundsätzlich keinen Einfluss auf die Führung des Unternehmens.

(6) **Zinsen sind Betriebsausgaben:** Zinsen sind Betriebsausgaben und mindern als solche die Besteuerungsgrundlage, das "steuerpflichtige Einkommen".

(7) **Voraussetzungen:** Voraussetzung für die Erlangung von Fremdkapital sind die Kreditwürdigkeit und Kreditfähigkeit der Unternehmung.

In der Literatur und Praxis ist eine Vielzahl von Kreditarten anzutreffen, die sich durch mindestens ein Merkmal voneinander unterscheiden. Solche Unterscheidungskriterien sind etwa der Gegenstand des Kredits, der Verwendungszweck, die Kreditgeber und -nehmer, die Sicherung, die Kredithöhe, der Kreditgegenstand und die Fristigkeit.

Systematik der Kreditformen

Für die praktische Durchführung haben sich eine Fülle von "Instrumenten" herausgebildet. Sie lassen sich wie folgt einteilen und systematisieren:

a) nach den Kreditgebern bzw. der Kapitalherkunft:

- Lieferantenkredit;
- Kundenkredit;
- Bankkredit;
- Versicherungskredit;
- Staatskredit;
- Kredit von Privatpersonen und Unternehmen;

b) nach juristischen Merkmalen:

- Verbrieft oder unverbrieft, d.h. Kreditvergaben gegen Wertpapier (z.B. Obligation) oder nicht (z.B. Schuldscheindarlehen);
- Form der Sicherung, d.h. nach schuldrechtlich (z.B. durch Bürgschaft) oder sachenrechtlich (z.B. Hypothek) gesichertem Kredit;

c) nach dem Gegenstand der Übertragung:

- Sachkredit;
- Geldkredit;
- Kreditleihe;

d) nach der Fristigkeit des an die Unternehmung gegebenen Kapitals:

- Kurzfristige Kreditfinanzierung (bis 1 Jahr);
- Mittelfristige Kreditfinanzierung (1-5 Jahre);
- Langfristige Kreditfinanzierung (über 5 Jahre).

Exkurs: Der Leverage-Effekt

Der **Leverage-Effekt** besagt, dass die Eigenkapitalrentabilität durch Substitution von EK durch FK gesteigert werden kann, solange die Gesamtkapitalrentabilität (interne Rendite) höher ist als der Zins des Fremdkapitals. Bei konstantem Eigenkapital gilt, dass dessen Rentabilität durch mit zusätzlichem Fremdkapital finanzierte Investitionen gesteigert werden kann, sofern deren Rendite höher ist als der Fremdkapitalzins.

Die Kreditfinanzierung

Ausgehend von der erfolgswirtschaftlichen Zielsetzung der Maximierung der Eigenkapitalrentabilität (R_{EK}),

$$R_{EK} = \frac{Gewinn}{Eigenkapital} * 100 \longrightarrow Max.!$$

der sich in der Rentabilität des eingesetzten Gesamtkapitals ausdrückenden internen Rendite (R_i),

$$R_i = \frac{Gewinn + FK\text{-}Zins}{Gesamtkapital} * 100$$

und der Definition des Gewinns (G) als Summe der Multiplikation des Eigenkapitals (EK) mit der internen Rendite (R_i) und der Multiplikation des Fremdkapitals (FK) mit der Differenz zwischen interner Rendite und den Kosten (Zinssatz) für das Fremdkapital (K)

$$G = EK * R_i + FK * (R_i - K)$$

ergibt sich nach Umformung folgender Zusammenhang:

$$R_{EK} = \frac{G}{EK} = \frac{EK * R_i + FK * (R_i - K)}{EK}$$

$$R_{EK} = R_i + \underbrace{\frac{FK}{EK}}_{\text{Kapitalstruktur}} \underbrace{(R_i - K)}_{\text{Renditespanne}}$$

Die zu maximierende Eigenkapitalrentabilität R_{EK} ist folglich eine Funktion der **Kapitalstruktur** und der **Renditespanne** bzw. der Differenz zwischen

Die Kreditfinanzierung

der Gesamtkapitalrentabilität und dem für das Fremdkapital zu zahlenden Zinssatz.

Drei Fälle sind denkbar:

(1) $R_i > K$:	Solange die interne Rendite höher ist als der FK-Zinssatz, kann die Eigenkapitalrentabilität durch zusätzliche Aufnahme von Fremdkapital oder durch Substitution von Eigenkapital durch Fremdkapital gesteigert werden. Dieser Zusammenhang wird als **LEVERAGE-EFFEKT** (Hebeleffekt) bezeichnet, weil unter der genannten Bedingung vom zusätzlichen Fremdkapital eine Hebelwirkung auf die EK-Rentabilität ausgeht.
(2) $R_i = K$:	Bei dieser Konstellation ist die optimale Kapitalstruktur erreicht. Eine Veränderung der Kapitalstruktur hat keinen Einfluss auf die Eigenkapitalrentabilität. Wird realistischerweise berücksichtigt, dass die Zinsen für das Fremdkapital mit zunehmendem Verschuldungsgrad steigen, weil die Risiken für die Fremdkapitalgeber mit relativ kleiner werdendem Anteil an haftendem Eigenkapital zunehmen, können wir nunmehr als **optimale Kapitalstruktur** diejenige beschreiben, bei der die Grenzkosten des Fremdkapitals den Erträgen aus der Verwendung dieser Mittel entsprechen. Mit anderen Worten: Eigenkapital kann solange durch Fremdkapital substituiert, neue Investitionen können solange durch zusätzliches Fremdkapital finanziert werden, bis die bei wachsender Verschuldung steigenden Zinssätze der internen Rendite entsprechen.
(3) $R_i < K$:	Allerdings ist zu berücksichtigen, dass es nicht nur den beschriebenen positiven Leverage-Effekt gibt, der mit zunehmender Verschuldung die Eigenkapitalrentabilität wachsen lässt, sondern auch ein **LEVERAGE-RISIKO**. Die Hebelwirkung der Fremdkapitals senkt die Rentabilität des Eigenkapitals, die Verschuldung ist zu groß.
	Würde man folglich die Kapitalstruktur nach dem oben beschriebenen Kriterium der Gleichheit von interner Rendite und den Grenzkosten der Fremdfinanzierung gestalten, so hätte jede Verteuerung der Kreditkosten - beispielsweise infolge der Erhöhung von Kapitalmarktzinsen - und jede Verringerung der internen Rendite - etwa in Folge von Absatzschwierigkeiten, Kostensteigerungen bei der Leistungserstellung oder -verwertung - eine negative Hebelwirkung des Fremdkapitals zur Folge: die hohe Verschuldung würde nunmehr die Rentabilität des Eigenkapitals sinken lassen
	Hinzu kommt, dass die Maximierung der Eigenkapitalrentabilität als Kriterium für die Bemessung der Kapitalstruktur **ausschließlich erfolgswirtschaftlich orientiert** ist, die oben beschriebenen wichtigen Einflüsse der Sicherheit, der Liquiditätserhaltung, der Erhaltung der Unabhängigkeit und die Wirkung des Bilanzbildes nicht berücksichtigt. Insofern ist dieses Kriterium für die praktische Bestimmung der Höhe des Eigen- oder Fremdkapitals wenig geeignet, gleichwohl bildet es ökonomische Handlungsweisen einleuchtend ab und kann eine hilfreiche Orientierung darstellen, sofern auch die oben genannten anderen Aspekte in die Überlegungen einbezogen werden.

Mehr Fremdfinanzierung stimuliert Aktienkurse

VON MIKE YOUNG

London – Seit Anfang der 90er Jahre ist Umstrukturierung das Hauptthema für europäische Anleger. Meiner Ansicht nach treten die Umstrukturierungsbemühungen in Europa möglicherweise in eine neue Phase. Die Unternehmen bevorzugen zunehmend aggressivere Kapitalstrukturen und greifen stärker zum Instrument der Fremdfinanzierung. Und ich glaube, daß sich dieses Umdenken positiv auf die Beschäftigungslage auswirken könnte.

Im Grunde bezeichnet man mit Umstrukturierung die konzertierten Anstrengungen der Unternehmen, für ihre Aktionäre durch Steigerung der Eigenkapitalrentabilität höhere Erträge zu erwirtschaften. Es gibt hierfür im wesentlichen zwei Wege:
● Verbesserung der Gesamtkapitalrentabilität durch Kostensenkung und Umsatzzuwachs, ohne das eingesetzte Kapital zu erhöhen.
● Steigerung der Eigenkapitalrendite durch den Einsatz von mehr Fremd- und weniger Eigenkapital.

Während im ersten Fall in der Regel stets höhere Erträge für die Aktionäre erzielt werden, trifft dies im zweiten Fall nur dann zu, wenn durch den stärkeren Fremdkapitaleinsatz auch die Rendite je Eigenkapitaleinheit steigt. Voraussetzung dafür ist aber, daß die Kosten für das Fremdkapital niedriger sind als die erzielten Einsparungen.

US-Unternehmen sind zwischen Ende der 80er und Anfang der 90er Jahre zu einer aggressiveren Kapitalstruktur übergegangen. Schätzungen zufolge ist die in den USA beobachtete Steigerung der Eigenkapitalrentabilität das Ergebnis eines höheren Fremdfinanzierungsanteils und niedrigerer Zinsen. In den vergangenen zehn Jahren haben europäische Unternehmen zwar bei der Steigerung der Kapitalrentabilität durch Erhöhung der betrieblichen Effizienz Fortschritte gemacht, aber ihre Kapitalstruktur kaum verändert.

Ich sehe Anzeichen dafür, daß die europäischen Unternehmen zu einer aggressiveren Unternehmensfinanzierung übergehen. Beispiele reichen von der Ankündigung einer Sonderdividende in Höhe von knapp zehn Prozent des Grundkapitals durch Unilever bis zu der Absicht, eigene Aktien zurückkaufen zu wollen.

So haben SmithKline in Großbritannien, AGA in Schweden, BASF und MAN in Deutschland sowie eine ganze Reihe britischer Banken bereits Aktienrückkaufprogramme in die Wege geleitet oder wollen dies in absehbarer Zeit tun. Barakquisitionen, denen keine entsprechende Kapitalerhöhung gegenübersteht, haben denselben Effekt.

Hinter diesem Phänomen stehen unter anderem folgende Faktoren:
● Auflösung der traditionellen Beziehungen der Unternehmen zu Banken, die an den Unternehmen beteiligt sind;
● drastisch gesunkene Zinsen, die die Haltung bargeldnaher Instrumente weniger interessant machen;
● veränderte politische Rahmenbedingungen;
● Abbau der Hindernisse für feindliche Übernahmen;
● intensiver Wettbewerb, der es schwierig macht, im operativen Bereich weitere Gewinne zu erzielen.

Mike Young, Chefstratege bei Goldman Sachs

Ich glaube, daß eine stärkere Fremdfinanzierung – durch Reduzierung des Eigenkapitals und Aufnahme zusätzlichen Fremdkapitals – in den nächsten zwei bis fünf Jahren die Aktienkurse um bis zu zehn Prozent und in Einzelfällen erheblich stärker steigen lassen wird. Das Verhältnis von Fremd- zu Eigenkapital liegt in Europa bei knapp über 70 Prozent. Würde dieser Anteil – wie in den USA üblich – aufgestockt, würden die Kapitalkosten bei unveränderten Fremdkapitalzinsen nach unseren Schätzungen insgesamt um zwei Prozent sinken. Diese Veränderung der Kapitalkosten würde unter bestimmten Voraussetzungen den Aktienkursen Auftrieb geben.

Anders als Umstrukturierungsmaßnahmen, die meist mit einer Schrumpfung der Unternehmen und dem Abbau von Arbeitsplätzen einhergehen, könnte sich der Übergang zu einer aggressiveren Kapitalstruktur positiv auf die europäischen Volkswirtschaften und die Beschäftigungslage auswirken. Mit dem freigesetzten Aktienkapital von etablierten Unternehmen, wie in den USA geschehen, könnten neu gegründete Firmen mit neuen Arbeitsplätzen finanziert werden.

Quelle: WAMS vom 18.04.1999

52 Kreditwürdigkeit und Kreditsicherung als Voraussetzungen für die Erlangung von Fremdkapital

Voraussetzung für ein erfolgreiches Kreditgeschäft ist aus der Sicht der Gläubiger zunächst die verantwortungsvolle Prüfung des Kreditgesuchs. Im Mittelpunkt stehen dabei die Prüfung der Kreditwürdigkeit bzw. Bonität des Kreditsuchenden und die Prüfung der von ihm angebotenen Sicherheiten. Der Begriff "Bonität" wird hier als Synonym zum Begriff "Kreditwürdigkeit" verwendet.

521 Kreditwürdigkeitsprüfung

Bei jeder Kreditbeziehung erfolgt die Rückzahlung und Verzinsung zu einem späteren Zeitpunkt als die Leistung des Kreditgebers. Diese in Zukunft liegenden Zahlungen des Schuldners stellen also zum Zeitpunkt der Kreditentscheidung unsichere Größen dar. Aus diesem Sachverhalt ergibt sich grundsätzlich das Risiko einer Kreditgewährung.

Das Ergebnis der Kreditwürdigkeitsprüfung ist die Grundlage der Kreditvergabeentscheidung und liefert Anhaltspunkte zur Festlegung der Kredithöhe, der Kreditlaufzeit und einzelner Kreditkonditionen.

Kreditwürdigkeitsprüfungen verfolgen das Ziel, festzustellen, wie groß die Gefahr ist, dass ein bereits hingegebener oder ein zu gewährender Kredit verloren geht. Die Aufgabe ist in der Überprüfung der persönlichen und sachlichen Verhältnisse, der Kreditsicherheiten und der Kreditverwendung des Kreditnehmers zu sehen.

Zu den **Interessenten der Kreditwürdigkeitsprüfung** gehören vorrangig Kreditinstitute als gegenwärtige und zukünftige Gläubiger. Nach § 18 KWG (Kreditwesengesetz) sind die Kreditinstitute zur regelmäßigen Prüfung der Kreditwürdigkeit ihrer Kreditnehmer verpflichtet. Aber auch Eigenkapitalgeber, Lieferanten und Obligationäre können an Kreditwürdigkeitsprüfungen interessiert sein, weil die Gefahr des Kapitalverlustes mit zunehmender Kreditwürdigkeit sinkt, andererseits aber die Eigenkapitalrentabilität mit zunehmender Fremdkapitalaufnahme infolge des Leverage-Effektes i.d.R. steigt. Auch staatliche Stellen führen Kreditwürdigkeitsprüfungen von Unternehmen durch, etwa wenn es um die Zuerkennung der Deckungsstockfähigkeit geht.

Zu den **Instrumenten der Kreditwürdigkeitsprüfung**, insbesondere bei aktuellen Entscheidungen über Kreditvergaben und -prolongationen, gehören neben der Bilanzanalyse, die eine wichtige Rolle spielt, Finanzpläne, Grundbucheintragungen zur Ermittlung der verfügbaren Kreditsicherungsspielräume, Verträge mit Lieferanten und Kunden etc. Die Bilanzanalyse ist somit nur eine Teilmaßnahme zur Feststellung der Kreditwürdigkeit. Weitere qualitative Aspekte, die aus der Bilanz nicht erkennbar sind, wie etwa die Ausbildung und Erfahrung des Managements, Alter und Image der Unternehmung, die Stellung in der Branche usw., beeinflussen die Entscheidung über das Kreditgesuch zusätzlich.

In der Kreditwürdigkeitsprüfung mit Hilfe der **Bilanzanalyse** versucht man aufgrund von Bilanzkennziffern auf die zukünftige Zahlungsfähigkeit der Unternehmung zu schließen. Bilanzanalytische Untersuchungen umfassen hierbei schwerpunktmäßig die Liquidität und Finanzierung, die Ertragskraft, den Vermögensaufbau und das Investitionsverhalten.

Doch ist der Schluss von den Bilanzrelationen auf die Zahlungsfähigkeit der Unternehmung risikoreich, da die Bilanz hinsichtlich Umfang und Fristigkeit der künftigen Zahlungen nur eine **unvollständige Abbildung** gibt. Dieses ist ein Grund, warum die Bilanzanalyse nicht einziges Instrument zur Beurteilung der Kreditwürdigkeit sein kann und sein darf.

Der Inhalt der Kreditwürdigkeitsprüfung umfasst:

(1) Die **Prüfung der persönlichen Kreditwürdigkeit**:

Bei Konsumentenkrediten spielen persönliche Faktoren eine besondere Rolle, aber auch bei Unternehmenskrediten kommt es zunehmend auf die Persönlichkeit und die Führungsqualitäten des Managements an. Anhand der persönlichen Eigenschaften des Kreditsuchenden sollen Aufschlüsse darüber gewonnen werden, ob prinzipiell von der Rückzahlungswilligkeit ausgegangen werden kann und ob bei eventuellen wirtschaftlichen Krisen der Kreditantragsteller in der Lage ist, die richtigen Entscheidungen zur Behebung dieser Rückschläge zu treffen.

Hierbei sind Ruf, Charakter, Erfahrung und unternehmerische Fähigkeit des Kreditnehmers sowie Familienlebenszyklus (Geschlecht, Alter, Familienstand, Zahl und Alter der Kinder), Ausbildung und besondere Fachkenntnisse mit Hilfe von Selbstauskünften, gewerblichen Auskunfteien, Auskünften von Geschäftsfreunden und Banken zu prüfen.

Die persönliche Kreditwürdigkeit ist gegeben, wenn der Kreditsuchende aufgrund seiner Zuverlässigkeit, seiner beruflichen und fachlichen Qualifikation bzw. seiner unternehmerischen Fähigkeit Vertrauen verdient.

Eine besondere Rolle für die Bonitätsbeurteilung von Einzelpersonen bzw. Gesellschafter spielt die Schutzgemeinschaft für allgemeine Kreditsicherung e.V. (Schufa). Sie ist eine auf Gegenseitigkeit arbeitende Gemeinschaftseinrichtung, der vorwiegend Kreditinstitute angehören. Diese haben sich verpflichtet, der Schufa Mitteilung über gewährte Kredite u.ä. und die dabei gemachten Erfahrungen zu machen. Die angeschlossenen Kreditinstitute können die gespeicherten Informationen je nach Bedarf abrufen und für die eigene Kreditvergabe verwenden.

(2) Die **Prüfung der sachlichen Kreditwürdigkeit**:

Unter der sachlichen Kreditwürdigkeit versteht man die wirtschaftliche Kreditwürdigkeit. Diese beinhaltet eine Analyse der Rentabilitäts-, Vermögens- und Liquiditätslage bzw. -entwicklung durch Betriebsbesichtigung, Prüfung der Jahresabschlüsse (Bilanzanalyse) bzw. Geschäftsbücher und Aufstellung des Kreditwürdigkeitsstatus.

Traditionell bildet die Bilanzanalyse den Schwerpunkt der sachlichen bzw. wirtschaftlichen Kreditwürdigkeitsprüfung. Zur Erfüllung der gesetzlichen Vorschriften (§ 18 KWG) sind die Kreditinstitute bei Kreditvergaben über 500.000 DM sogar verpflichtet, sich die Jahresabschlüsse zeigen zu lassen.

(3) Die **Prüfung der Kreditsicherheiten:**

Im Anschluss an die Prüfung der sachlichen Kreditwürdigkeit erfolgt eine Beurteilung der Kreditsicherheiten (vgl. hierzu das folgende Kap. 522).

(4) Prüfung des **Kreditbedarfs und seiner Verwendung**:

Sie beinhaltet das Problem, dass das Marktrisiko bzw. die Nichtannahme der Leistung des Unternehmens auf dem Markt schlecht geprüft werden kann, da hier zahlreiche externe Einflussfaktoren mit hineinspielen.

Die Kreditwürdigkeit eines Kreditantragstellers wird dann als gegeben angesehen, wenn alle vier Untersuchungsbereiche auf eine termingerechte Verzinsung und Rückzahlung des beantragten Kredits schließen lassen.

Checkliste möglicher Unterlagen des Kreditnehmers bei der Offenlegung seiner wirtschaftlichen Verhältnisse

1. Handelsregisterauszüge;
2. Gesellschaftsverträge;
3. neue Unterschriftenlisten der Zeichnungsberechtigten;
4. Geschäftsberichte inkl. der Jahresabschlüsse und des Lageberichts;
5. Prüfungsberichte;
6. Finanzstatus;
7. Liquiditätsanalyse;
8. Finanzplan;
9. Cash Flow-Analyse;
10. Investitionsrechnung;
11. Zwischenbilanzen des laufenden Geschäftsjahres;
12. besondere Vermögensverzeichnisse, evtl. mit Gutachten über Zeitwerte von besonderen Vermögensgegenständen (i.d.R. Gebäuden);
13. Aufstellung bestehender Darlehen und Kredite nach Laufzeiten, Zins- und Tilgungssätzen und Terminen;
14. Aufstellung über Leasingverbindlichkeiten und deren Fälligkeiten;
15. Summen- und Saldenlisten für Kreditoren und Debitoren;
16. Auftragsbestandslisten;
17. Steuerbescheide.

Auch wenn es aufgrund des Umfangs der möglichen Unterlagen so aussehen könnte, geht es hier nicht darum, sich vor seinem Kreditinstitut finanziell bloßzustellen, sondern im Rahmen eines beiderseitigen Vertrauensverhältnisses die bestmögliche Grundlage für die Gewährung und Ausgestaltung des Kreditengagements zu bilden. Darüber hinaus sind gut dargebotene Unterlagen ein Zeichen für die Qualität des Managements und können sogar Spielraum bei der Verhandlung über Konditionen schaffen.

522 Möglichkeiten der Kreditsicherung

Kann der Kreditnehmer den Kredit nicht vertragsgemäß zurückzahlen, wird der Kredit vom Kreditinstitut gekündigt und die gesamte Kreditsumme fällig gestellt. Bringt der Kreditnehmer das noch offenstehende Kapital nicht auf, d.h., ist die Ablösung des Kreditbetrages durch ein bei einem anderen Institut oder einer anderen Person aufgenommenes Darlehen nicht möglich, wird der Kreditgeber zur Verwertung der gestellten Sicherheiten schreiten, sofern welche vorhanden sind.

Nur in seltenen Fällen werden Kredite ohne die Stellung von Sicherheiten vergeben. Die Stellung von Sicherheiten soll gewährleisten, dass das Kreditinstitut bzw. der Gläubiger nicht leer ausgeht, falls der Kredit nicht mehr zurückgezahlt werden kann.

> Die **Kreditsicherung** ist als Hingabe von Vermögenswerten und /oder Rechten zur Sicherstellung des Kreditgebers aufzufassen, um die sich aus dem Kreditgeschäft ergebenden Risiken so gering wie möglich zu halten.

Einen Kredit, der ohne folgende Sicherheiten gewährt wird, bezeichnet man als *Blankokredit*.

> **Kreditsicherheiten** sollen durch Verwertung/Verkauf, Versteigerung bzw. Inanspruchnahme die Rückerlangung des Kredites bei Zahlungsunfähigkeit des Schuldners ermöglichen.

Man unterscheidet zwischen Sicherheiten, die durch Ansprüche gegen Personen entstehen, und solchen, die sich durch Rechte an Sachen und Rechten bilden (vgl. Abb. 5/2). Folgende **Formen der Kreditsicherung** können im Einzelnen unterschieden werden:

Die Kreditfinanzierung 173

Abb. 5/2: Systematisierung der Kreditsicherheiten

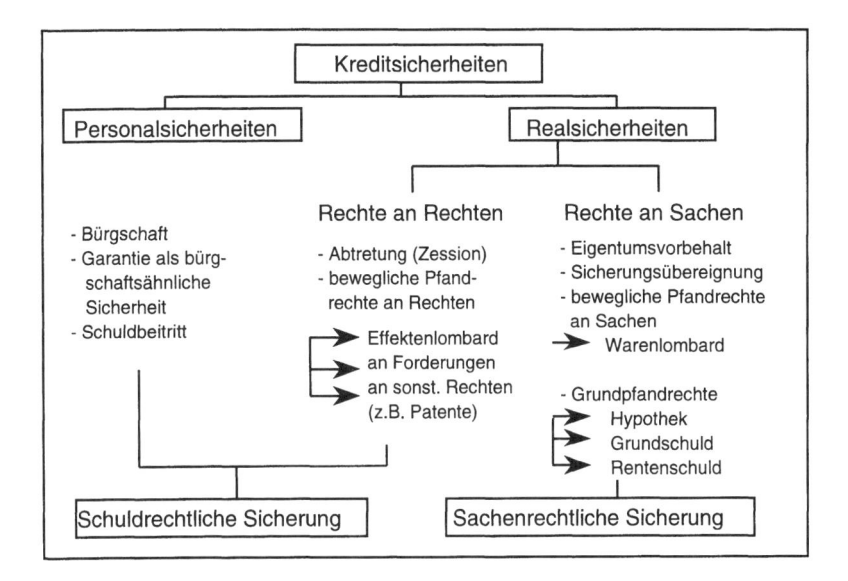

```
                        Kreditsicherheiten
           ┌───────────────────┴───────────────────┐
  Personalsicherheiten                       Realsicherheiten
                                    ┌───────────────┴───────────────┐
                              Rechte an Rechten              Rechte an Sachen
  - Bürgschaft                - Abtretung (Zession)          - Eigentumsvorbehalt
  - Garantie als bürg-        - bewegliche Pfand-            - Sicherungsübereignung
    schaftsähnliche             rechte an Rechten            - bewegliche Pfandrechte
    Sicherheit                  ➤ Effektenlombard              an Sachen
  - Schuldbeitritt              ➤ an Forderungen               ➤ Warenlombard
                                ➤ an sonst. Rechten          - Grundpfandrechte
                                  (z.B. Patente)               ➤ Hypothek
                                                               ➤ Grundschuld
                                                               ➤ Rentenschuld

  Schuldrechtliche Sicherung          Sachenrechtliche Sicherung
```

5221 Bürgschaft

Durch den Bürgschaftsvertrag (§§ 765 bis 778 BGB) verpflichtet sich der Bürge gegenüber dem Gläubiger eines Dritten, für die Erfüllung der Verbindlichkeit des Dritten einzustehen (§ 765 BGB). Gemäß § 350 HGB ist die schriftliche Erteilung der Bürgschaftserklärung für Vollkaufleute juristisch nicht erforderlich, doch in der Praxis meist unerlässlich. Da der Bürge mit seinem ganzen Vermögen haftet, sollte bei der Abgabe einer Bürgschaftserklärung besondere Vorsicht walten.

> Die **Bürgschaft** ist ein Vertrag, durch den sich der Bürge verpflichtet, dem Kreditgeber für die Erfüllung der Verbindlichkeit des Kreditnehmers einzustehen.

5222 Bürgschaftsähnliche Sicherheiten

Bürgschaftsähnliche Sicherheiten sind Verträge, die wie die Bürgschaft der Sicherung von Krediten dienen, sich aber in ihrem rechtlichen Inhalt von der Bürgschaft unterscheiden.

Zu den bürgschaftsähnlichen Sicherheiten zählen die **Garantie** und die **Schuldmitübernahme**, auch **Schuldbeitritt** genannt.

> Die **Garantie** ist ein Vertrag, durch den sich ein Dritter (Garant) verpflichtet, für einen bestimmten Erfolg einzustehen und insbesondere den Schaden zu übernehmen, der sich aus einem bestimmten unternehmerischen Handeln ergeben kann.

Der Unterschied zwischen der Bürgschaft und der Garantie besteht darin, dass letztere nicht akzessorisch, d.h. von der dem Vertragsabschluß zugrundeliegenden Forderung unabhängig ist. Die Garantie bietet daher einen weitergehenden Sicherheitswert als die Bürgschaft.

> Die **Schuldmitübernahme** ist ein Vertrag, mit dem ein Dritter gegenüber dem Kreditgeber die Verpflichtung eingeht, an die Stelle des bisherigen Kreditnehmers zu treten oder zusätzlich zu dem Kreditnehmer für dieselbe Verbindlichkeit zu haften.

5223 Sicherungsübereignung

> Die **Sicherungsübereignung** ist eine Übereignung von beweglichen Sachen durch den Kreditnehmer an den Kreditgeber zur Sicherung einer Forderung.

Die Sicherungsübereignung, die gesetzlich nicht geregelt ist, wurde aus der Praxis heraus als Ersatz für das Pfandrecht entwickelt. Sie ist die geeignete Sicherungsform in den Fällen, in denen der Kreditnehmer Sicherheiten anbietet, die er aber zur Fortführung seines Unternehmens weiterhin benötigt, und ebenso in den Fällen, in denen die erforderliche Besitzübertragung des Pfandrechts praktische Schwierigkeiten machen würde. D.h., der Kreditgeber erwirbt zwar das Eigentum, überlässt die Gegenstände jedoch dem Kreditnehmer zur Nutzung, solange der Sicherungsfall nicht eingetreten ist.

In der Praxis werden i.d.R. folgende Gegenstände zur Kreditsicherung sicherungsübereignet:

- Maschinen, Kraftfahrzeuge und sonstige Anlagen;
- Einrichtungsgegenstände;
- in Vertrauensfällen auch Waren und Vorräte bzw. Warendokumente.

5224 Sicherungsabtretung/Forderungsabtretung

Die **Sicherungsabtretung**, auch *Zession* genannt, ist eine Form der Kreditsicherung, bei der der Kreditgeber Forderungen oder andere Rechte treuhänderisch erwirbt.

Eine Forderung des Kreditnehmers kann durch Vertrag von diesem *(Abtretender* oder *Zedent)* auf den Kreditgeber (Abtretungsempfänger oder *Zessionar)* übertragen werden *(Zession;* lat. cessio = Abtretung). Der Zessionar wird damit zum neuen Gläubiger der Forderung. Die Sicherungsabtretung, die im kurzfristigen Kreditgeschäft eine der wichtigsten Sicherungsformen darstellt, ist gesetzlich nicht geregelt und ist formfrei gültig (vgl. §§ 398, 413 BGB). Sicherungsabtretungen von Forderungen zugunsten von Kreditinstituten werden i.d.R. als stille Zessionen im Gegensatz zu offenen Zessionen vereinbart. Stille Zession bedeutet, dass der Schuldner des Kreditnehmers über die Abtretung nicht benachrichtigt wird.

Neben der Einzelabtretung, d. h. der Abtretung einer einzelnen oder mehrerer einzeln aufgeführten Forderungen, wird in der Praxis auch von den Möglichkeiten der *Globalzession* und der *Mantelzession* Gebrauch gemacht, wobei die Kreditinstitute die Globalzession bevorzugen.

- Bei der Globalzession trifft der Kreditnehmer mit seiner Bank die Vereinbarung, dass sämtliche innerhalb eines bestimmten Zeitraumes bestehenden und zukünftigen Forderungen gegenüber einem festgelegten Kundenkreis oder aus bestimmten Geschäften (z.B. Forderungen aus Lieferungen und Leistungen) als an die Bank abgetreten gelten. Die Forderung geht dabei nicht erst mit der Überreichung der Debitorenlisten, sondern sofort im Zeitpunkt ihrer Entstehung auf die Bank über.

- Bei der Mantelzession verpflichtet sich der Kreditnehmer, laufend Forderungen in Höhe eines bestimmten Gesamtbetrages an die Bank abzutreten. Die Abtretung wird in diesem Fall mit der Übersendung der Debitorenlisten wirksam.

In der Praxis werden i.d.R. folgende Forderungen zur Kreditsicherung abgetreten:

- Guthabenforderungen gegen Kreditinstitute;
- Forderungen aus Lieferungen und Leistungen;
- Lohn- und Gehaltsforderungen;
- Miet- und Pachtforderungen;
- Forderungen aus Lebensversicherungsverträgen.

5225 Pfandrecht

> Das **Pfandrecht** ist ein zur Sicherung einer Forderung bestimmtes dingliches Recht an fremden beweglichen oder unbeweglichen Gegenständen, das den Kreditgeber berechtigt, sich durch Verwertung (öffentliche Versteigerung) des pfandbelasteten Gegenstandes im Falle der Uneinbringlichkeit der Forderung zu befriedigen und sich schadlos zu halten.

Grundsätzlich darf das Pfand nur im Wege der öffentlichen Versteigerung verwertet werden, wobei Zeit und Ort der Versteigerung öffentlich bekannt zu geben sind. Besteht für den Gegenstand ein Markt- oder Börsenpreis, kann der Kreditgeber das Pfand freihändig durch den Makler verkaufen lassen. Das Pfandrecht an beweglichen Sachen und an Rechten ist gesetzlich in den §§ 1204 bis 1296 BGB geregelt. In der Praxis werden i.d.R. folgende Sachen oder Rechte zur Kreditsicherung verpfändet:

- Bewegliche Sachen, insbesondere Schmuck oder Edelmetalle;
- Wertpapiere;
- Grundstücke (vgl. Grundpfandrecht).

5226 Grundpfandrecht

Grundpfandrechte begründen ein Recht an einem Grundstück oder grundstücksgleichen Recht - wie etwa dem Erbbaurecht oder dem Wohnungseigentum -, sich unter bestimmten Voraussetzungen aus dem Grundstück nebst Zubehör befriedigen zu können. Das mit einem Grundpfandrecht belastete Grundstück haftet für die eingetragene Kapitalsumme, für die eingetragenen Zinsen und für andere eingetragene Nebenleistungen. Das Grundpfandrecht erstreckt sich auf das gesamte Grundstück, die wesentlichen Bestandteile (z.B. Gebäude) und auf Zubehörstücke (z.B. Möbel). Der Beleihungswert eines Grundstücks ist grundsätzlich durch eine vorsichtige Feststellung des Grundstückswertes zu

Die Kreditfinanzierung 177

ermitteln. Er soll auch künftig eintretenden Marktschwankungen standhalten.

> Das **Grundpfandrecht** ermöglicht es, Grundstücke und grundstücksgleiche Rechte als Kreditsicherheiten zu verwenden, und ist ein als Hypothek, Grund- oder Rentenschuld in das Grundbuch eingetragenes Recht des Kreditgebers, aus dem Grundstück Befriedigung seiner Ansprüche zu verlangen.

Grundpfandrechte *(Immobilienpfandrechte)* werden insbesondere von Kreditinstituten gern als Kreditsicherungsmittel für langfristige Kredite genommen, da Grundstücke als wertbeständig gelten. Für den Kreditnehmer bieten Grundpfandrechte den Vorteil, dass er im Rahmen z.b. der Grundschuld und des Grundstückswertes jederzeit Kreditmittel von den Kreditinstituten erhalten kann.

Grundpfandrechte haben **drei Erscheinungsformen**:

- die Hypothek,
- die Grundschuld und
- die - in der Kreditpraxis kaum gebräuchliche - Rentenschuld.

Die Grundstücksbelastung besteht bei der **Hypothek** gem. § 1113 BGB darin, dass an denjenigen, zu dessen Gunsten die Hypothek bestellt wurde, eine bestimmte Geldsumme zur Befriedigung wegen einer ihm zustehenden Forderung (z.B. Darlehen) aus dem Grundstück zu zahlen ist. Hiermit soll zum Ausdruck gebracht werden, dass bei der Hypothek das Grundstück als Haftmasse herangezogen werden kann, wenn der Hypothekengläubiger eine persönliche Forderung, für die die Hypothek bestellt wurde, gegen den Forderungsschuldner geltend machen kann.

> Die **Hypothek** ist die Belastung eines Grundstücks in der Weise, dass an denjenigen, zu dessen Gunsten die Hypothek eingetragen ist, eine bestimmte Geldsumme aus dem Grundstück wegen einer Forderung zu zahlen ist.

Die Hypothek ist gesetzlich in den §§ 1113 bis 1190 BGB geregelt. Die Hypothek ist im Gegensatz zur Grundschuld akzessorisch, d.h., sie haftet nur für das zugrunde liegende Schuldverhältnis, für das sie bestellt wurde.

Bei der **Grundschuld** besteht die Grundstücksbelastung gem. § 1191 BGB darin, dass an denjenigen, zu dessen Gunsten die Belastung erfolgt, eine bestimmte Geldsumme aus dem Grundstück zu zahlen ist. Die Grundschuld ist wirksam, ohne dass es für ihre rechtsinhaltlichen Voraussetzungen auf das Bestehen einer Forderung (z.B. Darlehen) ankommt.

> Die **Grundschuld** ist die Belastung eines Grundstücks in der Weise, dass an den Grundschuldgläubiger eine bestimmte Geldsumme zu zahlen ist.

Die Grundschuld ist gesetzlich in den §§ 1191 bis 1198 BGB geregelt. Wie bereits erwähnt ist die Grundschuld nicht akzessorisch, d.h. nicht an das zugrunde liegende Schuldverhältnis gebunden und somit mehrfach verwendbar und fungibler.

> Die **Rentenschuld** ist eine Unterart der Grundschuld in der Weise, dass aus dem Grundstück eine bestimmte Geldsumme zu regelmäßig wiederkehrenden Terminen zu zahlen ist.

Die Rentenschuld ist gesetzlich in den §§ 1199 bis 1203 BGB geregelt.

5227 Wechsel

Gelegentlich verlangen Kreditinstitute von Kreditnehmern einen Solawechsel als zusätzliche Sicherheit (vgl. auch Kap. 535 Wechselkredit). Im eigentlichen Sinne handelt es sich auch beim Wechsel um die Besicherung durch Verpfändung.

5228 Eigentumsvorbehalt

> Der **Eigentumsvorbehalt** ist ein Vorbehalt des Eigentumsrechts an einer Ware durch den Verkäufer bis zur vollständigen Bezahlung des Kaufpreises durch den Käufer dieser Ware, d.h., erst dann geht das Eigentum auf den Käufer über.

Der Eigentumsvorbehalt ist i.d.R. wichtigstes Sicherungsmittel des Lieferanten.

Die Kreditfinanzierung 179

53 Instrumente der kurz- und mittelfristigen Kreditfinanzierung

531 Kundenanzahlung

> Die **Kundenanzahlung** ist ein Kredit, der dadurch entsteht, dass der Kunde bzw. Abnehmer der Ware Zahlungen leistet, bevor die Lieferung der Ware erfolgt.

Das besondere an den Kundenanzahlungen ist, dass sie dem Unternehmen **zinslos** zur Verfügung stehen und somit eine Finanzierungsmöglichkeit darstellen, da sie die Liquidität der Unternehmung erhöhen.

Der Kunde, der seine Zahlungsfähigkeit unter Beweis stellt, geht bei der Gewährung von Anzahlungen das Risiko ein, dass der Lieferant seinen Verpflichtungen nicht nachkommen kann. Folglich bedeutet die Vereinbarung und Durchführung der Kundenanzahlung eine starke Stellung des Anbieters.

Die Kundenanzahlung ist im Allgemeinen üblich bei Aufträgen, die sich über längere Zeit erstrecken, z.b. im Zusammenhang mit der Errichtung von Großanlagen oder der Fertigung von Flugzeugen oder Schiffen, um den Kunden an seinen Auftrag zu binden.

532 Lieferantenkredit

> Der **Lieferantenkredit** ist ein kurzfristiger Kredit, der durch Gewährung von Zahlungszielen, d.h. durch die Verzögerung der Zahlung der Unternehmung an den Lieferanten, entsteht.

Es handelt sich somit um einen sogenannten passiven Kredit bzw. **Sach- oder Handelskredit**, da der Gegenstand der Übertragung Sachmittel und keine Geldmittel sind.

Der Lieferantenkredit ist seinem Wesen nach ein **Mittel zur Verkaufsförderung**, d.h., er dient in erster Linie zur Steigerung des Umsatzes des

Lieferanten sowie zur Sicherung und Ausweitung bestehender Geschäftsbeziehungen.

Die Bedeutung dieser Kreditart liegt für den Kreditnehmer in der **Formlosigkeit** und der damit verbundenen leichten Bewilligung, nicht zuletzt deswegen, weil keine bzw. geringe Ansprüche an die Kreditwürdigkeit gestellt werden.

Der Lieferantenkredit hat für den Kreditnehmer folgende **Vorteile**:

- leichte Bewilligung (s.o.);
- Lieferantenkredite stellen Verbindlichkeiten dar und ermöglichen somit eine Steuerbilanzpolitik;
- u.U. letzte Kreditmöglichkeit bei ausgeschöpften Kreditrahmen der Kreditinstitute.

Für den Lieferantenkredit wird zwar kein Zins gezahlt, doch gilt er allgemein als "teuer", da bei Barzahlung des Rechnungspreises i.d.R. ein Skontoabzug (ital. sconto = Abzug) innerhalb von 10 Tagen von 2 bis 3 % in Anspruch genommen werden kann. Berechnet man den Jahreszins dieses Skontoabzugs, so erhält man nicht selten einen Zinssatz von über 40 %, den man sich bei Barzahlung hätte sparen können.

Die **Kosten des Lieferantenkredits** durch Nichtausnutzung des Skontoabzugs errechnen sich aus nachstehender Näherungsformel:

$$\text{Zinssatz L} = \frac{\text{Skontosatz (S)}}{\text{Zahlungsziel (Z)} - \text{Skontofrist (F)}} * 360$$

Beispiel:

Eine Rechnung wird 30 Tage nach Rechnungsdatum beglichen, statt ein Skonto von 2 % bei Barzahlung innerhalb von 10 Tagen auszunutzen:

$$\text{Zinssatz (L)} = \frac{S}{Z-F} * 360 = \frac{2}{30-10} * 360 = \mathbf{36\ \%}$$

Die Opportunitätskosten steigen mit zunehmendem Skontosatz und abnehmender Differenz zwischen Zahlungsziel und Skontofrist. Erst durch eine weite Überschreitung des Zahlungsziels wird der Lieferantenkredit billiger, was allerdings das Einverständnis des Lieferanten oder eine starke Stellung des Abnehmers voraussetzt.

533 Kontokorrentkredit

Der Kontokorrentkredit (ital. conto corrente = Konto in lfd. Rechnung) ist die klassische Kreditform. Es gibt kaum eine Unternehmung, die diese Form des Kredites nicht in Anspruch nimmt.

> Der **Kontokorrentkredit** ist ein mit dem Kreditinstitut individuell ausgehandelter Betriebskredit, den der Kreditnehmer durch Verfügung über sein Konto bis zum vereinbarten Kreditlimit in Anspruch nehmen kann.

Der Kontokorrentkredit (§§ 355 bis 357 HGB und §§ 607 bis 610 BGB) ist ein **Buchkredit**, der während seiner Laufzeit je nach Bedarf des Kreditnehmers entsprechend beansprucht und wieder abgedeckt werden kann, und dient somit im Allgemeinen zur kurzfristigen Finanzierung von Spitzenbelastungen (z.B. Lohn- und Steuerzahlungen).

Der Kreditnehmer kann während der Laufzeit der Kontokorrentgewährung - die Abrechnung erfolgt monatlich, viertel- oder halbjährig - stets bis zur Höhe des Kreditlimits (*Kreditlinie*), d.h. innerhalb der mit dem Kreditinstitut individuell festgelegten Grenzen, über den Kredit bzw. über die Finanzmittel verfügen. Die Kreditlinie stellt also die maximale genehmigte Inanspruchnahme dar.

Der Kreditnehmer wird i.d.R. regelmäßig vom kreditgebenden Institut durch die Übersendung oder Bereitstellung von Auszügen über den Stand seines Kontokorrentkontos informiert.

Die **Kosten des Kontokorrentkredits** hängen sowohl von den Zinssätzen des Geldmarktes und der Höhe des Diskontsatzes ab, als auch von der Marktstellung des Kreditnehmers. Ein renommiertes Unternehmen wird i.d.R. einen günstigeren Kontokorrentkredit erhalten als ein unbekanntes Unternehmen. Charakteristisch für den Kontokorrentkredit ist jedoch, dass sich die Kosten aus dem in Anspruch genommenen

Die Kreditfinanzierung

Volumen und nicht aus der Höhe des eingeräumten Kredits ergeben. Die Kosten des Kontokorrentkredits ergeben sich im Allgemeinen aus:

- Sollzinsen für den in Anspruch genommenen Kreditbetrag;
- Kreditprovision (Bereitstellungsprovision);
- Umsatzprovision oder Kontoführungsgebühren;
- Überziehungsprovision für den das Kreditlimit überschreitenden Betrag;
- Barauslagen wie Porto und Spesen.

Die Kosten für einen Überziehungskredit sind prinzipiell höher als die Kosten für einen Kredit mit fester Laufzeit (Ratenkredit).

Der Kontokorrentkredit, der die am häufigsten auftretende Form des kurzfristigen Kredits darstellt, hat für den Kreditnehmer folgende **Vorteile**:

- er vergrößert die Dispositionsfreiheit und Elastizität des Unternehmens und sichert die Zahlungsfähigkeit bei Spitzenbelastungen;
- der nicht ausgenutzte Teil des Kredits ist eine Liquiditätsreserve;
- er kann trotz hoher Sollzinsen eine Kostenersparnis sein, wenn die Aufnahme von Lieferantenkrediten vermieden und die Ausnutzung von Skonti ermöglicht werden soll.

Dem Kreditinstitut gibt das Kontokorrentkonto einen guten **Einblick in die aktuelle Betriebssituation** bezüglich der Umsätze mit Abnehmern und Lieferanten sowie der regelmäßigen Zahlungsverpflichtungen.

Eine Unterform des Kontokorrentkredits ist der **Dispositionskredit**. Während der Kontokorrentkredit - wie oben bereits beschrieben - einen individuell ausgehandelten Kredit darstellt, sind die Überziehungsgrenzen des Dispositionskredits **standardisiert**, d.h. einheitlich nach bestimmten Gruppen von Kreditnehmern festgesetzt.

> Der **Dispositionskredit** (*Dispokredit*) ist ein standardisierter Betriebskredit, den der Kreditnehmer innerhalb der festgelegten Laufzeit durch Verfügung über sein Konto bis zur vereinbarten Kredithöhe in Anspruch nehmen kann.

534 Avalkredit

> Beim **Avalkredit** übernimmt ein Kreditinstitut eine Bürgschaft für ihren Kunden und ermöglicht ihm die Aufnahme eines Kredites bei Dritten.

Ein Kreditinstitut übernimmt mit dem Avalkredit, der i.d.R. nur erstklassigen Firmen (erste Adressen) gewährt wird, eine **Bürgschaft bzw. Garantie** dafür, dass der Kreditnehmer einer von ihm eingegangenen Verpflichtung einem Dritten gegenüber nachkommt. Das Kreditinstitut stellt somit durch die Übernahme bzw. Stellung keine liquiden Mittel, sondern nur die eigene Kreditwürdigkeit zur Verfügung (*Kreditleihe*). Mit der Übernahme der Bürgschaft verpflichtet sich das Kreditinstitut, für die Verbindlichkeiten des Kreditnehmers einzustehen. Mit der Stellung der Garantie verpflichtet es sich, für einen bestimmten künftigen Erfolg einzustehen und insbesondere den Schaden zu übernehmen, der sich aus einem bestimmten unternehmerischen Handeln ergeben kann.

Die **Laufzeit des Kredits** hängt von der Ausgestaltung der Bürgschaft oder der Garantie ab.

Die **Kosten des Avalkredits** ergeben sich aus der Avalprovision, die je nach Risiko zwischen 1 und 3 % des Bürgschafts- bzw. Garantiebetrages liegt.

Der Avalkredit hat für den Kreditnehmer folgende **Vorteile**:

- es brauchen i.d.R. keine Sicherheiten gestellt zu werden;

- der Kreditnehmer zahlt zwar Provision, aber keine Zinsen, da auch kein Geld zur Verfügung gestellt wurde;

- dient als Sicherheit für Exportgeschäfte durch Bietungs-, Lieferungs- und Gewährleistungsgarantie.

535 Wechselkredit

> Der **Wechsel** ist eine abstrakte Zahlungsanweisung bzw. ein abstraktes Zahlungsversprechen des Ausstellers in gesetzlich streng vorgeschriebener Form (Wechselstrenge), losgelöst von der zugrundeliegenden wirtschaftlichen Transaktion.

Das Wechselgesetz unterscheidet zwischen dem **gezogenen Wechsel**, der die gebräuchlichste Form darstellt, und dem **eigenen Wechsel**.

Der **gezogene Wechsel** (*Tratte*) ist eine Anweisung des Ausstellers an den Bezogenen (*Schuldner*), eine bestimmte Geldsumme bei Fälligkeit an den durch die Wechselurkunde als berechtigt ausgewiesenen Dritten (*Remittenten* oder *Indossar*) zu zahlen. Die Tratte ist somit nur eine Zahlungsanweisung, aus der eine Zahlungsverpflichtung wird, wenn der Bezogene auf dem Wechsel seine Schuld anerkennt, indem er den Wechsel akzeptiert (Akzept). D.h., die Tratte wird durch Annahme zum **Akzept**. Durch das Akzept übernimmt der Bezogene die Haftung für die Einlösung des Wechsels spätestens am Verfallstag.

Beim **eigenen Wechsel** (*Solawechsel*) verpflichtet sich der Aussteller (Schuldner), eine bestimmte Geldsumme bei Fälligkeit an den durch die Wechselurkunde als berechtigt ausgewiesenen Remittenten oder Indossar zu zahlen. Der Solawechsel ist somit ein Zahlungsversprechen und keine Zahlungsanweisung.

In der Praxis unterscheidet man u.a. noch zwischen dem **Handels- oder Warenwechsel**, der zur Finanzierung eines Waren- oder Dienstleistungsgeschäftes dient, und dem **Finanzwechsel**, dem kein Handelsgeschäft zugrunde liegt.

Die **Übertragung des Wechsels** erfolgt durch Einigung und Übergabe, z.B. bei

- Verkauf an ein Kreditinstitut (Diskontkredit);
- Weitergabe an einen Gläubiger;
- Übergabe an ein Kreditinstitut zum Einzug (Inkasso-Indossament).

Sollen alle Wechselrechte übertragen werden, ist ein **Indossament** (Vermerk über die Übertragung sämtlicher Wechselrechte auf dem Wechsel) erforderlich. Diese Vermerke müssen eine lückenlose Kette vom ersten bis zum letzten Wechselgläubiger bilden. Dieses ist wichtig, da der Inhaber eines notleidend gewordenen Wechsels (*Wechselprotest*; lat. protestare = bezeugen), d.h., der Wechsel wurde erfolglos zur Zahlung oder Annahme vorgelegt, so auf seine Vorgläubiger solidarisch Rückgriff *(Regress)* nehmen kann.

Der **Wechselprotest** kann vermieden werden durch:
- Prolongation (lat. prolongare = verlängern) des Wechsels, d.h. Verlängerung der Wechsellaufzeit;
- Wechselbürgschaft;
- Ehreneintritt, d.h. Zahlung durch eine andere Person.

Die **Bedeutung des Wechsels für das Unternehmen** kann in der Erfüllung der Aufgabe als
- Kreditmittel,
- Sicherungsmittel,
- Geldanlagemittel (Schatzwechsel), da fungibel, und
- Zahlungsmittel (Geldersatzmittel) liegen.

Die Finanzierung mit Wechseln ist insbesondere deswegen so beliebt, weil sie das Forderungsausfallrisiko des Ausstellers bzw. des aus dem Wechsel Berechtigten reduziert.

Wechselkredite treten in unterschiedlichen **Varianten** (Diskontkredit und Akzeptkredit) auf:

5351 Diskontkredit

> Der **Diskontkredit** ist eine Kreditgewährung eines Kreditinstitutes durch Ankauf noch nicht fälliger Wechsel unter Abzug der Zinsen (*Diskontierung*).

Der Diskontkredit ist ein Betriebskredit, den der Kreditnehmer innerhalb der vereinbarten Laufzeit durch **Verkauf von Wechseln** bis zur festgesetzten Kreditgrenze in Anspruch nehmen kann. Das Kreditinstitut kauft noch nicht fällige Wechsel an und gewährt damit dem Verkäufer der Wechsel für die Zeit vom Ankaufstag bis zum Verfalltag einen Kredit (vgl. Abb. 5/3). Der Verkäufer erhält den Barwert (*Diskonterlös*) des Wechsels, d.h. den Wert des Wechsels am Ankaufstag, gutgeschrieben. Die Differenz (*Diskont*) zwischen dem Barwert und dem Nennbetrag, d.h. Wert des Wechsels am Verfalltag, ist der Zins für den Wechseldiskont.

Die **Kosten des Diskontkredits** ergeben sich aus:

- Zinskosten durch den Diskont, der von dem Kreditinstitut einbehalten wird;
- Provisionen und Gebühren;
- Barauslagen.

Die Kosten des Diskontkredites in Prozent lassen sich approximativ wie folgt bestimmen:

$$\text{Zinssatz (d)} = \frac{N * \frac{s}{100} * \frac{t}{360} + K}{N - (N * \frac{s}{100} * \frac{t}{360} + K)} * \frac{360}{t} * 100$$

mit

d Kosten des Diskontkredites in % p.a.

N Nennbetrag (Wechselbetrag)

s Diskontsatz (in %)

t Laufzeit des Wechsels (in Tagen)

K Sonstige Kosten wie z.B. Spesen

Beispiel:

Nennbetrag: 10.000 €, Laufzeit: 90 Tage, Diskontsatz: 5 %, Sonstige Kosten: 20 €

$$d = \frac{10.000 * 0,05 * 90/360 + 20}{10.000 - (10.000 * 0,05 * 90/360 + 20)} * \frac{360}{90} * 100 = 5,9 \%$$

Abb. 5/3: Ablauf eines Wechselgeschäfts

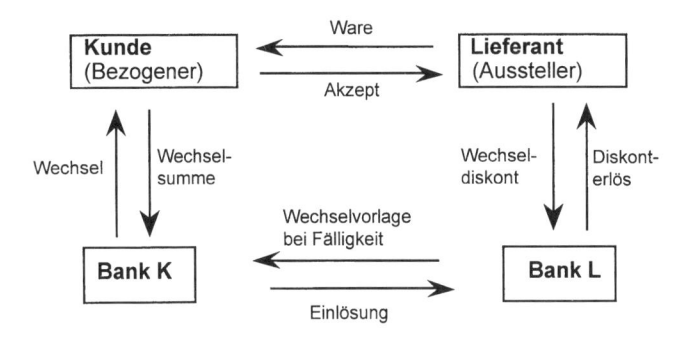

```
        Kunde         ←──── Ware ────    Lieferant
      (Bezogener)     ────Akzept────→   (Aussteller)
         ↑ │                                ↑  │
  Wechsel │ │ Wechsel-                Wechsel-│ │ Diskont-
         │ │  summe                   diskont │ │  erlös
         │ ↓      Wechselvorlage              │ ↓
        Bank K ←── bei Fälligkeit ────       Bank L
               ────── Einlösung ──────→
```

Der Diskontkredit hat für den Kreditnehmer folgende **Vorteile**:

- die Wechselforderungen werden bei Fälligkeit in sofort verfügbare Guthaben umgewandelt;
- der Kreditnehmer kann den Diskontkredit nach seinen Wünschen in Anspruch nehmen;
- es brauchen i.d.R. keine Sicherheiten gestellt zu werden;
- die Kosten sind niedriger als beim Kontokorrentkredit.

5352 Akzeptkredit

> Der **Akzeptkredit** ist ein Kredit, den ein Kreditinstitut gewährt, indem es innerhalb einer festgelegten Kredithöhe vom Kreditnehmer ausgestellte, auf sie gezogene Wechsel akzeptiert und sich damit verpflichtet, dem Wechselinhaber den Wechselbetrag bei Fälligkeit auszuzahlen.

Wird der Wechsel während seiner Laufzeit nicht diskontiert, stellt das Kreditinstitut auch keine liquiden Mittel, sondern nur die eigene Kreditwürdigkeit zur Verfügung *(Kreditleihe)*.

Die Diskontierung, meist vertraglich nur durch das akzeptgebende Kreditinstitut möglich, ist eine weitere Kreditgewährung (vgl. Diskontkredit). Bankakzepte aus Akzeptkrediten, die i.d.R. nur erstklassigen

Firmen (erste Adressen) gewährt werden, können vom Unternehmen wie Bargeld verwendet werden.

Die **Kosten des Akzeptkredits** mit anschließender Diskontierung ergeben sich aus:

- Zinskosten durch den Diskont;
- Akzeptprovision;
- Bearbeitungsprovision.

536 Lombardkredit

> Der **Lombardkredit** ist ein Festkredit, der über einen festen Betrag lautet, in einer Summe zur Verfügung gestellt wird und durch Verpfändung (Lombardierung) von beweglichen Sachen und Rechten gesichert wird.

In der Praxis kommen als **Pfandobjekte** i.d.R. folgende Sachen und Rechte (sogenannte Faustpfänder) in Frage:

- Bewegliche Sachen, insbesondere Schmuck oder Edelmetalle (Edelmetalllombard);
- Wertpapiere (Effektenlombard);
- Wechsel (Wechsellombard);
- Seltener Waren bzw. Warendokumente (Warenlombard), da diese meist sicherungsübereignet werden.

Beliehen wird grundsätzlich nicht der ganze Wert des Sicherungsgutes, sondern nur ein Prozentsatz, der von der Art des Pfandes abhängt.

Die **Kosten des Lombardkredits** ergeben sich aus:

- Zinsen bei den Kreditinstituten
- Kreditprovisionen.

Der Lombardkredit hat für den Kreditnehmer den **Vorteil**, dass eine kurzfristige Liquiditätsbeschaffung möglich ist, ohne Wertpapiere oder Sachen verkaufen zu müssen.

Die Kreditfinanzierung

Ort, Tag, Monat und Jahr der Ausstellung (Monat in Buchstaben, Jahr mit Jahrhundertangabe): Paderborn, den 7. Mai 2000

Nr. d. Zahl.-Ortes:

Zahlungsort: Gütersloh

Verfalltag: 06.08.2000

Vermerke in diesen Spalten sind nur für Kreditinstitute bestimmt. Sie gehören nicht zum Wechseltext.

Gegen diesen Wechsel - erste Ausfertigung - zahlen Sie am

Tag, Monat und Jahr der Fälligkeit (Monat in Buchstaben, Jahr mit Jahrhundertangabe)

an _mich_
Name des Zahlungsempfängers oder dessen Order

Euro _fünftausend_
Betrag in Buchstaben

EUR 5.000,--
Betrag in Ziffern

Cent wie oben

Bezogener: Dipl.-Kfm. Carsten Gubel

in 35098 Paderborn, Warburger Str. 1000
Straße und Ort (genaue Anschrift)

Zahlbar in 33332 Gütersloh 478 500 65
Zahlungsort / Bankleitzahl

bei Sparkasse
Name des Kreditinstituts / z.L. Konto Nr.

Steuerberater Professor
Dr. Horst Gräfer
A-Nieminöller-Weg 2; 33332 Gütersloh
Tel. 05241-48799; Fax 05241-46640

Genaue Anschrift des Ausstellers.
Unmittelbar unterhalb der Anschrift: Unterschrift des Ausstellers.

Angenommen

537 Rembours- und Negoziationskredit

Das **Auslandsgeschäft** hat für den Exporteur sowie für den Importeur aufgrund der damit verbundenen Informationslücken besondere Finanzierungsrisiken. Der Importeur ist bestrebt, erst dann zu leisten, wenn er über die bestellte Ware verfügt, während der Exporteur bestrebt ist, für die zu liefernde Ware auch tatsächlich das Geld zu erhalten. Beide Geschäftspartner versuchen also das "Zug-um-Zug"-Prinzip aufrecht zu erhalten, um das Risiko eines eventuellen Verlustes zu minimieren.

Aus diesen Problemen resultierend ist das **Akkreditiv** (frz. accrediter = Glauben verschaffen) entwickelt worden.

> Unter einem **Akkreditiv** ist ein Auftrag an ein Kreditinstitut zu verstehen, einem Dritten (*Akkreditierten*) einen bestimmten Geldbetrag zur Verfügung zu stellen und unter festgelegten Bedingungen auszuzahlen.

Um dem Exporteur eine Sicherheit zu geben, dass dieser das Geld auch tatsächlich erhält, gibt das Kreditinstitut des Importeurs eine Verpflichtungserklärung ab, in dem Zeitpunkt zu zahlen, in welchem der Exporteur den Nachweis erbringt, dass die Lieferung erfolgt ist. Dieser Nachweis wird i.d.R. durch das Einreichen von Dokumenten gegeben, die den im Akkreditiv formulierten Bedingungen genügen. Auf diese Art und Weise erhält der Exporteur bereits sein Geld, obwohl sich die Güter u.U. noch auf dem Transportweg befinden. Diese Dokumente wiederum garantieren dem Importeur das Eigentum an den zu liefernden Waren. In der Praxis wird meist noch das Kreditinstitut des Exporteurs zwischengeschaltet, was aber am Prinzip nichts ändert.

Für die Bezahlung der Forderung bietet sich ein Wechsel an, der es dem Exporteur ermöglicht, sich bei Bedarf vorzeitig unter Diskontierung des Wechsels zu refinanzieren. Diese Art der Bezahlung, d.h. durch einen von dem Kreditinstitut akzeptierten Wechsel (vgl. Akzeptkredit), bezeichnet man als **Rembourskredit**.

> Der **Rembourskredit** ist ein Außenhandelskredit, bei dem das Kreditinstitut des Importeurs (Remboursbank) auf der Grundlage eines Dokumenten-Akkreditivs einen Wechsel (*Tratte*) des Exporteurs gegen Einreichung akkreditivgemäßer Dokumente akzeptiert.

Der Rembourskredit wird i.d.R. nur erstklassigen Firmen (erste Adressen) gewährt.

Die **Kosten des Rembourskredits** ergeben sich aus:

- den Kosten des Akkreditivs (Avisierungsprovision, Dokumentenaufnahmeprovision,)
- Bestätigungsprovision;
- den üblichen Wechselkosten (Diskont, Akzeptprovision etc.)
- Zusätzliche Kosten, z.B. Währungscourtage.

Der **Negoziationskredit** (auch *Negoziierungskredit* genannt) ist ähnlich dem Rembourskredit eine weitere Kreditform des Auslandsgeschäfts.

> Der **Negoziationskredit** ist ein Kredit, bei dem sich das Kreditinstitut des Exporteurs verpflichtet, einen vom Exporteur auf den Importeur gezogenen Wechsel gegen Vorlage eines Dokumenten-Akkreditivs anzukaufen, also bereits bevor dieser von dem Kreditinstitut des Importeurs akzeptiert worden ist.

Das setzt voraus, dass sich das Kreditinstitut des Exporteurs aus Sicherheitsgründen im Besitz des Dokumenten-Akkreditivs befindet. Auf diese Weise kann der Exporteur unverzüglich über sein Geld verfügen, da die Postlaufzeit der Dokumente entfällt.

Die **Kosten des Negoziationskredites** errechnen sich aus:

- Grundgeschäft (Akkreditiv) und
- Negoziationsprovision.

54 Instrumente der langfristigen Kreditfinanzierung

Die Praxis der Fremdfinanzierung bietet eine breite Palette langfristiger Finanzierungsinstrumente an, deren Vielfalt sich in erster Linie aus Variationen des Zinssatzes und der Tilgung erklären (vgl. Abb. 5/4). Als langfristig werden die Instrumente bezeichnet, die eine Laufzeit der Kreditüberlassung von fünf Jahren übersteigen.

Abb. 5/4: Systematik der langfristigen Kreditfinanzierung

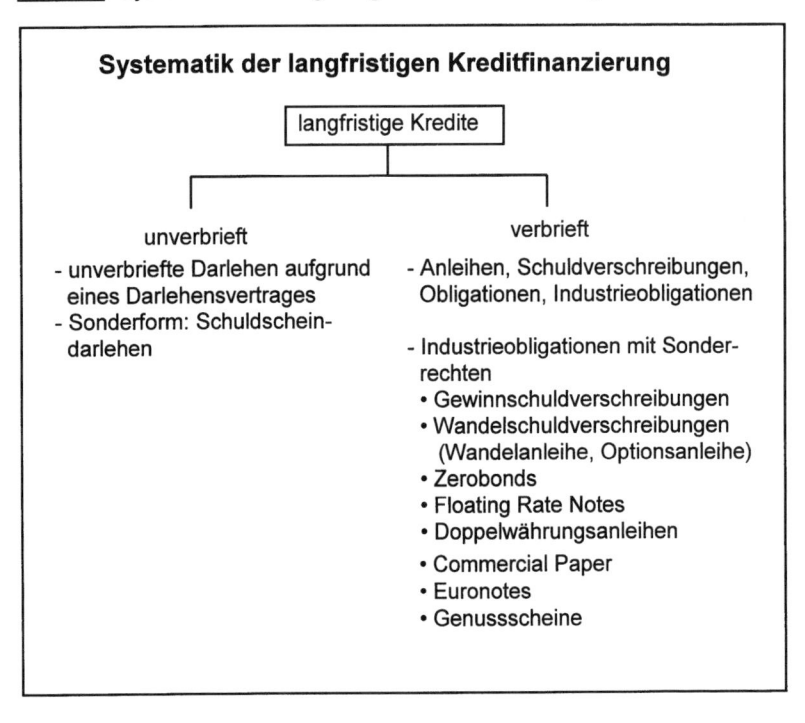

Systematik der langfristigen Kreditfinanzierung

langfristige Kredite

unverbrieft
- unverbriefte Darlehen aufgrund eines Darlehensvertrages
- Sonderform: Schuldscheindarlehen

verbrieft
- Anleihen, Schuldverschreibungen, Obligationen, Industrieobligationen

- Industrieobligationen mit Sonderrechten
  • Gewinnschuldverschreibungen
  • Wandelschuldverschreibungen (Wandelanleihe, Optionsanleihe)
  • Zerobonds
  • Floating Rate Notes
  • Doppelwährungsanleihen
  • Commercial Paper
  • Euronotes
  • Genussscheine

541 Unverbriefte Darlehen auf der Basis eines Darlehensvertrages

Gesetzliche Grundlage der unverbrieften Darlehen sind die §§ 606 ff. BGB:

§ 607 Abs. 1 BGB: "Wer Geld oder andere vertretbare Sachen als Darlehen empfangen hat, ist verpflichtet, dem Darleiher das Empfangene in Sachen von gleicher Art, Güte und Menge zurückzuerstatten."

§ 608 BGB: "Sind für ein Darlehen Zinsen bedungen, so sind sie, sofern nicht ein anderes bestimmt ist, nach dem Ablauf je eines Jahres und, wenn das Darlehen vor dem Ablauf eines Jahres zurückzuerstatten ist, bei der Rückerstattung zu entrichten."

Die Darlehen können nach Kapitalgebern, Formen und Tilgungsmodalitäten unterschieden werden.

a) Kapitalgeber

Kreditinstitute	Großbanken, Sparkassen, Genossenschaftsbanken und andere
Kreditinstitute mit Sonderaufgaben	Deutsche Lasten- und Ausgleichsbank, Kreditanstalt für Wiederaufbau u.a.. Die Kredite dieser Institute werden i.d.R. bei den erstgenannten als durchlaufende Kredite geführt.
Öffentliche Hand	Bund, Länder und Gemeinden. Die Kredite werden ebenfalls i.d.R. von den o.a. Kreditinstituten als durchlaufende Kredite geführt.
Private Kredite	z.B. Gesellschafterdarlehen; problematisch, wenn sie "verdecktes Eigenkapital" darstellen (siehe § 32a Abs. 1 GmbHG)
Kapitalsammelstellen	i.d.R. Versicherungen, u.U. Investmentfonds

b) Formen

- **Investitionsdarlehen**

Formen von Investitionsdarlehen:

- Investitionsdarlehen aus eigenen Mitteln der Kreditinstitute;
- Investitionsdarlehen aus Mitteln öffentlicher Förderungsprogramme als "Weitergeleitete Kredite" (siehe hierzu die Programme der Kreditanstalt für Wiederaufbau).

Diese Investitionsdarlehen sind vielfach standardisierte Darlehen, die auch gewerbliche Anschaffungsdarlehen, Programmkredite, Mittelstandskredite und Industriedarlehen genannt werden.

Sie dienen der Finanzierung von Maschinen, technischen Anlagen, des Sicherheitsbestandes an Vorräten usw. sowie Sonderanlässen (Gründung oder Sanierung).

- **Realkredite** (auch Hypotheken- oder Grundschulddarlehen genannt)

Als Realkredite werden langfristig gewährte Kredite bezeichnet, die durch Grundschulden oder Hypotheken auf Grundstücke und Gebäude gesichert sind. Die Banken bevorzugen dabei zunehmend die Besicherung von Grundschulden. Als Verwendungszweck sind gleichfalls die bei den Investitionsdarlehen aufgeführten Finanzierungsanlässe zu nennen. Häufig dienen diese Darlehen aber zur Finanzierung der belasteten Grundstücke und Gebäude.

c) Tilgungsmodalitäten

In bezug auf die Zinszahlung und Tilgung lassen sich die Grundformen Annuitätendarlehen, Abzahlungsdarlehen und Festdarlehen unterscheiden.

Um die Zinsen während der langen Laufzeiten an die Entwicklungen des Marktes anpassen zu können, werden häufig sog. Zinsgleitklauseln vereinbart.

- **Annuitätendarlehen**

Bei dem Annuitätendarlehen (auch Tilgungs- oder Amortisationsdarlehen) bestehen die Kapitaldienste des Kreditnehmers aus gleichbleibenden

Die Kreditfinanzierung

Raten (feste *Annuitäten*), die einen Zinsanteil und einen Tilgungsanteil enthalten. Da die Zinsen jeweils auf die Restschuld berechnet werden, und damit im Zeitablauf sinken, steigt entsprechend der Tilgungsanteil in den Raten.

Die Rückzahlungspläne der Annuitätendarlehen können durch Tilgungsfreijahre, in denen nur eine Zinszahlung erfolgt, variiert werden. Diese Tilgungsfreijahre dienen der Annäherung der Kapitaldienste für das Darlehen an die voraussichtliche Ertragsentwicklung aus der Investition.

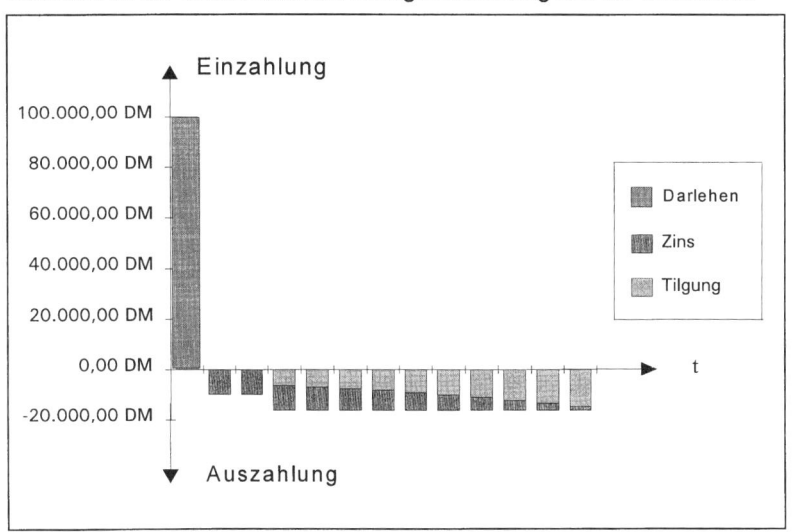

Die Frage beim Annuitätendarlehen lautet durchgehend: Welche über n Jahre laufende Zahlungsreihe mit einer jährlichen gleichbleibenden Zahlung ist bei einem Zinssatz von i einem heute zu leistenden Betrag D äquivalent?

Die meistverwandte Formel zur Berechnung der Annuität **lautet:**

$$A = D * \frac{i(1+i)^n}{(1+i)^n - 1}$$

mit D = Darlehenssumme; i = Zinssatz und n = Laufzeit des Darlehens

Beispiel:

Ein Darlehensbetrag von 100.000 € soll mit 10 % p.a. verzinst werden. Die Laufzeit beträgt 10 Jahre. Wie hoch ist die Annuität?

$$A = 100.000 * \frac{0,1(1+0,1)^{10}}{(1+0,1)^{10}-1}$$

$$A = 100.000 * \frac{0,259374246}{1,59374246} = 16.274,54$$

- **Abzahlungsdarlehen**

Das Abzahlungsdarlehen ist durch eine fallende Gesamt-Ratenhöhe gekennzeichnet. Die Höhe der **Tilgung** bleibt bei planmäßiger Rückzahlung **unverändert**. Da aber die aufgrund der fallenden Restschuld sinkenden Zinsen nicht auf die Tilgung angerechnet werden, ergibt sich eine geringer werdende Belastung für den Kreditnehmer. Verglichen mit dem Annuitätendarlehen bedeutet ein fester Tilgungssatz entweder eine wesentlich längere Laufzeit oder eine erheblich höhere Anfangsbelastung für den Kreditnehmer.

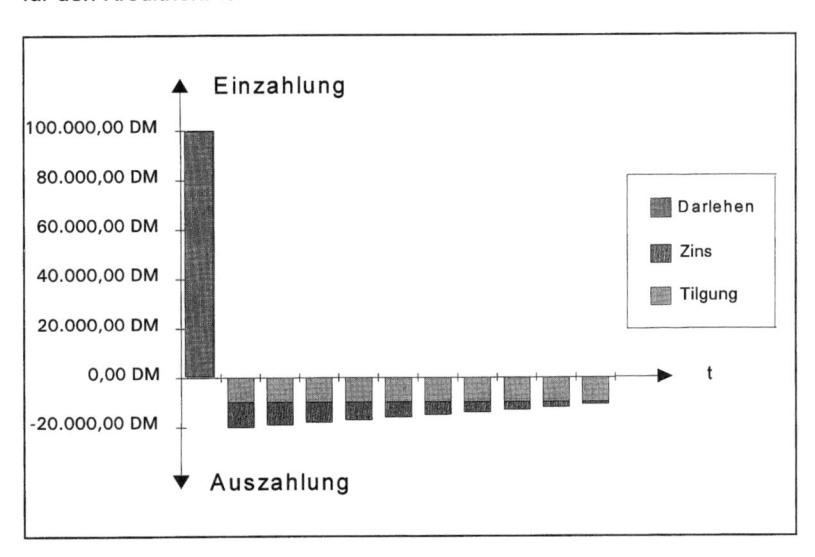

Die Kreditfinanzierung 197

- **Festdarlehen**

Für das Festdarlehen sind die Kapitaldienste während der Laufzeit auf die Zahlung der Zinsen beschränkt; daher findet sich auch der Begriff endfälliges Darlehen für diese Variante. Am Ende der Laufzeit wird das gesamte Darlehen in einer Summe getilgt.

Die Finanzierung durch Festdarlehen wird zunehmend von Einzelunternehmern, Personengesellschaften und GmbHs in Verbindung mit einer **Kapitallebensversicherung** auf den Namen des Unternehmers/Gesellschafters eingesetzt. Der Vorteil dieser Kombination besteht neben der betrieblichen Nutzung des Darlehens in der Absicherung des Todesfallrisikos und der steuerlichen Vorteile aufgrund der Berücksichtigung der Lebensversicherungsbeiträge als Vorsorgeaufwendungen im Rahmen der Sonderausgaben.

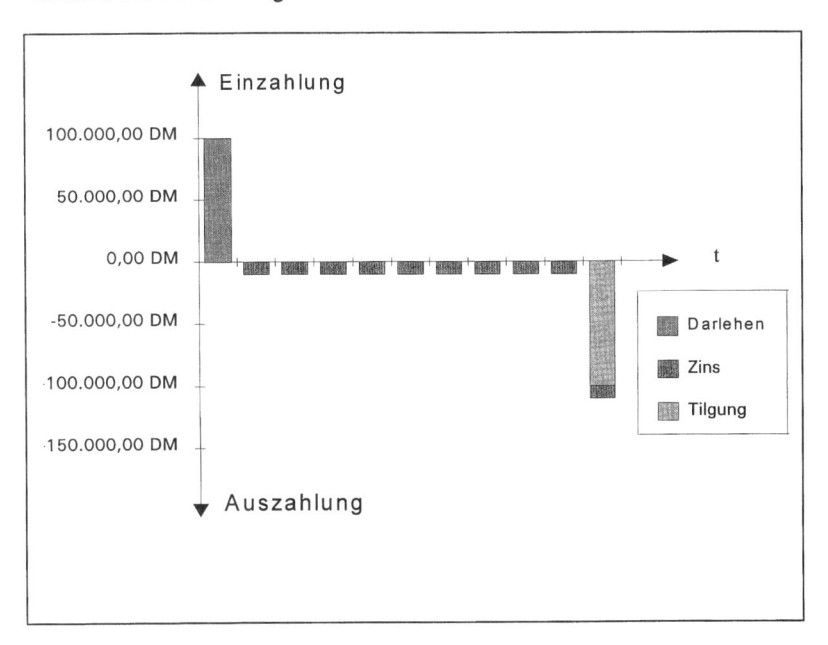

Die Laufzeit des Darlehens und der Versicherung werden kongruent vereinbart, so dass die Auszahlung der Versicherung zur Tilgung des Kredites dient. Die Kosten dieser Finanzierung setzen sich aus den

Zinsen und den Versicherungsbeiträgen unter Beachtung der steuerlichen Vorteile zusammen.

Es ist allerdings zu beachten, dass dieser Steuervorteil nur erlangt wird, wenn die Verträge bestimmten von der Finanzverwaltung geforderten Kriterien genügen. Die Banken geben dazu entsprechende Auskünfte.

542 Schuldverschreibungen, Anleihen, Obligationen, Industrieobligationen

5421 Merkmale

Unter einer **Schuldverschreibung** (*Anleihe* oder *Obligation*) versteht man ein langfristiges, fest verzinsliches Darlehen, das eine Großunternehmung oder der Staat (Bund, Länder) über die Börse von einer Vielzahl von Darlehensgebern aufnimmt, wobei eine Stückelung der Gesamtsumme in Teilschuldverschreibungen erfolgt.

- Darlehen: in Wertpapieren verbrieft, Gläubigeransprüche, keine Beteiligungsrechte;
- Darlehensnehmer: Großunternehmen, unabhängig von der Rechtsform; Staat; ausländische Unternehmungen; fremde Staaten;
- Darlehensgeber: private Anleger, Banken, Kapitalsammelstellen (Versicherungsgesellschaften, Investmentfonds);
- langfristig: i.d.R. 8 - 12 Jahre;
- festverzinslich: i.d.R. fester Zinssatz über die gesamte Laufzeit;
- Stückelung: i.d.R. Teilschuldverschreibungen zum Nominalwert 100, 500, 1000 €;
- Übertragung der Rechte: i.d.R. Inhaberpapiere, die durch Einigung und Übergabe übertragen werden.

Die Kreditfinanzierung

Die Stückelung des Gesamtdarlehensbetrages in Teilschuldverschreibungen, die einfachen Übertragungsmöglichkeiten und die Organisation des Kaufs und Verkaufs über die **Börse** führen zu ähnlicher Effizienz wie die Aktienfinanzierung: ein großer langfristiger Kapitalbedarf wird durch eine Vielzahl von Anlegern aufgebracht, die sich jederzeit über den Verkauf ihrer Papiere, den "Inhaber-Schuldverschreibungen", wieder Liquidität beschaffen können (**Mobilisationsprinzip**!).

Obligationen (obligatio = Verpflichtung) und Aktien werden oft in einem Atemzug genannt. Bei beiden Werten handelt es sich um Wertpapiere, die dem Zweck der Finanzierung dienen. Der wesentliche **Unterschied zur Aktienfinanzierung** liegt jedoch darin, dass die Schuldverschreibung Gläubigerrechte verbrieft, d.h. die Inhaber haben unabhängig vom Erfolg oder Misserfolg der Unternehmung als Anleiheschuldner Anspruch auf feste Zinszahlungen und Rückzahlung des Nominalwertes am Ende der Laufzeit. Aktien dagegen sind Besitztitel.

Damit sind Risiken (Verlustgefahren) und Chancen (Kursgewinne) für die Anleger erheblich geringer als beim Erwerb von Aktien. Gleichwohl besteht auch hier ein Kursrisiko und eine Kurschance insofern, als über den (Börsen-)Kurswert ein Ausgleich zwischen der Verzinsung der Anleihe und dem Kapitalmarktzins vorgenommen wird.

Schuldverschreibungen von Industrieunternehmen werden üblicherweise als **Industrieobligationen** bezeichnet, um sie gegenüber den Anleihen der öffentlichen Hand etc. abzugrenzen. Schuldverschreibungen von Bund und Ländern werden als **Staatsanleihen**, Obligationen von Hypothekenbanken als **Pfandbriefe** und solche von Gebietskörperschaften als **Kommunalobligationen** bezeichnet.

5422 Voraussetzung für die Emission

- **Einplanung durch den Zentralen Kapitalmarktausschuss (ZKMA):**

Der ZKMA (Vertreter privater und staatlicher Banken) soll die Funktions- und Aufnahmefähigkeit des Kapitalmarktes sicherstellen und bestimmt die Reihenfolge der Platzierung der Anleihen der verschiedenen Emittenten, indem er den "Emissions-Fahrplan" aufstellt.

- **Prospektpflicht:**

  Um den Anlegerschutz zu gewährleisten, sind die Emittenten - mit Ausnahme der Daueremittenten - der Prospektpflicht unterworfen. Eine Genehmigungspflicht durch den Bundesminister der Finanzen besteht nicht mehr.

- **Prüfung durch die Börse:**

  Soll die Obligation an der Börse gehandelt werden, ist eine weitere Prüfung gemäß §§ 36 ff. BörsG vorzunehmen, die u.a. auf die Bonität der kapitalsuchenden Unternehmung abstellt.

- **Deckungsstockfähigkeit:**

  Die "Deckungsstockfähigkeit" ist zwar keine juristische, aber eine praktische Voraussetzung für die reibungslose Platzierung einer Anleihe. Denn nur, wenn eine Anlage (hier eine Anleihe) mit dem Gütesiegel der Deckungsstockfähigkeit ausgestattet ist, darf sie von Versicherungsunternehmen als Kapitalanlage erworben werden.

- **Keine Abhängigkeit von der Rechtsform:**

  Im Gegensatz zur Aktie ist die Industrieobligation nicht an die Rechtsform der Aktiengesellschaft gebunden, um an die Börse zu gehen, d.h., dass Industrieobligationen im Prinzip auch von einer GmbH begeben werden können (selten). Wichtig aber sind die Größe, die Bekanntheit und Reputation der Unternehmung, damit sich die Teilstücke auch "verkaufen" lassen.

Exkurs: Die Deckungsstockfähigkeit

Die Deckungsstockfähigkeit wird vom **Bundesaufsichtsamt für das Versicherungswesen** festgestellt und besagt, dass die so qualifizierte Anlage in den Deckungsstock von **Versicherungsgesellschaften** aufgenommen werden darf.

Der Deckungsstock stellt eine Vermögensmasse dar, die von Versicherungsgesellschaften zur Deckung/Sicherung ihrer Verpflichtungen aus dem Versicherungsgeschäft gebildet werden muss. Er ist die bilanzielle Gegenposition (Vermögen) zur Deckungsstockrückstellung, die sich

Die Kreditfinanzierung

versicherungsmathematisch als Summe der Barwerte aller künftig anfallenden Verpflichtungen abzüglich der Barwerte der künftig noch eingehenden Prämien ergibt.

Die Deckungsstockfähigkeit soll eine sichere Anlage der Einnahmen der Versicherungsgesellschaften garantieren. Deswegen werden üblicherweise folgende **Ansprüche** gestellt:

- das Verhältnis des Eigenkapitals zum Fremdkapital soll i.d.R. 1:2 nicht unterschreiten;
- das Anlagevermögen soll zu mindestens 50 % durch Eigenkapital finanziert sein;
- das langfristig gebundene Vermögen soll durch langfristiges Kapital finanziert sein;
- das kurzfristig realisierbare Umlaufvermögen soll mindestens 50 % des kurzfristigen Fremdkapitals betragen;
- das gesamte Umlaufvermögen soll mindestens das kurzfristige Fremdkapital decken;
- es soll kein negatives Jahresergebnis i.S.d. "bereinigten Bruttogewinns" ausgewiesen sein;
- das erwirtschaftete Ergebnis (Cash Flow) soll ausreichen, die effektiven Schulden in angemessener Zeit abzudecken.

5423 Ausstattung

Die **Laufzeiten** der Industrieobligationen liegen i.d.R. zwischen acht und zwölf Jahren. Unter Berücksichtigung der Bedürfnisse der Unternehmung und unter Beachtung der Inflationssituation und der Zinsentwicklung auf dem Kapitalmarkt muss für das Unternehmen eine optimale Laufzeit gefunden werden.

Die **Tilgung der Industrieobligation** kann auf unterschiedliche Weise erfolgen:

- in einem Betrag am Ende der Laufzeit: Die Folge ist eine außerordentlich hohe Liquiditätsbelastung am Ende;

- freihändiger Rückkauf an der Börse;

Diese Rückkäufe führen neben einem eventuellen Kursgewinn auch zu einer Stützung des Kurses;

- ratenweise Tilgung durch Auslosung bestimmter Serien und Reihen: Die ersten fünf Jahre sind i.d.R. tilgungsfrei. Die anschließenden Raten werden entweder in gleichen Annuitäten oder in kleiner werdenden Raten geleistet.

Eine vorzeitige **Kündigung** seitens der Gläubiger ist i.d.R. nicht möglich, da die Obligation jederzeit unter Berücksichtigung des Kursrisikos an der Börse oder an einen Dritten verkauft werden kann. Der Emittentin ist fast immer das Recht zur vorzeitigen Kündigung der Industrieobligation vorbehalten. Entschädigt wird der Anleihekäufer dann z.b. durch höhere Rückzahlungskurse.

Folgende **Formen der Sicherung** kommen für die Industrieobligation in der Praxis in Betracht:

- Grundpfandrechte;

- Bürgschaften anderer Gesellschaften oder der öffentlichen Hand;

- Sicherungsklauseln, d.h. die Unternehmung verpflichtet sich, z.B. bestimmte Bilanzstrukturkennziffern einzuhalten (vgl. Deckungsstockfähigkeit). Eine bekannte Klausel ist die *Negativklausel:* Der Schuldner verpflichtet sich, andere Gläubiger nicht besser zu besichern als den Anleihegläubiger.

Die **Verzinsung** ist im Allgemeinen konstant über die gesamte Laufzeit, d.h., die Gläubiger bekommen einen festen Nominalzins. Bei erheblichen Änderungen des langfristigen Kapitalmarktzinses ist die sogenannte *Konversion* möglich, d.h., die Verzinsung der Anleihe ändert sich. Dieses muss allerdings schon bei der Emission vorgesehen sein. Zweck der Konversion ist es, dem Schuldner für Verzinsung und Tilgung der Schulden günstige Bedingungen einzuräumen, wenn die alten Bedingungen nicht mehr der Kapitalmarktsituation entsprechen. Dem Gläubiger bleibt die Wahl der Annahme der neuen Bedingungen oder Rückzahlung des Anleihebetrages. Auch Konversion zu höheren Zinsen ist denkbar. Dieser Fall träte z.B. bei Fälligkeit der Anleihe ein, wenn die zur Einlösung nötigen Mittel nicht bereitständen und Ersatz nur durch eine Anleihe mit erhöhtem Zins möglich wäre.

Die **Zinszahlung** erfolgt normalerweise nachschüssig, d.h. am Ende der Zinsperiode, die entweder jährlich oder halbjährlich ist. Zeitpunkt und Häufigkeit der Zahlung haben Einfluss auf die effektive Verzinsung, die sich erhöht, wenn die Zahlungen halbjährlich erfolgen und die erhaltenen Zinsen vom Gläubiger wieder angelegt werden.

Im Gegensatz zur Aktienemission ist eine **Unter-pari-Ausgabe**, d.h. Ausgabe unter dem Nennwert (Käufer zahlt z.B. für eine 1.000-€-Anleihe nur 980 €), durchaus zulässig und üblich. Auch eine **Über-pari-Rückzahlung** ist denkbar, wenn z.B. für eine 1.000-€-Anleihe bei Einlösung 1.050 € ausgezahlt werden. Der Differenzbetrag von 70 € (1050 € - 980 €) beeinflusst in diesem Fall dementsprechend vorteilhaft die effektive Verzinsung beim Anleger, während das Unternehmen zusätzlich belastet wird *(Disagio)*. Gründe für dieses Vorgehen sind u.a. die Vergrößerung der Attraktion für Käufer oder die Anpassung an den Kapitalmarktzins, wenn dieser vom Nominalzins der Anleihe differiert (Feineinstellung des Zinses).

Die Anleihebedingungen - wie die Höhe der Anleihe, die Verzinsung, die Ausgabe- und Rückzahlungsmodalitäten und die Besicherung - werden auf der Teilschuldverschreibungsurkunde, dem sogenannten *Mantel*, abgedruckt. Zusätzlich ist ein *Zinsscheinbogen* angefügt, der für jeden Zinszahlungstermin einen Zinsschein enthält, d.h. der Gläubiger erhält bei Vorlage dieses Zinsscheines entsprechende Zinsen gutgeschrieben.

Die **Kosten der Anleihe** ergeben sich aus:

- Zinsen p.a.;
- einmalige Kosten wie Begebungsprovisionen, Druckkosten und Disagio von ca. 5-7 % des Nennwertes;
- laufende Kosten wie Auslösungs- und Couponeinlösungskosten oder Kosten der Kurspflege von ca. 1-2 % des Nennwertes.

Unternehmensanleihen werden an Bedeutung gewinnen

Bundesbank sieht für Kreditinstitute auch künftig einen Platz im deutschen Finanzsystem

Über Anleihe-Emissionen hat sich die deutsche Industrie in der Vergangenheit kaum Mittel beschafft. Aber das wird sich ändern. Institutionelle Investoren trachten nach einer stärkeren Diversifizierung ihrer Portfolios.

HANDELSBLATT, 21.1.2000
kr FRANKFURT/M. In Deutschland sind die Kreditbeziehungen durch eine Dominanz der Bankkredite, eine verschwindend geringe Bedeutung der Unternehmensanleihen und eine intensive Nutzung von Bankschuldverschreibungen zur Refinanzierung von Buchkrediten geprägt. Doch die Bundesbank geht davon aus, dass sich dies ändern wird – nicht sprunghaft, sondern allmählich. In ihrem Monatsbericht Januar 2000 weist sie darauf hin, dass die Informations- und Transaktionskosten beim Gang an den Kapitalmarkt sinken werden. Sie rechnet zudem mit einer tendenziell wachsenden Nachfrage nach verbrieften Produkten. Für die Unternehmen werde deshalb die Mittelbeschaffung über den Anleihemarkt gegenüber Bankkrediten an Bedeutung gewinnen.

Dynamik und Stärke des Veränderungsprozesses hingen freilich nicht nur vom technischen Fortschritt ab. Bestimmt werde er auch durch das Tempo des Strukturwandels im realen Sektor der Wirtschaft und wirtschaftspolitischen Reformen, etwa im Steuerrecht oder bei der Alterssicherung. Anstöße gingen zudem von der Europäischen Währungsunion aus. Ein rascher Funktions- und Bedeutungsverlust der Banken erscheine im deutschen Finanzsystem indes weniger wahrscheinlich als eine zunehmende Vielfalt der Finanzierungsformen und eine weitere Differenzierung der Intermediationsleistungen.

Deutlich wird die relativ geringe Bedeutung von Anleihen und Geldmarktpapieren und die intensive Nutzung von Bankschuldverschreibungen zur Refinanzierung des Kreditgeschäfts im internationalen Vergleich. Nach Angaben der Bundesbank entsprach die verbriefte Verschuldung der Unternehmen, ausländische Finanzierungstöchter mit eingeschlossen, Mitte 1999 etwa 3 % des deutschen Bruttosozialprodukts (USA: 34 %). Im Gegensatz dazu machten Schuldverschreibungen der Banken im Verhältnis zu Bankkrediten in Deutschland mit 33 % ein Vielfaches des für die USA ermittelten Wertes (5 %) aus.

Einen raschen Bedeutungsverlust für die deutschen Banken erwartet die Bundesbank trotz der erwarteten stärkeren Nachfrage nach verbrieften Produkten nicht.

Mit steuerlichen Erwägungen lasse sich die „banklastige" Kreditstruktur nicht erklären, konstatiert die Bundesbank. Börsenumsatzsteuer und Emissionsgenehmigungsverfahren erkennt sie dagegen als wertpapierspezifische Belastungen an. Sie wundert sich allerdings, dass deren Wegfall zunächst kaum Auswirkungen auf das Emissionsvolumen zeitigte und dass es erst ab 1997 bei den ausländischen Finanzierungsgesellschaften und 1999 auch im Inland zu einer Belebung der Emissionstätigkeit kam.

Die wesentlichen Determinanten für das Verschuldungsverhalten der deutschen Unternehmen sieht die Bundesbank in den Größen- und Rechtsformstruktur. Sie weist auf die mittelständische Prägung der hiesigen Wirtschaft hin: Zwei Drittel der mehrwertsteuerpflichtigen Umsätze entfielen auf Unternehmen mit einem Jahresumsatz von unter 500 Mill. DM, stellt sie in ihrer Untersuchung fest. Für kleine und mittlere Unternehmen seien die Möglichkeiten für eine direkte Kapitalmarktfinanzierung aber schon aus Kostengründen begrenzt. Die Emissionskosten für börsennotierte Industrieobligationen können sich ihren Angaben zufolge auf mehrere Prozentpunkte des Nominalwerts summieren. Emissionen kämen mithin nur bei größeren Volumina in Betracht. Emissionsbeträge unter 50 Mill. DM seien deshalb lange Zeit die Ausnahme geblieben; erst in jüngster Zeit habe es eine Reihe kleinerer Emissionen gegeben, meist in Form von Wandelschuldverschreibungen. Eine noch stärkere Bremswirkung schreiben die Bundesbanker den Informations- und Offenlegungspflichten zu. Diese führten dazu, dass vor allem Unternehmen an den Kapitalmarkt gingen, die diesen Pflichten ohnehin genügen müssten oder aber als Schuldner über eine hohe Reputation verfügten. Sie verweist auch auf die in deutschen System weit verbreiteten „Hausbankbeziehungen".

Eine „echte Substitution" von Bankkrediten durch Anleihen hat die Bundesbank vor allem bei den größten, international ausgerichteten Aktiengesellschaften ausgemacht. Nach ihren Angaben haben zwei Drittel der im Börsenindex Dax und sieben von acht im Euro-Stoxx-50-Index vertretenen Industrieunternehmen Anleihen aufgelegt. Als wichtigste Fremdmittelquelle der größeren Betriebe kennzeichnet die Bundesbank die Pensionsrückstellungen, die bei Firmen mit einem Jahresumsatz von mindestens 100 Mill. DM etwa 15 % der Verbindlichkeiten bestritten. Eine weitere Ursache für die nachrangige Bedeutung der Anleihenfinanzierung erkennt sie im geringen Gewicht institutioneller Investoren in Deutschland. Pensionsfonds, international eine der wichtigsten Anlegergruppen, fehlten.

Quelle: Handelsblatt vom 17.02.2000

2. Januar   8¼% Inhaber-Schuldverschreibung von 1992   Serie 30   WKN 323 429   DM 10 000,-

MUSTER

Sparkasse Gütersloh **S**

Serie 30   Nr. 00289

**8¼% Inhaber-
Schuldverschreibung**

über zehntausend Deutsche Mark

DM 10 000

Wir verpflichten uns, dem Inhaber
dieser Schuldverschreibung gemäß den umseitig
gedruckten Bedingungen den Betrag von
zehntausend Deutsche Mark
mit 8¼% jährlich zu verzinsen und die Schuldverschreibung bei Fälligkeit bedingungsgemäß
einzulösen.

Gütersloh, im Januar 1992
Sparkasse Gütersloh

Kontrollunterschrift

206　Die Kreditfinanzierung

1. ZINSSCHEIN zum 7% PFANDBRIEF Serie 131 über DM 1000,- zahlbar am 1. April 1987 mit DM 70,- BODENKREDIT-INSTITUT
Für den Vorstand
Dieser Zinsschein ist nach dem 31. Dez. 1991 ungültig

Serie 131　**1**
123464
DM 70,-
1. April 1987

2. ZINSSCHEIN zum 7% PFANDBRIEF Serie 131 über DM 1000,- zahlbar am 1. April 1988 mit DM 70,- BODENKREDIT-INSTITUT
Für den Vorstand
Dieser Zinsschein ist nach dem 31. Dez. 1992 ungültig

Serie 131　**2**
123464
DM 70,-
1. April 1988

3. ZINSSCHEIN zum 7% PFANDBRIEF Serie 131 über DM 1000,- zahlbar am 1. April 1989 mit DM 70,- BODENKREDIT-INSTITUT
Für den Vorstand
Dieser Zinsschein ist nach dem 31. Dez. 1993 ungültig

Serie 131　**3**
123464
DM 70,-
1. April 1989

4. ZINSSCHEIN zum 7% PFANDBRIEF Serie 131 über DM 1000,- zahlbar am 1. April 1990 mit DM 70,- BODENKREDIT-INSTITUT
Für den Vorstand
Dieser Zinsschein ist nach dem 31. Dez. 1994 ungültig

Serie 131　**4**
123464
DM 70,-
1. April 1990

Quelle: Gemeinschaftsdienst der Boden- und Kommunalkreditinstitute (1986), S.9

5424 Praktische Durchführung der Emission

Die Begebung von Industrieobligationen kann auf unterschiedliche Weise erfolgen. Industrieobligationen können entweder vom Unternehmen selbst verkauft werden *(Selbstemission)*, oder das Unternehmen überträgt die Unterbringung der Anleihe einer Bank *(Fremdemission)*. Eine **Selbstemission** ist in der Praxis sehr selten, denn es ist davon auszugehen, dass ein Unternehmen das dazu benötigte Vertriebssystem nicht aufweisen kann. Ferner ist es auch erforderlich, die Kapitalmarktsituation bzw. -konditionen richtig einzuschätzen und den Zeitpunkt der Emission richtig zu wählen. I.d.R. ist es daher zweckmäßig, ein **Kreditinstitut bzw. Bankenkonsortium** mit der Emission (Platzierung) der Industrieobligation zu beauftragen, da im Allgemeinen nur diese die notwendigen Spezialkenntnisse und den erforderlichen Informationsstand über den Kapitalmarkt nachweisen können. Zumeist übernehmen die Kreditinstitute sofort die gesamte Anleihesumme, die dem Unternehmen dann schon im Ganzen zur Verfügung steht, und veräußern sie nach und nach an Kapitalanleger. Die Banken tragen insofern dann das komplette Emissionswagnis allein. Bei einem Bankenkonsortium übernimmt i.d.R. die Hausbank des Unternehmens, die sogenannte Konsortialführerin, die Leitung.

Abb. 5/5: Fremd- und Selbstemission

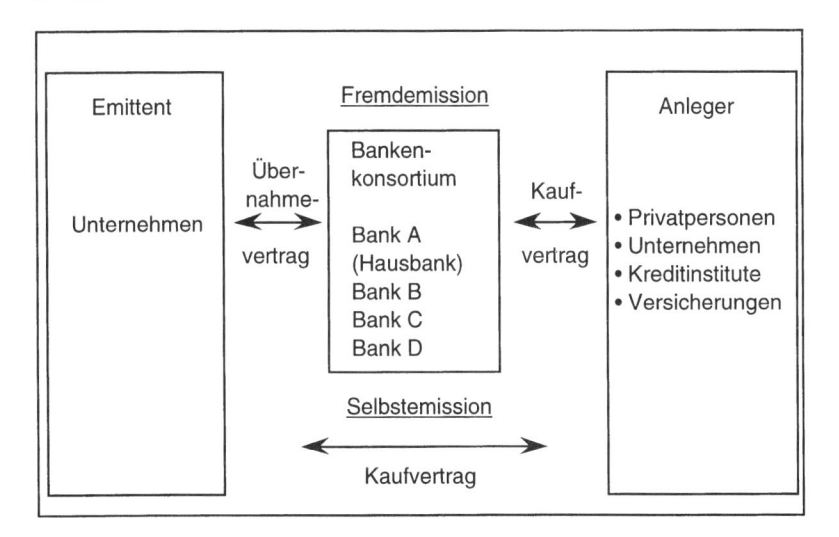

Für die Beratung des Unternehmens, Abfassung der Verträge, Verhandlungen zur Zulassung, Treuhänderschaft etc. verlangen die eingeschalteten Kreditinstitute eine sogenannte **Begebungsprovision**, die etwa 4 % des Nennwertes der Anleihe ausmacht.

5425 Errechnung der Effektiv-Verzinsung

Die Effektiv-Verzinsung einer Anleihe unterscheidet sich von der Nominal-Verzinsung, denn zusätzlich sind zu berücksichtigen:

- der Ausgabekurs bzw. der Kurswert,
- die (Rest-)Laufzeit,
- der Rückzahlungskurs,
- ggf. die Zinsabrechnungsperiode und
- die Begebungs- und die lfd. Kosten.

Aus der Sicht der emittierenden Unternehmung errechnet sich die Effektiv-Verzinsung überschlagsweise nach folgender Faustformel. Finanzierungskosten der Unternehmung:

$$i_{eff} = \frac{i_{nom} + k_l + \frac{d + k_e}{T}}{100 - d - k_e} * 100$$

Aus der Sicht der Anleger (Erwerber) ergibt sich nachfolgende Faustformel:

$$i_{eff} = \frac{i_{nom} + \frac{d}{T}}{100 - d} * 100$$

Die Kreditfinanzierung 209

mit i_{eff} = Effektiv-Verzinsung in %

i_{nom} = Nominal-Verzinsung in %

k_l = laufende Kosten pro Jahr in % des Nennwertes

k_e = einmalige Begebungskosten in % des Nennwertes

d = Disagio (Differenz zum Nominalwert) in %

T = Laufzeit in Jahren

Bei dieser Näherungsformel wird unterstellt, dass die Zinszahlung nachschüssig am Ende des Jahres und die Tilgung nach Ablauf en bloc erfolgt. Werden Teile der Anleihe während der Laufzeit zurückgezahlt, beispielsweise nach Tilgungsfreijahren, so sind bei der Bestimmung der Kosten für die emittierende Unternehmung die einmaligen und vorschüssigen Nebenkosten (inkl. Disagio) nicht über die Gesamtlaufzeit T, sondern über eine fiktive mittlere Laufzeit zu verteilen.

Ferner wird die Genauigkeit durch unterjährige Zins- und Tilgungszahlungen beeinflusst.

Beispiel:

Eine GmbH plant die Ausgabe einer Industrieobligation mit folgenden Ausstattungsmerkmalen:
- Volumen nominal € 20 Mio.;
- Ausgabekurs 99,75 %;
- Nominal-Zinssatz 7,5 %;
- Rückzahlbar nach 10 Jahren in einem Betrag.

Die Zinszahlungen sollen jeweils nachschüssig am 2. Januar erfolgen. Die einmaligen Begebungskosten (Börseneinführung, Prüfung, Prospekt etc.) sind mit ca. 4 % des Nennwertes zu veranschlagen, an laufenden Kosten (Kurspflege, Verwaltung etc.) werden ca. 0,2 % des Nennwertes veranschlagt.
Berechnen Sie die Finanzierungskosten in % p.a. für die Gesellschaft und die Effektivverzinsung des Anlegers (jeweils vor Steuern)!

a) Finanzierungskosten für die Gesellschaft

$$i_{eff} = \frac{7{,}5 + 0{,}2 + \frac{0{,}25 + 4}{10}}{100 - 0{,}25 - 4} * 100 = 8{,}49\ \%\ p.a.$$

Die effektive Zinsbelastung der Gesellschaft erreicht unter den getroffenen Annahmen 8,49 %. Das ist eine Folge davon, dass neben dem Disagio die einmaligen und die laufenden Kosten der Anleihe zu berücksichtigen sind.

b) Verzinsung des Anlegers bzw. Käufers

$$i_{eff} = \frac{7{,}5 + \frac{0{,}25}{10}}{99{,}75} * 100 = 7{,}54\ \%\ p.a.$$

Die Verzinsung für den Anleger liegt also mit 7,54 % p.a. über dem Nominalzins von 7,5 %.

543 Sonderformen der Obligationen

In den vergangenen Jahren wurde eine Vielzahl von Schuldverschreibungen entwickelt, die sich von der klassischen Form der Anleihen maßgeblich unterscheiden. Sie werden hier zusammengefasst als Sonderformen der Obligationen.

5431 Zerobonds

Zerobonds (*Null-Kupon-Anleihen* oder *Zeros*) sind Anleihen ohne laufende Zinszahlungen. Die Zinsen und Zinseszinsen werden zusammen mit dem Rückzahlungsbetrag ausgezahlt.

Die **Verzinsung** des Zerobonds liegt in der Differenz zwischen dem Rückzahlungskurs und dem Emissionskurs. Grundsätzlich ist zwischen einer Abzinsungs- und einer Aufzinsungsanleihe zu differenzieren (vgl. Abb. 5/6).

Die Kreditfinanzierung

DSL Bank Aktiengesellschaft, Bonn

DSL Bank Aktiengesellschaft, Bonn
vormals: Deutsche Siedlungs- und Landesrentenbank
Bonn/Berlin

Prospekt

über die Zulassung von DSL Bank Aktiengesellschaft Schuldverschreibungen zum Börsenhandel mit amtlicher Notierung an der Frankfurter Wertpapierbörse nach § 38 BörszulV

	EURO / Nennbetrag	%	Art / Gattung	Wertpapier-Kenn-Nr.	Zinstermin	Zinlaufbeginn	1. Zinsfälligkeit	Fälligkeit	kleinste handelbare EURO-Einheit
1.	50.000.000,–	5,0	Öffentl. Pfandbriefe	Serie 640	243 355	20.12. gzj.	20.12.1999	20.12.2000	20.12.2006	100,–
2.	weitere 40.000.000,–	5,0	Pfandbriefe	Reihe 640	243 628	25.11. gzj.	25.11.1999	25.11.2000	25.11.2004	100,–
3.	35.000.000,–	5,0	Pfandbriefe	Reihe 642	243 630	29.12. gzj.	29.12.1999	29.12.2000	29.12.2004	100,–
4.	200.000.000,–	5,50	Öffentl. Pfandbriefe	Serie 642	243 357	05.01. gzj.	05.01.2000	05.01.2001	05.01.2010	100,–
5.	200.000.000,–	5,0	Öffentl. Pfandbriefe	Serie 643	243 356	05.01. gzj.	05.01.2000	05.01.2001	05.01.2005	100,–

Durch das am 23. Dezember 1999 wirksam gewordene Gesetz über die Umwandlung der Deutsche Siedlungs- und Landesrentenbank in eine Aktiengesellschaft (DSL Bank-Umwandlungsgesetz – DSLBUmwG) wurde die Deutsche Siedlungs- und Landesrentenbank mit Ablauf des 31. Dezember 1999 von einer Anstalt des öffentlichen Rechts in eine Aktiengesellschaft umgewandelt. Der neue Name lautet: **DSL Bank Aktiengesellschaft.**

Das umgewandelte Institut hat seinen Sitz weiterhin unter der Adresse:
Kennedyallee 62–70, D-53175 Bonn.

Die satzungsmäßigen Organe der Bank haben die Ausgabe der Emissionen beschlossen.

Alle Emissionen sind in Globalurkunden verbrieft, die bei der Deutsche Börse Clearing AG – in Frankfurt – hinterlegt sind.

Die Globalurkunden tragen die Unterschriften von zwei Bevollmächtigten des Vorstandes der Bank. Durch seine Unterschrift hat der Treuhänder die vorschriftsmäßige Deckung der Pfandbriefe sowie öffentlichen Pfandbriefe bestätigt.

Der Ausdruck von Einzelurkunden für diese Emissionen ist ausgeschlossen; sie sind in Höhe der jeweils kleinsten handelbaren Einheit übertragbar.

Die Emissionen der Ziffer 1 bis 5 sind während ihrer gesamten Laufzeit unkündbar. Die Emissionen der Ziffer 1 bis 5 sind mündelsicher, deckungsstockfähig und nach Börseneinführung notenbankfähig.

Euro 30.000.000,– der Ziffer 2 sind bereits börseneingeführt.

Die Zinsen der Emissionen Ziffer 1 bis 5 sind nachträglich zu den genannten Zinsterminen fällig. Die Verzinsung aller Emissionen endet einen Tag vor der jeweiligen Zinsfälligkeit, dies gilt auch dann, wenn die Leistung nach § 193 BGB bewirkt wird. Die Zinsberechnung erfolgt nach ISMA-Rule 251 neu (act/act) = Tage genau der laufenden Zinsperiode x Kupontermine im Jahr. Zinsscheine sind nicht ausgegeben.

Als Sicherheit für die öffentlichen Pfandbriefe dienen Darlehen, die an inländische Körperschaften oder Anstalten des öffentlichen Rechts oder gegen Übernahme der Gewährleistung durch solche Körperschaften oder Anstalten gewährt worden sind. Die Pfandbriefe sind gedeckt durch Hypotheken sowie durch die nach den Bestimmungen des Pfandbriefgesetzes gleichgestellten Werte. Für die Pfandbriefe haftet gegebenenfalls das gesamte ungebundene Vermögen der DSL Bank AG. Die Emissionserlöse dienen der Erfüllung satzungsmäßiger Aufgaben der DSL Bank AG.

Die fälligen Zins- und Kapitalerträge werden über die Deutsche Börse Clearing AG und die depotführenden Kreditinstitute gezahlt. Die Rückzahlung erfolgt bei Fälligkeit zum Nennwert.

Alle Emissionen unterliegen der tarifmäßigen Besteuerung.

Es gilt deutsches Recht; Gerichtsstand und Erfüllungsort ist Bonn.

Der letzte veröffentlichte Jahresabschluß (31.12.1998) steht dem Publikum am Sitz der Bank in Bonn / Berlin bzw. ihren Standorten in Bielefeld, Dortmund, Dresden, Düsseldorf, Erfurt, Frankfurt am Main, Hamburg, Hannover, Leipzig, Magdeburg, Mannheim, München, Nürnberg, Schwerin, Stuttgart und Luxemburg zur Verfügung.

Gemäß § 11 des DSLBUmwG haftet der Bund für die Erfüllung der Verbindlichkeiten der Deutsche Siedlungs- und Landesrentenbank, soweit diese vor Eintragung der Aktiengesellschaft in das Handelsregister begründet worden sind. Weiterhin können die Gläubiger der Aktiengesellschaft den Bund nur in Anspruch nehmen, soweit sie aus dem Vermögen der DSL Bank Aktiengesellschaft nicht befriedigt werden können.

Die DSL Bank Aktiengesellschaft ist am 24. Januar 2000 unter der Nr. HRB 008697 beim Amtsgericht Bonn in das Handelsregister eingetragen worden.

Ein Austausch von Urkunden zu den an der Gruppe Deutsche Börse AG notierten Emissionen der Deutsche Siedlungs- und Landesrentenbank aufgrund der Umwandlung ist nicht vorgesehen. Die Emissionen werden an der Gruppe Deutsche Börse AG unter dem neuen Namen: DSL Bank Aktiengesellschaft notiert bzw. garantiert.

Die Deutsche Postbank AG hat am 9. September 1999 gemäß § 25 (1) Wertpapierhandelsgesetz den Erwerb von 80,86 % der Aktien der DSL Holding AG, die eine stille Beteiligung von 48 % an dem Geschäftsbetrieb der DSL Bank hält, angezeigt.

Die Zulassungsstelle der Frankfurter Wertpapierbörse hat die oben genannten Emissionen zum Börsenhandel mit amtlicher Notierung zugelassen.

Bonn, im Februar 2000

DSL Bank Aktiengesellschaft

Abb. 5/6: Formen des Zerobonds

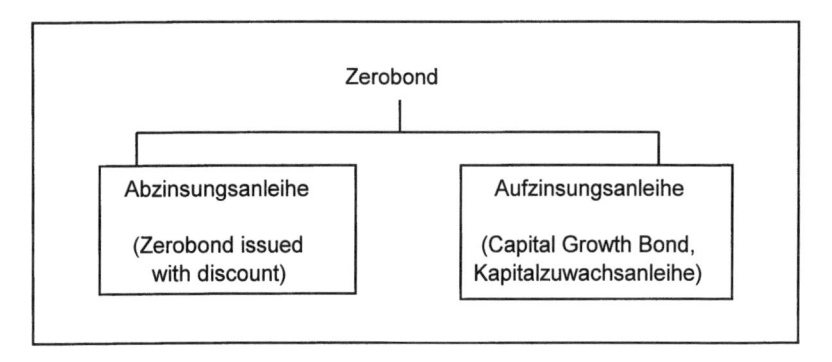

```
                    Zerobond
                       |
        ┌──────────────┴──────────────┐
  Abzinsungsanleihe              Aufzinsungsanleihe
  (Zerobond issued              (Capital Growth Bond,
   with discount)                Kapitalzuwachsanleihe)
```

Bei einem Rückzahlungskurs von 100 % liegt der Kaufpreis des Zerobonds um einiges niedriger (*Abzinsungsanleihe*), bei einem Emissionskurs von 100 % liegt dagegen der Rückzahlungskurs entsprechend höher (*Aufzinsungsanleihe*).

Die **Vorteile für das emittierende Unternehmen** sind:

- höhere Liquidität, da keine zwischenzeitlichen Zins- und Tilgungszahlungen;
- flexible Gestaltung des Finanzierungsinstrumentes;
- keine Kosten durch Kuponzahlungen;
- steuerliche Absetzbarkeit der rechnerischen Zinsen;
- im Allgemeinen niedrigere Effektivverzinsung;
- inflationsbedingte Reduzierung des Rückzahlungswertes.

Vorteilhaft für den Anleger ist, dass kein Wiederanlagerisiko aus Zinszahlungen besteht. Je nach steuerlicher Situation des Anlegers kann es zudem vorteilhaft sein, dass die Erträge erst bei Veräußerung des Papiers versteuert werden müssen.

5432 Floating Rate Notes

Floating Rate Notes (*Floaters* oder *FRNs*) sind Anleihen, bei denen der Kupon normalerweise periodisch - meist alle 3 oder 6 Monate auf Basis von internationalen Leitzinssätzen (z.b. Euro-*Libor* oder Euribor) - festgesetzt wird.

Euro-Libor (Euro London Interbank Offered Rate) und Euribor (Euro Interbank Offered Rate) sind Referenzzinssätze, die Kreditinstitute für das Angebot von Kapital im internationalen Interbankenmarkt anbieten. Dem jeweiligen Bezugszins wird im Allgemeinen noch eine sog. Marge ("spread") hinzugerechnet, die sich an der Kreditwürdigkeit des Emittenten orientiert und bei erstklassigen Kreditnehmern auch entfallen kann.

Emittenten von Floating Rate Notes sind:

- Industrieunternehmen;
- Kreditinstitute
- staatliche Institutionen.

Zu den **Anlegern** zählen:

- Versicherungen;
- Pensionsfonds;
- Kreditinstitute;
- aber auch Privatanleger.

Die **Vorteile für das emittierende Unternehmen** sind:

- bei fallendem Zinsniveau fallen auch die Zinsen des Floaters und vice versa;
- relativ geringe Kostenbelastung (im Vergleich zu internationalen Konsortialkrediten).

Die **Vorteile für den Anleger** sind:

- minimales Kursrisiko aufgrund variabler Verzinsung;

- relativ hohe Rendite (im Vergleich zu Bankeinlagen);
- fungibel, da Börsennotierung.

Die Laufzeiten betragen üblicherweise zwischen 5 und 15 Jahren. Mittlerweile existieren auch sog. **Perpetual Floaters**, d.h. Floating Rate Notes ohne festgesetzte Höchstlaufzeit.

Bezüglich der Zinsen kann eine Floating Rate Note auch mit Zinsbegrenzungsverträgen ausgestattet werden (siehe dazu Kapitel 8222).

BEKANNTMACHUNG

Inhaberschuldverschreibung Emission 85
3-Monats-Euribor + 0,03125 % 1998/2001
03. 11. / 03. 02. / 03. 05. / 03. 08.
Wertpapier-Kenn-Nr. – 202 885 –

Gemäß Anleihebedingungen wurde der Zinssatz für die nächste Zinsperiode festgelegt; er beträgt **3,52725 % p. a.** für die Zeit vom 3. Februar 2000 bis 2. Mai 2000 einschl. (90 Tage), zahlbar am 3. Mai 2000.

Frankfurt/Main, 1. Februar 2000

ALLGEMEINE HYPOTHEKENBANK AG
Ein Unternemen der BHW-Gruppe

5433 Gewinnschuldverschreibungen

Gewinnschuldverschreibungen (auch *Gewinnobligationen* genannt) sind Schuldverschreibungen, bei denen die Rechte der Gläubiger mit Gewinnanteilen von Aktionären in Verbindung gebracht werden (§ 221 Abs. 1 AktG). Gewinnschuldverschreibungen sind folglich mit Sonderrechten ausgestattete Obligationen. Sie werden gewöhnlich emittiert, um bei schwieriger Unterbringungsmöglichkeit normaler Schuldverschreibungen einen besonderen Anreiz für die Kapitalhergabe zu geben. Die Gewinnschuldverschreibung bietet daher eine relativ sichere Rendite, die i.d.R. unterhalb jener aus gewöhnlichen Schuldverschreibungen liegen wird, und eine zusätzliche Gewinnchance bei positiver Unternehmensentwicklung.

Die Kreditfinanzierung

> Eine **Gewinnschuldverschreibung** ist eine Schuldverschreibung, die Gläubigeransprüche auf sichere Zins- und Tilgungszahlungen mit Ansprüchen auf Beteiligung am Gewinn des Unternehmens mischt oder die Zinszahlung vom Vorliegen eines Gewinns abhängig macht.

Da die Rechte der Aktionäre durch die Ausgabe von Gewinnschuldverschreibungen berührt werden, bedarf die Ausgabe mindestens der 3/4-Mehrheit der Hauptversammlung. Gem. § 221 Abs. 4 AktG haben die Aktionäre wegen der Verbindung mit Aktionärsrechten ein **Bezugsrecht**.

5434 Wandelschuldverschreibungen und Optionsanleihen

> Wandelschuldverschreibungen (Wandelanleihen) gewähren dem Obligationär das Recht auf Wandlung der Anleihe in Aktien. Eine Optionsanleihe gewährt das Recht auf Bezug von Aktien. Es handelt sich somit um mit Sonderrechten ausgestattete Obligationen.

Neben dem Anspruch auf Rückzahlung und Verzinsung aus der Schuldverschreibung besteht zusätzlich ein Umtauschrecht der Anleihe (Schuldverschreibung) in Aktien (**Wandelanleihe**) oder ein Bezugsrecht auf Aktien (**Optionsanleihe**) zusätzlich zur Anleihe. Während bei der Wandelanleihe die Anleihe gegen Aktien eingetauscht wird, die Schuldverschreibung also nach Wandlung nicht mehr existiert, besteht bei der Wahrnehmung des Optionsrechtes (Bezug von Aktien) die Anleihe als solche weiter.

Beiden Varianten ist folgendes gemeinsam:

Sie werden gewöhnlich emittiert, um bei schwieriger Unterbringungsmöglichkeit normaler Schuldverschreibungen einen besonderen **Anreiz für die Kapitalhergabe** zu geben. Erschwerte Unterbringungsmöglichkeiten liegen z.B. dann vor, wenn die Aktien des Unternehmens unterbewertet werden und das Zinsniveau des Kapitalmarktes zu hoch liegt. Wandel- oder Optionsanleihen bieten neben der relativ sicheren Rendite, die i.d.R. unterhalb jener aus gewöhnlichen Schuldverschreibungen liegen wird, eine zusätzliche Gewinnchance durch das Recht auf Wandlung im Fall der Wandelanleihe oder Bezug von Aktien im Fall der Optionsanleihe. Im Gegensatz zur Industrieobligation ist eine Unter-pari-Ausgabe

(Disagio) in Anlehnung an die Aktienemission verboten (§ 199 Abs. 2 AktG).

Prinzipielle **Voraussetzung für die Ausgabe von Wandelschuldverschreibungen** ist eine bedingte Kapitalerhöhung (§§ 192-201 AktG) in Höhe des von den Obligationären im Falle der Wandlung bzw. Ausübung des Optionsrechts beanspruchten Aktienkapitals. Wegen der dadurch eintretenden Beeinträchtigung ihrer Aktionärsrechte haben die Altaktionäre ein Bezugsrecht auf die Obligation (§ 221 Abs. 4 AktG). Sobald die bedingte Kapitalerhöhung in das Handelsregister eingetragen ist, werden sie zum Bezug der Wandelschuldverschreibung bzw. Optionsanleihe oder zum Verkauf ihrer Bezugsrechte aufgefordert. In der Bezugsaufforderung werden neben dem Beschluss über die Kapitalerhöhung folgende Punkte bekannt gegeben:

- Bezugsfrist und Bezugsausweis;
- Bezugsverhältnis und Bezugspreis;
- Verzinsung;
- Laufzeit;
- Tilgung und Kündigung;
- Umtauschrecht.

Da die Rechte der Aktionäre durch die Ausgabe von Schuldverschreibungen mit Recht zur Wandlung oder zum Bezug berührt werden, bedarf die Ausgabe ebenso wie bei der Gewinnschuldverschreibung mindestens der **3/4-Mehrheit** der Hauptversammlung.

Die **Kosten einer solchen Schuldverschreibung** ergeben sich aus:

- Einmalige Kosten wie Druck- und Notarkosten, Bank- und Börseneinführungsprovisionen, Genehmigungsgebühren etc.;
- Laufende Kosten wie Nominalverzinsung etc.

Die **Tilgungs- und Rückzahlungsmodalitäten** dieser Anleihen entsprechen denen der Industrieobligation. Wandelanleihen einerseits und Optionsanleihen andererseits zeichnen sich durch folgende Besonderheiten aus:

Die Kreditfinanzierung 217

a) Wandelanleihen

Ein Umtausch in Aktien wird vor allem dann erfolgen, wenn sich für den Obligationär gute Ertrags- und Kursentwicklungen abzeichnen.

Dieses **Wandlungs- bzw. Umtauschrecht** kann im Einzelnen verschieden ausgestaltet sein. Bei der Mehrzahl der Wandelanleihen wurde den Obligationären ein Umtauschrecht in Stammaktien eingeräumt, während auch ein Umtausch in stimmrechtlose Vorzugsaktien möglich ist (vgl. Convertible Bonds in den Vereinigten Staaten).

Ein Vergleich wichtiger Kriterien und deren Ausprägungen zur Beurteilung von Aktien, Gewinnschuldverschreibungen und Wandelanleihen gibt die folgende Abbildung 5/7.

Abb. 5/7: Merkmale von Vorzugsaktie, Gewinnschuldverschreibung und Wandelanleihe im Vergleich

Vergleich wichtiger Merkmale von Vorzugsaktie, Gewinnschuldverschreibung und Wandelschuldverschreibung

Wertpapiere Kriterien	Vorzugsaktie	Gewinnschuldverschreibung	Wandelanleihe
Laufzeit	nicht begrenzt	fester Rückzahlungstermin	abhängig vom Umtauschzeitpunkt
Verzinsung	ergebnisabhängige Dividende, jedoch bevorzugt vor Stammaktien	Verzinsung und Gewinnbeteiligung	vor Umtausch: Festverzinsung, nach Umtausch: Dividende
Inhaberrechte	eingeschränkte Gesellschafterrechte	Gläubigerrechte	vor Umtausch: Gläubigerrechte, nach Umtausch: Gesellschafterrechte
Verlust-/ Konkursfall	kein Stimmrecht, bei Nichtzahlung der Dividende aber wie normale Aktie, Befriedigung vor Stammaktionären	Vorrechte bei Konkurs, Zinszahlung auch im Verlustfall, Ansprüche an Konkursmasse	vor Umtausch: wie Obligation, nach Umtausch: wie Aktie

Quelle: In Anlehnung an Bank-Akademie (1991), Teil 7, Kap. 2.7, S. 6

AUF DEN ZEITPUNKT KOMMT ES AN

Die Mischung macht's: Wandelanleihen sind weder reine Anleihen noch Aktien, sie haben von beiden etwas. Wie bei Anleihen bekommt der Anleger Zinsen, variabel oder fest. Er hat das Recht, die Anleihe in die zu Grunde liegende Aktie entsprechend dem Umtauschverhältnis zu wandeln. Damit verzichtet er auf Zinsen und Tilgung, profitiert aber von steigenden Aktienkursen oder muss Kursrückschläge verkraften. Das „Sicherheitspolster", das ihm die Anleihekomponente bietet – wenn es einen Crash am Aktienmarkt gibt, bleiben immer noch Zinsen und Tilgung –, muss der Anleger allerdings mit einem Verzicht auf Rendite bezahlen: Mit Wandelanleihen war in der Vergangenheit weniger Gewinn zu erzielen als mit Aktien, aber mehr als mit reinen Anleihen. Wie attraktiv eine Wandelanleihe ist, hängt ab vom Aktienkurs (siehe Grafik). Es gibt verschiedene Phasen: 1. Wenn der Kurs steigt, wird die Wandlung immer vorteilhafter. Schließlich ist der Kurs der Wandelanleihe fast identisch mit dem der Aktie. 2. Mit fallendem Aktienkurs wird die Umwandlung uninteressant, bis die Option auf den Aktienkauf praktisch nichts mehr wert ist und – wie bei einer Anleihe – nur noch Zinsen und Tilgung zählen. 3. Der Emittent ist (fast) zahlungsunfähig. Der Wert der Wandelanleihe geht gegen Null. 4. Hier liegt der eigentliche Wert des Convertible. Die Aktienoption hat noch einen Wert, weil es genügend Kursphantasie gibt. Aber eine gewisse Unsicherheit bleibt, so dass auch der Schutz der Anleihekomponente durchaus wichtig ist.
Ein Maß für die Attraktivität einer Anleihe ist die Prämie: Sie drückt aus, um wie viel der indirekte Bezug der Aktie über die Wandelanleihe teurer oder billiger ist als der direkte Kauf an der Börse. **nw**

Verschiedene Phasen einer Wandelanleihe
Wert in Abhängigkeit vom Aktienkurs

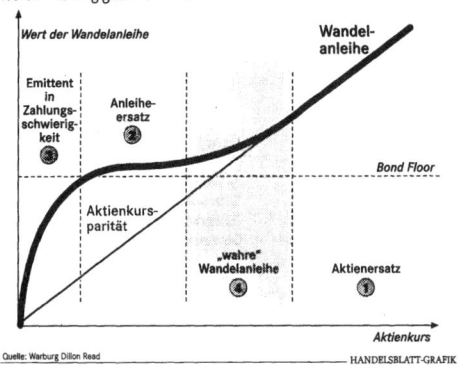

Wert der Wandelanleihe
Emittent in Zahlungsschwierigkeit ①
Anleiheersatz ②
Wandelanleihe
Bond Floor
Aktienkursparität
„wahre" Wandelanleihe ④
Aktienersatz ③
Aktienkurs

Quelle: Warburg Dillon Read — HANDELSBLATT-GRAFIK

Quelle: oben Handelsblatt vom 21./22.01.2000

Bekanntmachung

Der unvollständige Verkaufsprospekt/Börsenzulassungsprospekt für die Zulassung zum Börsenhandel mit amtlicher Notierung an der Frankfurter Wertpapierbörse der

EUR 75.000.000,-
4% Wandelschuldverschreibungen
von 2000/2005
– Wertpapier-Kenn-Nummer 370 599 –
der

AUGUSTA Technologie AG,
Frankfurt am Main,

wird bei der Bayerische Hypo- und Vereinsbank AG, Dokumentation Kapitalmärkte (MSE 4), Arabellastraße 12, 81925 München, der AUGUSTA Technologie AG, Wilhelm-Leuschner-Straße 9–11, 60329 Frankfurt am Main, sowie der Frankfurter Wertpapierbörse, Zulassungsstelle, 60284 Frankfurt am Main (Telefax: 069/21 01 39 92), zur kostenlosen Ausgabe bereitgehalten.

Der unvollständige Verkaufsprospekt/Börsenzulassungsprospekt enthält u. a. die Voraussetzungen und Bedingungen, unter denen das um bis zu Euro 5.112.918,81 bedingt erhöhte Grundkapital der AUGUSTA Technologie AG zur Gewährung von Rechten an die Inhaber der Wandelschuldverschreibungen im Wege der prospektfreien Zulassung zum Geregelten Markt mit Handel im Neuen Markt zugelassen werden soll.

München, im Februar 2000

HypoVereinsbank

b) Optionsanleihen

Der Gläubiger erhält bei der **Optionsanleihe** (lat. optio = das Recht zu wünschen) das Recht, Aktien innerhalb einer bestimmten Frist zu einem festgelegten Bezugskurs zu beziehen. Die Optionsanleihe bleibt im Gegensatz zur Wandelanleihe auch nach dem Bezug der Aktien bis zur Tilgung bestehen.

Gewöhnlich liegt bei der Optionsanleihe der Nominalzins unter dem Zinssatz des Kapitalmarktes im Ausgabezeitpunkt. Doch wird dieser Nachteil i.d.R. durch das genannte Bezugsrecht auf Aktien ausgeglichen.

Eine **Optionsanleihe** bietet dem Anleger neben der relativ sicheren Zins- und Tilgungszahlung zusätzlich das Recht, Aktien der emittierenden Gesellschaft zu einem bestimmten Preis innerhalb einer festgelegten Frist zu erwerben, ohne die Anleihe einzutauschen.

Das **Recht zum Bezug der Aktien** ist in einem Optionsschein (*warrant*) verbrieft, der i.d.R. nach einer bestimmten Frist auf Wunsch des Gläubigers von seiner Optionsanleihe getrennt und auch gesondert übertragen werden kann. Der besondere Reiz dieser Anlagealternative liegt für den Anleger darin, dass man mit wesentlich geringerem Kapitaleinsatz als beim Direkterwerb über eine längere Zeitspanne an der Kursentwicklung der zugrundeliegenden Aktie teilnehmen kann (Hebelwirkung des Optionsscheins).

Durch dieses Wahlrecht entstehen gezwungenermaßen drei verschiedene **Börsennotierungen**, nämlich für

- die Optionsanleihe mit Optionsschein (Anleihe cum),
- die Optionsanleihe ohne Optionsschein (Anleihe ex) und
- den Optionsschein separat.

VIAG

VIAG Aktiengesellschaft Berlin/Bonn

BEZUGSANGEBOT

Aufgrund der von der Hauptversammlung am 23. Mai 1986 erteilten Ermächtigung haben wir mit Zustimmung des Aufsichtsrats die Auflegung einer

Optionsanleihe im Gesamtnennbetrag von DM 145.000.000,-

beschlossen.

Ein Bankenkonsortium unter Führung der Deutsche Bank Aktiengesellschaft hat die nom. DM 145.000.000,- Optionsschuldverschreibungen mit der Verpflichtung übernommen, sie den Aktionären der VIAG Aktiengesellschaft (nachfolgend auch „Gesellschaft" genannt) zum Bezug anzubieten.

Die Aktionäre können die Optionsschuldverschreibungen im Nennbetragsverhältnis 4:1 (auf je Stück 80 Aktien im Nennbetrag von je DM 50,- entfällt eine Optionsschuldverschreibung über nom. DM 1.000,-) zum Ausgabekurs von 120% börsenumsatzsteuerfrei beziehen.

Gemäß den Anleihe- und Optionsbedingungen hat die Optionsanleihe folgende wesentliche Ausstattungsmerkmale:

Stückelung
Die Optionsanleihe ist eingeteilt in unter sich gleichberechtigte, auf den Inhaber lautende Optionsschuldverschreibungen im Nennbetrag von DM 1.000,- und DM 10.000,-.

Optionsscheine
Jeder Optionsschuldverschreibung im Nennbetrag von DM 1.000,- sind zwei Inhaber-Optionsscheine mit Berechtigung zum Bezug von einer und sechs, also insgesamt sieben Aktien im Nennbetrag von je DM 50,- der VIAG AG beigefügt.
Jeder Optionsschuldverschreibung im Nennbetrag von DM 10.000,- sind zwei Inhaber-Optionsscheine mit Berechtigung zum Bezug von zehn und sechzig, also insgesamt siebzig Aktien im Nennbetrag von je DM 50,- der VIAG AG beigefügt.
Die Optionsscheine können vom 7. September 1987 an von den Optionsschuldverschreibungen abgesondert und von diesem Tag an getrennt übertragen werden.

Verzinsung
Die Optionsschuldverschreibungen werden vom 5. August 1987 an mit jährlich 6% verzinst. Die Zinsen sind nachträglich am 5. August der Jahre 1988 bis 1997 fällig. Die erste Zinszahlung erfolgt am 5. August 1988.

Laufzeit und Rückzahlung
Die Laufzeit der Optionsanleihe beträgt 10 Jahre fest. Die Gesellschaft ist verpflichtet, die Optionsschuldverschreibungen am 5. August 1997 zum Nennbetrag zurückzuzahlen.

Treuhänderschaft
Treuhänderin der Anleihegläubiger ist die Deutsche Bank Aktiengesellschaft.

Die Kreditfinanzierung

Negativerklärung
Die VIAG AG hat sich gegenüber der Anleihetreuhänderin verpflichtet, während der Laufzeit der Anleihe keine anderen Verbindlichkeiten zu besichern, ohne daß die Forderungen aus den Optionsschuldverschreibungen anteilmäßig gleichrangig sichergestellt werden. Insbesondere wird die Gesellschaft ohne vorherige Zustimmung der Treuhänderin keine wesentlichen Teile ihres in der Hauptsache aus Beteiligungen bestehenden Anlagevermögens belasten. Ferner hat sich die VIAG AG verpflichtet, in der AG-Bilanz bestimmte Bilanzrelationen einzuhalten. Einzelheiten sind in § 6 der Anleihebedingungen geregelt.

Bedingtes Kapital
Zur Gewährung von Optionsrechten besteht ein bedingtes Kapital in Höhe von DM 50.750.000,-.

Optionsrecht
Die Inhaber der Optionsscheine sind berechtigt, die auf den Optionsscheinen angegebene Anzahl von Aktien der VIAG AG zum Optionspreis von DM 150,- je Aktie im Nennbetrag von DM 50,- zu beziehen. Die Aktien sind gewinnanteilberechtigt vom Beginn des Geschäftsjahres an, in dem sie aufgrund der Ausübung von Optionsrechten entstehen.
Bei späteren Kapitalerhöhungen oder der Ausgabe weiterer Schuldverschreibungen mit Optionsrecht wird der Optionspreis unter bestimmten Voraussetzungen ermäßigt, sofern nicht den Inhabern der Optionsscheine ein Bezugsrecht eingeräumt wird, welches dem der Aktionäre entspricht.

Optionsfrist
Das Optionsrecht kann vom 7. September 1987 bis zum 5. September 1997 einschließlich ausgeübt werden. Ausgenommen ist jedoch vor der Hauptversammlung der Gesellschaft jeweils der Zeitraum zwischen dem letzten Hinterlegungstag für die Aktien und dem dritten Bankarbeitstag nach der Hauptversammlung, ferner ein Zeitraum von drei Wochen vor dem Ende des Geschäftsjahres der Gesellschaft sowie jeweils der Zeitraum zwischen dem Tag, an dem die Gesellschaft ein Angebot an ihre Aktionäre zum Bezug von neuen Aktien oder Schuldverschreibungen mit Optionsrecht im Bundesanzeiger veröffentlicht, und dem letzten Tag der für die Ausübung des Bezugsrechts bestimmten Frist.

Ausübung des Optionsrechts
Zur Ausübung des Optionsrechts muß der Inhaber des Optionsscheins eine schriftliche Erklärung unter Benutzung der bei den Annahmestellen erhältlichen Vordrucke gegenüber der Deutsche Bank Aktiengesellschaft, Düsseldorf, als Optionsstelle durch Vermittlung einer Annahmestelle abgeben. Annahmestellen sind die nachstehend als Bezugsstellen aufgeführten Banken.
Die Optionserklärung ist bindend. Bei Abgabe der Erklärung ist der Optionspreis zu zahlen und der Optionsschein mit allen noch nicht aufgerufenen Legitimationsscheinen einzureichen. Der Eingang des Optionspreises und des Optionsscheins bei der Deutsche Bank Aktiengesellschaft, Düsseldorf, als Optionsstelle ist Voraussetzung für das Wirksamwerden der Optionserklärung. Erklärungen, die der Optionsstelle in dem Zeitraum, in dem die Option ausgeschlossen ist, zugehen, gelten als zum nächstfolgenden Tag, an dem die Ausübung des Optionsrechts wieder zulässig ist, abgegeben und zugegangen. Die aufgrund der Ausübung des Optionsrechts auszugebenden Aktien werden bei der vermittelnden Annahmestelle alsbald nach Wirksamwerden der Optionserklärung zur Verfügung gestellt.

Wertpapier-Kenn-Nummern
Optionsschuldverschreibungen mit Optionsscheinen: 353 951
Optionsschuldverschreibungen ohne Optionsscheine: 353 952
Optionsscheine: 762 627

Wir fordern hiermit die Bezugsberechtigten auf, ihr Bezugsrecht auf die Optionsschuldverschreibungen zur Vermeidung des Ausschlusses in der Zeit
vom 22. Juli 1987 bis zum 4. August 1987
bei einer der nachstehend aufgeführten Bezugsstellen und deren inländischen Niederlassungen während der üblichen Schalterstunden auszuüben:

5435 Doppelwährungsanleihen

> **Doppelwährungsanleihen** (Dual Currency Bonds) sind Anleihen, bei denen Ausgabe und Zinszahlungen in einer Währung, die Rückzahlungen jedoch in einer anderen Währung erfolgen.

Beispielsweise kann die Ausgabe und die Zinszahlung auf € lauten, die Rückzahlung kann dagegen in US-Dollar erfolgen. Im Allgemeinen wird der Rückzahlungskurs bereits bei der Emission festgelegt.

Das Konstrukt der Doppelwährungsanleihe erlaubt eine gewisse Risikostreuung. Unter wirtschaftlichen Gesichtspunkten ist sie mit einer Risikostreuung in zwei Anleihewährungen vergleichbar.

5436 Commercial Paper

Bedingt durch die Abschaffung der Börsenumsatzsteuer und der staatlichen Genehmigungspflicht für die Begebung inländischer Schuldverschreibungen zum 1. Januar 1991 hat sich eine weitere Finanzinnovation - *Commercial Paper* - herausgebildet.

> **Commercial Paper** (CP) sind Inhaberschuldverschreibungen mit Geldmarktcharakter, da die Laufzeit zwischen sieben Tagen und zwei Jahren liegt. Sie stellen ein unbesichertes kurzfristiges Finanzierungsinstrument dar, das von Industrieunternehmen zur Deckung des täglichen Kapitalbedarfs eingesetzt werden kann.

Bei Commercial Paper handelt es sich um **diskontierte Wertpapiere**, d.h. es erfolgen keine periodischen Zinszahlungen. Insofern sind sie mit Zerobonds (vgl. Kapitel 5431) vergleichbar.

Das **Anlagevolumen** beträgt 500.000 € (Mindestanlagebetrag) oder ein Vielfaches davon. Eine Börseneinführung erfolgt im Allgemeinen wegen der relativ kurzen Laufzeiten nicht. Das Commercial Paper trägt somit weitgehend den Charakter einer Privatplatzierung. Jedoch zeichnet es sich durch eine hohe Fungibilität aus.

KARSTADT QUELLE ᴬᴳ

EURO 1.000.000.000
German EUR Commercial Paper Programm

Arrangeur

Dresdner Kleinwort Benson

Co-Arrangeur

Commerzbank
Aktiengesellschaft

Platzeure

**Bayerische Landesbank
Girozentrale**

Commerzbank
Aktiengesellschaft

Deutsche Bank

Dresdner Kleinwort Benson

Emissions- und Zahlstelle

Dresdner Kleinwort Benson

24. Januar 2000

Die Emission der Industrieobligation erfolgt im Rahmen eines **Commercial Paper-Programms** (kurz CP-Programm). Zwischen Emittent und arrangierender Bank bzw. Bankenkonsortium (Arrangeur) wird eine Rahmenvereinbarung getroffen, welche den Emittenten berechtigt, jederzeit innerhalb des Programmvolumens Obligationen zu begeben. Eine Verpflichtung besteht für den Emittenten allerdings nicht. Ein solches CP-Programm hat den Charakter einer Daueremission, da die Obligationen in mehreren Tranchen und über einen längeren Zeitraum hinweg ausgegeben werden können. Die Rahmenvereinbarung ist jedoch beidseitig jederzeit kündbar. Auf der anderen Seite ist aber auch eine Aufstockung des Programmvolumens möglich.

Zu beachten ist allerdings, dass die Obligationen vom vermittelnden Kreditinstitut nicht fest übernommen werden, d.h., die Bank übernimmt keineswegs eine Garantie für den Absatz des CP-Programms. Es besteht also weder eine Emissionsverpflichtung des Emittenten noch eine Übernahmeverpflichtung des Plazierenden.

Die mit der Platzierung der Commercial Paper beauftragten Kreditinstitute vermitteln als **Finanzintermediäre** zwischen dem Emittent und den Anlegern. Commercial Paper begründen insoweit eine unmittelbare rechtliche und wirtschaftliche Verbindung zwischen Emittent und Anleger. Die traditionelle Rolle der Kreditinstitute als Losgrößen-, Fristen- und Risikotransformator zwischen Kapitalnehmern und Investoren wird weitgehend aufgelöst.

Als **Anleger** in Commercial Paper treten schwerpunktmäßig institutionelle Investoren auf, z.B. Versicherungen, Investmentfonds, Pensionsfonds oder Kreditinstitute. Aber auch ausländische Anleger oder vermögende Privatpersonen kommen vereinzelt als Anleger in Frage. Für diese Gruppen bieten Commercial Paper die Möglichkeit einer kurzfristigen und rentablen Kapitalanlage am €-Geldmarkt. Die variable Gestaltung der Laufzeiten und der Anlagebeträge ermöglicht auf beiden Seiten eine auf die jeweiligen Bedürfnisse zugeschnittene Disposition der Liquidität.

Als **Referenzzinssätze** haben sich die laufzeitentsprechenden Euro-Libor- (Euro London Interbank Offered Rate) und Euribor-Sätze (Euro Interbank Offered Rate) herausgebildet. Je nach Kreditwürdigkeit und Marktstellung des Anleiheschuldners werden diese Sätze durch Ab- oder Zuschläge modifiziert.

Die **Vorteile** von Commercial Paper lassen sich aus der Sicht des Emittenten wie folgt zusammenfassen:

- Ausgleich eines permanenten kurzfristigen Liquiditätsbedarfs;
- flexible und unkomplizierte Kreditaufnahme (hinsichtlich Laufzeit und Volumen);
- attraktive Refinanzierungssätze (i.d.R. geringer als bei einer Kreditaufnahme);
- Diversifikation der Anleger.

Insofern stellt das Commercial Paper ein alternatives Instrument zu kurzfristigen Bankkrediten oder Termingeldaufnahmen dar.

5437 Euronotes

Euronotes sind kurzfristige Inhaberschuldverschreibungen mit einer Laufzeit zwischen 30 Tagen und sechs Monaten.

Euronotes werden von einem Schuldner zur Finanzierung eines mittel- bis langfristigen Kapitalbedarfs revolvierend zu Geldmarktsätzen emittiert und im Allgemeinen von einem Kreditinstitut oder Bankenkonsortium (underwriter) platziert.

Zu beachten ist, dass sich das Kreditinstitut bzw. das Bankenkonsortium zur Übernahme nicht abgesetzter Euronotes verpflichtet bzw. dem Emittenten einen sog. "stand-by-Kredit" gewährt.

Kosten für den Emittenten:

- Verzinsung, die sich i.d.R. nach dem Euro-Libor richtet, so dass der Emittent seinen langfristigen Kreditbedarf revolvierend zu geldmarktnahen Konditionen abdecken kann;
- Führungs- und Bereitstellungsprovision für das Kreditinstitut bzw. Bankenkonsortium.

Vorteile für den Emittenten:

- Verzinsung nach Euro-Libor;
- flexible Gestaltung des Finanzierungsinstruments;
- kein Liquiditätsrisiko, da der Kreditnehmer eine feste langfristige Liquiditätszusage mit Übernahmeverpflichtung erhält.

Vorteile für den Anleger:

- günstige Verzinsung;
- fungible Anlage.

Häufig können im Rahmen von Revolvingsystemen die an sich kurzfristigen Euronotes am Ende der Laufzeit erneuert werden, so dass sich daraus insgesamt eine langfristiges Finanzierungsinstrument ergibt.

5438 Genussscheine

> **Genussscheine** sind Finanzierungsinstrumente, die Genussrechte (i.d.R. **Anspruch auf Gewinnanteile** oder seltener Anspruch am Liquidationserlös) verbriefen, aber keine Stimmrechte gewähren. Sie können an der Börse gehandelt werden und zeichnen sich durch eine große Gestaltungsbreite aus. Je nach Ausgestaltung werden sie steuerlich als Eigenkapital oder Fremdkapital (Abzugsfähigkeit der Zinszahlung als Betriebsausgabe!) gewertet. Im Konkursfall haftet das Genusskapital i.d.R. für Verbindlichkeiten des Unternehmens. Insofern und wegen der häufigen erfolgsabhängigen Ausschüttung kommt ihnen Eigenkapitalcharakter zu.
>
> Steuerlich werden sie als Fremdkapital gewertet, wenn eine Beteiligung am Liquidationserlös ausgeschlossen ist und ihre Laufzeit befristet bzw. eine Kündigung durch den Inhaber vorgesehen ist.

Börsennotierte Genussscheine sind mit einer mehr oder weniger variablen Ausschüttung und einem Rückzahlungsversprechen ausgestattet. Übliche Genussscheintypen sind:

- Festverzinsliche Scheine mit Verlustbeteiligung;
- Genussscheine mit Mindestausschüttung und dividendenabhängigem Bonus;
- Genussscheine mit vollkommen dividendenabhängiger Ausschüttung.

Genussscheine werden für unterschiedliche Zwecke eingesetzt. Hauptmotiv dürfte für Unternehmen die Stärkung der Eigenkapitalbasis sein; auch bei Kreditinstituten zählt ihr Gegenwert zum sogenannten "haftenden" Kapital. In Sanierungsfällen werden Genussscheine zur Ablösung von Verbindlichkeiten eingesetzt (Forderungsverzicht gegen Gewährung von Genussrechten). Im Zusammenhang mit Mitarbeiterbeteiligungsmodellen dienen sie als Anlageform für Gewinnanteile der Mitarbeiter mit dem Vorteil, das diese Vermögen bilden und die Unternehmung weiterhin über die Liquidität verfügt.

Insgesamt liegt ihr Vorteil in der großen Gestaltungsbreite, die es den Emittenten erlaubt, spezifische Kapitalbedürfnisse "maßgeschneidert" zu befriedigen.

Gemäß § 221 Abs. 2 AktG ist die Ausgabe von Genussscheinen an die Zustimmung einer **3/4-Mehrheit** der Hauptversammlung gebunden. Gemäß § 221 Abs. 4 AktG haben die Aktionäre wegen der Verbindung mit Aktionärsrechten ein **Bezugsrecht**.

Die Ausgabe von Genussscheinen ist jedoch nicht auf börsenfähige Unternehmen beschränkt, so dass dieses Finanzierungsinstrument auch **mittelständischen Gesellschaften** zur Verfügung steht.

Die nachstehende Übersicht (Abb. 5/8) zeigt einen Vergleich der Finanzierungsinstrumente Aktie, Genussschein und Anleihe.

Abb. 5/8: Vergleich finanzwirtschaftlicher Merkmale bei Aktie, Genussschein und Obligation

Vergleich finanzwirtschaftlicher Merkmale		
Aktie	**Genussschein**	**Obligation**
Aktionär ist Miteigentümer der Gesellschaft. Damit sind eingezahlte Beträge Eigenkapital der Gesellschaft.	Genussscheininhaber ist Gläubiger der Gesellschaft. Damit sind eingezahlte Beträge steuerrechtlich Fremdkapital. Wirtschaftlich und bilanziell sind eingezahlte Beträge jedoch Eigenkapital.	Obligationär ist Gläubiger der Gesellschaft. Damit sind eingezahlte Beträge Fremdkapital der Gesellschaft.
Aktionär hat Anspruch auf Anteil am Gewinn: Variabler Ertrag = Variable Verzinsung	Genussscheininhaber hat z.T. feste Verzinsung durch Mindestdividende oder immer gewährte Rechte zuzüglich möglicher variabler Verzinsung in Form von Zusatzgewinnausschüttung.	Obligationär hat Anspruch auf feste Verzinsung; Damit fester Ertrag.
Aktionär hat Stimmrechte.	Genussscheininhaber hat kein Stimmrecht.	Obligationär hat kein Stimmrecht.
Dividende stellt für die Gesellschaft Gewinnverwendung dar.	Verzinsung des Genussscheins (Ausschüttung) steuerlich als Betriebsausgaben (Aufwand) absetzbar, da steuerrechtlich Genusskapital Fremdkapital darstellt. Voraussetzung dafür: keine Beteiligung der Genussscheine am Liquidationserlös des Unternehmens.	Zinsen sind für die Gesellschaft Betriebsausgaben = Aufwand / Kosten.
Eigenkapitalverhältnis ist durch Kapitalgeber nicht kündbar.	Genussrechte sind durch Kapitalgeber nicht kündbar.	Forderungsrechte sind auf bestimmten Zeitpunkt bezogen.
Keine Rückzahlung des Kapitals.	Rückzahlung des Kapitals von der Gesellschaft nicht vorgesehen oder zeitlich fixiert (je nach Laufzeit des Genussscheins).	Wegen der zeitpunktbezogenen Forderungsrechte hat der Obligationär zu einem bestimmten Zeitpunkt einen Rückzahlungsanspruch.

Quelle: In Anlehnung an Bank-Akademie (1991), Teil 7, Kap. 2.7, S. 3

Wissenswertes zum Genußschein

Emittentin:	Allianz AG
Nennbetrag je Stück:	DM 10,-
Ausgegebene Stück:	5.723.512
Börsenhandel:	Amtliche Notiz an allen deutschen Börsen
WKN:	840 405
Ausschüttung:	2,4-fache Dividende ohne Körperschaftsteuergutschrift bezogen auf eine Stückaktie der Allianz AG. Für das Geschäftsjahr 1998: DM 5,28.
Mindestausschüttung:	5% des Nennbetrages
Rechte bei Erhöhung des Grundkapitals mit Bezugsrecht der Aktionäre:	Das Genußkapital ist im gleichen Verhältnis und zu vergleichbaren Bezugsbedingungen zu erhöhen. Genußscheininhaber haben ein Bezugsrecht auf neue Genußscheine.
Garantierter Rückzahlungspreis:	Derzeit DM 153,61. Eine Anpassung erfolgt jeweils nach Kapitalerhöhungen.
Kündigung durch den Genußscheininhaber:	Erstmals unter Einhaltung einer Kündigungsfrist von 12 Monaten zum 31.12.2001 möglich. Der Genußscheininhaber erhält den garantierten Rückzahlungspreis von derzeit DM 153,61.
Kündigung durch die Allianz:	Erstmals zum Ende des Jahres 2006 möglich. Der Genußscheininhaber erhält bei Kündigung durch die Gesellschaft eine Abfindung in Höhe von 122,9% des Kurses der Allianz Stückaktie. Alternativ kann die Gesellschaft auch einen Umtausch im Verhältnis 8 Genußscheine zu 10 Allianz Aktien anbieten. Der Genußscheininhaber erhält aber immer mindestens den garantierten Rückzahlungspreis.

Kurzübersicht - maßgeblich sind allein die **Genußscheinbedingungen** in der jeweils gültigen Fassung.

Abrufbar unter www.allianz.de

544 Schuldscheindarlehen

> Das **Schuldscheindarlehen** ist ein Darlehen von einem Kreditgeber an einen Kreditnehmer ohne Zwischenschaltung der Börse gegen Ausstellung eines "Schuldscheins", der kein Wertpapier, sondern nur Beweismittel ist.

Beim Schuldscheindarlehen handelt es sich um eine Kreditform, die direkt, d.h. unabhängig vom organisierten Kapitalmarkt, zwischen Kapitalgeber und Kapitalnehmer zustande kommt und mit Mindestbeträgen von 50.000 € einem sehr großen Kreis von Unternehmen zur Verfügung steht (vgl. dagegen Industrieobligation). Das Schuldscheindarlehen stellt somit eine direkte, individuelle (nicht typisiert-anonyme) Kreditgewährung dar, die nicht an eine staatliche Genehmigung gebunden ist und folglich die Flexibilität des großen Betrages erhöht. Zudem zieht sie keine Publizitätserfordernisse nach sich. Das Schuldscheindarlehen ist oft für nicht emissionsfähige Unternehmen die einzige Möglichkeit, langfristiges Fremdkapital zu beschaffen.

Der formfreie **Schuldschein**, der in der Praxis häufig durch den Darlehensvertrag abgelöst wird, dient dabei als Beweisurkunde und bestätigt dem Darlehensgeber den Empfang des Darlehensbetrags durch den Darlehensnehmer.

Gläubiger von Schuldscheindarlehen sind Kapitalsammelstellen, d.h. Versicherungsgesellschaften, Banken - meistens im Konsortialverbund - und private Anleger etc.

Darlehensnehmer sind meist Unternehmen erster Bonität. Da Kapitalsammelstellen als Kapitalgeber einen nicht unwesentlichen Einfluss haben, spielt die **Deckungsstockfähigkeit** des Schuldscheindarlehens eine besondere Rolle. Folglich bleibt auch hier wie bei der Schuldverschreibung der Kreis der Unternehmen, die Fremdkapital mit Hilfe von Schuldscheindarlehen beschaffen, auf i.d.R. nur erstklassige Firmen (erste Adressen) beschränkt.

Da es sich beim Schuldscheindarlehen jedoch vorwiegend um Großkredite handelt (Größenordnungen von 15 Mio. € und mehr sind keine Seltenheit) und auch folglich mehrere Kreditgeber beteiligt sind, mit denen jeweils ein Einzelvertrag geschlossen werden müsste, wird im Allgemeinen zur Vereinfachung ein **Kreditinstitut zwischengeschaltet**, das die Sicherheiten für die Kapitalgeber treuhänderisch verwaltet.

Sind mehrere Kapitalgeber beteiligt, so entstehen i.d.r. Probleme, da die Wünsche über die Fristigkeit des Darlehens vom Kreditnehmer und sämtlicher Kreditgeber nicht übereinstimmen. Soll der Großkredit aber trotzdem zustande kommen, müssen die zeitlich unterschiedlichen Schuldscheindarlehen mehrerer Kreditgeber so aneinander gereiht werden, dass die vom Kreditnehmer gewünschte Laufzeit erreicht wird. D.h., die Gesamtlaufzeit wird in mehrere kürzere Laufzeiten geteilt, um eine bessere Vermittlung zwischen langfristig orientierten Darlehensnehmern und kurzfristig orientierten Darlehensgebern zu erreichen. Die dargestellte Methode bezeichnet man als **Revolving-System**, das Darlehen als revolvierendes bzw. nicht fristenkongruentes Schuldscheindarlehen. Diese Aufgabe, d.h. die Abstimmung der Fristigkeiten und das daraus resultierende Transformations- bzw. Fristenrisiko, welches dadurch entsteht, dass u.U. kein Anschlusskredit gefunden wird, übernimmt im Allgemeinen ein Finanzmakler oder ein Kreditinstitut. Gelingt es dem Darlehensnehmer selbst, die Fristenkongruenz herzustellen, indem er in eigener Leitung verschiedene Schuldscheindarlehen aneinander reihen kann, so ist die Einschaltung eines Finanzmaklers oder eines Kreditinstituts unnötig (vgl. Abb. 5/9).

Abb. 5/9: Prinzip der Schuldscheinfinanzierung

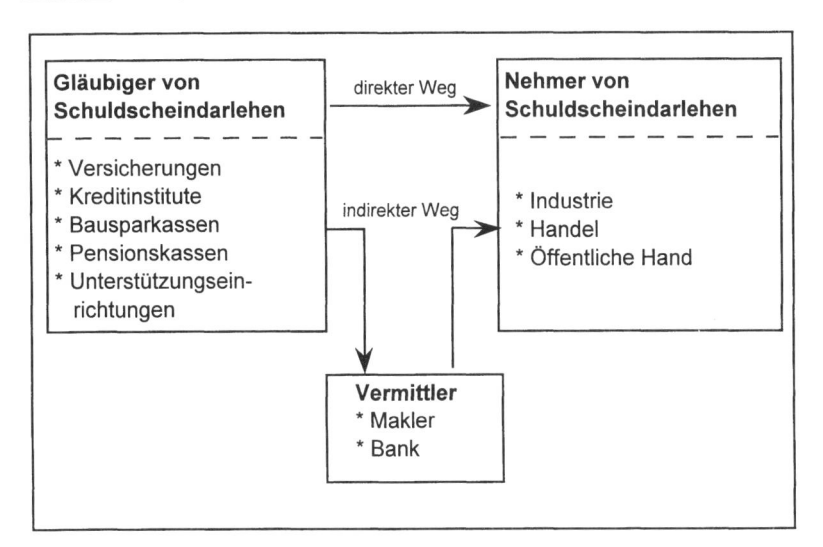

Gläubiger von Schuldscheindarlehen	direkter Weg	Nehmer von Schuldscheindarlehen
* Versicherungen * Kreditinstitute * Bausparkassen * Pensionskassen * Unterstützungseinrichtungen	indirekter Weg	* Industrie * Handel * Öffentliche Hand
	Vermittler * Makler * Bank	

Unter einem **Revolving-System** versteht man ein System, in dem ein Kreis von im Zeitverlauf revolvierenden, d.h. neu hinzutretenden und ausscheidenden Kapitalgebern, insbesondere Kapitalsammelstellen, kurzfristig verfügbare Mittel i.d.R. einem Finanzmakler (oder einem Kreditinstitut) zuleitet, der sie konzentriert als langfristiges Schuldscheindarlehen an den Kapitalnehmer weitergibt.

Wie auch beim Darlehen, hängt die Effektivverzinsung vom Nominalzinssatz (i.d.R. höher als bei einer vergleichbaren Anleihe), dem Disagio bzw. Damnum, der Laufzeit sowie den einmaligen Nebenkosten (z.B. Gebühren, insbesondere Notargebühren und Treuhänder- und Finanzmaklergebühren) des Schuldscheindarlehens ab. Laufende Nebenkosten existieren nicht. Da es sich hierbei um kein Wertpapier handelt, das an der Börse eingeführt werden muss, sind die gesamten **Kosten** trotz i.d.R. höherer Verzinsung geringer als bei einer Anleiheemission.

Die **Laufzeiten** der Schuldscheindarlehen liegen zwischen 4 und 15 Jahren (i.d.R. um 10 Jahre).

Die **Tilgungs- oder Rückzahlungsmodalitäten** eines Schuldscheindarlehens sind entsprechend der Vertragsgestaltung meistens ratenweise nach einigen tilgungsfreien Jahren festgelegt.

Eine **Kündigung** ist nur im Ausnahmefall, dann aber gewöhnlich für Kreditgeber und -nehmer, vorgesehen. Ein einseitiges Kündigungsrecht des Darlehensnehmers bleibt die Ausnahme.

Folgende **Formen der Sicherung** kommen für das Schuldscheindarlehen in der Praxis in Betracht:

- Grundpfandrechte und
- Bürgschaften.

Der **Vorteil** des Schuldscheindarlehens gegenüber der Anleihe-Finanzierung liegt in seiner flexiblen Gestaltungsmöglichkeit im Hinblick auf die Bedürfnisse von Kapitalgebern und -nehmern. Demgegenüber muss die Anleihe – weil sie auf einem anonymen Markt und von einer Vielzahl von Kapitalgebern aufgebracht wird – normiert und standardisiert sein. Im

Die Kreditfinanzierung

Gegensatz zur Obligation besteht bei dem Schuldscheindarlehen keine Publizitätspflicht.

Die nachstehende Übersicht 5/10 zeigt zusammenfassend die wesentlichsten Unterschiede zwischen einer Anleihe und einem Schuldscheindarlehen.

Abb. 5/10: Gegenüberstellung von Anleihe und Schuldscheindarlehen

Gegenüberstellung von Anleihe und Schuldscheindarlehen		
Kriterium	**Anleihe**	**Schuldscheindarlehen**
Schuldner	nur Gesellschaften mit Emissionsrecht, Börsenfähigkeit	Unternehmen mit beliebiger Rechtsform, aber hervorragender Bonität
Kapitalgeber	institutionelle und private Anleger (Kleinbeträge)	nur Kapitalsammelstellen (nur Großbeträge)
Tilgung	nach festem Tilgungsplan, zusätzlich freihändiger Rückkauf möglich	entsprechend dem Darlehensantrag; i.d.R. nach einigen tilgungsfreien Jahren als feste Rate p.a.
Gestaltung der Gläubigerrechte	Wertpapier	kein Wertpapier, nur Vertragsdokument
Fungibilität	hoch, da an der Börse gehandelt	Einzelvertragsverhältnis
Publizität	Publizitätspflicht für Darlehensnehmer	anonymes Darlehen
Nebenkosten	einmalig bis ca. 5%, laufend bis ca. 2% des Nominalbetrages	einmalig bis ca. 2% des Nominalbetrages, keine laufenden Nebenkosten
Flexibilität	schwerfällig	beweglich, schnell durchführbar

Quelle: Bank-Akademie (1991), Teil 7, Kap. 2.6, S. 38

Erläuternde Fragen und Antworten

1. **Das Grundpfandrecht ist eine Sammelbezeichnung für die der Sicherung dienenden Rechte an Grundstücken. Welche Rechte an Grundstücken sind zu unterscheiden?**

    Zu den Rechten an Grundstücken zählen Hypotheken, Grundschulden und Rentenschulden. Der Gläubiger eines dieser Grundpfandrechte kann seine Forderung im Wege der Zwangsversteigerung oder Zwangsverwaltung des belasteten Grundstücks durchsetzen.

    Alle Grundpfandrechte werden im Grundbuch eingetragen. Dieses Grundbuch ist ein öffentlich zugängliches Register, das Auskunft über Eigentümer und eventuelle Belastungen jedes Grundstücks des betreffenden Bezirks erteilt. Jede Besitzänderung, jede auf ein Grundstück eingetragene Hypothek, jede Beschränkung in den Verfügungsrechten wird dort eingetragen.

2. **Hypotheken- und Grundschulden sind im Grundbuch eingetragene Verbindlichkeiten. Trotz dieser Gemeinsamkeiten bestehen erhebliche Unterschiede. Worin bestehen diese Unterschiedlichkeiten?**

    Die Hypothek ist ein Grundpfandrecht, das dem Gläubiger zur Sicherung seiner Geldforderung gestellt und im Grundbuch eingetragen wird. Im Gegensatz zur Grundschuld stehen dem Gläubiger die Rechte aus der Hypothek nur zu, wenn die zu sichernde Forderung wirksam entstanden ist. Mit Rückzahlung der Forderung entfallen auch die Rechte aus der Hypothek, d.h., sie ist stets an eine bestimmte Forderung gebunden.

    Wie bei allen Grundpfandrechten ergibt sich die Rangstelle der Hypothek im Grundbuch anhand der zeitlichen Folge der Eintragungen. Man spricht von erststelligen (erstrangigen), zweitrangigen Hypotheken usw. Die Rangstelle bestimmt vor allem die Reihenfolge der Befriedigung der Gläubiger im Zwangsversteigerungs- oder Zwangsverwaltungsverfahren. Hypotheken an erster Stelle haben dabei Vorrang. So dürfen z.b. als Deckungsdarlehen i.d.r. nur erststellige Hypotheken eingesetzt werden.

Die Grundschuld dagegen ist ein Grundpfandrecht, das i.d.R. als Sicherheit für einen Kredit dem Kreditgeber (Kreditinstitut) bestellt und im Grundbuch eingetragen wird.

Wichtigstes Merkmal der Grundschuld im Gegensatz zur Hypothek ist ihre Unabhängigkeit von der zu sichernden Forderung. Grundschulden können daher zur Sicherung wechselnder Forderungen, z.b. aus laufender Bankverbindung bestellt werden.

Es ist auch möglich, dass der Eigentümer für sich selbst an seinem Grundstück eine Grundschuld bestellt (Eigentümergrundschuld), die er dann von Fall zu Fall einem Kreditinstitut abtreten kann.

3. **Was bezeichnet man als Blankokredit?**

Ein Blankokredit (frz. blanc = unbeschrieben) ist ein Personalkredit, bei dem das Kreditinstitut keine Sicherheiten verlangt.

4. **Was bedeutet "Wechselprotest"?**

Wechselprotest bedeutet die erfolglose Vorlage zur Annahme oder Zahlung des Wechsels. Nach erfolgtem Protest kann aufgrund der "Wechselstrenge" sofort in das Vermögen des Wechselschuldners eingegriffen werden.

5. **Worin bestehen die Unterschiede zwischen einem Wechsel und einem Scheck?**

Der Wechsel ist ein Kreditpapier, aber kein Zahlungspapier wie der Scheck. "Wer einen Wechsel akzeptiert, braucht Geld, wer einen Scheck ausstellt, hat Geld". Der Scheckinhaber kann sich von dem bezogenen Kreditinstitut den Betrag sofort auszahlen bzw. den Betrag seinem Konto gutschreiben lassen. Damit der Scheck nicht als Kreditinstrument missbraucht wird, hat er laut Scheckgesetz nur kurze Vorlegungszeiten und ist zwingend bei Sicht zahlbar.

6. Industrieobligationen werden als sehr fungibel bezeichnet. Was bedeutet "fungibel"?

An den Börsen können nur Waren oder Werte gehandelt werden, die fungibel sind, d.h. die untereinander vertretbar und gegenseitig austauschbar sind.

Ein Zehnmarkschein z.B. ist fungibel, d.h. gegen jeden anderen Zehnmarkschein austauschbar. Ebenso sind Wertpapiere einer bestimmten Gattung und Serie untereinander austauschbar. Auch Waren bestimmter Qualität können fungibel sein.

7. Welche Bedeutung hat der Zinsschein bei der Industrieobligation?

Zu jedem festverzinslichen Wertpapier, so auch bei der Industrieobligation, gehört ein Bogen mit Zinsscheinen (Kupons; frz. coupon = Abschnitt), die einzeln nacheinander an den Zinsterminen fällig, vom Bogen abgeschnitten und von Banken eingelöst werden.

Ein Bogen kann bis zu 20 Kupons enthalten. Auf jedem festverzinslichen Wertpapier sind die entweder halbjährlichen oder jährlichen Zinstermine vermerkt. Es handelt sich i.d.R. um Monatserste. Steht im Kursblatt hinter einem festverzinslichen Wertpapier die Bezeichnung J/J, so hat dieses Papier die Zinstermine 2. Januar und 1. Juli. Entsprechend bedeuten F/A Februar und August, M/S März und September usw.

Man kann ein größeres Wertpapierdepot so nach Zinsterminen mischen, dass an jedem Monatsersten Zinsen fällig werden. Die pünktliche halbjährliche oder jährliche Zinszahlung sowie die Rückzahlung bei Fälligkeit an die Besitzer bezeichnet man auch als Bedienung.

Der Talon ist ein Erneuerungsschein auf einem Dividenden- oder Zinsscheinbogen. Sind alle Dividenden- oder Zinsscheine abgeschnitten und eingelöst, so erhält der Wertpapierbesitzer gegen Vorlage des Talons einen neuen Bogen.

Die Kreditfinanzierung

8. Was ist eine Auslandsanleihe?

Auslandsanleihen sind festverzinsliche Wertpapiere ausländischer Schuldner. Sie können auf €, US$ oder jede andere Währung lauten. Besondere Bedeutung erhält hier die Bonität des Emittenten bzw. des Schuldnerlandes.

9. Was versteht man unter "Bonds"?

Bond ist die Bezeichnung für ein festverzinsliches Wertpapier in den USA und in Großbritannien.

10. Was sind Euro-Bonds?

Euro-Bonds sind Anleihen, die von internationalen Emissionskonsortien emittiert werden und gleichzeitig in mehreren Ländern mit entsprechenden Währungen platziert werden. Anleihewährungen sind primär US-Dollar, €, Yen und Pfund.

11. Was sind "Junk"-Bonds?

Als Junk-Bonds werden Anleihen bezeichnet, die wegen schlechter Bonität des Emittenten stark risikobehaftet sind, dafür aber im Falle der Rückzahlung eine besonders hohe Rendite bieten.

12. Was versteht man unter Reverse Floating Rate Notes?

Reverse Floating Rate Notes (kurz: Reverse Floater) sind variabel verzinsliche Anleihen, deren Verzinsung sich entgegengesetzt zur Zinsentwicklung am Geldmarkt verhält. D.h., sinken die Marktzinsen, dann steigen die Zinszahlungen aus dem Reverse Floater.

6 Die Innenfinanzierung

Finanzmittel, die aus der laufenden Geschäftstätigkeit als Umsatzerlöse, Zinsen, Beteiligungs- oder sonstige Erträge in das Unternehmen zurückfließen oder dort zurückbehalten werden, stellen "**Innenfinanzierungsmittel**" dar.

Dabei ist jedoch zu unterscheiden zwischen der **internen Kapitalbildung** und dem **Finanzmittelrückfluss** aus über den Preis erstatteten Finanzmittelrückflüssen.

Die **interne Kapitalbildung** beruht auf

- der Einbehaltung von Gewinnen (Selbstfinanzierung; Eigenkapital);
- der Bildung von Rückstellungen (Fremdkapital!);
- der Bildung von Sonderposten mit Rücklageanteil (Mischform aus Eigen- und Fremdkapital).

Sie schlägt sich in einem Vermögens- und Kapitalzuwachs und einer Verlängerung der Bilanz nieder.

Der **Finanzmittelrückfluss** beruht dagegen auf Vermögensumschichtung auf der Aktiv-Seite von Investitionen in Finanzmittel, d.h. durch Geldwerdung oder Desinvestition von Sach- oder Finanzvermögen. Es beschränkt sich damit auf eine Änderung der Kapitalverwendung bei unverändertem Kapitalbestand und gleicher Bilanzsumme.

Im Folgenden sollen demnach dargestellt werden:

(1) die Selbstfinanzierung durch Gewinnthesaurierung;

(2) die Finanzierung durch Bildung von Rückstellungen und Sonderposten mit Rücklageanteil;

(3) die Finanzierung aus durch Vermögensverkauf freigesetzten Mitteln;

(4) das Sale-Lease-Back-Verfahren;

(5) der Finanzierungseffekt von Rationalisierungsmaßnahmen;

(6) die Finanzierung aus Abschreibungsgegenwerten.

61 Interne Kapitalbildung

611 Selbstfinanzierung

> **Selbstfinanzierung** erfolgt durch die Einbehaltung von Gewinnen *(Gewinnthesaurierung)*.

Werden Teile des im Jahresabschluss ausgewiesenen Jahresüberschusses nicht an die Anteilseigner ausgeschüttet, sondern von der Unternehmung einbehalten, handelt es sich um **offene Selbstfinanzierung**.

Erfolgt die Kapitalbildung hingegen durch Legung stiller Reserven (auch stille Rücklagen genannt), z.b. durch Unterbewertung von Vermögensgegenständen oder Überbewertung von Passiva, so liegt **stille**, d.h. aus der Handelsbilanz nicht bzw. kaum erkennbare, **Selbstfinanzierung** vor (vgl. Abb. 6/1).

Abb. 6/1: Möglichkeiten der Selbstfinanzierung

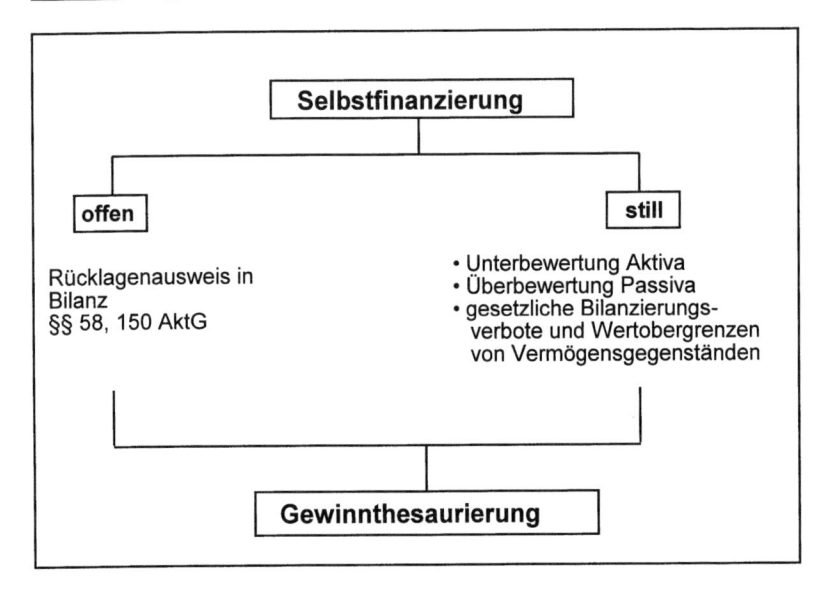

```
                    Selbstfinanzierung
                   /                  \
              offen                    still
   Rücklagenausweis in          • Unterbewertung Aktiva
   Bilanz                       • Überbewertung Passiva
   §§ 58, 150 AktG              • gesetzliche Bilanzierungs-
                                  verbote und Wertobergrenzen
                                  von Vermögensgegenständen
                   \                  /
                    Gewinnthesaurierung
```

Die Innenfinanzierung

Voraussetzung für die Selbstfinanzierung ist folglich, dass die Unternehmung

- Gewinne erzielt, am Markt also Preise durchsetzen kann, die über den Kosten liegen (abhängig von Marktform, Preiselastizität der Nachfrage, konjunktureller Wirtschaftslage) und
- durch bilanzpolitische Maßnahmen den Ausweis dieser Gewinne vermeiden kann (stille Selbstfinanzierung) oder
- in den Gremien (Vorstand, Aufsichtsrat, Hauptversammlung bei der AG oder Geschäftsführer, Gesellschafterversammlung bei der GmbH) entsprechende Beschlüsse über die Thesaurierung (Rücklagenbildung; griech. thesauros = Schatz) herbeiführen kann (offene Selbstfinanzierung).

Die **stille Selbstfinanzierung** vollzieht sich, wenn erzielte Gewinne oder eingetretene Wertsteigerungen auf der Aktivseite der Bilanz nicht sichtbar oder in Passivposten versteckt werden. Es handelt sich im Wesentlichen um folgende Bewertungsmaßnahmen:

- Unterbewertung von Vermögensgegenständen aufgrund der Bewertungsvorschriften des HGB (z.B. Anschaffungskosten als Wertobergrenze, obwohl die tatsächlichen Werte höher sind - häufig bei Immobilien der Fall) oder durch die Nutzung von Bewertungswahlrechten (z.B. Ansatz der Herstellungskosten fertiger und unfertiger Erzeugnisse zum Teilwert; höhere Abschreibungen).
- Nichtaktivierung aktivierungsfähiger Vermögensgegenstände, z.B. geringwertige Wirtschaftsgüter, die über mehrere Jahre genutzt werden, aber laut § 6 Abs. 2 EStG im Jahr der Anschaffung voll als Aufwand verrechnet werden.
- Unterlassen der Zuschreibung von Wertsteigerungen, z.B. bei früher unter Anschaffungskosten abgeschriebenen Vermögensgegenständen.
- Überbewertung von Passivposten, z.B. durch zu hohen Ansatz von Rückstellungen.

Wurden bei der stillen Selbstfinanzierung steuerlich zulässige Varianten gewählt, so hat sie im Gegensatz zur offenen Selbstfinanzierung den Vorteil, dass der steuerpflichtige Gewinn gemindert wird und erst bei der Auflösung der stillen Rücklagen in Erscheinung tritt. Dieses kommt einer

Die Innenfinanzierung

Steuerstundung gleich, die eine Liquiditätsentlastung darstellt. Da diese Steuerstundung zinslos gewährt wird, ist sie solange günstig, wie der Steuersatz gleich bleibt, sinkt oder nur schwach steigt.

Im Folgenden soll die **offene Selbstfinanzierung** dargestellt werden.

Die Kompetenz zur Bildung von Rücklagen und damit zur Selbstfinanzierung ist für die **Aktiengesellschaft** in der Weise geregelt, dass der Vorstand 50 % des Jahresüberschusses thesaurieren kann; über weitere Einstellungen entscheidet die Hauptversammlung (§ 58 AktG).

> **§ 58 Verwendung des Jahresüberschusses**
>
> (1) Die Satzung kann nur für den Fall, dass die Hauptversammlung den Jahresabschluss feststellt, bestimmen, dass Beträge aus dem Jahresüberschuss in andere Gewinnrücklagen einzustellen sind. Auf Grund einer solchen Satzungsbestimmung kann höchstens die Hälfte des Jahresüberschusses in andere Gewinnrücklagen eingestellt werden. Dabei sind Beträge, die in die gesetzliche Rücklage einzustellen sind, und ein Verlustvortrag vorab vom Jahresüberschuss abzuziehen.
>
> (2) Stellen Vorstand und Aufsichtsrat den Jahresabschluss fest, so können sie einen Teil des Jahresüberschusses, höchstens jedoch die Hälfte, in andere Gewinnrücklagen einstellen. Die Satzung kann Vorstand und Aufsichtsrat zur Einstellung eines größeren oder kleineren Teils, bei börsennotierten Gesellschaften nur eines größeren Teils des Jahresüberschusses ermächtigen. Aufgrund einer solchen Satzungsbestimmung dürfen Vorstand und Aufsichtsrat keine Beträge in andere Gewinnrücklagen einstellen, wenn die anderen Gewinnrücklagen die Hälfte des Grundkapitals übersteigen oder soweit sie nach der Einstellung die Hälfte übersteigen würden. Absatz 1 Satz 2 gilt sinngemäß.
>
> (2a) Unbeschadet der Absätze 1 und 2 können Vorstand und Aufsichtsrat den Eigenkapitalanteil von Wertaufholungen bei Vermögensgegenständen des Anlage- und Umlaufvermögens und von bei der steuerrechtlichen Gewinnermittlung gebildeten Passivposten, die nicht im Sonderposten mit Rücklageanteil ausgewiesen werden dürfen, in andere Gewinnrücklagen einstellen. Der Betrag dieser Rücklagen ist entweder in der Bilanz gesondert auszuweisen oder im Anhang anzugeben.
>
> (3) Die Hauptversammlung kann im Beschluss über die Verwendung des Bilanzgewinns weitere Beträge in Gewinnrücklagen einstellen oder als Gewinn vortragen. Sie kann ferner, wenn die Satzung sie hierzu ermächtigt, auch eine andere Verwendung als nach Satz 1 oder als die Verteilung unter die Aktionäre beschließen.
>
> (4) Die Aktionäre haben Anspruch auf den Bilanzgewinn, soweit er nicht nach Gesetz oder Satzung, durch Hauptversammlungsbeschluss nach Absatz 3 oder als zusätzlicher Aufwand auf Grund des Gewinnverwendungsbeschlusses von der Verteilung unter die Aktionäre ausgeschlossen ist.

Zu einer "erzwungenen" offenen Selbstfinanzierung führt die Vorschrift des § 150 AktG, nach der jeweils 5 % des Jahresüberschusses solange der gesetzlichen Rücklage zugeführt werden müssen, bis 10 % des gezeichneten Kapitals erreicht sind. Auch das gesetzliche Erfordernis, Agio-Beträge aus Kapitalerhöhungen in die Kapitalrücklage einzustellen, bewirkt eine "offene" Zwangsrücklage und die Bildung entsprechender "Selbstfinanzierungsmittel" in der Unternehmung.

Die Innenfinanzierung 243

In der **GmbH** entscheidet - sofern im Gesellschaftervertrag nichts anderes geregelt ist - die Gesellschafterversammlung mit einfacher Mehrheit (§ 29 GmbHG).

---

§ 150 Gesetzliche Rücklage. Kapitalrücklage.

(1) In der Bilanz des nach den §§242, 264 des Handelsgesetzbuchs aufzustellenden Jahresabschlusses ist eine gesetzliche Rücklage zu bilden.

(2) In diese ist der zwanzigste Teil des um einen Verlustvortrag aus dem Vorjahr geminderten Jahresüberschusses einzustellen, bis die gesetzliche Rücklage und die Kapitalrücklagen nach § 272 Abs. 2 Nr. 1 bis 3 des Handelsgesetzbuchs zusammen den zehnten oder den in der Satzung bestimmten höheren Teil des Grundkapitals erreichen.

(3) Übersteigen die gesetzliche Rücklage und die Kapitalrücklagen nach § 272 Abs. 2 Nr. 1 bis 3 des Handelsgesetzbuchs zusammen nicht den zehnten oder den in der Satzung bestimmten höheren Teil des Grundkapitals, so dürfen sie nur verwandt werden

1. zum Ausgleich eines Jahresfehlbetrags, soweit er nicht durch einen Gewinnvortrag aus dem Vorjahr gedeckt ist und nicht durch Auflösung anderer Gewinnrücklagen ausgeglichen werden kann;

2. zum Ausgleich eines Verlustvortrags aus dem Vorjahr, soweit er nicht durch einen Jahresüberschuss gedeckt ist und nicht durch Auflösung anderer Gewinnrücklagen ausgeglichen werden kann.

(4) Übersteigen die gesetzliche Rücklage und die Kapitalrücklage nach § 272 Abs. 2 Nr. 1 bis 3 des Handelsgesetzbuchs zusammen den zehnten oder den in der Satzung bestimmten höheren Teil des Grundkapitals, so darf der übersteigende Betrag verwandt werden

1. zum Ausgleich eines Jahresfehlbetrags, soweit er nicht durch einen Gewinnvortrag aus dem Vorjahr gedeckt ist;

2. zum Ausgleich eines Verlustvortrags aus dem Vorjahr, soweit er nicht durch einen Jahresüberschuss gedeckt ist;

3. zur Kapitalerhöhung aus Gesellschaftsmitteln nach den §§ 207 bis 220.

Die Verwendung nach den Nummern 1 und 2 ist nicht zulässig, wenn gleichzeitig Gewinnrücklagen zur Gewinnausschüttung aufgelöst werden.

---

§ 29 Gewinnverwendung

(1) Die Gesellschafter haben Anspruch auf den Jahresüberschuss zuzüglich eines Gewinnvortrags und abzüglich eines Verlustvortrags, soweit der sich ergebende Betrag nicht nach Gesetz oder Gesellschaftsvertrag, durch Beschluss nach Absatz 2 oder als zusätzlicher Aufwand auf Grund des Beschlusses über die Verwendung des Ergebnisses von der Verteilung unter die Gesellschafter ausgeschlossen ist. Wird die Bilanz unter Berücksichtigung der teilweisen Ergebnisverwendung aufgestellt oder werden Rücklagen aufgelöst, so haben die Gesellschafter abweichend von Satz 1 Anspruch auf den Bilanzgewinn.

(2) Im Beschluss über die Verwendung des Ergebnisses können die Gesellschafter, wenn der Gesellschaftsvertrag nichts anderes bestimmt, Beträge in Gewinnrücklagen einstellen oder als Gewinn vortragen.

(3) Die Verteilung erfolgt nach Verhältnis der Geschäftsanteile. Im Gesellschaftsvertrag kann ein anderer Maßstab der Verteilung festgesetzt werden.

(4) Unbeschadet der Absätze 1 und 2 und abweichender Gewinnverteilungsabreden nach Absatz 3 Satz 2 können die Geschäftsführer mit Zustimmung des Aufsichtsrates oder der Gesellschafter den Eigenkapitalanteil von Wertaufholungen bei Vermögensgegenständen des Anlage- und Umlaufvermögens und von bei der steuerrechtlichen Gewinnermittlung gebildeten Passivposten, die nicht im Sonderposten mit Rücklageanteil ausgewiesen werden dürfen, in andere Gewinnrücklagen einstellen. Der Betrag dieser Rücklagen ist entweder in der Bilanz gesondert auszuweisen oder im Anhang anzugeben.

Als Teil der "Eigenkapitalfinanzierung" sind mit der Selbstfinanzierung alle **Vorteile** des Eigenkapitals verbunden. Hinzu kommen folgende Vorzüge:

- die Mittel sind sofort verfügbar, die Unternehmung ist nicht auf den Kapitalmarkt angewiesen;

- es entsteht keine zukünftige Liquiditätsbelastung, da keine Verpflichtung zur Zahlung von Fremdkapitalzinsen oder zusätzlichen Dividenden besteht;

- die Selbstfinanzierung ist formlos, somit entfallen die bei einer Kapitalerhöhung entstehenden Emissionskosten;

- mit der Erhöhung des Eigenkapitals verbessert sich die Möglichkeit, im Bedarfsfall zusätzliches Fremdkapital heranzuziehen; dieses gilt allerdings nur für die offene Selbstfinanzierung;

- im Gegensatz zur Fremdfinanzierung findet keine Offenlegung der Unternehmensverhältnisse statt;

- da kein Kapital von außen zufließt, kann auch kein Kapitalgeber Einfluss auf die Kapitalverwendung nehmen;

- die Mitspracherechte und Mehrheitsverhältnisse in der Unternehmung bleiben unangetastet;

- bei der stillen Selbstfinanzierung kann der Ausweis von Verlusten durch Auflösung stiller Rücklagen vermieden werden;

- die Selbstfinanzierung geschieht unabhängig vom Kapitalmarkt.

Für kleinere Unternehmen, denen die Möglichkeit der Kapitalaufnahme am organisierten Kapitalmarkt verwehrt ist, bleibt oft nur die Selbstfinanzierung zur Deckung des Kapitalbedarfs.

Die **Nachteile** sind:

- eine langfristige Planung ist nicht möglich;

- es besteht die Gefahr von Fehlinvestitionen, weil keine Zinszahlungsverpflichtung besteht und dieses zur Unterlassung einer exakten Wirtschaftlichkeitsprüfung führen kann. Außerdem fehlt die neutrale Instanz, die bei der Fremdfinanzierung das Investitionsvorhaben überprüft;

Aus **volkswirtschaftlicher Sicht** wird die Selbstfinanzierung wie folgt beurteilt:

- bei der Selbstfinanzierung besteht die Gefahr der Kapitalfehlleitung, da der Zins als Regulator fehlt und somit das Kapital u.U. nicht den Projekten zukommt, die die höchste Rentabilität versprechen (Fehlallokation der Ressourcen!);
- es besteht die Gefahr der Austrocknung des Kapitalmarktes, da durch die Selbstfinanzierung das Kapital nicht auf den Kapitalmarkt kommt;
- bei der stillen Selbstfinanzierung kommt es zu unerwünschten Steuerausfällen.

Zu der Gefahr der Fehlinvestition sowie der Gefahr der Kapitalfehlleitung muss noch gesagt werden, dass dieses nicht Nachteile der Selbstfinanzierung an sich sind, sondern Fehler des Managements und der Gesellschafterversammlung voraussetzen. Investieren sie nur in Projekte, die eine höhere Rentabilität versprechen, als auf dem Kapitalmarkt zu erhalten ist, ist beiden Gefahren die Grundlage entzogen.

Betriebswirtschaftlich überwiegen die Vorteile der Selbstfinanzierung gegenüber allen anderen Finanzierungsarten - zumindest aus der Sicht der Unternehmensleitung. Es wundert deshalb nicht, dass die Gesellschaften diese Finanzierungsquellen in maximaler Weise nutzen.

Vertiefend sollen die Auswirkungen der **Körperschaftsteuer** auf die Selbstfinanzierung betrachtet werden, weil diese die Kosten der Selbstfinanzierung für das Unternehmen mitbestimmt. Diesbezüglich hat sich mit dem Steuersenkungsgesetz eine Systemveränderung ergeben, die für Veranlagungszeiträume ab 2001 in Kraft tritt.

Danach werden Gewinne einer Unternehmung unabhängig davon, ob sie in der Unternehmung verbleiben oder ausgeschüttet werden, mit 25 % KSt belastet. Auf die Hälfte der Bardividende, also des mit KSt belasteten Betrages, der an die Anteilseigner ausgeschüttet wird, wird zusätzlich grundsätzlich Einkommensteuer erhoben (Halbeinkünfteverfahren). Durch die zweifache Besteuerung der Ausschüttung bei Unternehmen und Anteilseigner ist nach der Neuregelung die Thesaurierung grundsätzlich gegenüber der Ausschüttung bevorzugt.

Die Innenfinanzierung

Anders war dies im Rahmen der alten Regelungen, die einen gespaltenen Körperschaftsteuersatz vorsahen:

- ausgeschüttete Gewinne unterlagen einer "Ausschüttungsbelastung" von 30 % KSt, die den Empfängern der Dividende auf die persönliche Einkommensteuerschuld angerechnet wurde;
- thesaurierte Gewinne wurden mit 40 % KSt belastet (Tarifbelastung). Bei späterer Ausschüttung der zuvor gebildeten Rücklagen erfolgte jedoch eine 10%ige Steuerminderung und damit die Wiederherstellung der Ausschüttungsbelastung.

Praktisch bedeutet dies, dass die Gesellschaft nach neuem Recht 133 % des Betrages, der nach Besteuerung mit KSt als Rücklage verbleiben soll, zunächst als Gewinn "verdienen" muss. Nach altem Recht lag dieser Prozentsatz bei 167 %.

Beispiel nach neuer Rechtslage:

Eine Gesellschaft hat einen Selbstfinanzierungsbedarf von 2 Mio. €.

Wie hoch muss das steuerpflichtige Einkommen (Gewinn vor Steuern) sein, um eine entsprechende Rücklage bilden zu können?

Es gelten folgende Beziehungen:

Gewinn vor Steuern	=	100	%
KSt T_{25}	=	25	%
Rücklage			
= Selbstfinanzierungsmittel	=	75	%

Daraus folgt:

2.000.000 €	=	75	%
Gewinn	=	100	%
2.000.000 € : 75 * 100	=	2.666.666	€

Gewinn, der bei voller Thesaurierung zu einer Rücklage von 2.000.000 € führt!

Die Innenfinanzierung 247

Probe:			
25 % KSt von 2.666.666 €	=	666.666 €	
oder in v.H. ausgedrückt:			
75 %	=	100 €	Rücklage
100 %	=	? €	Gewinn
100 : 75 * 100	=	133 %	

Wurden nach alter Rechtslage gebildete Rücklagen später ausgeschüttet, so wurde die Steuerbelastung nachträglich von 40 % auf 30 % reduziert. Damit nicht beim Übergang zum niedrigeren einheitlichen Körperschaftsteuersatz von 25 % alle Unternehmen gleichzeitig das innewohnende Steuersenkungspotential ihrer bestehenden Rücklagen durch Ausschüttung realisieren, existiert eine Übergangsregelung. Dazu wird das beim Systemwechsel bestehende Körperschaftsteuerguthaben auf Basis der früher thesaurierten Gewinne bestimmt. In den folgenden 15 Jahren kann das Steuerguthaben auf Ebene der Unternehmung in Höhe von 1/6 des Ausschüttungsbetrages zur Körperschaftsteuerminderung eingesetzt werden, bis es aufgebraucht ist. Die Unternehmen sind also nicht durch früher vorgenommene Thesaurierungen benachteiligt.

Um die hohe Belastung nach der alten steuerlichen Regelung zu umgehen, wurde gelegentlich die **Schütt-aus-hol-zurück-Methode** praktiziert.

Schütt-aus-hol-zurück-Methode bedeutet: die Gewinne werden an die Gesellschafter ausgeschüttet und dann wieder, z.B. über eine Kapitalerhöhung, in die Unternehmung eingebracht. Ziel ist die Umgehung der der höheren Körperschaftsteuer bei Thesaurierung.

Bei dieser Sonderform der Selbstfinanzierung für Kapitalgesellschaften werden Gewinne der Unternehmung an die Anteilseigner ausgeschüttet, um dann als Beteiligung wieder eingefordert zu werden. Vorteil dieser Methode war, dass die hohe Steuerbelastung von 40 % KSt umgangen wurde. Allerdings mussten die Anteilseigner die ausgeschütteten Erträge versteuern und es entstanden Kosten für die Ausgabe neuer Anteile. Deswegen lohnte sich auch nach alter Rechtslage die Schütt-aus-hol-zurück-Methode nur, solange die persönliche Steuerbelastung der Eigner und die Kosten der Ausgabe neuer Anteile nicht zu hoch waren. Für diesen Fall lassen sich exakte Regeln ableiten, die sich rechnerisch in Form von kritischen Grenzsteuersätzen der Einkommensteuer konkretisieren. Die Regeln wiederum werden maßgeblich von den im Einzelfall geltenden Rahmenbedingungen bestimmt, die von der Ausgestaltung der Schütt-aus-hol-zurück-Methode abhängig sind. Beim neuen Halbeinkünfteverfahren lohnt sich die Schütt-aus-hol-zurück-Methode nicht, weil in jedem Fall die Körperschaftsteuer von 25 % von der Unternehmung bezahlt werden muss und zudem der Anteilseigner die Hälfte der Ausschüttung versteuert. Auch in der 15-jährigen Übergangsphase ist die Realisierung von Körperschaftsteuerguthaben durch diese Methode nur bei sehr geringen Steuersätzen der Anteilseigner sinnvoll.

Die alternativen Ausprägungen der Schütt-aus-hol-zurück-Methode unterscheiden sich lediglich durch die Ausgestaltung des "hol-zurück"-Vorgangs. Gängig ist hier die Zuführung als Eigenkapital, etwa in der Form einer Beteiligung, die in drei Varianten auftreten kann:

(1) Einlage in Form von Grundkapital durch Kapitalerhöhung;

(2) Einlage in Form von Rücklagen;

(3) Einlage in Form von Nachschüssen.

Als eine Variante gibt es diese Methode auch mit der Rückführung als Fremdkapital (Gesellschafterdarlehen).

Bei Ausschüttungen wird vom Abzug der Kapitalertragsteuer beim Anteilseigner abgesehen, wenn ein inländischer Aktionär dem depotführenden Kreditinstitut eine Nicht-Veranlagungsbescheinigung des Finanzamtes eingereicht hat. Entsprechendes gilt, wenn der Aktionär seiner Bank bzw. Sparkasse einen Freistellungsauftrag für Kapitalerträge erteilt hat, soweit das dort genannte Freistellungslimit nicht anderweitig beansprucht wurde.

Die Innenfinanzierung 249

Beispiel nach alter Rechtslage (gespaltener Körperschaftsteuersatz; Anrechnungsverfahren):

(ohne Berücksichtigung von Kirchensteuer und Emissionskosten)

Fall 1: "Normale" Gewinnthesaurierung

	Gewinn vor Steuern	1.000.000 €
-	Körperschaftsteuer 40 %	400.000 €
=	**Thesaurierungsbetrag**	**600.000 €**

Fall 2: Schütt-aus-hol-zurück-Methode

	Gewinn vor Steuern	1.000.000 €
-	Körperschaftsteuer 30 %	300.000 €
=	Jahresüberschuss nach Steuern	700.000 €
-	Kapitalertragsteuer 25 %	175.000 €
=	Barausschüttung (Nettodividende)	525.000 €

	Barausschüttung	525.000 €
+	KSt-Gutschrift 30 % (auf 1.000.000)	300.000 €
+	Kap.Ertr.St.-Gutschrift 25 %	175.000 €
=	Einkünfte der Anteilseigner	1.000.000 €
-	Einkommensteuer (z.B. 30 %)	300.000 €
=	Nettoeinkommen **(Thesaurierung)**	**700.000 €**

612 Finanzierung aus Rückstellungen

Rückstellungen sind Verpflichtungen, die am Bilanzstichtag bestehen, aber in ihrer Höhe und ihrer Fälligkeit ungewiss sind. Der Finanzierungseffekt entsteht dadurch, dass die Rückstellungen den Jahresüberschuss und den steuerpflichtigen Gewinn mindern, aber vorerst zu keinen Auszahlungen führen. Daraus ergibt sich eine geringere Ausschüttung und eine Steuerstundung bzw. vorgezogene Steuerminderung.

Rückstellungen sind bis zum Bilanzstichtag verursachte Aufwendungen der Unternehmung, die in ihrer Höhe und ihrer Fälligkeit noch ungewiss sind. Der Finanzierungseffekt entsteht dadurch, dass in der Erfolgsrechnung ein den Gewinn und damit die Ausschüttung mindernder **Aufwandsposten** gebildet wird, dem aber **keine Auszahlung** gegenübersteht. Allerdings ergibt sich der Finanzierungseffekt nur, solange der Aufwandsgegenwert über den Umsatzprozess erlöst wurde.

Sofern die Rückstellung auch steuerlich anerkannt ist, führt der abzugsfähige Betrag ferner zu einer **vorgezogenen Steuerminderung**.

Der Finanzierungseffekt durch Bildung von Rückstellungen ergibt sich

- durch die Verringerung des ausgewiesenen Gewinns infolge der Aufwandsverrechnung vor der Auszahlung und der infolgedessen reduzierten Ausschüttung, und

- bei steuerlich anerkannten Rückstellungen darüber hinaus durch die vorgezogene Steuerminderung.

Um eine nennenswerte Finanzierungsmasse zu erhalten, muss die Rückstellung allerdings groß sein. Darüber hinaus hängt die Höhe des Finanzierungseffektes auch von der Fristigkeit der Rückstellungen ab. Je längerfristiger die Rückstellung ist, desto länger stehen die Mittel zur Verfügung und desto höher ist der Finanzierungseffekt. Dieses ist vor allem bei den **Pensionsrückstellungen** gegeben, deswegen sollen sie näher erläutert werden.

Wenn Unternehmungen ihren Mitarbeitern Pensionszusagen machen und die Zahlungen dafür nicht über Direktversicherungen oder Pensions- und Unterstützungskassen abwickeln, sondern bei Eintritt des Versorgungsfalls die Leistungen selbst erbringen, ist es

- handelsrechtlich geboten (ungewisse Verbindlichkeiten!) und

- steuerrechtlich unter bestimmten Voraussetzungen zulässig (§ 6a EStG),

während der aktiven Betriebszugehörigkeit der Mitarbeiter Rückstellungen zu bilden (also den Aufwand quasi als "Entgelt" zu verrechnen). Daraus werden später bei Eintritt des Versorgungsfalles die Zahlungen geleistet.

Die Innenfinanzierung

Der **Finanzierungseffekt** besteht darin, dass die entsprechenden Mittel "vorübergehend" - i.d.R. jedoch viele Jahre - im Unternehmen verbleiben und dort eingesetzt werden können.

Die Gegenwerte der Pensionsrückstellungen stellen juristisch **Fremdkapital** dar, weil ihnen Ansprüche von Dritten gegenüberstehen. Wegen der langfristigen Verfügbarkeit können diese Mittel jedoch wie Eigenkapital disponiert werden. Man spricht deswegen auch von **eigenkapitalähnlichem Charakter**.

> **Pensionszusagen** haben nicht nur eine sozialpolitische Funktion, sondern stellen auch eine wichtige Finanzierungsquelle für Unternehmungen dar.

Die **Finanzierungswirkung** ist abhängig von

- dem Bestand an Rückstellungen,
- den jährlich neu gebildeten Rückstellungen und
- den jährlich zu Lasten der Rückstellungen vorgenommenen Zahlungen an die Versorgungsempfänger.

Wichtig ist, dass der "**Bodensatz**" als Differenz zwischen Rückstellungsbeständen und Zuführungen einerseits und Abflüssen andererseits als Finanzierungsmittel disponiert werden kann. Insofern ist die Wirkung von den spezifischen Gegebenheiten in der jeweiligen Unternehmung, von der Altersstruktur der Mitarbeiter, von der Zahl der Versorgungsempfänger sowie den Modalitäten der Zusagen abhängig.

Der Finanzierungseffekt der Pensionsrückstellungen kann in **drei Phasen** erfasst werden (vgl. Abb. 6/2):

(1) Am Anfang wachsen während der Lebensdauer der Unternehmung die Pensionsrückstellungen, da mehr in die Pensionsrückstellungen eingestellt als ausgezahlt wird.

(2) Später wird gleichviel in die Pensionsrückstellungen eingeführt wie ausgezahlt. Es steht nur der sogenannte Bodensatz langfristig zur Verfügung.

(3) Gegen Ende der Unternehmenstätigkeit sind die Einstellungen in die Pensionsrückstellungen kleiner als die auszuzahlenden Beträge.

Abb. 6/2: Finanzierungseffekt von Pensionsrückstellungen

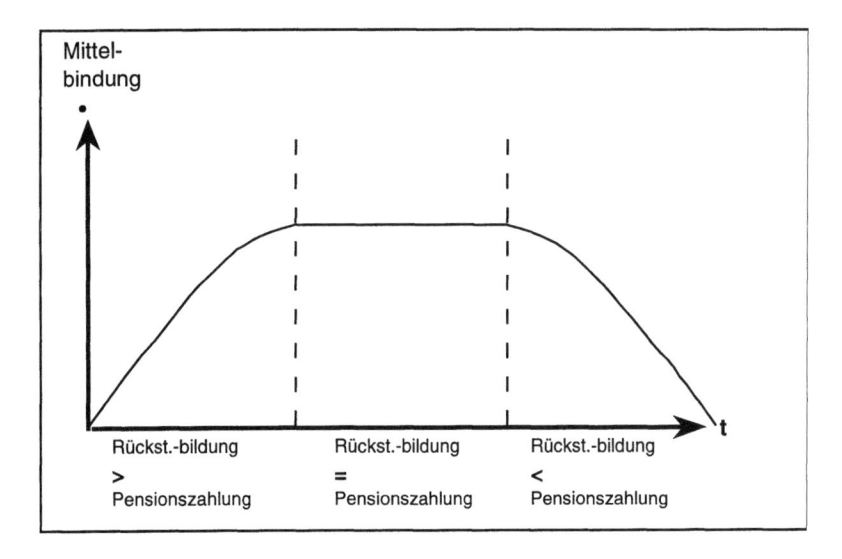

```
Mittel-
bindung
   ^
   |         _____
   |        /                   \
   |       /                     \
   |      /                       \
   |     /                         \
   |    /                           \
   |   /                             \
   |  /                               \
   | /                                 \
   |/_____|_____|_____> t
   Rückst.-bildung  Rückst.-bildung  Rückst.-bildung
   >                =                <
   Pensionszahlung  Pensionszahlung  Pensionszahlung
```

Die Länge der Phasen ist abhängig von der Entwicklung der Unternehmung. Solange die Unternehmung und somit auch die Beschäftigtenzahl wächst, ist davon auszugehen, dass die Einstellungen in die Pensionsrückstellungen größer sind als die Auszahlungen.

Voraussetzungen für die steuerliche Anerkennung als Betriebsausgaben sind gemäß § 6a EStG:

- Der Pensionsberechtigte muss einen festen Rechtsanspruch auf einmalige oder laufende Pensionszahlungen haben;

- Die Pensionszusage muss unwiderruflich sein. Vorbehalte des Entzugs oder der Minderung dürfen sich nur auf solche Sachverhalte und Tatbestände erstrecken, bei deren Vorliegen nach allgemeinen Rechtsgrundsätzen und unter Beachtung billigen Ermessens Minderung oder Entzug zulässig sind;

- Die Pensionszusage muss schriftlich erteilt sein.

Eine Pensionsrückstellung darf erstmals gebildet werden

- vor Eintritt des Versicherungsfalls für das Wirtschaftsjahr, in dem die Zusage erteilt wird, frühestens jedoch für das Wirtschaftsjahr, bis zu dessen Mitte der Pensionsberechtigte das 30. Lebensjahr vollendet;
- nach Eintritt des Versorgungsfalls für das Wirtschaftsjahr, in dem der Versorgungsfall eintritt.

Die Höhe der jährlichen Rückstellung richtet sich steuerlich nach dem **Teilwert**, der mit einem Rechnungszinssatz von 6 % zu ermitteln ist; handelsrechtlich ist auch der Gegenwartswert auf Basis eines niedrigeren Kalkulationszinsfußes zulässig.

Beispiel: (bei Einstellung in die Rücklagen)

Finanzierungseffekt	Mit Pensionsrückstellung	Ohne Pensionsrückstellung
Jahresüberschuss	100.000	100.000
(vor Rückstellungen und Steuern)		
Pensionsrückstellungen	30.000	0
Jahresüberschuss	70.000	100.000
(vor Steuern)		
KSt 25 %	17.500	25.000
Jahresüberschuss	52.500	75.000
Finanzierungsvolumen	82.500	75.000
Differenz	(30.000 + 52.500)	7.500

Beispiel: (bei Ausschüttung)

Finanzierungseffekt	Mit Pensions-rückstellung	Ohne Pensions-rückstellung
Jahresüberschuss	100.000	100.000
(vor Rückstellungen und Steuern)		
Pensionsrückstellungen	30.000	0
Jahresüberschuss	70.000	100.000
(vor Steuern)		
KSt 25%	17.500	25.000
Jahresüberschuss	52.500	75.000
Ausschüttung	52.500	75.000
Finanzierungsvolumen	30.000	0
Differenz		30.000

62 Finanzmittelrückfluss (Finanzierungseffekte aus Vermögensumschichtungen)

621 Finanzierung aus durch Vermögensverkauf freigesetzten Mitteln

> Bei der **Finanzierung aus freigesetzten Mitteln** wird das in der Unternehmung bereits vorhandene Kapital durch Verkauf von Vermögensgegenständen freigesetzt, um dann anderweitig wieder eingesetzt zu werden (Substitutionsfinanzierung).

Es findet also keine Kapitalzufuhr statt. Daher bleibt die Passivseite unberührt. Es kann keine Aussage gemacht werden, ob Eigenkapital oder Fremdkapital eingesetzt wurde.

Problematisch ist dabei, dass in den Vermögensgegenständen häufig "**stille Reserven**" stecken, d.h., ihr Wertansatz in der Bilanz (Buchwert) ist kleiner als der tatsächliche Wert oder der erzielte Verkaufspreis. Die in diesem Fall realisierten bzw. aufgedeckten "stillen Reserven" unterliegen - sofern die Unternehmung noch ein steuerliches Einkommen erzielt - der Besteuerung. Dadurch mindert sich der Finanzierungseffekt erheblich: bei einer durchschnittlichen Gewinnbesteuerung von ca. 45 % reduziert er sich auf den Buchwert zuzüglich etwa der Hälfte des darüber hinaus erzielten Verkaufspreises.

Im Übrigen ist der Verkauf **nicht betriebsnotwendigen Vermögens** betriebswirtschaftlich unbedenklich. Hierzu zählen z.B. Wertpapiere, Beteiligungen, Übervorräte oder betrieblich nicht genutzte Grundstücke oder Gebäude. Problematisch wird es, wenn **betriebsnotwendiges Vermögen** zur Überbrückung von Liquiditätsengpässen veräußert werden muss. Dieses führt zu Störungen in Produktionsabläufen und i.d.R. zu Kostensteigerungen, so dass die Lösung von Krisen zwar kurzfristig gelingt, doch weitere, möglicherweise schwerere Probleme folgen.

Weitere Voraussetzung ist, dass die zum Verkauf anstehenden Vermögensgegenstände auch Abnehmer finden. Schwierig wird dies jedoch bei Spezialmaschinen.

622 Sale-Lease-Back-Verfahren

Eine besondere Variante der Finanzierung aus freigesetzten Mitteln ist das Sale-Lease-Back-Verfahren.

> Bei dem **Sale-Lease-Back-Verfahren** werden betriebsnotwendige Vermögensgegenstände des Anlagevermögens an eine Leasinggesellschaft veräußert und dann wieder angemietet.

Die bei der Veräußerung freiwerdenden Mittel können nun für neue Investitionen benutzt werden. Die Unternehmung muss aber beachten, dass die Leasingraten die zukünftige Liquidität belasten und eventuell freiwerdende stille Reserven den zu versteuernden Gewinn erhöhen. Dieses

Verfahren wird häufig bei Vermögensgegenständen angewandt, die viel Kapital binden, so z.B. Häuser.

> **Beispiel:**
>
> Nixdorf 1989: Verkauf von Immobilien zur Mobilisation von Liquidität und gleichzeitiger Abschluss von Leasingverträgen, um die Immobilien weiterhin nutzen zu können.

623 Finanzierungseffekt von Rationalisierungsmaßnahmen

Begriff und Ziel: Unter Rationalisierung sollen alle methodisch - also rational - durchgeführten Maßnahmen verstanden werden, die den Zweck haben, Leistungen mit einem vergleichsweise geringeren Arbeits-, Zeit- und/oder Kapitaleinsatz zu erbringen.

> Der **Finanzierungseffekt aus Rationalisierungsmaßnahmen** ergibt sich aus der Möglichkeit, die entsprechenden betrieblichen Aktivitäten mit geringerem finanziellen Aufwand als bisher durchzuführen.

Je nach Art der rationalisierten betrieblichen Aktivitäten können dabei kurz- bzw. langfristig gebundene Finanzierungsmittel freigesetzt werden.

Beispiele für Rationalisierungen sind:

- Verringerung der Lagerhaltung;
- Reduzierung der Kapitalbindung;
- Erhöhung der Umschlagsgeschwindigkeit des Kapitals bzw. Vermögenseinsatzes.

Die Innenfinanzierung 257

Beispiel:

Rationalisierung durch Erhöhung der Umschlagsgeschwindigkeit:

$$R = \frac{Gewinn}{Kapital} \quad \text{mit } R = \text{Rentabilität}$$

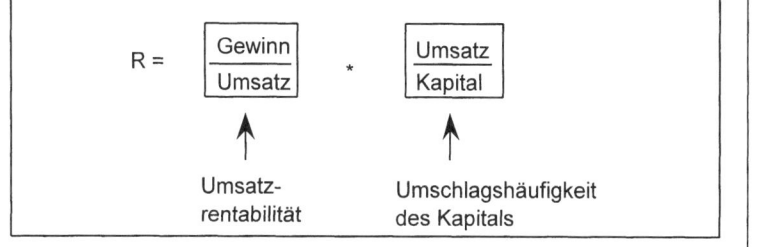

$$R = \frac{Gewinn}{Kapital} * \frac{Umsatz}{Umsatz}$$

$$R = \underbrace{\boxed{\frac{Gewinn}{Umsatz}}}_{\text{Umsatzrentabilität}} * \underbrace{\boxed{\frac{Umsatz}{Kapital}}}_{\text{Umschlagshäufigkeit des Kapitals}}$$

Die Erhöhung der Umschlagshäufigkeit des Kapitals führt ceteris paribus zu einer Steigerung der Rentabilität.

624 Finanzierung aus Abschreibungsgegenwerten

Abschreibungen sollen den Werteverzehr der Vermögensgegenstände planmäßig über deren Nutzungsdauer verteilen.

Die Abschreibungen gehen als Kostenfaktor in die Preisgestaltung ein. Sofern die Unternehmung in der Lage ist, am Markt Preise zu erzielen, die mindestens die Kosten decken, fließen die Gegenwerte der Abschreibungen über die Umsatzerlöse in die Unternehmung zurück.

Da diese Gegenwerte erst dann wieder zu **Ersatzbeschaffungen** benötigt werden, wenn die Vermögensgegenstände, für die sie kalkuliert worden sind, nicht mehr im Produktions- und Leistungsprozess zu verwenden sind, stehen sie zwischenzeitlich als Finanzierungsmittel zur Disposition.

6241 Kapitalfreisetzungseffekt

> Der **Kapitalfreisetzungseffekt** ergibt sich daraus, dass die Abschreibungen, sofern sie über den Umsatzprozess erlöst werden, liquide Mittel in die Unternehmung bringen, die erst bei der Reinvestition gebraucht und folglich bis zu diesem Zeitpunkt anderweitig genutzt werden können.

Grundsätzlich dienen die Abschreibungsgegenwerte zur Ersatzbeschaffung (Reinvestition) der Abschreibungsobjekte. Diese laufend anfallenden Beträge dürfen, um die Substanzerhaltung zu gewährleisten, somit nicht ausgeschüttet werden. Sie werden allerdings erst zum Zeitpunkt der Ersatzbeschaffung benötigt. Zwischenzeitlich können sie daher in andere Vermögensgegenstände investiert, zur Schuldentilgung oder anderweitig verwandt werden. Sie können also für diesen Zeitraum als Finanzierungsmittel angesehen werden. Dieser Vorgang wird als Kapitalfreisetzungseffekt bezeichnet. Haben die einzelnen Investitionsobjekte unterschiedliche Ersatzzeitpunkte, so entsteht ein Bodensatz, der dauerhaft zur Verfügung steht. Dabei muss beachtet werden, dass zum Zeitpunkt der notwendigen Ersatzbeschaffung Liquidität in entsprechender Höhe verfügbar ist (vgl. Abb. 6/3).

Die **Höhe des Kapitalfreisetzungseffektes** ist abhängig von der Form des Nutzungs- und Abschreibungsverlaufes, der Nutzungsdauer und der Streuung der Anschaffungstermine. Zu beachten ist, dass zur Abschreibungsfinanzierung nur der Teil gehört, der dem tatsächlichen Wertminderungsverlauf des Vermögensgegenstandes entspricht. Überhöhte Abschreibungen führen zu einer stillen Reserve. Dieses hängt nicht unerheblich mit dem verwendeten Abschreibungsverfahren zusammen, so führt die degressive Abschreibung in den ersten Perioden meist zu überhöhten Abschreibungen. In der Praxis ist der Übergang zwischen Abschreibungsfinanzierung und stiller Selbstfinanzierung fließend.

Die Innenfinanzierung

Abb. 6/3: Kapitalfreisetzungseffekt

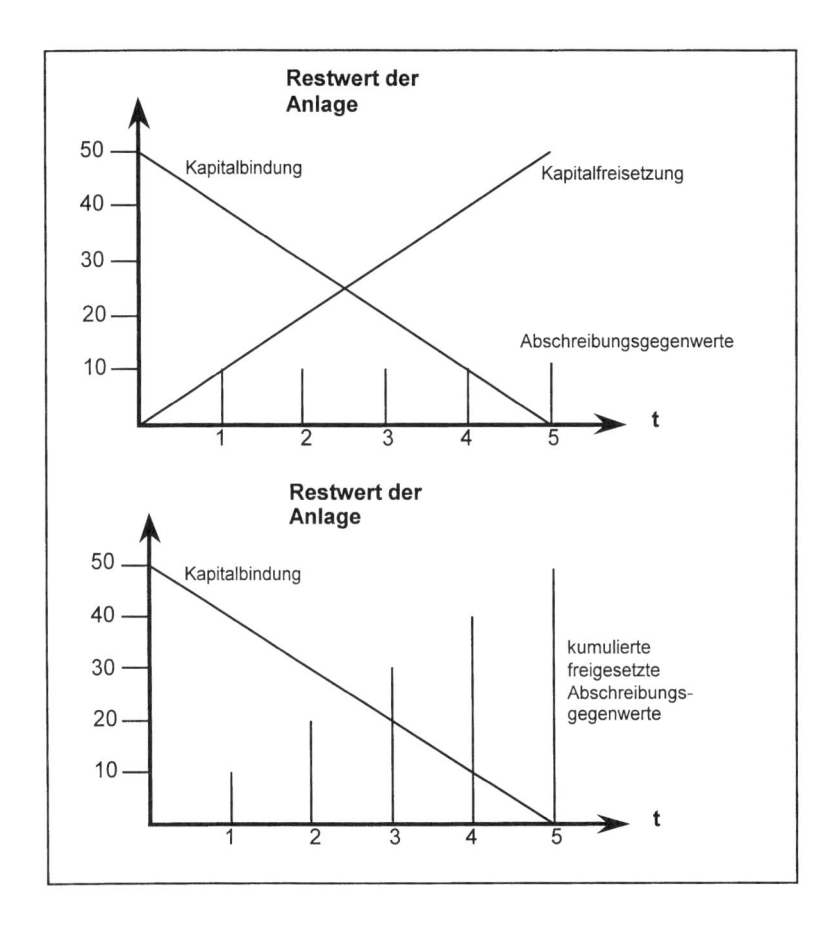

6242 Kapazitätserweiterungseffekt

> Der **Kapazitätserweiterungseffekt** ist ein Spezialfall des Kapitalfreisetzungseffektes. Werden die freigesetzten Abschreibungsgegenwerte kontinuierlich in neue Anlagen investiert, führt dies zu einer Ausweitung der Kapazität der Unternehmung, ohne dass von außen neues Kapital zugeführt wird.

Dieser Effekt wurde zuerst in einem Schriftwechsel zwischen Karl Marx und Friedrich Engels erörtert, die sich fragten, warum Großunternehmen - auch ohne Kapitalzufuhr von außen - schneller wuchsen als kleine und mittlere Unternehmen. Später griffen H. Ruchti (Die Bedeutung der Abschreibung für den Betrieb, Berlin 1942) und Martin Lohmann (Abschreibungen, was sie sind und was sie nicht sind, in: Der Wirtschaftsprüfer, 1949, S. 353 ff.) das Phänomen auf und versuchten den Effekt modellhaft zu fassen und zu quantifizieren. Daher ist in der Literatur die Rede vom Marx/Engels- oder Lohmann/Ruchti-Effekt.

Unter den **Prämissen des Modells**

- laufende Neuinvestitionen: Die Abschreibungsgegenwerte der Maschinen werden sekündlich investiert;

- unendlich teilbare Anlagen: Die Abschreibungsgegenwerte können pfennigweise neuinvestiert werden;

- die Preise für die Anlage und deren Produktivität sind konstant;

- die Abnutzung entspricht den Abschreibungen und den Neuinvestitionen;

- die Abschreibungsgegenwerte werden nicht für andere Maßnahmen benötigt;

kommt es theoretisch zu einer Verdopplung der Kapazität.

Allerdings ist dabei zu beachten, dass sich lediglich die **Periodenkapazität** (Leistungseinheiten je Periode), nicht aber die **Totalkapazität** (gesamte in den Maschinen steckende Leistungseinheiten) erhöht. Es

Die Innenfinanzierung

findet lediglich eine Vermögensumschichtung von alten auf neue Maschinen statt.

Die zu erwartende Kapazitätserhöhung lässt sich durch den **Kapazitätserweiterungsfaktor** ermitteln.

Unter der Voraussetzung, dass die den Abschreibungsbeträgen entsprechenden Umsatzerlöse jeweils am Periodenende in neue Anlagen investiert werden und die Abschreibungen linear erfolgen, gilt folgende Formel zur Berechnung der Endkapazität.

$$\text{Endkapazität} = A * \frac{2*n}{n+1} \qquad \text{mit } A = \text{Anschaffungskosten} \\ n = \text{Nutzungsdauer}$$

Den **Kapazitätserweiterungsfaktor** erhält man, indem man die obige Formel durch die Anschaffungskosten teilt. Sie lautet dann:

$$\text{Kapazitätserweiterungsfaktor} = 2 * \frac{n}{n+1}$$

Somit hängt die **Höhe des Kapazitätserweiterungsfaktors** primär von der Nutzungsdauer ab. Zu beachten ist allerdings, dass die Anzahl der Anlagen einen Einfluss auf den Kapazitätserweiterungsfaktor hat. So ist der Kapazitätserweiterungsfaktor für eine Anlage gleich 1, da innerhalb der Nutzungsdauer nicht genügend Kapital zur Verfügung steht, um eine weitere Anlage zu kaufen. In der Praxis kann dieses aber vernachlässigt werden, da die Finanzierung aus Abschreibungen für das Gesamtunternehmen möglich ist und davon auszugehen ist, dass die Unternehmung mehr als eine Anlage besitzt.

Der Lohmann/Ruchti-Effekt soll anhand des folgenden Beispiels verdeutlicht werden.

Die Innenfinanzierung

Beispiel:

Es wurden 10 Maschinen zu je € 10.000 und einer Nutzungsdauer von 5 Jahren angeschafft. Es werden den Abschreibungsbeträgen entsprechende Umsatzerlöse von ca. 2.000 € je Maschine erzielt, die wiederum sofort in neue Maschinen investiert werden.

Ende Jahr	Abschrei-bungsbetrag	Maschinenanzahl alt	ab	zu	ges.	Investitionen	Restbetrag
1	20.000	10	-	2	12	20.000	-
2	24.000	12	-	2	14	20.000	4.000
3	28.000	14	-	3	17	30.000	2.000
4	34.000	17	-	3	20	30.000	6.000
5	40.000	20	10	4	14	40.000	6.000
6	28.000	14	2	3	15	30.000	4.000
7	30.000	15	2	3	16	30.000	4.000
8	32.000	16	3	3	16	30.000	6.000
9	32.000	16	3	3	16	30.000	8.000
10	32.000	16	4	4	16	40.000	-

Der Kapazitätserweiterungsfaktor (KEF) lautet hier:

KEF = 2 * 5 / 6 = 1.6666

D.h., die Periodenkapazität kann um ca. 67 % auf durchschnittlich 16 Maschinen pro Periode erweitert werden.

Wie das Beispiel zeigt, muss bei der Abschreibungsfinanzierung darauf geachtet werden, dass zum Ende der Nutzungsdauer der zuerst angeschafften Maschinen mit einer erheblichen Einschränkung der Periodenkapazität zu rechnen ist.

Der hier modellhaft vorgestellte Kapazitätserweiterungseffekt stehen in der Praxis jedoch folgende Restriktionen entgegen:

- Die Absatzmöglichkeiten bestimmen den sinnvollen Umfang der Erweiterungsinvestitionen. Eine Ausnutzung des Kapazitätserweiterungseffekts um seiner selbst willen, d.h. ohne Möglichkeit, die Produktionsanlagen auszulasten, ist unsinnig;

- Finanzierung aus Abschreibungen kann nur erfolgen, wenn die Abschreibungsgegenwerte erwirtschaftet werden, d.h. entsprechende Umsatzerlöse erzielt werden;

- Die Abschreibungsgegenwerte müssen kontinuierlich zum Ende der Periode in neue gleichartige Anlagen investiert werden. Dieses ist in der Praxis meist nicht möglich, da die Preise für die Anlagen selten über mehrere Jahre konstant sind und die neuen Anlagen durch den technischen Fortschritt meist eine höhere Produktivität haben;

- Es darf kein zusätzlicher Kapitalbedarf entstehen. Aber eine Investition im Anlagevermögen ruft meist zusätzlichen Kapitalbedarf hervor, da für mehr Anlagen auch mehr Personal, Rohstoffe und Hilfsstoffe benötigt werden, so dass ein Teil der vorübergehend freigesetzten Mittel nicht zur Kapazitätserweiterung genutzt werden kann.

Erläuternde Fragen und Antworten

1. **Im Rahmen der alten Körperschaftsteuervorschriften finden die Begriffe "Bruttodividende", "Bardividende" und "Nettodividende" Verwendung. Welcher Zusammenhang besteht zwischen ihnen?**

	Bruttodividende
-	anzurechnende KSt
=	Bardividende
-	Kapitalertragsteuer
=	Nettodividende

2. **Welche Funktionen erfüllen die Abschreibungen in Kostenrechnung und Jahresabschluss?**

   Abschreibungen haben die Funktion, die Wertminderungen des Anlagevermögens zu erfassen und über die Perioden der Nutzung zu verteilen. Sie sind in der Erfolgsrechnung Aufwand, vermindern den steuerpflichtigen Gewinn und damit die gewinnabhängigen Steuern, wie Einkommensteuer bzw. Körperschaftsteuer und Gewerbeertragsteuer.

3. **Worin liegt der Unterschied zwischen der Totalkapazität und der Periodenkapazität einer Anlage?**

   Während die Totalkapazität die Summe der Leistungseinheiten ist, die eine Anlage während ihrer Gesamtnutzungsdauer abzugeben imstande ist, spricht man von der Periodenkapazität als die Summe der Leistungseinheiten, die eine Anlage/Betrieb in einer Periode abzugeben in der Lage ist.

   <u>Beispiel:</u> Es wird angenommen, dass eine Maschine jährlich 40.000 Werkstücke bearbeitet. Das ist ihre Periodenkapazität. Die Gesamt- oder Totalkapazität der Maschine beträgt bei fünfjähriger Nutzungsdauer (vorausgesetzt wird eine konstante Leistungsabgabe) 200.000 Stück.

7 Die Finanzierungssurrogate

Unter Finanzierungssurrogaten versteht man Instrumente, die die Liquidität der Unternehmung schonen oder verbessern, ohne dass neues Eigen- oder Fremdkapital zugeführt wird.

71 Leasing

Leasing ist eine aus den USA kommende Finanzierungsform, die in Deutschland erst in den 60er Jahren nennenswerte Bedeutung erlangte. Ihr Grundgedanke besteht darin, sich gegen Zahlung eines laufenden Entgelts den **Nutzungswert** einer Sache zu eigen zu machen, nicht dagegen den Objektwert, wie dieses im Zuge des käuflichen Erwerbs gegen einmalige Zahlung geschieht.

> Beim **Leasing** überträgt der Leasinggeber (Vermieter) dem Leasingnehmer (Mieter) die Nutzung an einer Sache auf eine bestimmte Zeit gegen Entgelt (Mietzins).

Prinzipiell sind auf den Leasingvertrag die Vorschriften des BGB zur Miete (§§ 535-580a) anzuwenden. Der Leasinggeber bleibt zivilrechtlicher Eigentümer der zu vermietenden Sache und der Leasingnehmer erwirbt das Nutzungsrecht an diesem Gegenstand gegen Leistung der vereinbarten Miete. Doch ist diese Sichtweise zu eng, da die vertragliche Leistung in der Praxis i.d.R. mehr umfasst, als nur die bloße Überlassung der vermieteten Sache, so z.B.

- Wartung,

- Beratungsservice bei der Investitionsplanung und Überprüfung der Rentabilitäten,

- günstige Beschaffungsmöglichkeiten der Leasinggeber durch eine bessere Marktposition,

- günstigere Verwertungsmöglichkeiten des Leasinggegenstandes nach Beendigung der Leasinglaufzeit durch besseres Know-how.

Insofern stellt Leasing eine Sonderform der Finanzierung (Finanzierungssurrogat) dar.

Weder im juristischen noch im wirtschaftswissenschaftlichen Sinne ist eine eindeutige Interpretation des Leasingbegriffs und eine eindeutige Zuordnung des Leasingvertrags möglich. Deshalb ist insbesondere die inhaltliche Gestaltung, d.h. der **Verpflichtungscharakter** des Leasingvertrags, ausschlaggebend für die betriebswirtschaftliche und steuerliche Behandlung.

Mögliche **Systematisierungskriterien des Leasing** sind:

a) nach dem **Verpflichtungscharakter** des Vertrags:
- Operating-Leasing;
- Finance-Leasing;

b) nach der **Art der Leasingsache**:
- Mobilien-Leasing (Equipment-Leasing);
  - Investitionsgüter-Leasing;
    - Computer;
    - Maschinen;
    - Fahrzeuge;
    - Einrichtungsgegenstände jeder Art;
  - Konsumgüter-Leasing;
- Immobilien-Leasing;
  - Gebäude;
  - Grundstücke;
  - Fabrik-, Betriebs- und Lagerhallen (Plant-Leasing);

c) nach der **Stellung des Leasinggebers**:
- Direktes Leasing (Hersteller-Leasing):
  Leasingvertrag zwischen Leasingnehmer und Hersteller;
- Indirektes Leasing: Eine selbständige Leasinggesellschaft erwirbt das Gut vom Hersteller und gibt es an den Leasingnehmer weiter. I.d.R. sind diese Leasinggesellschaften Tochtergesellschaften von Kreditinstituten (vgl. Abb. 7/1).

Abb. 7/1: Indirektes Leasing

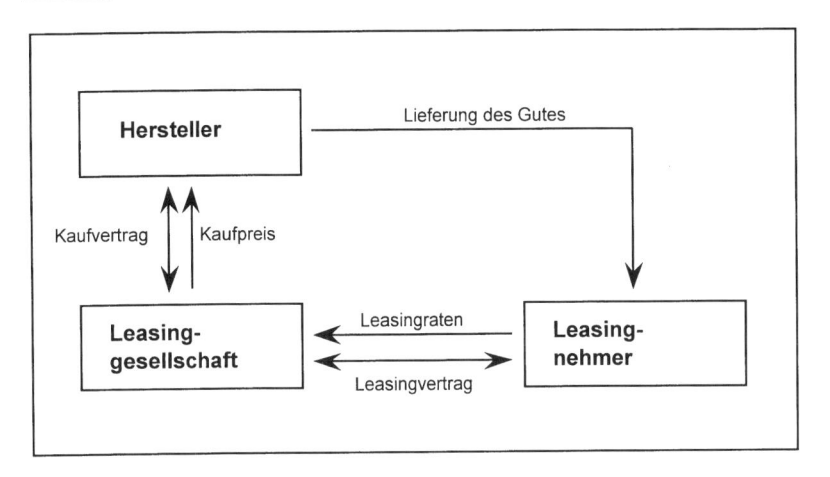

```
┌─────────────────────────────────────────────────────────┐
│                                                         │
│   ┌──────────────┐      Lieferung des Gutes             │
│   │  Hersteller  │─────────────────────────┐            │
│   └──────────────┘                         │            │
│        ▲  ▲                                │            │
│   Kaufvertrag │ Kaufpreis                  │            │
│        │  ▼                                ▼            │
│   ┌──────────────┐  ← Leasingraten ── ┌──────────┐      │
│   │   Leasing-   │                    │ Leasing- │      │
│   │ gesellschaft │ ─── Leasingvertrag→│  nehmer  │      │
│   └──────────────┘                    └──────────┘      │
│                                                         │
└─────────────────────────────────────────────────────────┘
```

Wesentliche **Vorteile des Leasing** gegenüber dem Kauf mit entsprechender Kreditfinanzierung liegen in folgendem: Für ein Unternehmen kann es durchaus kostengünstiger sein, ein Investitionsgut zu leasen statt zu kaufen, weil die Leasinggesellschaft auf den Beschaffungs- und Wiederverwertungsmärkten über große Transparenz und Marktmacht verfügt. Klare sichere Kalkulationen infolge fest vereinbarter Leasingraten erleichtern die Investitionsrechnungen für die ganze Mietdauer und mindern folglich das Risiko. Die Finanzierung der Anschaffungsauszahlung im Investitionszeitpunkt entfällt, so dass die monatlichen Leasingzahlungen sogar aus den Erträgen des Leasingobjektes geleistet werden können (pay-as-you-earn-Effekt). Beim Operating-Leasing und bei bestimmten Finance-Leasingverträgen ist es möglich, diese monatlichen Mietzahlungen steuerlich abzusetzen. Leasing schont die Liquidität, da für derartige "Investitionen" keine Eigenmittel benötigt werden. Eine schnelle Anpassung an den technischen Fortschritt wird durch kurzfristige Kündigungstermine möglich.

Ein **Nachteil für den Leasingnehmer** ist die verhältnismäßig hohe monatliche Belastung, die in ihrer Summierung je nach Art und Dauer des Vertrags zwischen 20 % und 40 % über dem eigentlichen Kaufpreis des Objekts liegen kann.

Um festzustellen, ob sich ein Leasingobjekt rentiert oder nicht, benötigt man eine **Vergleichsbasis**. Hierfür bietet sich die Kreditfinanzierung an, da es sich bei beiden Formen um Fremdfinanzierung handelt. Das Ergebnis dieses Vergleichs aber hängt von den Gegebenheiten des Einzelfalles ab, der wiederum durch folgende Faktoren charakterisiert ist:

- Höhe des fiktiven Kalkulationssatzes, den die Unternehmung ansetzt;
- Höhe der Steuersätze (ESt, KSt, GewSt) und steuerliche Behandlung des Objektes;
- Mögliche Kreditkonditionen (Kreditzinsen, Kreditnebenkosten, Tilgung);
- Gestaltung des Leasingvertrages (Leasingraten, Gebühren);
- Abschreibungsverfahren beim Kauf.

Das folgende Beispiel demonstriert recht gut den Liquiditätsvorteil beim Leasing in den ersten Jahren, der sich dann allerdings zu einem erheblichen Nachteil entwickelt.

Beispiel:

(ohne Berücksichtigung von Steuereffekten und sonstigen finanziellen Vorteilen von Leasing)

Konditionen der Kreditfinanzierung:

Anschaffungskosten einer Computeranlage	60.000 €
Nutzungsdauer	6 Jahre
Kreditlaufzeit	3 Jahre
Kredittilgung	in gleichen Raten
Kreditzins	8 % p.a.

Konditionen des Leasingvertrages:

Grundmietzeit	4 Jahre
Leasingraten während Grundmietzeit	1/3 der Anschaffungskosten
Leasingraten nach Grundmietzeit	5 % der Anschaffungskosten

Die Finanzierungssurrogate 269

Jahre	Darlehens-tilgung	FK-Zinsen	Kapitaldienst	Leasingraten	Vergleich
1	20.000	4.800	24.800	20.000	+ 4.800
2	20.000	3.200	23.200	20.000	+ 3.200
3	20.000	1.600	21.600	20.000	+ 1.600
4				20.000	- 20.000
5				3.000	- 3.000
6				3.000	- 3.000
Summe	60.000	9.600	69.600	86.000	- 16.400

Je nach **Vertragsgestaltung**, z.B.

- kurzfristige Kündigungsmöglichkeit bzw. feste Grundmietzeit,
- Länge der Grundmietzeit im Verhältnis zur betriebsgewöhnlichen Nutzungsdauer,
- Investitionsrisiko beim Vermieter oder Mieter,
- Reparatur-, Wartungs- und Versicherungskosten (usw. trägt der Vermieter oder Mieter),
- Sonderrechte des Mieters, d.h. Gewährung einer Verlängerungs- oder Kaufoption,

können die Leasingverträge betrachtet werden als

- normale Mietverträge,
- verdeckte Teilzahlungsverträge,
- Geschäftsbesorgungsverträge,
- Treuhandverhältnisse oder
- Verträge eigener Art.

Wie bereits erwähnt, unterscheidet man nach dem Verpflichtungscharakter des Vertrages zwischen dem **Operating-Leasing** und dem **Finance-Leasing** (vgl. Abb. 7/2). Während beim Operating-Leasing das Investitionsrisiko beim Vermieter verbleibt, übernimmt beim Finance-Leasing der Mieter das Investitionsrisiko. Der Leasingnehmer trägt beim Operating-Leasing nur das Risiko, ein falsches Objekt gewählt zu haben. Das Risiko von beispielsweise Fehlinvestitionen aufgrund technischen Fortschritts oder des zufälligen Untergangs des Objektes liegt beim Leasinggeber. Da unter diesen Umständen das Investitionsrisiko beim Leasinggeber verbleibt, ist eine Abgrenzung zu anderen Mietverträgen kaum mehr möglich.

Abb. 7/2: Leasingformen

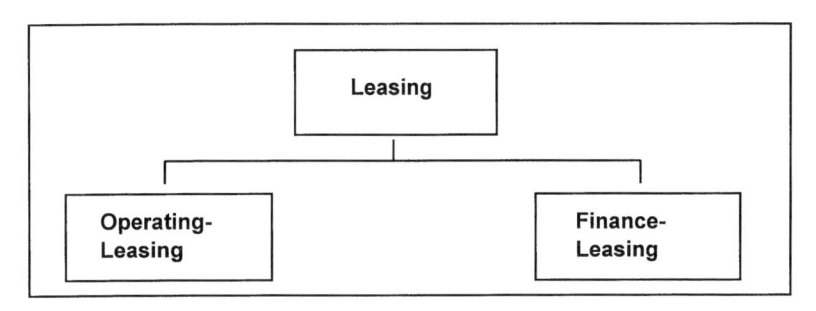

```
                    ┌─────────────┐
                    │   Leasing   │
                    └──────┬──────┘
              ┌────────────┴────────────┐
      ┌───────┴────────┐        ┌───────┴────────┐
      │  Operating-    │        │   Finance-     │
      │   Leasing      │        │    Leasing     │
      └────────────────┘        └────────────────┘
```

Beim **Operating-Leasing** (auch *unechtes* Leasing genannt) handelt es sich um Mietverträge - die Voraussetzungen des BGB für die Miete sind weitgehend erfüllt -, bei denen der Vermieter der Sache das Investitionsrisiko trägt.

Im Falle des Operating-Leasing können beide Vertragspartner den Leasingvertrag ohne Vertragsstrafen kurzfristig kündigen. Stellt sich beim Leasingnehmer heraus, dass dieser das falsche Investitionsobjekt erworben hat, kann er beim nächsten Kündigungstermin aus dem Leasingvertrag aussteigen. I.d.R. liegt die Mietdauer des Gegenstandes erheblich unter der betriebsgewöhnlichen Nutzungsdauer des Objekts, so dass der Leasinggeber das Risiko einer Anschlussvermietung trägt. Das Risiko der Fehlinvestition, der technischen und wirtschaftlichen Wertminderung und Überholung sowie des zufälligen Untergangs lastet folglich auf dem Vermieter bzw. Leasinggeber. Es handelt sich insofern mehrheitlich nicht um betriebsspezifische Vermögensgegenstände, sondern um solche, die vielseitig verwendbar sind.

> Beim **Finance-Leasing** (auch *echtes* Leasing, *Financial-* oder *Finanzierungs-Leasing* genannt) handelt es sich um ein Leasing mit mittel- oder langfristigen Vertragszeiten, bei dem der Mieter der Sache das Investitionsrisiko trägt.

Insbesondere beim Finance-Leasing wird die **Bedeutung als "Finanzierungssurrogat"** deutlich: Die Anschaffung des Investitionsobjektes braucht von der Unternehmung nicht durch eigene oder fremde Mittel "finanziert" zu werden. Statt dessen zahlt die Unternehmung die Leasingraten während der Nutzung des Objektes aus den durch sie erzielten Erträgen bzw. Einzahlungen.

Während der Grundmietzeit, die wie beim Operating-Leasing auch im Allgemeinen kürzer ist als die betriebsgewöhnliche Nutzungsdauer, ist der Leasingnehmer an das Leasingobjekt gebunden. Kommt es während dieser Zeit zu sinkenden Erträgen, können die verbleibenden *Fixkosten* für das Unternehmen zu einer Gefahr werden. Ebenso ist eine schnelle Anpassung an den technisch-wirtschaftlichen Fortschritt während der Grundmietzeit nicht gegeben, da das Leasingobjekt während dieser Zeit nicht zurückgegeben werden kann.

Zusätzlich zu diesem Investitionsrisiko trägt der Leasingnehmer i.d.R. sämtliche **Nebenbelastungen**, wie z.B. Reparatur-, Wartungs- und Versicherungskosten.

Finance-Leasing ist insbesondere dadurch gekennzeichnet, dass die in der Grundmietzeit zu entrichtenden Leasingmietzahlungen die Anschaffungs- oder Herstellungskosten sowie alle Nebenkosten des Leasing-Objektes decken (**Vollamortisations-Leasing**), so dass die Amortisation für den Leasinggeber gesichert ist und dieser sich nicht unbedingt um eine Ersatzvermietung nach Beendigung der Mietzeit kümmern muss.

Beim **Teilamortisations-Leasing** dagegen reichen die Mietzahlungen nicht aus, um die Anschaffungskosten des Objkts zu decken. Das dadurch entstehende Risiko des Leasinggebers wird gewöhnlich durch eine vertraglich gesicherte Kaufverpflichtung des Leasingnehmers zu einem vertraglich fixierten Preis gemindert *(Andienungsrecht)*.

In beiden Fällen wird dem Mieter im Allgemeinen eine **Kauf- oder Verlängerungsoption** nach Beendigung des Mietverhältnisses zugestanden.

Sowohl für die **steuerliche** als auch für die **handelsbilanzielle Behandlung** ist der Verbleib des Finance-Leasingobjektes nach Beendigung der Grundmietzeit von entscheidender Bedeutung. Folgende Möglichkeiten kommen für Vollamortisationsverträge (Mobilien- oder Immobilien-Leasing) in Frage:

(1) Finance-Leasing **ohne Kaufoption**:

Nach Ablauf der Grundmietzeit muss das Leasingobjekt zurückgegeben werden. Auf die Weiterverwendung hat der Leasingnehmer keinen Einfluss mehr;

(2) Finance-Leasing **mit Kaufoption**:

Der Leasing-Nehmer hat das Recht, das Leasingobjekt nach Beendigung der Grundmietzeit zu erwerben. Der Kaufpreis entspricht dem unter Anwendung der linearen AfA ermittelten Buchwert oder dem niedrigeren gemeinen Wert im Zeitpunkt der Veräußerung;

(3) Finance-Leasing **mit Verlängerungsoption**:

Der Leasingnehmer hat das Recht, den Leasingvertrag zu verlängern. Die Leasingraten werden dem tatsächlichen Werteverzehr für den Verlängerungszeitraum entsprechend neu festgelegt. Grundlage ist wiederum der nach linearer AfA ermittelte Buchwert.

(4) **Spezial-Leasingvertrag**:

Beim Spezial-Leasing ist das Leasingobjekt genau auf die besonderen Bedürfnisse des Leasingnehmers zugeschnitten. Eine anderweitige Verwendung ist kaum möglich. Somit handelt es sich um einen unechten oder verunglückten Leasingvertrag, der eine quasi gewöhnliche Finanzierung beinhaltet.

In der Regel sind die Leasing-Objekte beim **Leasinggeber** zu bilanzieren und damit auch bei diesem über die betriebsgewöhnliche Nutzungsdauer abzuschreiben. Steuerlich stellen die Leasingraten für den Leasingnehmer Aufwand dar und sind folglich als Betriebsausgabe abzugsfähig. Dazu korrespondierend stellen beim Leasinggeber die Leasingraten in voller Höhe Betriebseinnahmen dar.

Ist der Vertrag jedoch so gestaltet, dass das Geschäft eher einem Kauf ähnelt, hat der **Leasingnehmer** den Vermögensgegenstand zu aktivieren. Die Aktivierung erfolgt im Anlagevermögen zu Anschaffungs- bzw. Herstellungskosten, die sich aus den Leasingzahlungen abzüglich des Entgeltes für besondere Leistungen des Leasinggebers ergeben. Passiviert wird nur der Tilgungsanteil der Gesamtverbindlichkeit betreffend das Leasingobjekt als Barwert der Leasingverbindlichkeit. Die "Tilgungsanteile" in den Leasingraten sind dann steuerlich nicht abzugsfähig. Das ist häufig bei einer besonders kurzen Grundmietzeit (< 40 %) und folglich hohen Leasingraten oder bei einer Grundmietzeit, die fast die ganze Nutzungsdauer ausmacht (> 90 %), der Fall.

In Anbetracht der vielfältigen Gestaltungsmöglichkeiten des Finance-Leasingvertrages hat der Bundesminister der Finanzen (BdF) **Leasingerlasse** herausgegeben, in dem vier Grundtypen von Finance-Leasing-Verträgen unterschieden werden (vgl. Abb. 7/3 und Abb. 7/4). Die Zuordnung zu diesen Kategorien entscheidet über die bilanzielle und damit steuerliche Behandlung.

Abb. 7/3: Steuerrechtliche Zurechnung beim Vollamortisationserlass über Mobilien

Grundtyp des Vertrages	Der Leasing-Gegenstand ist anzurechnen dem	
	Leasing-Geber	Leasing-Nehmer
Leasing-Vertrag ohne Optionsrechte	• wenn die Grundmietzeit zwischen 40 % und 90 % der betriebsgewöhnlichen Nutzungsdauer des Leasing-Gegenstandes beträgt	• wenn die Grundmietzeit weniger als 40 % oder mehr als 90 % der betriebsgewöhnlichen Nutzungsdauer des Leasing-Gegenstandes beträgt
Leasing-Vertrag mit Kaufoption		• wenn die Grundmietzeit weniger als 40 % oder mehr als 90 % der betriebsgewöhnlichen Nutzungsdauer des Leasing-Gegenstandes beträgt
	• wenn die Grundmietzeit zwischen 40 % und 90 % der betriebsgewöhnlichen Nutzungsdauer des Leasing-Gegenstandes beträgt und der Kaufpreis bei Ausübung des Optionsrechtes mindestens dem linear ermittelten Buchwert oder dem niedrigeren gemeinen Wert des Leasing-Gegenstandes im Zeitpunkt der Veräußerung entspricht	• wenn die Grundmietzeit zwischen 40 % und 90 % der betriebsgewöhnlichen Nutzungsdauer des Leasing-Gegenstandes beträgt und der Kaufpreis bei Ausübung des Optionsrechtes niedriger ist als der linear ermittelte Buchwert oder der niedrigere gemeine Wert des Leasing-Gegenstandes im Zeitpunkt der Veräußerung
Leasing-Vertrag mit Mietverlängerungsoption		• wenn die Grundmietzeit weniger als 40 % oder mehr als 90 % der betriebsgewöhnlichen Nutzungsdauer des Leasing-Gegenstandes beträgt
	• wenn die Grundmietzeit zwischen 40 % und 90 % der betriebsgewöhnlichen Nutzungsdauer des Leasing-Gegenstandes beträgt und die Anschlussmiete den Wertverzehr am Leasing-Gegenstand deckt, der sich auf Basis des linear ermittelten Buchwertes oder des niedrigeren gemeinen Wertes und der Restnutzungsdauer des Leasing-Gegenstandes ergibt	• wenn die Grundmietzeit zwischen 40 % und 90 % der betriebsgewöhnlichen Nutzungsdauer des Leasing-Gegenstandes beträgt und die Anschlussmiete den Wertverzehr am Leasing-Gegenstand nicht deckt, der sich auf Basis des linear ermittelten Buchwertes oder des niedrigeren gemeinen Wertes und der Restnutzungsdauer des Leasing-Gegenstandes ergibt
Spezial-Leasing-Vertrag	---	• in jedem Fall ohne Rücksicht auf das Verhältnis von Grundmietzeit und Nutzungsdauer und Optionsklausel

Quelle: Spittler, H.J. (1990), S. 79 f.

Abb. 7/4: Steuerrechtliche Zurechnung beim Vollamortisationserlass über Immobilien; (Quelle: Spittler, H.J. (1990) S. 84)

Grundtyp des Vertrages	Das Gebäude ist zuzurechnen dem		Der Grund und Boden ist zuzurechnen dem	
	Leasing-Geber	Leasing-Nehmer	Leasing-Geber	Leasing-Nehmer
Leasing-Vertrag ohne Optionsrechte	• wenn Grundmietzeit zwischen 40 % und 90 % der betriebsgewöhnlichen Nutzungsdauer des Gebäudes beträgt	• wenn Grundmietzeit weniger als 40 % oder mehr als 90 % der betriebsgewöhnlichen Nutzungsdauer des Gebäudes beträgt	Generell	---
Leasing-Vertrag mit Kaufoption	• wenn Grundmietzeit zwischen 40 % und 90 % der betriebsgewöhnlichen Nutzungsdauer des Gebäudes beträgt und der Kaufpreis mindestens dem linear ermittelten Buchwert des Gebäudes zzgl. des Buchwertes für den Grund und Boden oder dem niedrigeren gemeinen Wert des Grundstücks im Zeitpunkt der Veräußerung entspricht	• wenn Grundmietzeit weniger als 40 % oder mehr als 90 % der betriebsgewöhnlichen Nutzungsdauer des Gebäudes beträgt • wenn Grundmietzeit zwischen 40 % und 90 % der betriebsgewöhnlichen Nutzungsdauer des Gebäudes beträgt und der Kaufpreis niedriger ist als der linear ermittelte Buchwert des Gebäudes zzgl. des Buchwertes für den Grund und Boden oder als der niedrigere gemeine Wert des Grundstücks im Zeitpunkt der Veräußerung	• wenn ihm das Gebäude zugerechnet wird	• wenn ihm das Gebäude zugerechnet wird
Leasing-Vertrag mit Mietverlängerungsoption	• wenn Grundmietzeit zwischen 40 % und 90 % der betriebsgewöhnlichen Nutzungsdauer des Gebäudes beträgt und die Anschlussmiete mehr als 75 % des Mietentgeltes beträgt, das für ein nach Art, Lage und Ausstattung vergleichbares Grundstück üblicherweise gezahlt wird	• wenn Grundmietzeit weniger als 40 % oder mehr als 90 % der betriebsgewöhnlichen Nutzungsdauer des Gebäudes beträgt • wenn Grundmietzeit zwischen 40 % und 90 % der betriebsgewöhnlichen Nutzungsdauer des Gebäudes beträgt und die Anschlussmiete 75 % oder weniger des Mietentgeltes beträgt, das für ein nach Art, Lage und Ausstattung vergleichbares Grundstück üblicherweise gezahlt wird	generell	---
Spezial-Leasing-Vertrag	---	• ohne Rücksicht auf das Verhältnis von Grundmietzins und betriebsgewöhnlicher Nutzungsdauer des Gebäudes sowie Optionsklauseln	---	generell

Teilamortisationsverträge erscheinen beim Mobilien- und Immobilien-Leasing in folgenden Ausprägungen:

(1) Teilamortisationsvertrag **mit Andienungsrecht** des Leasinggebers:

Der Leasingnehmer hat nach Ablauf der Grundmietzeit das Leasingobjekt zurückzugeben. Der Leasinggeber kann eine Weitervermietung anbieten oder das Objekt veräußern. Außerdem kann er das Objekt dem Leasingnehmer zu einem bei Vertragsbeginn festgelegten Preis andienen, d.h., der Leasingnehmer ist verpflichtet, auf Verlangen des Leasinggebers das Leasingobjekt zu kaufen.

(2) Teilamortisationsvertrag **mit Aufteilung des Mehrerlöses**:

Das Leasingobjekt wird nach Ablauf der Grundmietzeit veräußert. Wenn der Veräußerungserlös über dem noch nicht amortisierten Restbuchwert liegt, dann wird der Leasingnehmer zu einem bei Vertragsabschluß festgelegten Prozentsatz an diesem Mehrerlös beteiligt.

(3) **Kündbarer Leasingvertrag**:

Der Leasingnehmer kann nach Ablauf der Grundmietzeit, die mindestens 40% der betriebsgewöhnlichen Nutzungsdauer beträgt, den Leasingvertrag kündigen und muss in diesem Fall dem Leasinggeber die noch nicht amortisierten Kosten erstatten.

Auf diese Abschlusszahlung werden 90% der vom Leasinggeber erzielten Veräußerungserlöse angerechnet. Ein möglicher Mehrerlös steht in vollem Umfang dem Leasinggeber zu; der Leasingnehmer hat keine weiteren Ansprüche.

Beim Teilamortisationsvertrag mit Andienungsrecht des **Leasinggebers** erfolgt die Anrechnung innerhalb der 40% und 90%-Grenzen beim Leasinggeber, weil dieser die Chance auf Realisierung einer eventuellen Wertsteigerung hat. Der Leasingnehmer dagegen trägt in vollem Umfang das Risiko der Wertminderung. Aufgrund dieses Ungleichgewichtes kann der Leasingnehmer nicht als wirtschaftlicher Eigentümer angesehen werden.

Unter Beachtung der o.g. Grenzen wird auch beim Teilamortisationsvertrag mit Mehrerlösbeteiligung das Leasingobjekt beim Leasinggeber bilanziert. Voraussetzung ist, dass der Anteil des Leasinggebers am potentiellen Mehrerlös mindestens 25% beträgt. Diese Grenze gilt als wirtschaftlich ausreichend gewichtig. Wiederum trägt der Leasingnehmer das Wertminderungsrisiko.

Beim kündbaren Leasingvertrag liegt die Wertsteigerungschance ebenfalls beim Leasinggeber, während der Leasingnehmer für Wertminderungen einsteht. Vorausgesetzt, dass die Grundmietzeit zwischen 40% und 90% der betriebsgewöhnlichen Nutzungsdauer beträgt, ist das Leasingobjekt aufgrund des wirtschaftlichen Eigentums beim Leasinggeber zu bilanzieren.

Der Sinn der Festlegung der 40% bis 90%-Grenze für Teilamortisationsverträge wird in der Literatur **kritisch** beurteilt. Die Teilamortisation sollte Grund genug zur Annahme sein, dass der Leasing-Gegenstand nicht auf Dauer beim Leasingnehmer verbleibt und nicht nur von diesem genutzt wird.

Ist die Entscheidung darüber gefallen, wem das Leasingobjekt steuerrechtlich zuzurechnen ist, ergeben sich daraus Auswirkungen auf die Ermittlung der Einkommen- bzw. Körperschaftsteuer, der Gewerbesteuer sowie der Umsatzsteuer.

Zusammenfassend ist festzuhalten:

- Die Vorteilhaftigkeit von Leasing als Finanzierungssurrogat kann nur im praktischen Einzelfall entschieden werden;

- Die Vorteilhaftigkeit und spezielle Vertragsgestaltung ist abhängig von Rentabilitäts-, Liquiditäts- und Flexibilitätserwägungen;

- Bezüglich der Rentabilität ist festzustellen, dass Leasing oft teurer ist als eine alternative Kreditfinanzierung, da die Leasinggesellschaft ihre Kosten, ihre Serviceleistungen und auch ihren Gewinn kalkuliert. Diese zusätzlichen Kosten können jedoch durch günstige Einkaufskonditionen, bessere Refinanzierungsmöglichkeiten, eine hohe Markttransparenz und die Spezialisierung der Leasinggesellschaft kompensiert werde. Ferner sind Steuervorteile des Leasing in den Vergleich einzubeziehen;

- Hinsichtlich der Liquidität gilt: Leasing schont die Liquidität der Unternehmung am Anfang wegen des Fortfalls der Anschaffungsauszahlung für das Investitionsobjekt. Jedoch ist die Unternehmung hinfort durch die Leasingraten belastet;

- Flexibilität und Anpassungsfähigkeit werden durch Leasing erhöht. Das gilt insbesondere für Branchen oder Objekte, die schnellen technologischen Veränderungen unterworfen sind.

72 Factoring

Beim **Factoring** handelt es sich um eine in den USA entwickelte Form der Absatzfinanzierung. Dabei kauft der *Factor*, das kann eine Bank oder eine eigens für diesen Zweck gegründete Gesellschaft (Factoringgesellschaft) sein, vom Unternehmer bzw. Händler (Factor- bzw. Anschlusskunde) die aufgrund von Warenlieferungen entstehenden Forderungen gegen die Warenabnehmer (Drittschuldner) vor ihrer Fälligkeit (vgl. Abb. 7/5).

Abb. 7/5: Factoring

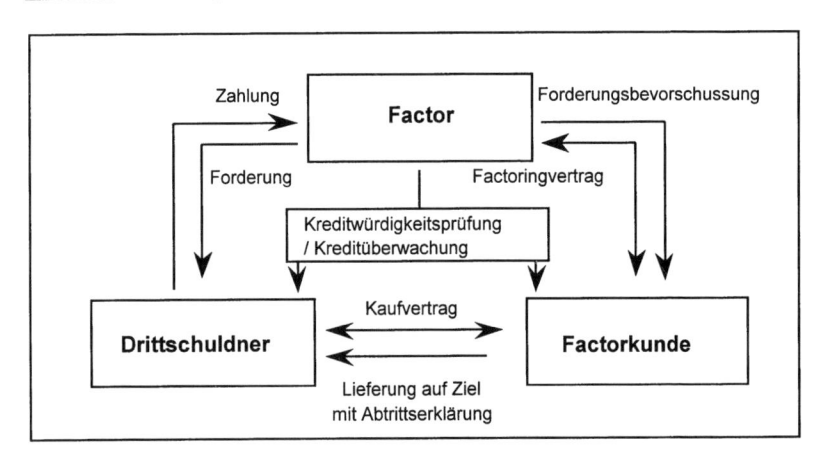

```
              Zahlung                    Forderungsbevorschussung
         ──────────────▶   ┌─────────┐   ◀──────────────
                           │ Factor  │
                           └─────────┘
              Forderung          │     Factoringvertrag
                                 │
                      ┌──────────┴──────────┐
                      │ Kreditwürdigkeitsprüfung │
                      │ / Kreditüberwachung │
                      └─────────────────────┘

                             Kaufvertrag
     ┌──────────────┐   ◀────────────────▶   ┌──────────────┐
     │ Drittschuldner│                        │ Factorkunde  │
     └──────────────┘   ◀────────────────    └──────────────┘
                       Lieferung auf Ziel
                       mit Abtrittserklärung
```

I.d.R. wird für jeden Drittschuldner des Factorkunden ein Forderungs-Höchstbetrag festgelegt, bis zu dem der Factor das Ausfallrisiko

(Delkredere-Risiko) übernimmt. Ebenso behält sich der Factor im Allgemeinen vor, den Ankauf bestimmter Forderungen aus Bonitätsgründen abzulehnen.

> **Factoring** ist der Ankauf von Forderungen aus Warenlieferungen oder Dienstleistungen durch eine spezialisierte Finanzierungsgesellschaft oder ein Kreditinstitut *(Factor)*. Die Vorteilhaftigkeit hinsichtlich der Finanzierung liegt darin, dass die Unternehmung über Liquidität verfügen kann, bevor ihre Forderungen fällig sind und dass das Ausfallrisiko im Wesentlichen auf den Factor übergeht.

Grundsätzlich werden die angekauften Forderungen durch die Factoringgesellschaft nicht vollständig bevorschusst, ein Betrag von ca. 10 - 20 % der Forderung verbleibt auf einem speziell dafür geschaffenen **Sperrkonto** und dient dem Ausgleich eventueller Forderungsausfälle. Geht die Forderung erwartungsgemäß ein, wird der zurückbehaltene Betrag an den Factorkunden überwiesen.

Grundsätzlich kommen alle **Arten von Forderungen** für das Factoring in Frage. Doch werden in der Praxis hauptsächlich Forderungen mit einem Zahlungsziel zwischen 30 und 90 Tagen angekauft.

Wesentliche **Vorteile des Factoring** liegen in der Beschaffung von liquiden Mitteln, der Übernahme des Ausfallrisikos (zumindest beim echten Factoring) durch den Factor und der Übertragung des Inkasso- und Mahnwesens auf den Factor. Der Factorkunde wird durch das Factoringverfahren in die Lage versetzt, Kundenkredite zu gewähren, ohne das Kreditrisiko tragen zu müssen und ohne damit einhergehende Liquidität zu verlieren.

Typische **Neben- bzw. Serviceleistungen** von Factoringgesellschaften sind:

- Übernahme des Inkasso- und Mahnwesens;
- Übernahme des Ausfallrisikos ("echtes" Factoring);
- Führung der Debitoren-Buchhaltung;
- Fakturierung für den Factorkunden;

- Erstellung und Auswertung von Statistiken;
- Bonitätsprüfung der Abnehmer;
- Beratungen jedweder Art.

Die **Kosten des Factoring** bestehen aus der Factoringgebühr, die nach der Höhe des Rechnungsbetrags ermittelt wird, und den banküblichen Sollzinsen für die Diskontierung der Forderung.

Wirtschaftlich unterscheidet man zwischen dem "**echten**" und dem "**unechten**" Factoring (vgl. Abb. 7/6).

Abb. 7/6: Factoringformen

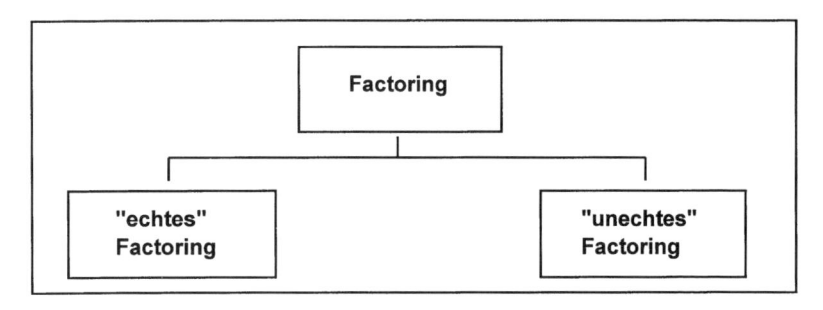

```
                    ┌─────────────┐
                    │  Factoring  │
                    └──────┬──────┘
              ┌────────────┴────────────┐
      ┌───────┴───────┐         ┌───────┴───────┐
      │   "echtes"    │         │  "unechtes"   │
      │   Factoring   │         │   Factoring   │
      └───────────────┘         └───────────────┘
```

Während beim echten Factoring der Factor das Delkredere-Risiko, d.h. die Haftung für die Bezahlung der angekauften Forderung übernimmt, verbleibt das Risiko beim unechten Factoring beim Verkäufer (Factorkunde) der Forderungen.

73 Forfaitierung

Eine andere Finanzierungsform - insbesondere im **Auslandsgeschäft** - ist der regresslose Verkauf *(Forfaitierung)* von Wechsel- und Auslandsforderungen an spezielle Finanzierungsinstitute, wobei die Veräußerung einzelner Forderungen möglich ist und eine Übernahme besonderer Serviceleistungen nicht erfolgt.

Diese Spezialfinanzierungsinstitute übernehmen mit dem Ankauf der Forderung das wirtschaftliche und politische Risiko, nicht aber das rechtliche Risiko, da der Exporteur für seine Forderung einstehen muss. Da

Rückgriffe auf den Veräußerer ausgeschlossen sind, achten die Forfaitierungsinstitute darauf, dass die Forderungen durch Verpflichtungserklärungen von Kreditinstituten gesichert sind.

> **Forfaitierung** ist der Verkauf von mittel- und langfristigen Exportforderungen, ohne dass der Käufer Regress auf den Verkäufer nehmen kann.

74 Asset Backed Securities

Wie so häufig, so hat sich auch das Finanzierungsinstrument "Asset Backed Securities", kurz: *ABS,* zuerst in den USA entwickelt. Auch wenn im Euroraum zur Zeit nur vergleichsweise kleine Volumina emittiert werden, so ist doch zu erwarten, dass diese Finanzinnovation in den nächsten Jahren erheblich an Bedeutung gewinnen wird. In den USA wird diese Form der Finanzierung bereits von Leasinggesellschaften, Kreditkartenunternehmen und Industrieunternehmen genutzt.

Ausgangspunkt der ABS-Finanzierung ist die auffällige Tendenz an den internationalen Finanzmärkten zur **Verbriefung von Finanzierungen** (*Securitization*), d.h., die klassischen, von den Kreditinstituten gewährten Buchkredite werden in Wertpapiere umgewandelt. Da die Wertpapiere ihren Wert aus ganz bestimmten Deckungswerten beziehen, werden sie als "Asset Backed Securities" bezeichnet. Handelt es sich wie in der Mehrzahl der Fälle um Forderungen, so spricht man auch von "*Credit Securitization*". Hierbei werden Forderungen in Pools gebündelt und durch Effekten refinanziert.

Grundidee der Finanzierungsform "ABS" ist das Konzept der **Risikoaufteilung und Risikobegrenzung**. Bei der klassischen Finanzierung über Buchkredite trägt das kreditgewährende Unternehmen (i.d.R. eine Bank) das komplette Bonitätsrisiko des kreditaufnehmenden Unternehmens. Als Ausgleich dient eine von der Branche abhängige angemessene Eigenkapitalausstattung - und zwar sowohl für den Kreditnehmer als auch für die kreditgebende Bank -, die jedoch allgemein als zu hoch und somit zu kostspielig angesehen wird. Bei Kreditinstituten ist eine Mindesteigenkapitalausstattung aufsichtsrechtlich vorgeschrieben. Die Befürworter der ABS-Finanzierung argumentieren, dass eine Eigenkapitalausstattung von beispielsweise 20 % nicht zweckmäßig ist, wenn im Mittel nur Zahlungsausfälle von beispielsweise 5 % zu beklagen sind. Dieser Nachteil kann dadurch behoben werden, dass Vermögensgegenstände (Assets) - i.d.R. Forderungen - zu Gruppen zusammengefasst werden und an rechtlich selbständige, sog. *Finanzierungsvehikel*, verkauft werden. Der Geschäftszweck solcher eigens für diese Finanzierungskonstruktion gegründeten Finanzierungsvehikel besteht ausschließlich im Ankauf der Vermögensgegenstände bzw. Forderungen und deren Refinanzierung durch die Ausgabe von Effekten (vgl. Übersicht 7/7).

Marne et Champagne begibt besicherte Anleihe

60 Millionen Flaschen Champagner als Sicherheit für die Gläubiger

HANDELSBLATT, 1.2.2000
pbs FRANKFURT/M. Im schlimmsten Fall werden die Korken der Champagner-Flaschen knallen. Wenn die Anleihegläubiger des Unternehmens Marne et Champagne ihr Geld nicht zurückbekommen, können sie sich zumindest mit einem Glas Champagner trösten. Insgesamt 60 Mill. Flaschen des luxuriösen Perlweins dienen als Sicherheit für die geplante Anleihe des zweitgrößten französischen Champagnerherstellers, der unter anderem die Marken Lanson und Besserat de Bellefon vertreibt.

Leadmanager Nomura sieht die Emission des Champagner-Hauses als Form der Asset-Backed-Securities (ABS). Der ABS-Markt wird durch die „Verbriefung" von Champagner um eine Kuriosität reicher. ABS sind mit Forderungen gedeckte und besicherte Wertpapiere. Meist sind sie mit Finanzaktiva wie Kfz-Krediten, Hypothekendarlehen oder Firmenkrediten hinterlegt.

Das Emissionsvolumen von ABS am europäischen Markt beziffert die Dresdner Bank für das vergangene Jahr auf 50 bis 60 Mrd. $, gegenüber 450 Mrd. $ auf dem US-amerikanischen Markt. 1998 hatte das Volumen in Europa bei nur 11 Mrd. $ gelegen. Für das Jahr 2000 erwartet die Dresdner Bank ein „stürmisches Wachstum" in Richtung 100 Mrd. $. Die Commerzbank rechnet für das Jahr 2000 mit einem Wachstum des Marktes in Europa von 30 bis 40 %.

Die Wahrscheinlichkeit, dass die Gläubiger von Marne et Champagne tatsächlich zu einigen Kisten Champagner kommen, sind aber relativ gering. In der Vergangenheit haben ABS-Gläubiger ihr Geld stets wiedergesehen. Der Markt sei robust, sagt Michael Englert, Leiter des Bereichs ABS bei der Commerzbank. Forderungsbesicherte Papiere würden fast ausschließlich von institutionellen Anlegern gekauft. Für Private seien ABS zu komplex.

Die Konditionen der bis zu 396 Mill. € schweren Emission von Marne et Champagne werden Nomura zufolge voraussichtlich am 21. Februar bekannt gegeben. Das Unternehmen wolle mit der Anleihe bestehende Schulden refinanzieren. Für den nicht geratenen Emittenten sei eine solche besicherte Variante preiswerter als eine herkömmliche Unternehmensanleihe. Das variabel verzinste Papier wird in drei Tranchen begeben und voraussichtlich in vier Jahren fällig sein. Die Ratingagentur Standard & Poor's bewertet zwei der drei Tranchen mit A, die dritte mit BBB. 80 % der Anleihe will Nomura in Europa platzieren.

MERRILL-LYNCH-ANLEIHEINDIZES

auf Euro-Basis

Märkte 28.1.2000	Indizes¹)	Gewichtete Durchschn. rendite²)	Durchschnittslaufzeit	Duration⁴)	Gesamtertrag gegenüber Vorwoche	Gesamtertrag gegenüber Jahresanf.
Europa-Gesamtmarktindex⁶)	120,45	5,43	6,70	4,94	-0,04	-0,46
EWWU-Gesamtmarktindex⁶)	123,84	5,30	6,10	4,66	-0,19	-0,73
Staatsanleihen	320,55	5,25	6,90	4,96	-0,16	-0,77
Staatsnahe Institutionen⁵)	118,21	5,34	5,60	4,49	-0,15	-0,67
Pfandbriefe	114,73	5,20	4,30	3,75	-0,27	-0,57
Unternehmen	118,33	5,71	5,80	4,86	-0,23	-0,79
Finanzsektor	118,71	5,59	5,70	4,74	-0,20	-0,73
Nicht-Finanzsektor	119,65	5,96	6,10	5,08	-0,28	-0,93
EWWU-Großvol.-Anleihen⁶)	128,10	5,30	6,60	4,92	-0,18	-0,78
Staatsanleihen						
Weltweit	317,63	4,70	8,00	5,63	2,29	0,87
Gesamteuropa	340,72	5,32	7,30	5,16	-0,02	-0,52
Weltweit ohne EWWU	327,04	4,62	8,20	5,75	2,88	1,27
Europa ohne EWWU	405,70	5,74	6,80	6,06	0,52	0,44
Hochzinsanleihen						
Europäische Währungen	119,92	10,57	8,70	6,03	0,79	1,63
Europäische Emittenten	121,21	10,40	8,60	5,88	0,35	0,55
US-Dollar weltweit	363,07	11,47	7,80	5,30	-0,18	-0,35

¹) Die Indizes spiegeln den Gesamtertrag der jeweiligen Märkte auf Euro-Basis wider, Ausnahme: Hochzinsanleihen in US-Dollar, Basis: 1985 = 100 bei Staatsanleihen; Gesamtertrag ist die Summe aus Kursveränderung, Zinseinkünften einschl. deren Wiederanlage; ²) nach Marktkapitalisierung gewichtet; ³) gewichtete durchschnittliche Laufzeit aller Zahlungen eines Wertpapiers, d.h. Kupon zuzüglich Tilgungszahlungen, wobei die Gewichte die abgezinsten Barwerte der Zahlungen sind; ⁴) Mindestanleihegröße: 1 Mrd. € für Zentralregierungen, Rest 100 Mill. €; ⁵) Index umfasst Anleihen von Regionen, Städten, staatl. Institutionen (KfW) und von staatl. garantierten Unternehmen (Deutsche Bundespost), Supranationalen (EIB) und Euro-Anleihen von Nicht-EWWU-Staaten; ⁶) Mindestanleihegröße: 1 Mrd. € für Staatsanleihen, Rest 0,5 Mrd. €.

Quelle: Handelsblatt vom 01.02.2000

Abb. 7/7: Asset Backed Securities

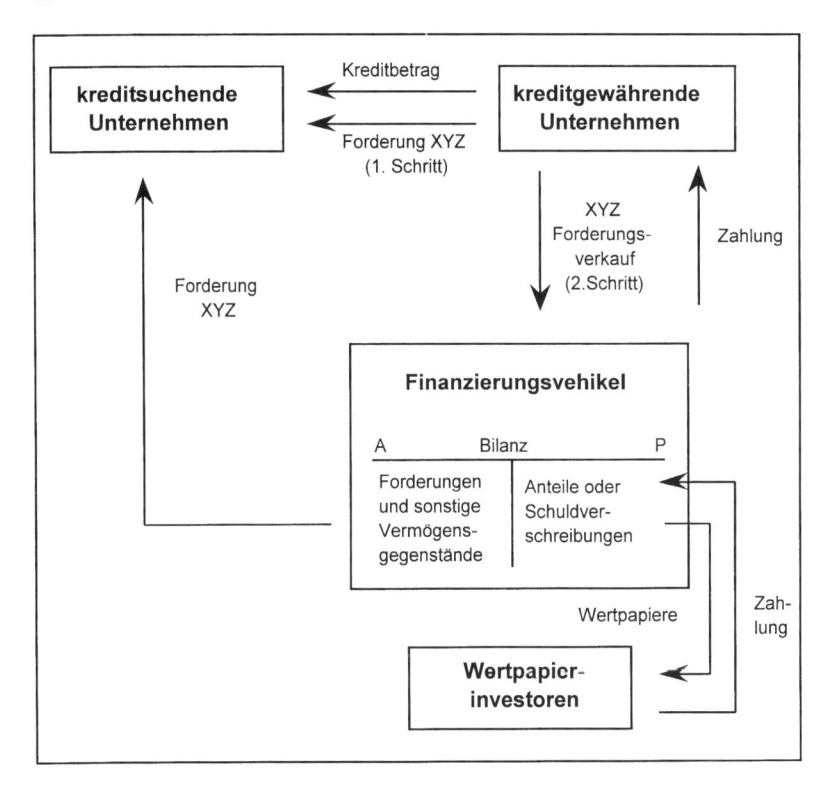

```
kreditsuchende   ←── Kreditbetrag ──   kreditgewährende
Unternehmen      ←── Forderung XYZ ──  Unternehmen
                     (1. Schritt)
     ↑                                       ↑
                         XYZ
   Forderung          Forderungs-         Zahlung
     XYZ               verkauf
                     (2. Schritt)
                         ↓

              Finanzierungsvehikel

              A        Bilanz        P
              Forderungen  | Anteile oder   ←──┐
              und sonstige | Schuldver-        │
              Vermögens-   | schreibungen      │
              gegenstände  |                   │

                                    Wertpapiere    Zah-
                                                   lung
                      Wertpapier-           ←──────┘
                      investoren
```

Die Risikoaufteilung und -begrenzung erfolgt dadurch, dass der Assetverkäufer nur noch das aus den Vergangenheitswerten ermittelte Durchschnittsrisiko von z.b. 5 % und das Finanzierungsvehikel das verbleibende Restrisiko trägt. Häufig werden noch Sicherungszusagen Dritter eingeholt, um die anschließende Wertpapieremission zu erleichtern. Das kreditgebende Unternehmen gewinnt durch den Verkauf der Vermögensgegenstände Liquidität für weitere Investitionen und benötigt deutlich weniger Eigenkapital als Haftungsmasse.

Refinanziert werden die angekauften Vermögensgegenstände bzw. Forderungen vom Finanzierungsvehikel durch die Ausgabe von Wertpapieren, die insofern von der Bonität des ursprünglichen Kreditgebers abgekoppelt sind. Auf den ersten Blick ähnelt diese Finanzierungsalternative dem bereits vorgestellten Factoring. Ein bedeutender Unterschied besteht jedoch darin, dass die ABS-Finanzierung eine Verbindung zum Kapital- und Finanzmarkt herstellt, indem sie ursprünglich nicht handelbare Vermögenswerte in nunmehr fungible Wertpapiere überführt.

Die Vorteile der ABS-Finanzierung für das verkaufende Unternehmen sind:

- Kostenvorteile im Vergleich zum klassischen Buchkredit, bedingt
  - durch ein im Allgemeinen besseres Rating der ABS-Papiere,
  - durch eingesparte kalkulatorische Eigenkapitalkosten und
- Diversifikation der Finanzierungsquellen, d.h., es werden Investoren angesprochen, die vorher nicht Gläubiger der Unternehmung waren;
- Verschuldungskapazität der Unternehmung kann steigen;
- Möglichkeit des "Risk-Managements", d.h., Bonitäts- und Zinsänderungsrisiko kann vom Unternehmen bewusst gestaltet werden.

Erläuternde Fragen und Antworten

1. **Grenzen Sie das Leasing von der Miete ab!**

   Der Begriff Leasing kommt aus dem englischen Sprachgebrauch und kennzeichnet eine spezielle Form von Mietgeschäften, besonders im Investitionsgüterbereich. Eine Abgrenzung zum traditionellen Mietvertrag besteht darin, dass verschiedene Eigentümerpflichten (z.B. Unterhaltung eines Objektes) und Risiken (z.b. zufälliger Untergang) auf den Leasingnehmer (Mieter) übertragen werden.

2. **"Leasing ist eine Investition ohne Eigenkapitaleinsatz. Das Eigenkapital bleibt für eine andere Verwendung frei und steht weiterhin im gleichen Verhältnis zum Fremdkapital. Der Verschuldungsgrad und infolgedessen die Kreditwürdigkeit des Unternehmens bleibt unverändert". Beurteilen Sie diese Aussage!**

   Eine wesentliche Entscheidungsgrundlage der Banken bei der Kreditwürdigkeitsprüfung sind in der Tat Kennziffern aus der Bilanz. Nicht bilanzierte Leasingverträge werden häufig bei der Überprüfung von Bilanzstrukturnormen fälschlicherweise nicht berücksichtigt.

   Bei einer vollständigen Bonitätsprüfung muss die Bank bestehende Leasingverpflichtungen in die Überlegungen einbeziehen.

   Wenn auf diese Weise also keine Ausdehnung der Verschuldungskapazität möglich ist, bleibt zu prüfen, ob ein Unternehmen in der Sondersituation ausgereizter Kreditlinien durch Nutzung der Leasingalternative den Finanzierungsrahmen vergrößern kann.

   Das wäre denkbar, wenn Leasinggesellschaften geringere Anforderungen an die Kreditwürdigkeit stellen würden als Kreditinstitute. Sie können dies auch tatsächlich, da sie sich in einer günstigeren Sicherungsposition befinden (§ 43 KO). Kreditinstitute beleihen das Investitionsobjekt nur prozentual oder verlangen zusätzliche bankübliche Sicherheiten. So kann es sein, dass Leasing noch möglich ist, während eine Kreditfinanzierung nicht mehr angeboten wird.

3. **Warum kommen beim Operating-Leasing i.d.R. nur Universalgüter als Leasingobjekte in Frage?**

   Infolge des erhöhten Risikos für den Leasinggeber, eine Anschlussvermietung zu finden, kommen im Allgemeinen als Leasingobjekte nur solche Gegenstände in Frage, denen auch eine ausreichende Nachfrage gegenübersteht, d.h. solche Objekte, die jederzeit vermietet werden können.

4. **Welche steuerrechtlichen Konsequenzen hat die Zuordnung des Leasingobjektes zum Leasinggeber oder Leasingnehmer?**

   Je nach Zurechnung des Leasinggegenstandes fallen beim Leasinggeber bzw. -nehmer Einkommensteuer oder Körperschaftsteuer und Gewerbesteuer in unterschiedlicher Höhe an.

5. **Hat die Entscheidung "Leasing oder Kreditkauf" Einfluss auf die Höhe der Gewerbesteuer?**

   Die bedeutendste Steuerersparnis ergibt sich aus dem Gewerbesteuereffekt. Dieser ergibt sich aus der Tatsache, dass die (erlasskonforme) Leasingfinanzierung im Gegensatz zur fremdfinanzierten Kaufalternative die gesetzliche Bezugsbasis für die Gewerbeertragsteuer nicht berührt. Bei der Fremdfinanzierung kommt es zu einer die Gewerbesteuer erhöhende Wirkung, weil die Hälfte der sogenannten Dauerschuldzinsen wieder dem Gewinn aus Gewerbebetrieb und die Hälfte der Dauerschulden wieder dem Einheitswert des gewerblichen Betriebes zugerechnet werden.

8 Finanzderivate

81 Grundlagen

811 Begriffsbestimmung

Im Mittelpunkt dieses Abschnitts stehen die aus Sicht der Finanzwirte wohl bedeutendsten Instrumente der vergangenen Jahre. Gemeint sind Finanzderivate, die ihren Namen der lateinischen Vokabel „derivare" verdanken, was übersetzt soviel wie „herleiten" oder „ableiten" bedeutet. Der Wert eines Derivats lässt sich auf bestimmte Merkmale eines anderen Finanzinstruments zurückführen. In den meisten Fällen werden Derivate mit **Termingeschäften** gleichgesetzt - ein Weg, von dem auch hier nicht abgewichen wird. Typisch für ein Termingeschäft ist der deutliche zeitliche Abstand zwischen Geschäftsabschluss und Erfüllung. Während die Konditionen, etwa der Handelsgegenstand (z.B. Aktie) und der Preis, gegenwärtig vereinbart werden, verlagern sich Lieferung und Bezahlung in die Zukunft. Demgegenüber kommen die Parteien ihren Verpflichtungen bei einem **Kassageschäft** sofort nach; in Deutschland für gewöhnlich innerhalb der beiden folgenden Tage nach Vertragsabschluß.

Das Gut, das bei einem Termingeschäft den Besitzer wechselt, heißt **Basisgut**, geläufiger ist allerdings die englischsprachige Bezeichnung **Underlying**. Der Käufer nimmt die sogenannte **Long**-Position ein, wohingegen der Verkäufer „**Short**" ist. Wie ein Termingeschäft im Einzelnen ausgestaltet sein kann und wie die Vertragsparteien jeweils von künftigen Preisveränderungen des Underlyings betroffen sind, wird anhand des folgenden einfachen Beispiels verdeutlicht.

Beispiel

Die Privatpersonen A und B schließen zum Zeitpunkt t_0 ein Termingeschäft miteinander ab, wobei A Käufer und B Verkäufer ist. Als Underlying wählen die beiden eine Telekom-Aktie („T-Aktie"), die in sechs Monaten (Zeitpunkt t_1) geliefert und bezahlt werden soll. Die Vertragspartner vereinbaren außerdem einen Preis („Terminpreis") in Höhe von 50 €.

Mit dem Abschluss verpflichtet sich A, bei Fälligkeit des Termingeschäfts - also in sechs Monaten - 50 € an B zu zahlen, der im Gegenzug eine T-Aktie an A liefern muss.

Notiert die T-Aktie in einem halben Jahr zu einem Kurs oberhalb von 50 €, zum Beispiel zum Preis von 60 €, profitiert A von dem Termingeschäft. Er muss für ein Wertpapier, das eigentlich 60 € wert ist lediglich 50 € bezahlen und hat damit 10 € gewonnen. Umgekehrt ist ein Aktienkurs unterhalb des Terminpreises für den Verkäufer vorteilhaft. Angenommen, der Preis für die T-Aktie beliefe sich in t_1 auf 40 €. B hätte sich aufgrund der Vereinbarung einen vergleichsweise hohen Preis gesichert und erhält für das Papier, das nur einen Wert von 40 € hat, 10 € mehr.

812 Motive

Die Gründe, die zum Abschluss von Termingeschäften führen, sind vielfältig. So kann man sich damit gegen künftige Preisschwankungen absichern, auch **Hedging** genannt. Zum Schutz vor einem Preisrückgang wird das jeweilige Gut „auf Termin" verkauft, während eine Long-Position die Absicherung gegen einen Preisanstieg ermöglicht. An einem Fallbeispiel soll eine derartige Absicherung illustriert werden.

Beispiel:

Ein Anleger hält 100 T-Aktien, die gegenwärtig zu einem Kurs in Höhe von 40 €/Aktie notieren. Er befürchtet zwar, dass der Preis des Papiers in Zukunft sinkt, möchte die Aktien aber dennoch halten, um an der nächsten Hauptversammlung teilnehmen zu können. Deshalb entscheidet er sich für den Abschluss eines Termingeschäfts, bei dem er die Short-Position einnimmt und das im Einzelnen folgende Ausstattungsmerkmale aufweist:

- Laufzeit: 9 Monate
- Underlying: 100 T-Aktien
- Terminkurs: 39 €/Aktie

Damit hat der Investor die Gewissheit erlangt, für jedes Wertpapier genau 39 € zu erhalten und zwar völlig unabhängig vom Aktienkurs in neun Monaten.

Während sich der Verkäufer gegen einen Preisrückgang absichert, treibt den Käufer möglicherweise die Angst vor einem Preisanstieg zum Geschäftsabschluss. Er kann sicher gehen, T-Aktien in neun Monaten für 39 € zu bekommen, auch wenn der Preis dafür dann unter Umständen viel höher liegt.

Allerdings verfolgen die Marktakteure nicht nur Absicherungsmotive, sondern auch eine im Vergleich dazu völlig gegenläufige Zielsetzung. Gemeint ist die bewusste Inkaufnahme von Risiken mit der Absicht, Gewinne zu erzielen. Solch ein Verhalten wird landläufig als **Spekulation** bezeichnet. Marktteilnehmer, die in der Zukunft mit einem Preisanstieg rechnen, würden das betreffende Gut „auf Termin" kaufen. Dagegen wird eine Short-Position aufgebaut, wenn auf fallende Preise gesetzt wird.

Neben Hedging- und Spekulationsgründen spielt in der Realität noch ein weiteres Motiv eine Rolle, die **Arbitrage**. Darunter versteht man die gewinnbringende Ausnutzung unangemessener Preisunterschiede zwischen Kassa- und Termingeschäften.

813 Klassifizierung

Zur Einteilung derivativer Instrumente sind unterschiedliche Kriterien denkbar. Bewährt hat sich eine Klassifikation nach

- dem Underlying,
- der Handelsform sowie
- dem Grad der Erfüllungspflicht.

Basisgüter

Das Spektrum potenzieller Basisgüter ist nahezu unbegrenzt. Es lässt sich in zwei Rubriken aufgliedern: Zum einen Waren - englisch „**Commodities**" -, wozu etwa Agrarprodukte oder Rohstoffe zählen, und zum anderen Finanzinstrumente, die auch im Mittelpunkt der weiteren Ausführungen stehen. Letztere werden wiederum in verschiedene Kategorien eingeteilt, die übersichtlich in Abbildung 8/1 aufgeführt sind.

Abb. 8/1: Underlyings bei Finanzderivaten

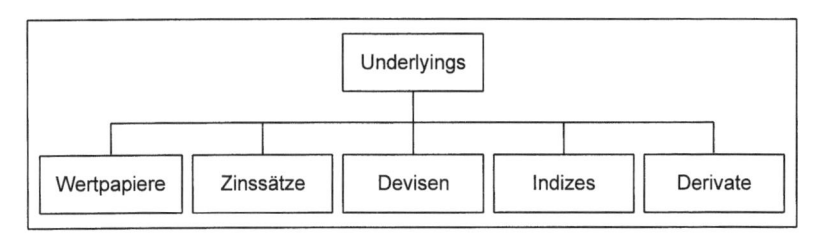

```
                        Underlyings
    ┌───────────┬───────────┬──────────┬──────────┐
 Wertpapiere  Zinssätze   Devisen    Indizes    Derivate
```

Ein Teil der Basisgüter, etwa Devisen, können am Verfalltag tatsächlich geliefert - man sagt auch „effektiv angedient" - werden. Im Gegensatz dazu ist bei den übrigen Underlyings eine effektive Andienung unmöglich, was beispielsweise auf einen Aktienindex wie den DAX zutrifft. Deshalb müssen Termingeschäfte, die auf derlei Instrumenten basieren, auf eine andere Art und Weise erfüllt werden. Anstelle einer tatsächlichen Lieferung und Bezahlung findet in solchen Fällen ein Barausgleich (**Cash Settlement**) statt. Je nach dem wie sich der Kassa- im Vergleich zum Terminpreis entwickelt hat, zahlt am Verfalltermin entweder der Käufer an den Verkäufer oder umgekehrt. Keine der beiden Vertragsparteien ist hingegen zu einer Ausgleichszahlung verpflichtet, wenn sich der aktuelle Underlyingpreis am Verfalltag mit dem Terminpreis deckt.

Handelsformen

Der Handel mit Finanzderivaten kann sich auf höchst unterschiedliche Weise vollziehen. Termingeschäfte werden sowohl an speziell dafür eingerichteten Börsen, den sogenannten **Terminbörsen**, abgewickelt, als auch direkt zwischen den Vertragsparteien vereinbart, wofür die Bezeichnung „Over-The-Counter" - kurz **OTC** - gebräuchlich ist. Während die Ausstattungselemente eines Terminbörsengeschäftes, etwa der Verfalltermin oder die Underlyingmenge, sehr stark standardisiert sind, unterliegen OTC-Transaktionen im Prinzip keinerlei Vereinheitlichung. Die Parteien können die vertragliche Ausgestaltung also vollkommen frei bestimmen. Dafür müssen allerdings einige Nachteile in Kauf genommen werden. Aufgrund ihrer „Einzigartigkeit" sind OTC-Produkte oftmals verhältnismäßig schwierig vorzeitig wieder aufzulösen. Eine Stornierung - auch **Glattstellung** genannt - ist etwa dann unumgänglich, wenn ein Absicherungsbedarf unerwartet erlischt. Auf derartige Vorkommnisse sind beispielsweise Hedger mit Terminbörsengeschäften weitaus besser vorbereitet als mit OTC-Transaktionen. Aufgrund der Standardisierung existieren sehr wenige Terminbörsenprodukte mit voneinander abweichenden Gestaltungsmerkmalen, was zu relativ großen Umsätzen der einzelnen Kontrakte führt. Die hohe Liquidität gewährleistet wiederum eine problemlose Glattstellung. Hinzu kommt, dass Transaktionen an einer Terminbörse nicht nur sehr transparent ablaufen, sondern auch schnell und kostengünstig abgeschlossen werden können, da sich die Vertragsparteien nicht direkt gegenüberstehen, sondern stets eine sogenannte **Clearingstelle** („Clearinghouse") zwischengeschaltet ist. Sie garantiert die Erfüllung und entlastet die Kontrahenten von der Bonitätsüberprüfung der jeweiligen Gegenpartie. Fällt eine Partei aus, kommt das Clearinghouse den Verpflichtungen aus dem Termingeschäft in jedem Fall nach. Eine Long-Position (Short-Position) nimmt die Clearingstelle allerdings nur dann ein, wenn sie dasselbe Underlying zu gleichen Konditionen und zum selben Zeitpunkt an einen anderen Marktakteur verkaufen (kaufen) kann und keine Positionen auf eigene Rechnung übernehmen muss. Dies ist praktisch immer gewährleistet.

Im Vergleich zu Terminbörsenoperationen tragen die Akteure beim OTC-Handel das Risiko, dass die Gegenpartei ihren Verpflichtungen künftig nur unvollständig nachkommt, oder diese unter Umständen gar nicht erfüllt.

Grad der Erfüllungspflicht

Termingeschäfte sind grundsätzlich entweder so ausgestaltet, dass sowohl der Käufer als auch der Verkäufer die Pflicht zur Erfüllung eingeht, oder einer Vertragspartei eine Wahlmöglichkeit bleibt.

Bei einem **unbedingten Termingeschäft** bezahlt der Käufer am Verfalltag auf jeden Fall den Terminpreis, um im Gegenzug vom Verkäufer das Underlying zu beziehen. Unbedingte OTC-Geschäfte heißen **Forwards**, wohingegen die börsengehandelten Pendants als **Futures** bezeichnet werden. Während derlei Transaktionen beide Kontrahenten binden, genießt eine Vertragspartei bei einem **bedingten Termingeschäft** die freie Wahl („Option"), eine Erfüllung zu verlangen oder das Geschäft verfallen zu lassen und auf einen Austausch des Underlyings zu verzichten.

82 Bedingte Termingeschäfte

821 Grundlagen

Bei einem bedingten Termingeschäft stehen sich zwei Vertragsparteien gegenüber - auf der einen der Optionskäufer und auf der anderen Seite der -Verkäufer, der häufig auch als **Stillhalter** oder **Schreiber** bezeichnet wird. Gegen Zahlung einer **Optionsprämie** erlangt der Käufer das Recht, allerdings - und das ist entscheidend - nicht die Pflicht,

- ein bestimmtes Basisgut (z.B. eine Aktie),
- zu einem im Voraus festgelegten Preis, dem sogenannten **Basispreis**, *englisch* „**Strike**",
- zu kaufen (**Kaufoption**, *englisch* „**Call**") bzw. zu verkaufen (**Verkaufsoption**, *englisch* „**Put**").

Während das Kauf- bzw. Verkaufsrecht bei **amerikanischen** Optionen jederzeit innerhalb der gesamten Optionsfrist in Anspruch genommen werden kann, ist eine Ausübung **europäischer** Optionen ausschließlich am Verfalltag möglich.

Abb. 8/2:   Optionsfrist und Verfalltag

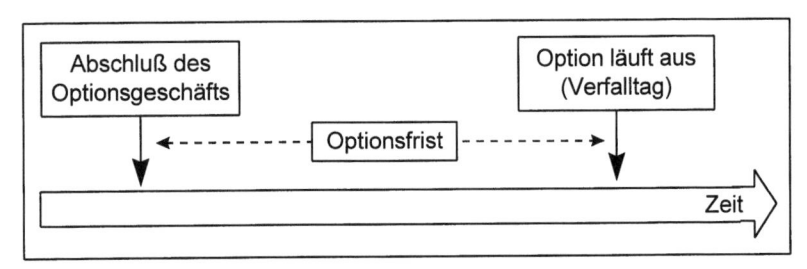

```
┌─────────────────────────────────────────────────────────────┐
│  ┌──────────────┐                       ┌──────────────┐    │
│  │ Abschluß des │                       │Option läuft aus│  │
│  │Optionsgeschäfts│                     │ (Verfalltag) │    │
│  └──────┬───────┘                       └──────┬───────┘    │
│         │       ◄- - -[ Optionsfrist ]- - -►   │            │
│         ▼                                      ▼            │
│ ═══════════════════════════════════════════════════════ Zeit▶│
└─────────────────────────────────────────────────────────────┘
```

Wie im letzten Kapitel bereits erwähnt, können sich Optionsgeschäfte auf unterschiedliche Underlyings beziehen. Aus Gründen der Übersichtlichkeit werden hier jedoch lediglich Aktienoptionen näher betrachtet. Die Ausführungen lassen sich auf andere Optionen (z.B. Devisen- oder Rentenoptionen) übertragen.

Je nachdem, ob ein Marktakteur Optionen kauft oder schreibt, lassen sich die in Abbildung 8/3 gezeigten sogenannten Grundpositionen unterscheiden.

Abb. 8/3: Grundpositionen bei Optionsgeschäften

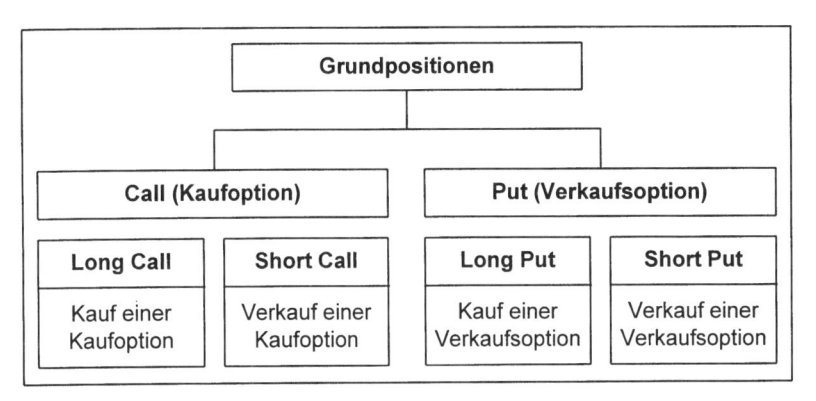

Grundpositionen			
Call (Kaufoption)		Put (Verkaufsoption)	
Long Call	Short Call	Long Put	Short Put
Kauf einer Kaufoption	Verkauf einer Kaufoption	Kauf einer Verkaufsoption	Verkauf einer Verkaufsoption

Der Käufer einer Kaufoption („**Long Call**") rechnet mit steigenden Kursen. Gehen seine Hoffnungen in Erfüllung, so könnte er die Aktie zum Strike beziehen, das Wertpapier umgehend zum höheren Kurs wieder veräußern und einen Gewinn einstreichen. Calls eignen sich demnach zur Spekulation auf eine Aktien-Hausse. Erweisen sich die Erwartungen hingegen als falsch, wird natürlich auf die Ausübung verzichtet. Der Spekulant verliert in diesem Falle sein eingesetztes Kapital.

Damit lässt sich auch ein Motiv für den Verkauf einer Kaufoption („**Short Call**") ableiten. Der Stillhalter rechnet mit sinkenden Aktienkursen, da der Callinhaber dann auf sein Kaufrecht verzichtet. Der Schreiber hat die Optionsprämie vereinnahmt, ohne dafür eine Gegenleistung erbringen zu müssen.

Es sind allerdings nicht nur Spekulationsgründe, die für den Kauf einer Kaufoption sprechen. Auch eine Absicherung gegen einen Preisanstieg könnte ein Motiv sein. Ein Anleger etwa, der einen Aktienkauf - aus was für Gründen auch immer - in die Zukunft verschieben möchte, jedoch einen Kursanstieg befürchtet, könnte Aktien-Calls erwerben. Damit hat er die Sicherheit, künftig keinesfalls mehr als den Basispreis zu bezahlen. Der Kauf eines Calls entspricht gewissermaßen einem Versicherungsabschluss gegen steigende Kurse, wobei der Callpreis die Versicherungsprämie darstellt.

Im Vergleich dazu rechnet der Käufer einer Verkaufsoption („**Long Put**") mit fallenden Aktienkursen. Bestätigt sich seine Annahme, kann er künftig die betreffende Aktie günstig kaufen, den Put ausüben, das Wertpapier zum höheren Basispreis an den Stillhalter veräußern und damit einen Gewinn erzielen. Put-Käufer sind folglich Baisse-Spekulanten. Erfüllt sich die Prognose hingegen nicht, lässt der Optionskäufer sein Recht verfallen und hat damit die Prämie verloren.

Für einen Stillhalter („**Short Put**") ist im Unterschied zum Put-Käufer ein Kursanstieg gewinnbringend, da der Optionsinhaber bei Überschreiten des Basispreises sein Verkaufsrecht ungenutzt verstreichen lässt.

Auch bei Puts spielen nicht nur Spekulations-, sondern ebenfalls Sicherungsmotive eine Rolle. Befürchtet ein Aktienbesitzer in Zukunft einen Kursrückgang und möchte er seine Wertpapiere jetzt noch nicht verkaufen, etwa um an der nächsten Hauptversammlung teilnehmen zu können, besteht die Möglichkeit, sich mit Hilfe von Puts abzusichern. Der Anleger erwirbt entsprechende Optionen auf die in seinem Depot befindlichen Titel. Der Basispreis kann dabei zum Beispiel dem aktuellen Aktienkurs entsprechen. Sollte das Papier in Zukunft an Wert verlieren, so macht der Investor von seinem Recht Gebrauch und verkauft die Dividendenpapiere zum Strike.

Die Einsatzmöglichkeiten beschränken sich nicht auf die vier Grundpositionen. Optionen können vielmehr auf beliebige Art und Weise miteinander kombiniert werden, so dass eine Anpassung an nahezu jedwede Markterwartung realisierbar ist.

Im Verlaufe dieses Kapitels wurde bereits gesagt, dass Optionen einen Preis haben. Dieser kann - vor Erreichen des Verfalltages - in zwei Komponenten zerlegt werden, und zwar in einen **Inneren Wert** und eine **Zeitprämie**.

Innerer Wert

Um eine Aussage über den Inneren Wert machen zu können, muss der aktuelle Preis des Basisguts mit dem Strike verglichen werden. Ist der Unterschiedsbetrag aus der Sicht des Optionsinhabers positiv, das bedeutet, dass eine Ausübung am Verfalltag lohnenswert ist, so besitzt das betrachtete Recht einen positiven Inneren Wert, sonst beläuft sich der Innere Wert auf Null. Ein Call weist demnach einen positiven Inneren Wert auf, wenn der aktuelle Aktienkurs den Basispreis übertrifft, wohingegen für eine Verkaufsoption das Gegenteil gilt.

Amerikanische Optionen müssen - abgesehen von wenigen Ausnahmen - jederzeit einen Preis haben, der mindestens dem Inneren Wert entspricht. Sonst lassen sich sichere Gewinne erzielen, indem die entsprechende Option gekauft und umgehend ausgeübt wird. Dazu ein Fallbeispiel:

Beispiel:

Die Aktie der Telekom AG notiert augenblicklich zu einem Kurs in Höhe von 35 €. Eine Verkaufsoption, die wie folgt ausgestattet ist, wird zum Preis von 4 € angeboten.

Put	
Underlying	T-Aktie
Basispreis	40 €
Restlaufzeit	6 Monate
Typ	amerikanisch

Der aktuelle Aktienkurs liegt um 5 € unter dem Basispreis. Deshalb ist der Innere Wert positiv. Er liegt bei 5 € und entspricht gleichzeitig der Preisuntergrenze.

Nun ist die Put-Prämie aber niedriger als die Preisuntergrenze, so dass sich ein sicherer Gewinn erzielen lässt. Dafür müsste man sowohl die T-Aktie als auch die Option kaufen und den Put anschließend sofort ausüben. Wie folgende Rechnung belegt, ergibt sich ein Gewinn von einem € (Auszahlungen mit einem Minus-, Einzahlungen hingegen mit einem Pluszeichen versehen).

Kauf einer Verkaufsoption	−4 €
Kauf einer T-Aktie	−35 €
Ausübung der Verkaufsoption	+40 €
Gewinn	**+ 1 €**

Bei der augenblicklichen Preiskonstellation steigt die Nachfrage nach T-Aktien und nach Verkaufsoptionen. Deswegen steigen Aktien- und Optionspreis. Angenommen, der Aktienkurs klettert auf 35,50 € und der Optionspreis auf 4,50 €. Die Erzielung sicherer Gewinne ist jetzt ausgeschlossen, da die Prämie den Inneren Wert nicht mehr unterschreitet.

Zeitprämie

Neben dem Inneren Wert stellt die Zeitprämie den zweiten Preisbestandteil dar. Sie entspricht der Differenz zwischen der Optionsprämie und dem Inneren Wert. Die Zeitprämie ist derjenige Preisbestandteil, der für die Chance bezahlt wird, dass sich der Wert der Option für den Inhaber positiv entwickelt. Aus der Sicht des Stillhalters spiegelt diese Preiskomponente dagegen eine Art „Gefahrenprämie" wieder. Die Zeitprämie wird erhoben, solange noch Unsicherheit über die Wertentwicklung bei der Option vorhanden ist. Am Fristende besteht der Optionspreis deshalb lediglich aus dem Inneren Wert.

An folgendem Fallbeispiel soll einmal demonstriert werden, wie sich eine Optionsprämie in ihre Einzelbestandteile zerlegen lässt.

Beispiel:

Die Aktie der Pro Sieben AG notiert zu einem Kurs von 80 €. Ein Pro-Sieben-Call (Strike: 65 €) hat einen Preis von 24 €.

Da der aktuelle Aktienkurs oberhalb des Basispreises liegt, weist die Kaufoption einen positiven Inneren Wert auf. Er beträgt

80 € − 65 € = 15 €.

Nun lässt sich problemlos auch die Zeitprämie ermitteln:

24 € − 15 € = 9 €

Finanzderivate

Am Verfalltag besteht der Optionspreis nur noch aus dem Inneren Wert. Er beträgt dann bei einem Call

$$C = \text{Max}\,[0;\,AK - BP],$$

und für einen Put

$$P = \text{Max}\,[BP - AK;\,0].$$

Dabei bedeuten:

C: Callpreis am Verfalltag
P: Putpreis am Verfalltag
AK: Aktueller Aktienkurs am Verfalltag
BP: Basispreis

Beispiel:

In der folgenden Tabelle sind die Werte einer Verkaufsoption am Verfalltag bei unterschiedlichen Aktienkursen aufgeführt. Der Basispreis des Puts liegt bei 150 €.

Aktienkurs am Verfalltag	Wert der Option	
120 €	Max [150 – 120; 0] =	30 €
150 €	Max [150 – 150; 0] =	0 €
170 €	Max [150 – 170; 0] =	0 €

Mögliche „Zustände" einer Option

Um die Werthaltigkeit einer Option mit einem einzigen Begriff zum Ausdruck zu bringen, wurden die Bezeichnungen

- im Geld (in–the–money),
- am Geld (at–the–money) sowie
- aus dem Geld (out–of–the–money)

geprägt. Danach notiert eine Option „im Geld", wenn sie einen positiven Inneren Wert aufweist, wohingegen ein „at-the-money"-Zustand erreicht ist, wenn der aktuelle Underlyingpreis mit dem Strike zusammenfällt. Eine „out-of-the-money"-Option ist schließlich dadurch gekennzeichnet, dass der gegenwärtige Preis für das Basisgut unter dem Strike liegt (bei einem Call) bzw. oberhalb des Strike (bei einem Put).

Beispiel:

Das nachstehende Tableau beinhaltet fünf Aktien-Calls, die sich lediglich durch ihre Basispreise unterscheiden, aber sonst identisch ausgestattet sind. Die Optionen basieren damit auch auf derselben Aktie, die zum Betrachtungszeitpunkt zu einem Kurs in Höhe von 70 € notiert.

Strike	Callprämie	Innerer Wert	Zeitprämie	„Zustand"
20 €	51 €	50 €	1 €	deep-in-the-money
60 €	14 €	10 €	4 €	in-the-money
70 €	8 €	0 €	8 €	at-the-money
80 €	3 €	0 €	3 €	out-of-the-money
140 €	0,50 €	0 €	0,50 €	deep-out-of-the-money

Gewinn- und Verlustdiagramme

Welcher Gewinn oder Verlust erzielt wird, wenn eine Option bis zu ihrem Laufzeitende gehalten wird, kann man gut graphisch zeigen. Da der Verlauf der Gewinn- und Verlust-Profile („GuV-Profile") eine gewisse Ähnlichkeit mit einem Hockeyschläger hat, spricht man auch von **Hockeystick-Diagrammen**.

Finanzderivate

Beispiel:

Ein Anleger hat vor einiger Zeit einen Aktien-Call (Strike: 50 €) zu einem Preis von 10 € gekauft. Mit Hilfe dieser Angaben lässt sich das Gewinn- und Verlustprofil (aus Sicht des Optionsinhabers) erstellen.

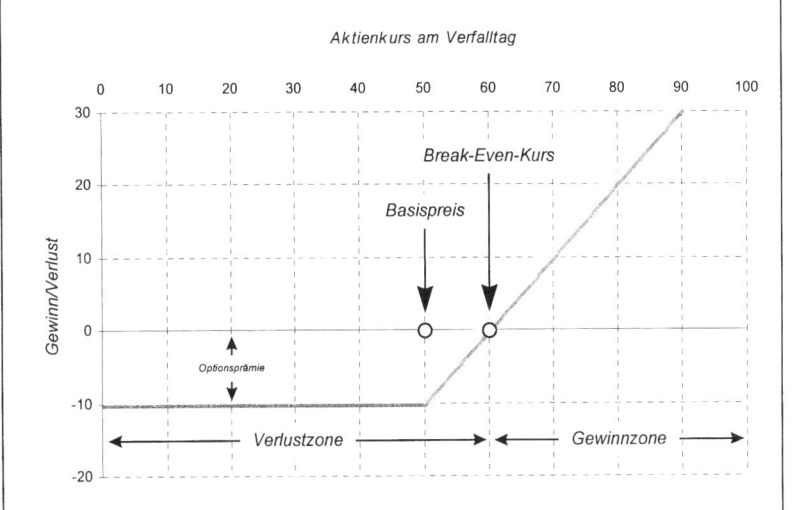

Aktienkurs am Verfalltag

[Diagramm: Gewinn/Verlust-Profil eines Long Call mit Basispreis 50 €, Optionsprämie 10 €, Break-Even-Kurs bei 60 €, Verlustzone und Gewinnzone markiert]

Der Break-Even-Kurs („Gewinnschwelle") entspricht demjenigen Aktienpreis, der am Verfalltag exakt erreicht sein muss, damit der Optionsinhaber weder einen Gewinn noch einen Verlust erzielt. Kurse unterhalb der Gewinnschwelle führen für den Callbesitzer zu einem Verlust, während Aktienpreise oberhalb davon Gewinne bringen.

Hockeystick-Diagramme können für sämtliche Grundpositionen erstellt werden (vgl. Abb. 8/4). Anhand der Profile ist sehr gut zu erkennen, dass die Verlustmöglichkeiten eines Optionskäufers auf den Prämieneinsatz begrenzt sind. Im Unterschied dazu hat ein Call-Stillhalter ein unbegrenztes Verlustpotenzial zu tragen, der Schreiber einer Verkaufsoption im schlimmsten Falle einen Verlust in Höhe des Basispreises.

Abb. 8/4: Hockeystick-Diagramme

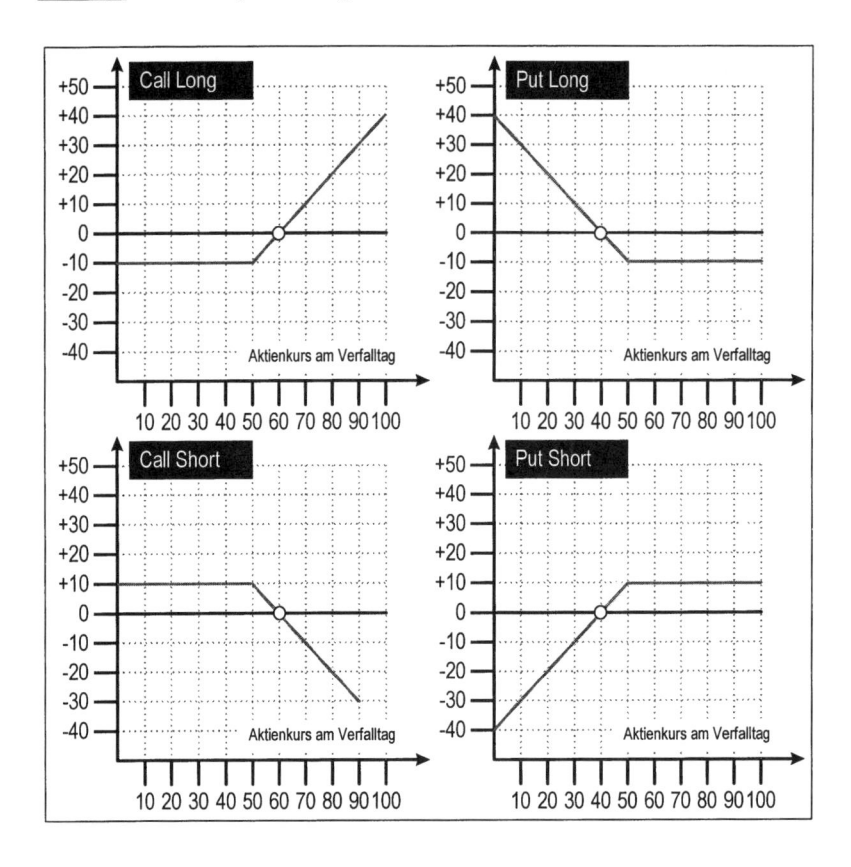

Preisbestimmende Faktoren

Bevor man den Entschluss fasst, eine Kauf- oder Verkaufsoption zu erwerben, sollte überprüft werden, ob deren Preis angemessen ist - man spricht in diesem Zusammenhang auch vom **fairen Preis**, *englisch* „**fair value**". Um das beurteilen zu können, sollten die folgenden preisbestimmenden Parameter analysiert werden:

- **Basispreis**. Je höher der Strike liegt, desto geringer (höher) ist die Prämie für einen Call (Put). Umgekehrt ist ein Call (Put) um so teurer (preiswerter), je geringer der Basispreis angesiedelt ist.

- **Aktueller Aktienkurs.** Eine Kaufoption (Verkaufsoption) ist um so mehr wert, je höher (niedriger) die Aktie zum Betrachtungszeitpunkt notiert. Demgegenüber ist ein Call (Put) um so preiswerter, je niedriger (höher) der Aktienkurs liegt.

- **Intensität zukünftiger Kursschwankungen.** Je heftiger die Aktienkurse in Zukunft schwanken, desto größer ist die Möglichkeit, dass sich der Aktienkurs weit vom Basispreis entfernt und eine Option - gleichgültig, ob Call oder Put - am Verfalltag einen hohen Inneren Wert aufweist. Deshalb sind Optionen um so teurer, je stärker die zugrunde liegenden Aktien in Zukunft schwanken. Eine Veränderung der Schwankungsbreite - der Fachbegriff lautet **Volatilität** - hat auf Call- und Putpreise, anders als etwa der aktuelle Aktienkurs, denselben Einfluss.

- **Restlaufzeit.** Je höher die Restlaufzeit, desto größer ist prinzipiell auch die Wahrscheinlichkeit, dass sich der Preis des Underlyings in der noch verbleibenden Zeit stark verändert und die Option am Fristende einen hohen Inneren Wert aufweist. Deshalb nimmt die Prämie mit steigender Restlaufzeit zu.

- **Dividendenzahlungen innerhalb der Optionsfrist.** Da der Aktienkurs unmittelbar nach einer Dividendenzahlung sinkt („Dividendenabschlag"), führt eine derartige Ausschüttung während der Optionslaufzeit zu einem Preisrückgang bei entsprechenden Aktiencalls, während Verkaufsoptionen an Wert gewinnen. Je höher die erwartete Dividendenzahlung, um so geringer (höher) der Preis eines Calls (Puts).

- **Aktuelles Zinsniveau.** Ein Anstieg (Rückgang) des allgemeinen Zinsniveaus führt zu einer Wertzunahme (-abnahme) bei Kaufoptionen, Put-Preise sinken (steigen) hingegen. Der Einfluss des Zinsniveaus soll am Beispiel eines Call-Schreibers erläutert werden. Er verpflichtet sich, die zugrunde liegende Aktie zum Basispreis zu liefern. Da er im Voraus nicht weiß, ob der Optionsinhaber von seinem Recht Gebrauch machen wird, muss er sich auf eine Ausübung vorbereiten. Er wird seine Lieferpflicht auf jeden Fall erfüllen können, wenn er sich rechtzeitig - also schon bei Entstehung der Option - die entsprechende Aktie kauft und bis zum Verfalltermin vorhält. Doch mit dem Aktienkauf bindet der Stillhalter Kapital, das er nicht anderweitig verzinslich anlegen kann. Die entgangenen Erträge versucht er natürlich zurückzugewinnen, indem er die Optionsprämie entsprechend erhöht. Daher steigen die Callpreise, wenn das Zinsniveau ansteigt.

- **Ausübungsmodalität.** Amerikanische können im Vergleich zu europäischen Optionen nicht nur am Ende, sondern zu jedem beliebigen Termin ausgeübt werden. Diese Möglichkeit ist ein zusätzliches Recht und daher auch extra zu vergüten. Generell sind amerikanische Optionen daher teurer als europäische.

Die Ergebnisse sind in folgender Übersicht noch einmal zusammengefasst. Man erkennt, dass einige Faktoren auf Calls einen genau entgegengesetzten Werteinfluss haben wie auf Puts. Veränderungen anderer Parameter wirken sich hingegen auf beide Optionsarten gleich aus.

Abb. 8/5: Werteinflussgrößen bei Optionen

	Callpreis	Putpreis
Börsenkurs ↑—↓	↑—↓	↓—↑
Dividenden ↑—↓	↓—↑	↑—↓
Zinsen ↑—↓	↑—↓	↓—↑
Optionsfrist ↑—↓	↑—↓	↑—↓
Volatilität ↑—↓	↑—↓	↑—↓

822 Erscheinungsformen

8221 OTC-, Terminbörsenoptionen und Optionsscheine

Eine Option entsteht in dem Augenblick, in dem sich zwei Akteure dazu bereit erklären, ein derartiges Geschäft abzuschließen. Wie eingangs schon erwähnt, können Käufer und Verkäufer das Geschäft direkt miteinander vereinbaren und den Vertrag nach Belieben gestalten. Man spricht dann auch von OTC-Optionen. In Deutschland beziehen sich derartige Rechte in den meisten Fällen auf Devisen oder Zinsinstrumente, es kommen aber auch andere Underlyings vor (z.B. Aktien oder Indizes). Auf eine spezielle Form von OTC-Zinsoptionen, die sogenannten Zinsbegrenzungsverträge, wird im Anschluss an dieses Kapitel noch ausführlicher eingegangen.

OTC-Optionen können bei großen Geschäftsbanken abgeschlossen werden. Diese nennen auf Anfrage sowohl Geld- als auch Briefprämien. Die Bank zahlt den Geldsatz, wenn die Gegenpartei (z.b. ein Industrieunternehmen) Stillhalter ist, wohingegen die Briefprämie verlangt wird, falls die Bank die Rolle des Schreibers übernehmen soll. Briefsätze sind immer höher als die Geldprämien. Um einen Eindruck vom aktuellen Preisniveau bestimmter OTC-Optionen zu gewinnen, genügt oft schon ein Blick in einschlägige Wirtschaftszeitungen, etwa das HANDELSBLATT. Umfangreicher und aktueller als in Printmedien ist hingegen das Angebot im Internet. Einige Banken wie etwa die WestLB (http://www.westlb.de) veröffentlichen dort zum Beispiel Prämien für OTC-Devisenoptionen.

Während OTC-Geschäfte problemlos an die individuellen Bedürfnisse der Vertragsparteien angepasst werden können, besitzen Terminbörsenoptionen einen sehr hohen Standardisierungsgrad, hauptsächlich im Hinblick auf Verfalltermine und Kontraktgrößen. Wer solche Produkte aus Spekulationsgründen oder beispielsweise zu Sicherungszwecken einsetzen möchte, muss sich an eine vorgeschriebene Mindestmenge oder ein ganzzahliges Vielfaches davon halten und kann sich zudem nur zwischen einigen wenigen Verfallterminen entscheiden.

Aufgrund ihres hohen Standardisierungsgrads sind Terminbörsenoptionen im Allgemeinen erheblich liquider. Das heißt, dass hohe Umsätze erfolgen und eine schnelle Orderausführung selbst bei großen Volumina gewährleistet ist. Außerdem läuft der Handel sehr transparent ab - nicht nur die Preisentwicklung kann jederzeit verfolgt werden, auch die Ausführung von Aufträgen lässt sich problemlos nachvollziehen. Hinzu kommt ein weitaus geringeres Bonitätsrisiko als bei OTC-Geschäften, da die Kontrahenten Geschäfte nicht direkt miteinander abschließen, sondern stets die Clearingstelle zwischengeschaltet wird.

Dafür müssen jedoch einige Nachteile in Kauf genommen werden: Der wichtigste liegt darin, dass keine individuellen Anpassungen möglich sind (z.B. spezifische Laufzeitwünsche oder Kontraktgrößen).

Aufgrund der gemessen an OTC-Produkten hohen Umsätze können Terminbörsenoptionen jederzeit ohne größere Schwierigkeiten zu einem fairen Preis ge- und verkauft werden. Hierzulande werden derartige Transaktionen an der **Eurex** abgewickelt. Deren Produktspektrum umfasst gegenwärtig:

- Zinsoptionen, bezogen auf Euribor-, Schatz-, Bobl- und Bund-Futures

- Aktienoptionen auf sämtliche im DAX enthaltenen Titel und weitere Aktien (z.b. MobilCom)

- Indexoptionen (Basisgut zum Beispiel DAX, NEMAX 50)

Im Unterschied zu OTC-Optionen werden Terminbörsenpositionen im Normalfall nicht bis zum Verfalltag aufrecht erhalten, sondern vorzeitig glattgestellt, indem zum bereits bestehenden Geschäft, etwa einem Short-Call, eine genau entgegengesetzte Position eingegangen wird (hier ein passender Long-Call). Letztlich geht es nicht um eine Ausübung der Option, sondern um eine Partizipation an deren Wertänderungen. Auch für Terminbörsenoptionen werden Daten wie Umsätze und Preise in Printmedien publiziert. Aufgrund ihrer Aktualität sind Informationen aus dem Internet in den meisten Fällen jedoch von höherer Qualität.

Weder OTC-, noch Terminbörsenoptionen sind Wertpapiere. Dennoch besteht die Möglichkeit zu einer Verbriefung, wovon in der Praxis auch sehr rege Gebrauch gemacht wird. Solche Papiere nennt man **Optionsscheine,** englisch „**Warrants**". Sie werden entweder zusammen mit einem anderen Wertpapier - zumeist einer Optionsanleihe - ausgegeben („klassische Warrants") oder separat emittiert. Im Laufe der Zeit haben klassische Optionsscheine immer mehr an Bedeutung verloren. Der bei weitem größte Teil sämtlicher Warrants entfällt inzwischen auf eigenständig ausgegebene Papiere. Im Prinzip verschaffen Optionsscheine ihren Inhabern dieselben Rechte wie die zuvor besprochenen OTC- und Terminbörsenprodukte. Stillhalterpositionen können allerdings nur von emissionsfähigen Marktteilnehmern eingenommen werden, wozu im Wesentlichen Geschäftsbanken zählen. Im Vergleich zu anderen Optionen werden Warrants stark von Privatleuten nachgefragt. Zumeist werden sie aus Spekulationsgründen gekauft, Sicherungszwecke bilden eher eine Ausnahme. In Fachzeitschriften, aber auch in herkömmlichen

Tageszeitungen erscheinen regelmäßig Finanzanzeigen, in denen die Emittenten für ihre Optionsscheine Werbung machen (siehe Abbildung 8/6).

Abb. 8/6: Finanzanzeige für Optionsscheine

Japanische Aktien-Optionsscheine der WestLB

Basiswert	Typ	Bezugs-verhältnis	Basispreis in Yen	Stand des Basiswertes am 7.3.2000 in Yen	Verkaufspreis am 7.3.2000 in Euro	WKN
Hikari Tsushin Inc	Call	1 000/1	200 000	154 000	0,47	619 316
Hikari Tsushin Inc	Call	1.000/1	260 000	154 000	0,34	619 317
Oracle Corporation Japan	Call	1 000/1	70 000	76 800	0,37	619 320
Oracle Corporation Japan	Call	1 000/1	100 000	76 800	0,30	619 321
Jafco Co Ltd	Call	100/1	36 000	28 500	0,98	619 318
Jafco Co Ltd	Call	100/1	42 000	28 500	0,85	619 319
Sony Corporation	Call	100/1	30 000	29 040	0,59	619 324
Sony Corporation	Call	100/1	34 000	29 040	0,38	619 325
Trend Micro Inc	Call	100/1	26 000	24 000	0,98	619 326
Trend Micro Inc.	Call	100/1	28 000	24 000	0,94	619 327
Trans Cosmos Inc	Call	100/1	46 000	42 400	1,72	619 328
Trans Cosmos Inc	Call	100/1	53 000	42 400	1,57	619 329

Emittentin: Westdeutsche Landesbank Girozentrale   Art: Amerikanisch   Fälligkeit: 1 12 2000
Börseneinführung: Freiverkehr Düsseldorf und Frankfurt

Optionsscheine der WestLB

Japanisch für Ihr Depot.

Kursinformationen:

Neu: Videotext ARD S. 850/851, ZDF S. 708/709
Internet http://www.westlb.de/optionsscheine
Wirtschaftspresse, Reuters-Seiten WESTLB01ff
Autom. Telefonansage Silverline (0190) 36 14 00
Handelsblatt Investor Line (0190) 58 05 89

Maßgeblich sind allein die Optionsbedingungen, die in den unvollständigen Verkaufsprospekten mit Nachträgen sowie in den Informationsmemoranden wiedergegeben sind. Diese und eine aktuelle Broschüre mit den relevanten Daten aller WestLB-Optionsscheine, die wir Ihnen auf Wunsch auch regelmäßig zusenden, können Sie bei der WestLB, Investment Banking, Herzogstraße 15, 40217 Düsseldorf, oder unter der Fax-Nr (02 11) 826 71654 sowie per e-mail (newissues@westlb.de) anfordern. Hinweis: Für den Erwerb von Optionsscheinen ist die Börsentermingeschäftsfähigkeit erforderlich.

Düsseldorf im März 2000

✓/ WestLB

8222 Zinsbegrenzungsverträge

Der Begriff Zinsbegrenzungsvertrag beinhaltet eigenständig handelbare Verträge, die dem Käufer das Recht einräumen, vom Stillhalter Ausgleichszahlungen zu verlangen. Einen derartigen Anspruch hat der Inhaber, wenn

- ein festgelegter **Referenzzinssatz** (z.B. Euribor),

- zu bestimmten, bei Abschluss des Vertrages vereinbarten Stichtagen, den sogenannten **Roll-Over-Terminen**,

- von einer zuvor bestimmten Zinsgrenze (**Strike**)

gemäß den Vertragsbedingungen abweicht. Je nach dem, ob der Käufer beim Über- oder Unterschreiten des Strike eine Zahlung empfängt, spricht man von einem **Cap** bzw. **Floor**.

Zinsbegrenzungsverträge sind bedingte Termingeschäfte, da sie ein Recht zur Ausübung beinhalten, nicht jedoch die Pflicht. Im Unterschied zu herkömmlichen Optionen, können Zinsbegrenzungsverträge im Zeitablauf mehrmals - genauer gesagt an den jeweiligen Roll-Over-Terminen - in Anspruch genommen werden. Der vom Stillhalter dafür verlangte Preis wird in der Praxis zumeist in Form einer Einmalprämie direkt bei Vertragsabschluß erhoben. Um besser kalkulieren zu können, wird die Einmal- nicht selten in eine laufende Prämie umgerechnet. So lässt sich die effektive Zinsbelastung pro Periode bestimmen.

Caps

Ein Cap stellt eine Höchstzinsvereinbarung dar, die den Inhaber (z.B. den Emittenten einer Floating Rate Note) vor den Folgen eines Zinsanstiegs schützt. Die aus dem Englischen stammende Bezeichnung lässt sich mit „Mütze" oder „Deckel" übersetzen. Dadurch kommt das typische Merkmal eines solchen Vertrages, nämlich die Möglichkeit zur Zinsbegrenzung nach oben, treffend zum Ausdruck. Wenn der Strike an einem Roll-Over-Termin **über**schritten wird, erhält der Cap-Inhaber die Differenz zwischen Referenzsatz und Basispreis. Wie sich ein derartiges Produkt zur Zinssicherung einsetzen lässt, wird durch folgendes Fallbeispiel gezeigt.

Beispiel:

Ein Industrieunternehmen hat vor einiger Zeit einen variabel verzinslichen Kredit über nominal 10 Millionen € aufgenommen, der jährlich am 1.7. bedient und in fünf Jahren getilgt werden muss. Die Zinsanpassung erfolgt ebenfalls jährlich am 1.7. Der Kreditzinssatz beträgt pro Jahr:

12-Monats-Euribor + 0,5%

Da der Finanzmanager einen Anstieg des allgemeinen Zinsniveaus befürchtet, zieht er eine Absicherung mit Hilfe eines Caps in Betracht. Auf Anfrage teilt ihm die Hausbank folgende Konditionen mit.

Cap	
Referenzzinssatz	12-Monats-Euribor
Roll-Over-Termine	jährlich am 1.7.
Gesamtlaufzeit	5 Jahre
Strike	6%
Volumen	10 Mio. €

Als Prämie nennt die Bank 1% pro Jahr, bezogen auf das zugrunde liegende Volumen. Dies entspricht einem Betrag von 100.000 €. Entscheidet sich der Finanzmanager für den Kauf, fließen dem Unternehmen Ausgleichszahlungen zu, wenn der Euribor an einem Roll-Over-Termin die Marke von 6% überschreitet. Bei einem Satz von beispielsweise 7,5% hat das Industrieunternehmen deshalb Anspruch auf einen Ausgleich in Höhe von 1,5% (150.000 €).

Um herauszufinden, wann eine Absicherung mit dem Cap Vorteile bringt, wird die effektive Zinsbelastung für ausgewählte Szenarien bestimmt. Der Deutlichkeit halber sind Einzahlungen mit einem Plus-, Auszahlungen dagegen mit einem Minuszeichen versehen. Die in der Tabelle ausgewiesenen Werte spiegeln die Perspektive des Unternehmens wider.

Euribor	3,0	5,0	6,0	7,5	9,0	10,0
Zinsbelastung ohne Sicherung	–3,5	–5,5	–6,5	–8,0	–9,5	–10,5
Cap-Prämie	–1,0	–1,0	–1,0	–1,0	–1,0	–1,0
Greift Cap?	nein	nein	nein	ja	ja	ja
Ausgleichszahlung	——	——	——	+1,5	+3,0	+4,0
Zinsbelastung mit Cap	–4,5	–6,5	–7,5	–7,5	–7,5	–7,5

Die grau unterlegten Felder signalisieren jeweils, ob ein Sicherungsverzicht oder die Anschaffung des Caps die bessere Alternative wäre. Besonders gut sichtbar wird die Wirkung des Zinsbegrenzungsvertrages, wenn in einem Diagramm die Belastung mit Cap („Cap-Kauf") sowie die Alternative ohne Cap („Sicherungsverzicht") graphisch abgebildet wird.

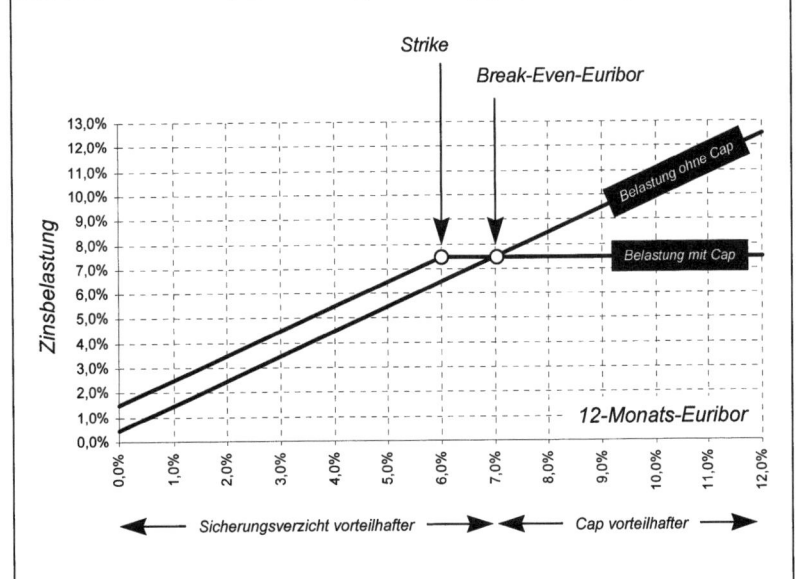

Mit dem Cap sichert sich das Unternehmen gegen steigende Zinsen; dennoch bleibt die Möglichkeit erhalten, an einem Rückgang des Zinsniveaus zu partizipieren.

Der Preis für einen Cap hängt von mehreren Einflussgrößen ab, die im Folgenden skizziert werden.

- **Laufzeit.** Die Cap-Prämie liegt um so höher (niedriger), je länger (kürzer) die noch verbleibende Laufzeit ist.

- **Strike.** Je höher (niedriger) die Zinsobergrenze liegt, desto preiswerter (teurer) wird ein Cap angeboten.

- **Aktuelles Zinsniveau.** Je höher (niedriger) der Referenzzinssatz notiert, desto höher (geringer) fällt die Cap-Prämie aus.

- **Erwartete Zinsvolatilität.** Je stärker (schwächer) der Referenzzinssatz künftig schwanken könnte, desto höher (geringer) ist die Prämie.

Floors

Während man mit einem Cap eine Zinsobergrenze fixieren kann, sind Floors (*englisch* „Boden") Produkte, mit denen sich ein bestimmtes Mindestzinsniveau sichern lässt. Ein Floor-Stillhalter verpflichtet sich dazu, an den Käufer Ausgleichszahlungen zu leisten, wenn die festgelegte Zinsgrenze („Strike") in Zukunft **unter**schritten wird. Ansonsten stimmt die Vertragsgestaltung mit der von Caps überein. Die Parteien müssen bei einer Floor-Vereinbarung also ebenfalls zu einer Einigung im Hinblick auf den Referenzzinssatz, das Volumen, die Roll-Over-Termine usw. gelangen.

Da mit Hilfe eines Floors eine Zinsuntergrenze festgeschrieben wird, eignen sich diese Instrumente zum Beispiel zur Sicherung eines bestimmten Mindestertrags bei variabel verzinslichen Kapitalanlagen. Dazu ein Fallbeispiel:

Beispiel:

Ein institutioneller Anleger (z.B. eine Fondsgesellschaft) hält eine variabel verzinsliche Bankschuldverschreibung (Nominalbetrag: 1 Million €), die in vier Jahren getilgt wird und mit folgendem Kupon ausgestattet ist:

12-Monats-Euribor, jährlich am 1.7.

Da der Anleger einen Rückgang des allgemeinen Zinsniveaus nicht ausschließen kann, überlegt er, folgenden Floor zu kaufen.

Floor	
Referenzzinssatz	12-Monats-Euribor
Roll-Over-Termine	jährlich am 1.7.
Gesamtlaufzeit	4 Jahre
Strike	5%
Volumen	1 Mio. €
Prämie	1% pro Jahr

Auf den Anleger kommen Prämienzahlungen in Höhe von 10.000 € pro Jahr zu, wenn er sich für den Floor entscheidet. Damit erlangt er Anspruch auf Ausgleichszahlungen, wenn der FIBOR an einem Roll-Over-Termin die Marke von 5% unterschreitet. Bei einem Satz von beispielsweise 3% fließt dem Investor die Differenz zwischen aktuellem Referenzzinssatz und Strike zu, was einem Betrag von 20.000 € entspricht.

Um herauszufinden, bei welchen Zinssituationen eine Sicherung Vorteile bringt, wird der Ertrag für ausgewählte Szenarien berechnet. Die grau markierten Felder in folgendem Tableau heben die jeweils günstigere Strategie hervor. Der Deutlichkeit halber sind Einzahlungen mit einem Plus-, Auszahlungen hingegen mit einem Minuszeichen versehen. Die ausgewiesenen Werte spiegeln die Sichtweise des Anlegers wider.

Euribor	0,0	1,0	3,0	5,0	7,0	11,0
Zinsertrag **ohne Sicherung**	0,0	+1,0	+3,0	+5,0	+7,0	+11,0
Floor-Prämie	−1,0	−1,0	−1,0	−1,0	−1,0	−1,0
Greift Floor?	ja	ja	ja	nein	nein	nein
Ausgleichszahlung	+5,0	+4,0	+2,0	—	—	—
Zinsertrag **mit Floor**	+4,0	+4,0	+4,0	+4,0	+6,0	+10,0

Zur Verdeutlichung wird der „Zinsertrag mit Floor" und der Ertrag bei einem Sicherungsverzicht gemeinsam in einem Diagramm abgetragen.

Finanzderivate

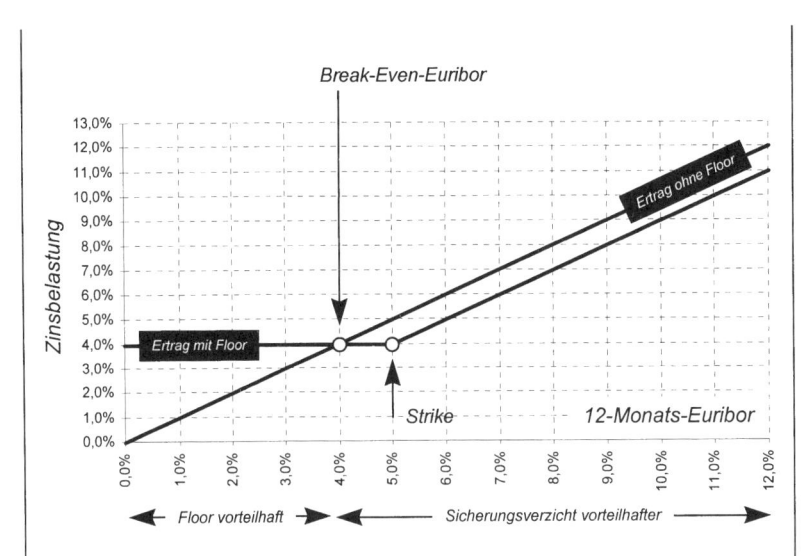

Man sieht, dass der Floor Schutz vor einem Zinsniveaurückgang bietet, gleichzeitig aber die Möglichkeit zur Partizipation an einem Zinsanstieg gewährleistet.

Auf Floor-Prämien haben dieselben Faktoren Einfluss wie auf Cap-Preise. Bei einigen Parametern sind die Auswirkungen allerdings genau entgegengesetzt.

- **Laufzeit.** Eine Floor-Prämie ist prinzipiell um so höher (niedriger), je länger (kürzer) die Restlaufzeit des Zinsbegrenzungsvertrages.

- **Strike.** Je höher (niedriger) die Zinsuntergrenze ist, desto höher (niedriger) liegt der Preis.

- **Aktuelles Zinsniveau.** Je höher (niedriger) der Referenzzinssatz notiert, desto geringer (höher) fällt die Floor-Prämie aus.

- **Erwartete Zinsvolatilität.** Je stärker (schwächer) der Referenzzinssatz künftig schwanken könnte, desto höher (geringer) ist die Prämie.

Im Zusammenhang mit Optionen wurde schon angedeutet, dass man diese Produkte nicht ausschließlich isoliert einsetzt, sondern auch miteinander kombinieren kann. Eine beliebte Art, Zinsbegrenzungsverträge zu verknüpfen, sind die sogenannten Collars.

Collars

Unter einem Collar („Kragen") bedeutet, versteht man üblicherweise die Kombination eines Caps mit einem Floor. Bei einem Geschäft wird die Rolle des Käufers übernommen, während der verbleibende Zinsbegrenzungsvertrag veräußert wird. Die Vereinbarungen müssen in bezug auf Volumen, Referenzzinssatz, Roll-Over-Termine und Gesamtlaufzeit übereinstimmen. Denkbar sind zwei Kombinationsmöglichkeiten:

- **Long Collar**. Kauf eines Caps („Cap Long") und Verkauf eines entsprechenden Floors („Floor Short"). Ein Long Collar bietet sich etwa zur Absicherung variabel verzinslicher Kredite an.

- **Short Collar**. Kauf eines Floors („Floor Long") und Verkauf eines adäquaten Caps („Cap Short"). Ein Short Collar eignet sich beispielsweise zur Absicherung variabel verzinslicher Kapitalanlagen.

Collars dienen vor allem dem Zweck, Prämien zu reduzieren. Ein Akteur zahlt einerseits einen Preis für den Zinsbegrenzungsvertrag, kassiert andererseits aber eine Prämie, da er einen Floor oder Cap veräußert. Zusammengenommen vermindern sich also seine Ausgaben. Allerdings hat die Stillhalterposition zur Folge, dass der Käufer eines Caps (Floors) von einem Zinsrückgang (Zinsanstieg) nur eingeschränkt profitiert, weil Ausgleichszahlungen für den Floor (Cap) anfallen.

Wie sich eine Sicherung mit einem Short Collar auswirkt, wird anhand der folgenden Fallstudie verdeutlicht. Dabei dienen die Daten aus dem vorhergehenden Beispiel als Grundlage.

Beispiel:

Der Anleger aus dem letzten Fallbeispiel überlegt, ob er zur Absicherung seiner variabel verzinslichen Anleihe anstelle eines Floors nicht einen Short Collar einsetzen sollte. Deshalb denkt er darüber nach, den Floor zu kaufen und gleichzeitig folgenden Cap zu veräußern.

Cap	
Referenzzinssatz	12-Monats-Euribor
Roll-Over-Termine	jährlich am 1.7.
Gesamtlaufzeit	4 Jahre
Strike	8%
Volumen	1 Mio. €
Prämie	0,5% pro Jahr

Auf der einen Seite zahlt der Investor 10.000 € für den Floor, um auf der anderen Seite 5.000 € vom Cap-Käufer zu empfangen, so dass summa summarum Ausgaben in Höhe von 5.000 € (0,5%) entstehen.

Bei welchen Zinsszenarien ein Short Collar im Vergleich zum Sicherungsverzicht lohnend ist, lässt sich dem nachstehenden Tableau entnehmen. Der Deutlichkeit halber sind Einzahlungen wiederum mit einem Plus-, Auszahlungen demgegenüber mit einem Minuszeichen markiert. Die Werte spiegeln die Sichtweise des Investors wider.

Euribor	3,0	4,0	5,0	7,0	9,0	10,0
Zinsertrag ohne Sicherung	+3,0	+4,0	+5,0	+7,0	+9,0	+10,0
Floor-Prämie	−1,0	−1,0	−1,0	−1,0	−1,0	−1,0
Greift Floor?	ja	ja	nein	nein	nein	nein
Ausgleichszahlung (Floor)	+2,0	+1,0	---	---	---	---
Cap-Prämie	+0,5	+0,5	+0,5	+0,5	+0,5	+0,5
Greift Cap?	nein	nein	nein	nein	ja	ja
Ausgleichszahlung (Cap)	---	---	---	---	−1,0	−2,0
Zinsertrag mit Short Collar	+4,5	+4,5	+4,5	+6,5	+7,5	+7,5

Abschließend wird der Verlauf der Zinserträge graphisch veranschaulicht, der sich bei den hier und im vorangegangenen Beispiel besprochenen Strategien ergibt.

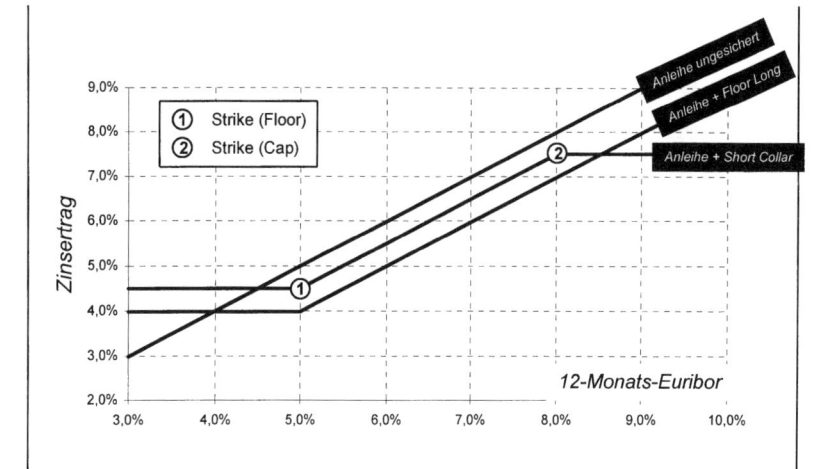

Fazit

- Bei einem Sicherungsverzicht („Anleihe ungesichert") nimmt der Zinsertrag im schlimmsten Falle einen Wert von Null an. Nach oben besteht keine Grenze, so dass der Anleger an einer Zinssteigerung vollständig partizipiert.

- Entscheidet sich der Investor für eine Absicherung mit dem Floor („Anleihe + Floor Long"), so ist ein Mindestertrag in Höhe von 4% pro Jahr garantiert. Nach oben besteht keine Grenze; allerdings muss berücksichtigt werden, dass für den Zinsbegrenzungsvertrag eine Prämie zu entrichten ist, die den Ertrag schmälert.

- Ein Short-Collar („Anleihe + Short Collar") hat zur Folge, dass der Zinsertrag nur noch innerhalb eines bestimmten Korridors schwanken kann, der sich von 4,5% bis zu 7,5% erstreckt. So gesehen existiert sowohl eine Ertragsunter- als auch -obergrenze.

83 Unbedingte Termingeschäfte

831 Grundlagen

Bei einem unbedingten Termingeschäft existiert wie bereits erwähnt für keine der beteiligten Parteien eine Wahlmöglichkeit. Vielmehr hat der Käufer am Fälligkeitstermin auf jeden Fall („unbedingt") den Terminpreis zu zahlen, wohingegen sich der Verkäufer dazu verpflichtet hat, im Gegenzug das Basisgut zu liefern. Deshalb unterscheiden sich auch die Gewinn- und Verlust-Profile recht deutlich von denen bedingter Termingeschäfte. Während die mit einer Optionsposition verbundenen Diagramme eine asymmetrische Form haben, ist der Verlauf bei unbedingten Termingeschäften symmetrisch (vgl. Abb. 8/6).

Abb. 8/6: GuV-Profile bei unbedingten Termingeschäften

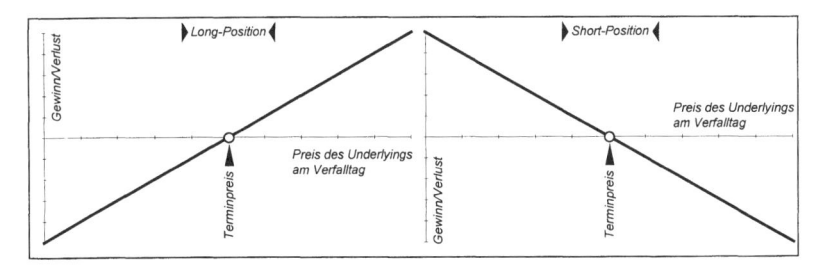

Marktakteure, die mit steigenden Preisen rechnen, nehmen eine Long-Position ein. Ist die Vermutung richtig, erzielen sie einen Gewinn, denn der Kassapreis ist höher als der zu zahlende Terminkurs. Demgegenüber profitiert der Verkäufer von sinkenden Underlyingpreisen.

Auf Terminpreise haben im Wesentlichen vier Faktoren Einfluss, die im Folgenden kurz skizziert werden.

- **Aktueller Underlyingpreis.** Je höher (niedriger) der gegenwärtige Preis des Basisguts liegt, desto höher (niedriger) ist der Terminkurs.

- **Erträge des Basisguts während der Laufzeit.** Je höher (geringer) die Erträge [z.B. Kuponzahlungen], die das Underlying [z.B. Anleihe] während der Laufzeit abwirft, desto niedriger (höher) liegt der Terminpreis.

- **Finanzierungskosten.** Der Terminpreis ist um so höher (niedriger), je höher (niedriger) die Finanzierungskosten [z.B. Kreditzinsen] sind.

- **Restlaufzeit.** Der Einfluss der Restlaufzeit hängt davon ab, in welchem Verhältnis die *Finanzierungskosten* zu den *Erträgen des Basisguts während der Laufzeit* stehen. Überwiegen die Finanzierungskosten, so liegt der Terminpreis um so höher (niedriger), je länger (kürzer) die Restlaufzeit ist. Es ist dagegen genau umgekehrt, falls die Erträge größer sind als die Finanzierungskosten.

Unbedingte Termingeschäfte entstehen - genau wie Optionen - in dem Augenblick, wo sich zwei Marktakteure zu einem derartigen Handel bereit erklären. Die Kontrahenten können die Vertragsgestaltung zum einen an ihren individuellen Bedürfnissen ausrichten und das Geschäft direkt miteinander abschließen. Zu den bedeutendsten derartigen OTC-Transaktionen zählen hierzulande *Devisentermingeschäfte*, *Forward Rate Agreements* und *Swaps*. Zum anderen werden unbedingte Termingeschäfte auch an Terminbörsen angeboten. Sie tragen dann die Bezeichnung *Futures*.

832 OTC-Produkte

8321 Devisentermingeschäft, Forward Rate Agreement

Devisentermingeschäft

Bei einem Devisentermingeschäft verpflichtet sich der Käufer dazu, an einem bestimmten Datum in der Zukunft („Verfalltag") einen vereinbarten Fremdwährungsbetrag zu einem bei Vertragsabschluß festgelegten Preis („Terminkurs") vom Verkäufer zu übernehmen.

In der Praxis werden Devisentermingeschäfte sehr häufig zur Absicherung gegen das Wechselkursrisiko eingesetzt. So würde beispielsweise der Inhaber einer Fremdwährungsforderung durch einen Devisenterminverkauf einen Wechselkurs festschreiben, zu dem er in Zukunft den eingehenden Währungsbetrag umtauschen kann. Er beseitigt damit die Gefahr, Verluste durch einen Kursrückgang zu erleiden, nimmt sich gleichzeitig allerdings auch die Chance von einem -anstieg zu profitieren.

Forward Rate Agreement

Die Bezeichnung Forward Rate Agreement bedeutet übersetzt etwa soviel wie „Vereinbarung eines zukünftigen Zinssatzes". Damit kommt das Wesentliche schon recht deutlich zum Ausdruck: Ein Forward Rate Agreement (FRA) ist eine vertragliche Vereinbarung über einen Prozentsatz, mit dem ein Geldbetrag in der Zukunft verzinst wird. Die Kontrahenten - gemeint sind Käufer und Verkäufer - müssen dabei die folgenden Parameter festlegen:

- den Zeitraum, der in der Zukunft beginnt und endet und auf den sich die Verzinsung bezieht (**Referenzperiode**);

- den Zeitraum, der vom Abschluss des FRA bis zum Beginn der Referenzperiode reicht (**Vorlaufzeit**);

- den Kapitalbetrag, der über die Referenzperiode verzinst wird (**Volumen**);

- den Zinssatz, zu dem sich der Kapitalbetrag verzinst (**Forward Rate**) sowie

- einen Referenzzinssatz.

Die Lage der Referenzperiode wird meist gemeinsam mit der Forward Rate angegeben und in Monaten ausgedrückt. Die Angabe „FR (6*12)" - im Sprachgebrauch „Forward Rate 6 gegen 12" genannt - zeigt zum Beispiel an, dass die Referenzperiode in sechs Monaten beginnt und nach insgesamt zwölf Monaten endet.

Nach Verstreichen der Vorlaufzeit wird der dann gültige Referenzzinssatz mit der Forward Rate verglichen. Liegt er über der Forward Rate, so hat der Käufer Anrecht auf eine Ausgleichszahlung. Dagegen ist der Käufer zu einer Ausgleichszahlung verpflichtet, wenn der Referenzzinssatz die Forward Rate unterschreitet.

FRAs eignen sich für Spekulations- und Sicherungszwecke. So könnte etwa ein Anleger, dem in Zukunft ein bestimmter Kapitalbetrag zufließt, die Konditionen für eine Wiederanlage mit Hilfe eines FRAs bereits im Voraus fixieren.

8322 Swaps

Ein Swap (*englisch* „Tausch") ist eine vertragliche Vereinbarung, die den Austausch von Zahlungen regelt. Zu den in der Realität sicherlich bedeutendsten Produkten zählen Zins- und Währungsswaps.

Das Hauptaugenmerk richtet sich hier auf Zinsswaps, worunter Vertragsabschlüsse verstanden werden, die den zukünftigen Transfer von Zinszahlungen regeln. Entscheidend ist, dass nur die Zinszahlungen „geswapt" werden, nicht jedoch die zugrunde liegenden Kapitalbeträge. In den meisten Fällen läuft eine derartige Transaktion darauf hinaus, dass „fixe gegen variable" oder umgekehrt „variable gegen fixe" Zinszahlungen getauscht werden. Bei Vertragsabschluß müssen folgende Größen festgelegt werden:

- **Nominalbetrag**, auf den sich die Zinszahlungen beziehen

- **Laufzeit**

- **Referenzzinssatz**, an dem sich die variablen Zinszahlungen orientieren

- Zinszahlungstermine (**Roll-Over-Termine**)

- Festzinssatz (**Swap-Satz**)

Zinsswaps werden in der Praxis häufig zu Sicherungszwecken eingegangen, was einmal anhand des folgenden Fallbeispiels demonstriert werden soll.

Beispiel:

Eine Geschäftsbank hat sich vor einigen Jahren durch die Ausgabe einer Floating Rate Note refinanziert. Das Papier bezieht sich auf einen Nominalbetrag von 10 Millionen €, läuft noch fünf Jahre und hat nachstehenden Kupon:

12-Monats-Euribor, jährlich am 1.7.

Da der Bankvorstand einen Anstieg des allgemeinen Zinsniveaus befürchtet, sollen die Kuponzahlungen durch eine geeignete Transaktion fixiert werden. Dafür soll ein Swap abgeschlossen werden, bei welchem die Bank ihre variablen gegen fixe Zinszahlungen tauscht. Die weiteren Vertragselemente enthält folgendes Tableau.

Nominalbetrag	10 Mio. €
Laufzeit	5 Jahre
Referenzzins	12-Monats-Euribor
Roll-Over-Termine	jährlich am 1.7.
Swap-Satz	6%

Die Bank empfängt künftig vom Swap-Partner Zinszahlungen, die jeweils vom aktuellen Euribor abhängen. Sie leitet diese Beträge zur Bedienung der Anleihe weiter. Im Gegenzug zahlt die Geschäftsbank an jedem Zinstermin 6% (600.000 €) an den Swap-Kontrahenten und hat demzufolge die eigenen Zinskosten festgeschrieben.

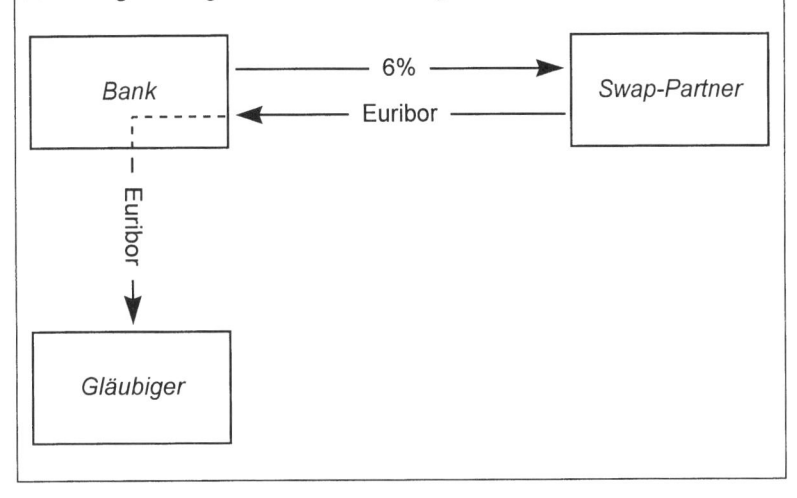

```
                    ——— 6% ———▶
    Bank                              Swap-Partner
    ┌─────┐◀——— Euribor ———
    │
    │ Euribor
    ▼
  Gläubiger
```

Zinsswaps eröffnen nicht nur die Möglichkeit, variable in festverzinsliche Verbindlichkeiten zu wandeln. Ebenso ist eine Umstellung von fest auf variabel denkbar. Der Einsatzbereich ist nicht auf das Management von Verbindlichkeiten beschränkt; es lässt sich auch auf Kapitalanlagen ausweiten.

Mitunter bieten Zinsswaps die Gelegenheit zu einer günstigen Finanzierung durch Ausnutzung sogenannter komparativer Kostenvorteile. Dazu ein Fallbeispiel:

Beispiel:

Ein Industrieunternehmen (ABC AG) sowie eine Geschäftsbank haben die Möglichkeit, für insgesamt fünf Jahre Fremdkapital zu folgenden Bedingungen aufzunehmen.

	Bank	Industrie-Untern.
Festverzinslicher Kredit	8,25%	9,75%
Variabel verzinsl. Kredit	Euribor + 0,5%	Euribor + 1,25%

Eine nähere Betrachtung der Konditionen macht deutlich, dass die ABC AG gegenüber der Bank beim zinsvariablen Kredit einen verhältnismäßig kleineren Nachteil in Kauf nehmen muss als bei einer festverzinslichen Verbindlichkeit. Folgende Rechnung belegt das:

[Euribor + 1,25] − [Euribor + 0,5] =   **0,75%**

9,75% − 8,25% =   **1,50%**

Angenommen, das Industrieunternehmen möchte sich festverzinslich finanzieren, die Geschäftsbank präferiert hingegen einen variabel verzinslichen Kredit. Dann könnten beide mittels eines Swaps ihre Zinskosten reduzieren. Dafür sollte die ABC AG einen variabel verzinslichen Kredit aufnehmen, die Bank demgegenüber einen festverzinslichen. Anschließend müssten beide einen Swap miteinander abschließen wobei das Industrieunternehmen feste Zinszahlungen an die Geschäftsbank zahlt, um von ihr im Gegenzug variable zu empfangen. Damit hat letztendlich jeder die Finanzierungsform, die er von Anfang an gewünscht hat. Den Zinsvorteil von zusammengenommen 0,75% können die Unternehmen beliebig untereinander aufteilen.

Finanzderivate 321

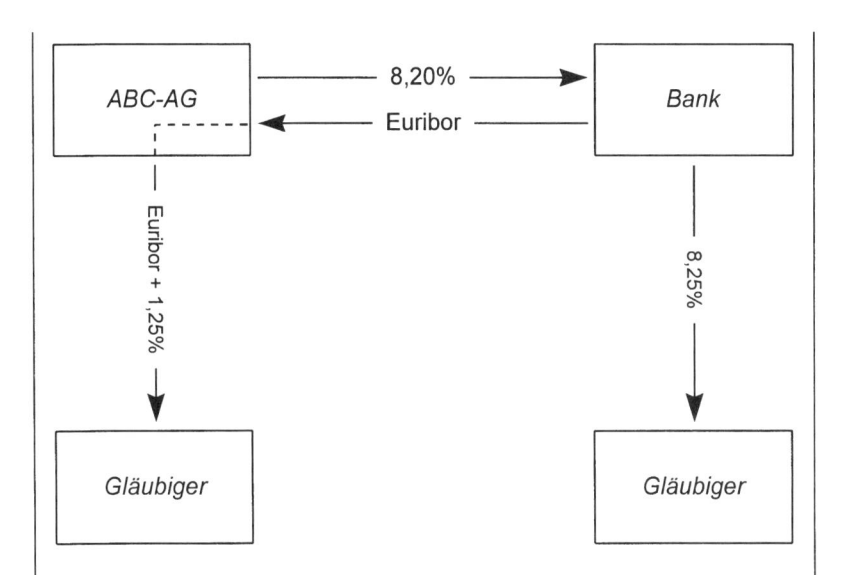

```
┌─────────────┐      8,20% ──────►  ┌─────────┐
│   ABC-AG    │◄──── Euribor ────── │  Bank   │
│  ┌ ─ ─ ─ ─  │                     │         │
└──┼──────────┘                     └────┬────┘
   │                                     │
   │ Euribor + 1,25%                     │ 8,25%
   ▼                                     ▼
┌─────────────┐                     ┌─────────┐
│  Gläubiger  │                     │Gläubiger│
└─────────────┘                     └─────────┘
```

Welchen Vorteil die Bank und das Industrieunternehmen jeweils aus dieser Transaktion ziehen, ist in folgendem Tableau aufgeführt. Der Deutlichkeit wegen sind Einzahlungen mit einem Plus-, Auszahlungen hingegen mit einem Minuszeichen versehen.

	Bank	Industrie-Untern.
Kreditzins	−8,25	−(Euribor + 1,25)
Swap-Zufluss	+8,20	+Euribor
Swap-Abfluss	−Euribor	−8,20
Effektive Zinskosten	−(Euribor + 0,05)	−9,45
Kosten für die Alternative	−(Euribor + 0,50)	−9,75
Zinsvorteil	0,45	0,30
	0,75	

Neben Zins- sind in der Praxis vor allem **Währungsswaps** weit verbreitet. Im Rahmen einer derartigen Transaktion vereinbaren die Kontrahenten, gegenwärtig und künftig auf unterschiedliche Währungen lautende

Kapitalbeträge zum bei Vertragsabschluß fixierten Wechselkurs zu tauschen.

833 Futures

Während die Vertragsbestandteile bei Forward-Transaktionen auf die Anforderungen der einzelnen Parteien abgestimmt werden und damit ganz individuelle Züge aufweisen, sind - abgesehen vom Preis - die Kontraktmerkmale bei Futures standardisiert. Erst dadurch ist der Handel an einer Terminbörse möglich. Aufgrund ihres hohen Standardisierungsgrads sind Futures im Vergleich zu Forwards im Allgemeinen erheblich liquider. Das heißt, dass hohe Umsätze erfolgen und eine schnelle Orderausführung selbst bei großen Volumina gewährleistet ist. Außerdem läuft der Future-Handel sehr transparent ab - nicht nur die Preisentwicklung kann jederzeit verfolgt werden, auch die Ausführung von Aufträgen lässt sich problemlos nachvollziehen. Hinzu kommt ein weitaus geringeres Bonitätsrisiko als bei Forwards, da die Kontrahenten Geschäfte nicht direkt miteinander abschließen, sondern stets die Clearingstelle zwischengeschaltet wird.

Vor diesem Hintergrund ruft die Tatsache, dass Futures - im Unterschied zu OTC-Produkten - gewöhnlich nicht bis zum Verfalltermin gehalten werden, kaum Erstaunen hervor. In der überwiegenden Zahl der Fälle befreien sich die Marktakteure von ihrer Verpflichtung, indem sie zur bestehenden Position ein Gegengeschäft eingehen. Letztlich verbleibt also nur die Differenz zwischen Einstands- und Glattstellungskurs, ohne dass es zu einer tatsächlichen Erfüllung käme. Aus diesem Grunde spricht man auch von Differenzgeschäften.

Futures lassen sich zunächst grob in zwei Gruppen aufteilen; zum einen Commodity- und zum anderen Financial Futures. Während sich erstgenannte auf Rohstoffe (z.B. Rohöl, inzwischen auch Strom) oder Agrarprodukte (z.B. Schweinebäuche) beziehen, basieren Financial-Futures auf Finanzinstrumenten, insbesondere

- Aktienindizes,
- Staatsanleihen,
- Zinssätzen sowie
- Devisen.

Finanzderivate

Mit Ausnahme von Fremdwährungen bietet die Eurex Futures auf die übrigen Underlyings. Derzeit umfasst ihre Produktpalette die in Abbildung 8/7 im Einzelnen aufgeführten Kontrakte.

Abb. 8/7: Futures an der Eurex

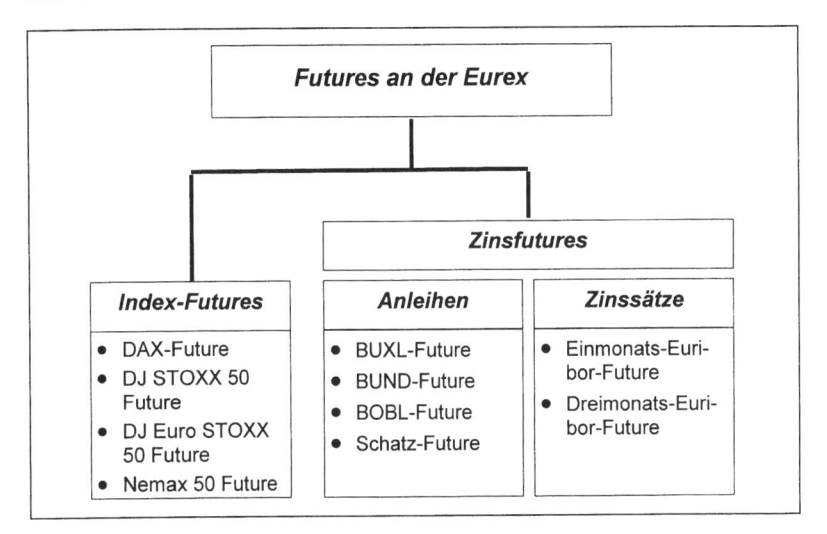

```
                        Futures an der Eurex
                                 |
                ┌────────────────┴────────────────┐
                |                        Zinsfutures
                |                ┌────────────────┴────────┐
         Index-Futures         Anleihen                Zinssätze
         • DAX-Future          • BUXL-Future          • Einmonats-Euri-
         • DJ STOXX 50         • BUND-Future            bor-Future
           Future              • BOBL-Future          • Dreimonats-Euri-
         • DJ Euro STOXX       • Schatz-Future          bor-Future
           50 Future
         • Nemax 50 Future
```

Wie bereits erwähnt, sind Termingeschäfte dadurch gekennzeichnet, dass die Vertragserfüllung in der Zukunft liegt. Das birgt natürlich für alle Beteiligten nicht unerhebliche Risiken, da im Voraus nicht abzusehen ist, ob die Kontrahenten ihren Verpflichtungen künftig auch nachkommen. Um das Ausfallrisiko möglichst gering zu halten, müssen die Akteure deshalb beim Abschluss einer Terminbörsentransaktion grundsätzlich Sicherheiten - sogenannte **Margins** - auf einem speziellen Konto („Margin-Konto") hinterlegen, um damit den potenziellen Verlust für den kommenden Handelstag abdecken zu können. An jedem Handelstag werden die Wertänderungen einer Future-Position festgestellt und Gewinne bzw. Verluste auf dem Margin-Konto verrechnet. Wird ein bestimmter „Mindesteinschuss" unterschritten, so verlangt die Terminbörse einen „Nachschuss". Kommt der Akteur dieser Aufforderung nicht umgehend nach, stellt die Börse die betreffende Position zwangsweise glatt.

Neben einer Reihe anderer Gründe sind es oftmals Sicherungsmotive, die zum Aufbau von Future-Positionen führen. Dazu ein Fallbeispiel:

Beispiel:

Ein Anleger hält ein Aktienportefeuille, das in seiner Zusammensetzung in etwa mit dem DAX übereinstimmt und dessen Gesamtwert sich gegenwärtig auf 175.000 € beläuft. Da er einen allgemeinen Aktienkursrückgang in naher Zukunft befürchtet, möchte der Investor seine Wertpapiere mit Hilfe des DAX-Futures dagegen absichern. Der Kontrakt notiert momentan bei 7.070 Punkten. Einige wichtige Ausstattungsmerkmale des DAX-Futures enthält das nachstehende Tableau.

Underlying	Deutscher Aktienindex
Kontraktgröße	25 € mal Indexstand.
Notierung	Indexstand
Liefermonate	Die jeweils nächsten drei Monate des Zyklus März, Juni, September und Dezember.
Andienung	Cash Settlement

Der Anleger muss eine Short-Position eingehen, da er sich vor einem Kursrückgang schützen will. Er verkauft einen Kontrakt des DAX-Futures. Der Einfachheit halber bleiben Marginzahlungen und sonstige Kosten (z.B. Gebühren) unberücksichtigt.

Die Befürchtungen des Investors bestätigen sich. Die Aktienkurse sind tatsächlich gefallen und das Portefeuille wird acht Wochen nach Abschluss des Sicherungstransaktion bei einem Wert von 150.000 € aufgelöst, so dass auf dieser Seite ein **Verlust** in Höhe von 25.000 € entstanden ist. Auch der Kurs des DAX-Futures ist gesunken und steht nun bei 6.020 Punkten. Da der Anleger einen Kontrakt verkauft hat, kann er die Position dadurch glattstellen, dass er einen DAX-Future kauft. Er hat sozusagen zum Kurs von 7.070 verkauft und preiswerter wieder „zurückgekauft", so dass auf dieser Seite folgender **Gewinn** entsteht:

$$(7.070 - 6.020) \times 25 = 26.250 \text{ €}$$

Der Verlust bei den Wertpapieren wurde durch den Gewinn mit dem DAX-Future folglich überkompensiert.

Finanzderivate

Die wichtigsten Daten zu den an der Eurex gehandelten Futures werden regelmäßig verbreitet. In einschlägigen Publikationen (z.b. HANDELSBLATT) erscheinen täglich Kurse, Umsatzzahlen und weitere Informationen. Die genauen Ausstattungsmerkmale einzelner Futures - im Fachjargon **Kontraktspezifikationen** genannt - stellt die Deutsche Börse AG ins Internet ein.

Airbag und ABS für die Banken

Die neuen derivativen Instrumente vermindern das Risiko / Von Meinhard Carstensen

Die wichtigsten Finanzinnovationen unserer Generation sind sicherlich die derivativen Instrumente. Dabei handelt es sich um Risikostrukturen, die aus den physischen Grundgeschäften abgeleitet sind. Mit Derivaten lassen sich Risiken in verschiedene Komponenten aufspalten, getrennt voneinander bewerten und handeln. Diese Instrumente bedeuten einen Quantensprung für das Finanzwesen.

Eine fast unendliche Vielzahl neuer Produkte und Anwendungen entstand. Einige derivative Instrumente – etwa die Futures – werden an Terminmärkten gehandelt. Andere wieder werden „over the counter" – also zwischen Banken direkt – kontrahiert Die bekanntesten Instrumente dieser Produktgruppe sind die „Swaps" und die „Caps". Bei Zinsswaps beispielsweise tauschen die Swap-Partner für einen bestimmten Zeitraum variable gegen feste Zinssätze. Bei „Caps" handelt es sich um eine vertragliche Vereinbarung mit einer Zinsobergrenze. Wird diese Zinsobergrenze überschritten, so zahlt der Verkäufer des „Caps" dem Käufer die Differenz zwischen der Zinsobergrenze und dem Referenzzinssatz aus.

Zwischen den derivativen Instrumenten sind die verschiedensten Kombinationen denkbar – je nach Bedürfnissen und Risikostrukturen der Kunden.

Gerade im Aktiv-/Passivmanagement einer Bank sind diese Instrumente heute unentbehrlich geworden. Gleiches gilt für den Finanzbereich eines Industrieunternehmens. Risikoabsicherungen lassen sich nun in einer so eleganten Weise konstruieren, wie dies früher – vor dem Aufkommen der Derivate – nicht möglich war Erst durch die Trennung der Liquiditätvom Risiko ist auch eine getrennte Fristensteuerung der zur Verfügung stehenden Mittel und des Marktpreis-Änderungsrisikos möglich.

Seit Beginn der achtziger Jahre hat sich das Finanzierungsverhalten der Banken und der kapitalmarktfähigen Industrieunternehmen verändert. Die Derivate machen es seither möglich, die relativen Kostenvorteile eines Emittenten aus einem Teilmarkt der internationalen Finanzmärkte in einen anderen zu übertragen. Die Mittel werden dann aufgenommen, wenn sie im Vergleich zum Index günstig sind. Anschließend werden sie so lange ohne Zinsrisiken an den Geldmärkten angelegt, bis sie – im Aktiv-/Passivmanagement erneut über Derivate strukturiert – eingesetzt werden.

All diese Vorteile der Finanzinnovationen summieren sich und führen dazu, daß sich der Finanzverkehr verbilligt, daß sich die Risiken effizienter steuern lassen und daß geringere Reibungsverluste entstehen.

Augenmaß beweisen

Auf der Aktivseite der Banken läßt sich ein dem Siegeszug der Elektronik im Automobilbau vergleichbarer Trend beobachten: Man stelle sich vor, ein Automobilproduzent hätte darauf verzichtet, das technisch Machbare konsequent umzusetzen: Ohne Airbags und ABS könnte er sich heute kaum am Markt behaupten.

Was die Derivate anlangt, so arbeiten wir Banken ständig an neuen Formen der Umsetzung. Gegenwärtig sind wir mit dem Vergleich mit der Automobilbranche fortführen – noch beim „elektrischen Fensterheber".

Die Dresdner Bank wird weiterhin genau unterscheiden, welches Produkt für welchen Anwender geeignet ist. Wir müssen hierbei darauf achten, daß das technisch Mögliche nicht zur allein gültigen Maxime wird. Wir werden keine komplexe Struktur an Kunden verkaufen, die mit der Disposition und Behandlung dieser Komplexität überfordert sein könnten. Wenn die Banken auch hier Augenmaß beweisen, werden den Vorteilen aus Finanzinnovationen und insbesondere den Derivaten für die Banken und ihre Kunden und somit für die Wirtschaft insgesamt auf lange Sicht keine Nachteile gegenüberstehen.

Bahnbrechende Neuerungen nimmt die Öffentlichkeit erst dann wahr, wenn sich der Benutzerkreis und damit die Volumina ausdehnen. Dies ist am Markt für Derivate in den vergangenen Jahren in beeindruckender Weise geschehen.

Daraus sollte man jedoch nicht folgern, daß dieses rasante Wachstum im allgemeinen für das Bankensystem und somit für die Volkswirtschaft gefährlich sei. Daß dies ein Fehlschluß ist, zeigt sich insbesondere dann sehr deutlich, wenn man die Kreditäquivalente, die für uns Banken aus diesem Geschäft resultieren, mit dem Ausfallrisiko ein gleiches vergleicht. Im engen Dialog mit den Aufsichtsbehörden geht es jetzt darum, verantwortliche und angemessene Aufsichtsregeln, Meldepflichten und Kapitalunterlegungen zu erarbeiten. Diese Regeln müssen dem Risiko entsprechen, ohne das für die Industrie und die Volkswirtschaft als Werkzeug und Ertragskomponente immer wichtigere derivative Instrumentarium durch ein „overshooting" zu erdrücken.

Das Derivativgeschäft führte zu Methoden der Risikomessung, die in vielfaches präziser sind, als wir sie vom klassischen Geschäft her kennen. Diese verfeinerten Techniken werden heute im Gegenzug auch im klassischen Bankgeschäft eingesetzt und erhöhen so die Dispositionssicherheit im Bankenapparat. Dadurch, daß die Marktrisiken übernehmen, insbesondere von ihren Industriekunden, fungieren Banken als Risikosammelstellen der Volkswirtschaft. In den Risiko-Portfolien der Banken werden konträre Marktrisiken gegenübergestellt und damit neutralisiert. Die Volkswirtschaft ist damit im Hinblick auf Marktrisiken, insbesondere im Zins- und Devisenbereich, unempfindlicher geworden. Wenn es gelingt, die positive Energie der derivativen Ideen weiterhin gezielt in diese Richtung einzusetzen, wird die ökonomische Welt, in der wir leben, etwas sicherer. Werden die Finanzinnovationen, insbesondere die Derivate oder Markt-Risiko-Management-Instrumente, richtig angewandt, so bedeutet dies für die Volkswirtschaft ganz allgemein, daß sich Marktrisiken abschwächen und somit der Wohlstand verstetigt.

Quelle: Deutsche Wochenzeitung vom 14.06.1994

Erläuternde Fragen und Antworten

1. **Worin liegt der wesentliche Unterschied zwischen OTC- und Terminbörsenprodukten?**

   Die Ausstattungsmerkmale (z.B. Verfalltermin) eines Terminbörsengeschäfts sind ausgesprochen stark standardisiert, so dass eine Anpassung an individuelle Gegebenheiten in aller Regel äußerst schwierig wird. Aufgrund dessen sind sie im Vergleich zu OTC-Produkten im Allgemeinen erheblich liquider. Das heißt, dass hohe Umsätze erfolgen und eine schnelle Orderausführung selbst bei großen Volumina gewährleistet ist.

   Außerdem läuft der Handel sehr transparent ab - nicht nur die Preisentwicklung kann jederzeit verfolgt werden, auch die Ausführung von Aufträgen lässt sich problemlos nachvollziehen.

   Hinzu kommt ein weitaus geringeres Bonitätsrisiko als bei OTC-Transaktionen, da die Kontrahenten Geschäfte nicht direkt miteinander abschließen, sondern stets die Clearingstelle zwischengeschaltet wird.

   Im Gegensatz zu Termingeschäften können die Vertragselemente bei OTC-Transaktionen im Grunde nach Belieben gestaltet werden, wofür die Kontrahenten allerdings einen entscheidenden Nachteil in Kauf nehmen müssen: Die Geschäfte lassen sich im Regelfalle nur vergleichsweise schwierig vor ihrem Verfalltag wieder auflösen.

2. **Was erwartet der Käufer eines Calls, und welche Vorstellungen von der Preisentwicklung hat der Verkäufer eines Puts?**

   Ein Call-Käufer rechnet mit einem künftigen Preisanstieg beim Underlying. Der Verkäufer eines Puts geht prinzipiell davon aus, dass der Kurs des Basisguts unverändert bleibt oder steigt.

3. **Wie lässt sich der Innere Wert einer Option bestimmen und was bringt er zum Ausdruck?**

Eine Gegenüberstellung des Strike mit dem aktuellen Underlyingpreis gibt Auskunft über den Inneren Wert. Letzterer nimmt keine negativen Werte an. Liegt der Kurs des Underlyings oberhalb (unterhalb) des Basispreises, so weist ein Call (Put) einen positiven Inneren Wert auf. Ansonsten liegt der Innere Wert bei Null.

Die Größe bringt zum Ausdruck, ob sich eine Ausübung lohnt.

4. **Warum führt ein Anstieg des allgemeinen Zinsniveaus zu einem Preisrückgang bei einem Aktien-Put?**

Mit dem Erhalt der Putprämie geht der Stillhalter die Verpflichtung ein, die Aktie am Verfalltag zum Basispreis abzunehmen. Er wird die Aktien ohne Schwierigkeiten ankaufen können, wenn er schon jetzt Geld für den Ausübungsfall zurücklegt. Nehmen wir als Beispiel einen Put mit einer Laufzeit von einem Jahr (Strike: 189 €). Um am Laufzeitende seine Zahlungsverpflichtung zu erfüllen, muss der Stillhalter heute keine 189 € beiseite legen. Ein geringerer Betrag reicht aus, da das Geld ja für ein Jahr investiert werden kann. Der Schreiber muss deshalb nur soviel Kapital anlegen, dass er nach einem Jahr - inklusive Zinsen - den geforderten Betrag auszahlen kann.

5. **Wodurch unterscheiden sich Zinsbegrenzungsverträge von Aktienoptionen?**

Abgesehen vom Underlying ist der hauptsächliche Unterschied darin zu sehen, dass Aktienoptionen nur einmal, Zinsbegrenzungsverträge dagegen mehrmals im Zeitablauf ausgeübt werden können.

6. **Was versteht man unter einem „Collar"? Welche Zielsetzung wird mit einer derartigen Konstruktion verfolgt?**

Ein Collar entspricht einer Kombination von Cap und Floor. Entscheidend ist, dass ein Zinsbegrenzungsvertrag ge-, der andere hingegen verkauft wird.

Die Zielsetzung liegt hauptsächlich darin, die Prämie zu reduzieren. Während für den Kauf eines Zinsbegrenzungsvertrages eine Prämie zu zahlen ist, entstehen gleichzeitig Einnahmen aufgrund der Stillhalterposition. Insgesamt führt dies zwar zu einer Preissenkung; der Akteur kann von einem Zinsrückgang bzw. -anstieg allerdings nur eingeschränkt profitieren.

7. **Warum müssen beim Future-Handel Margins hinterlegt werden?**

Margins stellen Sicherheitsleistungen dar, die vorab von den Kontrahenten hinterlegt werden müssen, damit in Zukunft entstehende Verluste auf jeden Fall gedeckt sind. Dadurch kann die Clearingstelle eine Erfüllungsgarantie übernehmen.

8. **Wo liegen die Hauptunterschiede zwischen Futures und Forwards?**

Futures	Forwards
Starke Standardisierung der Vertragselemente, die durch die entsprechende Terminbörse vorgegeben werden.	Vertragsparteien können Ausstattung des Geschäfts beliebig festlegen.
Börsenhandel	Kein Börsenhandel, da Kontrakte nicht standardisiert sind.
Im Regelfalle werden Kontrakte nicht bis zum Verfalltag aufrechterhalten, sondern vorzeitig glattgestellt. Daher erfolgt üblicherweise keine Lieferung des Basisguts.	Geschäfte werden normalerweise bis zur Fälligkeit gehalten, so dass eine physische Transaktion am Laufzeitende erfolgt.
Kontrahenten gehen keinerlei Erfüllungsrisiko ein, da Transaktionspartner stets die Clearingstelle ist.	Forwards bergen ein Erfüllungsrisiko.

9. **Warum spielt die Standardisierung im Terminhandel eine so bedeutende Rolle?**

   Eine Standardisierung der Ausstattungsmerkmale ist die wesentliche Voraussetzung für einen Börsenhandel und die angestrebte hohe Liquidität. Für standardisierte Geschäfte lassen sich gewöhnlich erheblich schneller Kontraktpartner finden, als für „maßgeschneiderte" Produkte. Obendrein sorgt die Standardisierung für eine faire Preisbildung.

10. **Welche Probleme könnte die Absicherung eines bestehenden Aktienportefeuilles mit Hilfe des DAX-Futures bereiten?**

    Da dieser Future auf dem DAX basiert, hängt seine Wertentwicklung sehr stark von diesem Aktienindex ab. Entspricht die Struktur des abzusichernden Portefeuilles nicht exakt der des DAX, so sind für gewöhnlich unterschiedliche Wertänderungen bei der Future- und der Aktienposition die Folge. Ein vollständiger Ausgleich der Wertentwicklungen misslingt möglicherweise. Darüber hinaus muss ein Hedger wenigstens einen Kontrakt des DAX-Futures oder ein ganzzahliges Vielfaches davon handeln. Aufgrund dieser Normierung ist das Sicherungsvolumen oftmals entweder zu gering oder zu hoch.

9 Kapitalmarkttheorie

Wir haben uns bislang weitgehend auf kapitalsuchende Unternehmen konzentriert. Nun wollen wir uns mit der Frage befassen, wie ein Investor sein Kapital optimal auf verschiedene - insbesondere risikobehaftete - Anlagealternativen aufteilt.

91 Das Portfolio-Selection Modell von *Markowitz* als Grundlage

911 Darstellung des Modells

Das von *Harry M. Markowitz* entwickelte Portfolio-Selection Modell soll Investoren bei der Entscheidung unterstützen, ihr Kapital möglichst effizient auf einzelne Anlageobjekte („Assets") aufzuteilen. Der US-Amerikaner zeigt, dass es durchaus sinnvoll sein kann, einen Geldbetrag nicht ausschließlich in die Alternative mit der höchsten erwarteten Rendite zu investieren, sondern eine Aufteilung auf mehrere verschiedene Assets vorzunehmen.

Bevor wir uns näher mit dem Portfolio-Selection Modell beschäftigen, wollen wir darstellen, auf welchen Prämissen *Markowitz'* Überlegungen basieren. Er trifft folgende Annahmen:

- Transaktionskosten (z.B. Gebühren beim An- und Verkauf von Wertpapieren) und Steuern bleiben unbeachtet.
- Sämtliche Anlageobjekte sind beliebig teilbar. Danach wäre es etwa möglich, eine „halbe Aktie" zu erwerben.
- Das Portfolio-Selection Modell ist ein Zwei-Zeitpunkt-Modell. Der Betrachtungszeitraum erstreckt sich ausschließlich über eine Periode (z.B. ein Jahr).
- Investoren sind risikoscheu eingestellt, d.h., dass sie beispielsweise auf einen Teil des Ertrags verzichten würden, wenn dies zu einer Risikoreduktion führt.

Ein Asset bringt Gewinne (und Verluste), die durch laufende Erträge (z.B. Dividendenzahlungen) und Preisänderungen (z.B. Kurszuwachs bei Aktien) entstehen. Bestimmte Anlageobjekte (z.B. Bundesschatzbriefe) weisen im Zeitablauf relativ konstante Erträge auf. Bei anderen Assets wie etwa Aktien schwanken diese hingegen. In einigen Perioden werden hohe, in anderen demgegenüber geringe Erträge erwirtschaftet. Entscheidend für die Beurteilung einer Anlagealternative sind nicht nur deren Ertragserwartungen, sondern auch die Wertschwankungen („Risiko").

Wir werden nun ausführlicher darauf eingehen, wie man Ertrag und Risiko messen kann. Der Anschaulichkeit halber beziehen wir uns auf Aktien.

Die Ertragskraft einer **einzelnen Aktie** wird üblicherweise mit Hilfe der Kennzahl **Rendite** ausgedrückt. Für ein bestimmtes Wertpapier i beläuft sich die Rendite μ_i pro Periode auf:

$$\mu_i = \frac{K_1 - K_0 + D_{01}}{K_0} \quad (1)$$

mit

K_0: Kurswert der Aktie i zum Zeitpunkt t_0

K_1: Kurswert der Aktie i zum Zeitpunkt t_1

D_{01}: Erträge (z.B. Dividenden), die mit der Aktie i im Zeitraum von t_0 bis t_1 erwirtschaftet werden

Aktienrenditen unterliegen im Zeitablauf Schwankungen. *Markowitz* erfasst dieses **Risiko**, indem er die Abweichung einzelner Renditen von ihrem Durchschnittswert (=zukünftig erwarteter Wert [„Erwartungswert"]) bestimmt. Er greift auf die aus der Statistik bekannte Standardabweichung (σ) zurück, die - einfach formuliert - die durchschnittliche Abweichung der Einzelrenditen von ihrem Mittelwert zum Ausdruck bringt. Danach lässt sich das mit einer Aktie i verbundene Risiko so darstellen:

$$\sigma_i = \sqrt{\frac{1}{n}\sum_{t=1}^{n}(\mu_{it} - \overline{\mu}_i)^2} \quad (2)$$

mit

n: Anzahl der betrachteten Perioden (z.B. Jahre)

μ_{it} : Rendite der Aktie i zum Zeitpunkt t

$\overline{\mu}_i$: Durchschnittsrendite der Aktie i über einen Zeitraum von n Perioden

Kapitalmarkttheorie

Portefeuillelinie

Nun betrachten wir nicht länger lediglich einzelne Wertpapiere, sondern eine Zusammenstellung mehrerer verschiedener Aktien (auch **Portefeuille** genannt). Die Portefeuillerendite μ_P lässt sich mit Hilfe der folgenden Formel berechnen:

$$\mu_P = \sum_{i=1}^{k} x_i \overline{\mu}_i \qquad (3)$$

mit

k: Anzahl der Wertpapiere im Portefeuille

x_i: Anteil des Wertpapiers i am Portefeuille

Da unterstellt wird, dass das gesamte Kapital restlos in die Wertpapiere investiert wird, gilt nachstehende Nebenbedingung.

$$\sum_{i=1}^{k} x_i = 1$$

Zwischen Einzel- und Portefeuillerenditen herrscht eine einfache Beziehung: Die einzelnen Renditen werden jeweils mit dem Portefeuilleanteil der entsprechenden Aktie gewichtet und anschließend aufaddiert. Auf diese Art lässt sich das Portefeuillerisiko hingegen nicht bestimmen. Es reicht nicht aus, die Einzelrisiken zu gewichten und zu summieren, denn obendrein muss der Zusammenhang („Korrelation") zwischen den Renditen berücksichtigt werden. Für das Portefeuillerisiko (σ_P) gilt:

$$\sigma_P = \sqrt{\sum_{i=1}^{k} \sum_{j=1}^{k} x_i x_j \sigma_{ij}} \qquad (4)$$

x_j: Anteil des Wertpapiers j am Portefeuille

σ_{ij}: Kovarianz zwischen den Renditen der Wertpapiere i und j

Um die Darstellung nicht unnötig zu komplizieren, betrachten wir im Weiteren nur noch Portefeuilles, die ausschließlich zwei Wertpapiere beinhalten („Zwei-Anlagen-Fall"). Dann lassen sich die Gleichungen (3) und (4) auch so schreiben:

$$\mu_p = x_1\mu_1 + x_2\mu_2$$

$$\Rightarrow \mu_p = x_1\mu_1 + (1-x_1)\mu_2 \quad (5)$$

$$\sigma_p = \sqrt{x_1^2\sigma_1^2 + x_2^2\sigma_2^2 + 2x_1x_2\sigma_{12}}$$

$$\Rightarrow \sigma_p = \sqrt{x_1^2\sigma_1^2 + (1-x_1)^2\sigma_2^2 + 2x_1(1-x_1)\sigma_{12}} \quad (6)$$

Da das Kapital restlos in die beiden Aktien investiert wird, gilt:

$$1 = x_1 + x_2$$

$$\Rightarrow x_2 = 1 - x_1$$

Deshalb kann x_2 sowohl in (5) als auch (6) durch $(1 - x_1)$ ersetzt werden.

σ_{12} [vgl. Ausdruck (6)] ist das Symbol für die Kovarianz zwischen den Renditen der Wertpapiere 1 und 2. Sie ist eine absolute Kennzahl und bringt die Stärke des Zusammenhangs zwischen den Renditen der beiden Anlagealternativen zum Ausdruck. Ein direkter Vergleich unterschiedlicher Kovarianzen ist wenig aussagekräftig, da die Kovarianz eine Dimension besitzt (z.B. € oder Cent). Deshalb standardisiert man die Kennzahl. Das Ergebnis ist der sogenannte Korrelationskoeffizient, der stets auf Werte von –1 bis +1 begrenzt ist und wie folgt berechnet wird:

$$k_{12} = \frac{\sigma_{12}}{\sigma_1\sigma_2}$$

$$\Rightarrow \sigma_{12} = k_{12}\sigma_1\sigma_2 \quad (7)$$

Substituiert man σ_{12} in (6) durch die „rechte Seite" von Ausdruck (7), dann lässt sich das Portfolio-Risiko auch so darstellen:

$$\sigma_p = \sqrt{x_1^2\sigma_1^2 + (1-x_1)^2\sigma_2^2 + 2x_1(1-x_1)\sigma_1\sigma_2 k_{12}} \quad (8)$$

Nun wird (5) nach x_1 aufgelöst und der Term in Gleichung (8) für x_1 eingesetzt. Es ergibt sich schließlich ein Ausdruck der Form:

$$\sigma_p = f(\mu_p) \quad \text{bzw.} \quad \mu_p = g(\sigma_p) \quad (9)$$

Die Portefeuillerendite ist eine Funktion des Risikos. Dies lässt sich auch in einem sogenannten μ-σ-Diagramm darstellen (vgl. Abb. 9/1). Der dabei entstehende Graph heißt **Portefeuillelinie**.

Abb. 9/1: Portefeuillelinie

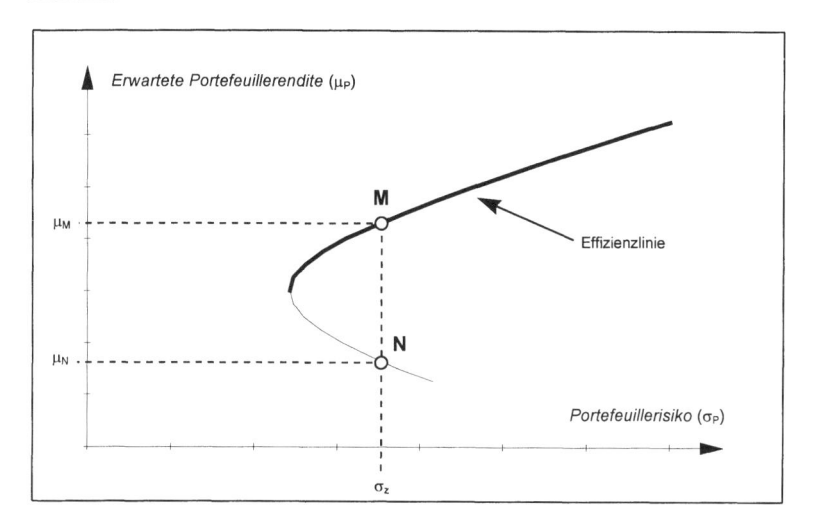

Die Portefeuillelinie zeigt sämtliche μ–σ–Kombinationen, die durch Aufteilung des Kapitalbetrags auf die beiden Wertpapiere realisierbar sind. Ihr Verlauf hängt von der Ausprägung des Korrelationskoeffizienten ab, wie wir später noch sehen werden.

Effizienzlinie

Der fett markierte Teil der Portefeuillelinie hat einen speziellen Namen: Er heißt **Effizienzlinie**. Jeder rational handelnde Anleger wird sein Kapital so auf die beiden Aktien aufteilen, dass die μ–σ–Kombinationen auf jeden Fall auf der Effizienzlinie liegen. Denn eine andere Aufteilung würde stets durch ein Portefeuille übertroffen, das bei gleichem Risiko eine höhere Rendite verspricht. Ist ein Investor beispielsweise gewillt, Risiko in Höhe von σ_z zu übernehmen, dann sollte er sich für das Portefeuille M und nicht für N entscheiden; schließlich ist dessen erwartete Rendite (μ_M) - bei demselben Risiko - größer als der Ertrag μ_N der Wertpapierkombination N (vgl. Abb. 9/1).

Als effizient gilt ein Portefeuille genau dann, wenn keine andere Zusammenstellung derselben Wertpapiere existiert, die

- bei gleichen Ertragsaussichten ein geringeres Risiko beinhaltet,
- bei gleichem Risiko eine höhere erwartete Rendite aufweist oder
- sowohl eine höhere Rendite erwarten lässt als auch ein geringeres Risiko birgt.

Die Beziehung zwischen den Renditen einzelner Wertpapiere kann unterschiedlich stark ausgeprägt sein. Im Extremfall ist der Zusammenhang perfekt positiv bzw. perfekt negativ ausgeprägt. Dies ist in der Realität aber kaum anzutreffen. Meist liegt der Wert irgendwo zwischen diesen äußersten Punkten. Es ist in der Praxis sehr selten, dass zwei Aktien eine Korrelation von Null haben oder sogar einen negativen Wert aufweisen.

Zur Veranschaulichung sind in Abbildung 9/2 zunächst die μ–σ–Wertepaare für zwei Aktien „A" und „B" eingetragen. Ein Anleger darf eine Rendite in Höhe von μ_A (μ_B) erwarten und muss dafür ein Risiko von σ_A (σ_B) in Kauf nehmen, wenn er sein gesamtes Kapital in Aktie A (B) investiert. Statt sein Geld lediglich für einen einzigen Titel einzusetzen, kann der Anleger auch diversifizieren, also eine Aufteilung auf mehrere („diverse") Alternativen vornehmen. Je nach dem wie stark der Zusammenhang zwischen den Renditen der Wertpapiere ausgeprägt ist, lässt sich ein **Diversifikationseffekt** erzielen. Damit ist gemeint, dass sich durch eine Aufteilung die Rendite-Risiko-Relation verbessern lässt. Je nach Ausprägung des Korrelationskoeffizienten (k_{AB}) ist die Portefeuillelinie unterschiedlich stark gekrümmt (vgl. Abb. 9/2).

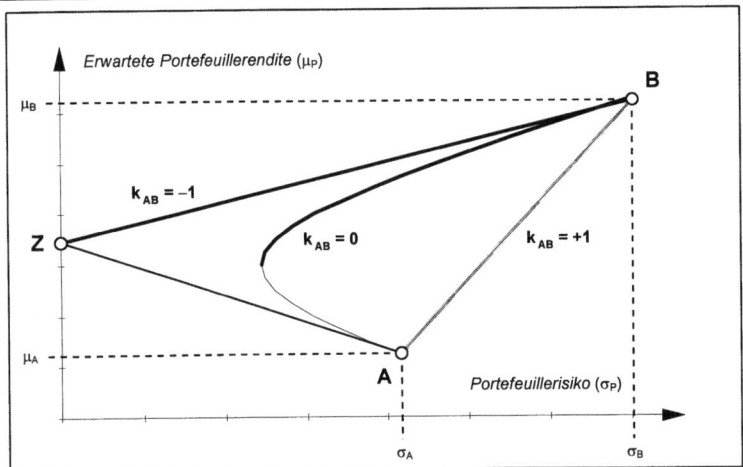

Abb. 9/2:   Portefeuillelinien bei unterschiedlichen Korrelationen

Kapitalmarkttheorie 337

1) Positive Korrelation mit k_{AB} in der Nähe von +1

Zwischen den Renditen der Wertpapiere A und B besteht ein starker linearer Zusammenhang in dem Sinne, dass bei hohen (niedrigen) Renditewerten des Papiers A gleichzeitig auch beim Wertpapier B hohe (niedrige) Renditen zu beobachten sind. Im Falle einer perfekt positiven Korrelation ($k_{AB} = +1$) gilt:

$$\sigma_P = \sqrt{x_A^2 \sigma_A^2 + x_B^2 \sigma_B^2 + 2 x_A x_B \cdot 1 \cdot \sigma_A \sigma_B}$$

$$\Rightarrow \quad \sigma_P = x_A \sigma_A + x_B \sigma_B$$

$$\Rightarrow \quad \sigma_P = x_A \sigma_A + (1 - x_A) \sigma_B \qquad (10)$$

Löst man die Gleichung $\mu_p = \mu_A x_A + \mu_B (1 - x_A)$ nach x_A auf und setzt den Term dann in (10) für x_A ein, so ergibt sich folgender linearer Zusammenhang zwischen σ_p und μ_p:

$$\sigma_P = \sigma_B + (\sigma_A - \sigma_B) \frac{\mu_p - \mu_B}{\mu_A - \mu_B}$$

Im Fall vollständig positiv korrelierter Wertpapiere sind Portefeuille- und Effizienzlinie identisch. Sämtliche Rendite-Risiko-Kombinationen liegen auf einer Geraden - in Abbildung 9/2 die Verbindungslinie zwischen A und B - und sind demnach effizient. Ein Anleger muss bei einer höheren Renditeerwartung gleichzeitig einen Anstieg des Risikos in Kauf nehmen. Diversifikationseffekte sind in diesem Fall ausgeschlossen.

2) Keinerlei Zusammenhang zwischen den Renditen der Wertpapiere A und B

Die Renditen der beiden Wertpapiere sind voneinander vollkommen unabhängig, d.h., dass große (kleine) Renditen des Wertpapiers A genauso oft mit großen wie mit kleinen Renditen bei Wertpapier B beobachtet werden. Es gilt $k_{AB} = 0$ und damit:

$$\sigma_P = \sqrt{x_A^2 \sigma_A^2 + x_B^2 \sigma_B^2 + 2 x_A x_B \cdot 0 \cdot \sigma_A \sigma_B}$$

$$\Rightarrow \quad \sigma_P = \sqrt{x_A^2 \sigma_A^2 + x_B^2 \sigma_B^2}$$

Bei dieser Konstellation sind Diversifikationseffekte erzielbar. Durch eine entsprechende Kapitalaufteilung ist es sogar möglich, das Portefeuillerisiko soweit zu vermindern, dass es unter denjenigen Wert fällt, der von der Aktie mit dem geringsten Risiko (σ_A) ausgeht. Effizient sind nur die Wertpapiermischungen, die den dick durchgezogenen Kurvenabschnitt der Portefeuillelinie bilden (vgl. Abb. 9/2).

3) Negative Korrelation mit k_{AB} in der Nähe von -1

Zwischen den Renditen der beiden Wertpapiere besteht ein starker linearer Zusammenhang in dem Sinne, dass oft bei großen (kleinen) Renditeausprägungen des Wertpapiers A gleichzeitig kleine (große) Renditen bei Aktie B zu beobachten sind. Bei vollständig negativer Korrelation sind ausschließlich die Portefeuilles zwischen Punkt Z und B effizient (vgl. Abb. 9/2). Die Wertpapiere lassen sich sogar so mischen, dass das Risiko vollkommen eliminiert wird (Punkt Z).

Anhand eines einfachen Beispiels soll die Ermittlung und Interpretation eines Korrelationskoeffizienten verdeutlicht werden.

Beispiel:

Über einen Zeitraum von insgesamt vier Perioden wurden die Renditen der beiden Aktien A und B beobachtet. Dabei ergaben sich folgende Renditezeitreihen:

	t_1	t_2	t_3	t_4
Aktie A	7%	3%	9%	1%
Aktie B	2%	6%	1%	7%

Zur Bestimmung des Korrelationskoeffizienten zwischen den Renditen der Wertpapiere A und B werden zunächst die Durchschnittsrenditen μ_A und μ_B, die Standardabweichungen σ_A und σ_B sowie die Kovarianz σ_{AB} berechnet.

$$\mu_A = \frac{7+3+9+1}{4} = 5$$

$$\mu_B = \frac{2+6+1+7}{4} = 4$$

$$\sigma_A = \sqrt{\frac{1}{4}\left[(7-5)^2 + (3-5)^2 + (9-5)^2 + (1-5)^2\right]} = 3,16$$

$$\sigma_B = \sqrt{\frac{1}{4}\left[(2-4)^2 + (6-4)^2 + (1-4)^2 + (7-4)^2\right]} = 2,55$$

$$\sigma_{AB} = \frac{1}{4}\left[(7-5)(2-4) + (3-5)(6-4) + (9-5)(1-4) + (1-5)(7-4)\right] = -8$$

Der Korrelationskoeffizient k_{AB} kann nun ohne Schwierigkeiten berechnet werden.

$$k_{AB} = \frac{\sigma_{AB}}{\sigma_A \sigma_B} = \frac{-8}{3,16 \cdot 2,55} = -0,99$$

Die Renditen der beiden Wertpapiere sind also fast vollständig negativ korreliert. In denjenigen Perioden, in denen das Wertpapier A relativ hoch rentiert (t_1 und t_3), fällt der Ertrag des Wertpapiers B gering aus und umgekehrt. Durch entsprechende Kombination der beiden Anlagealternativen könnte das Risiko fast vollständig eliminiert werden ($\sigma_P \approx 0$).

Das optimale Portefeuille

Betrachtet man Abbildung 9/2 näher, wird deutlich, dass eine Vielzahl von Wertpapiermischungen das Effizienzkriterium erfüllt. Wie ein Anleger sein Portefeuille letztendlich strukturiert, hängt von seiner individuellen **Risikoneigung** ab. Letztere lässt sich mit Hilfe sogenannter **Risikonutzenfunktionen** formal darstellen. Darunter versteht man denjenigen funktionalen Zusammenhang, auf dessen Basis jeder Rendite-Risiko-Kombination („μ-σ-Kombination") ein bestimmter Nutzenwert zugeordnet wird. Investoren sind nun bestrebt, diejenige Portefeuillezusammensetzung zu finden, die ihnen den höchstmöglichen Nutzen stiftet.

Da jeder Anleger eine andere Einstellung zum Risiko vertritt, weisen Risikonutzenfunktionen sehr individuelle Merkmale auf und unterscheiden sich im Allgemeinen von Investor zu Investor. Allgemein lautet der Zusammenhang zwischen dem Nutzen U sowie der Rendite und dem Risiko:

$$U = h(\mu, \sigma)$$

Beispiel:

Ein Anleger hat eine ganz bestimmte Einstellung zum Risiko, die durch folgende Risikonutzenfunktion zum Ausdruck kommt:

$$U = \mu - 0{,}02(\sigma^2 + \mu^2)$$

Der Investor hat die Möglichkeit, zwischen zwei Portefeuilles auszuwählen, deren μ–σ–Kombinationen in nachstehendem Tableau enthalten sind.

	Rendite (μ)	Risiko (σ)
Portfolio 1	6,0%	4,5
Portfolio 2	7,5%	9,0

Welches Portefeuille wird der Anleger wählen, wenn er die Entscheidung auf der Grundlage seiner Risikonutzenfunktion trifft?

Zur Lösung des Problems werden die Nutzenwerte der beiden Anlagealternativen bestimmt und dann miteinander verglichen.

$$U_1 = 6 - 0{,}02 \cdot (20{,}25 + 36) = 4{,}875$$

$$U_2 = 7{,}5 - 0{,}02 \cdot (81 + 56{,}25) = 4{,}755$$

Das Portefeuille 1 bringt dem Anleger den größten Nutzen ($U_1 > U_2$) und wird deshalb präferiert.

Die graphische Abbildung einer Risikonutzenfunktion ergibt ein dreidimensionales Gebilde. Um eine Darstellung im μ–σ–Diagramm zu ermöglichen, beschränkt man sich auf die Wiedergabe von Indifferenzlinien, die in diesem Zusammenhang **Isonutzenkurven** heißen. Eine Isonutzenkurven stellt den geometrischen Ort aller μ–σ–Kombinationen dar, die dem Anleger denselben Nutzen stiften. Für risikoscheue Anleger weisen derlei Funktionen stets einen konvexen Verlauf auf. Je weiter eine Isonutzenkurve vom Ursprung des Koordinatensystems entfernt liegt, um so höher ist der Nutzenwert, den sie repräsentiert (vgl. Abb. 9/3). Es gilt demnach:

$$U_3 > U_2 > U_1$$

Natürlich ist jeder Anleger bestrebt, sein Kapital so auf die Wertpapiere aufzuteilen, dass die Kombination den größtmöglichen Nutzen bringt. Um das optimale Portefeuille zu finden, muss diejenige Isonutzenkurve ermittelt werden, die am weitesten vom Ursprung entfernt liegt, mit der Portefeuillelinie - genauer: mit der Effizienzlinie - allerdings noch einen Punkt gemeinsam hat. In Abbildung 9/3 trifft dies für diejenige Aktienkombination zu, die durch die Koordinaten $\mu_{opt} | \sigma_{opt}$ gekennzeichnet ist. Der Investor erzielt hier den höchstmöglichen Nutzenwert (U_2), da keine andere Isonutzenkurve existiert, die vom Ursprung weiter entfernt liegt und gleichzeitig einen gemeinsamen Punkt mit der Effizienzlinie aufweist.

In der Praxis wird die Risikoneigung meist mit Hilfe von Fragebögen ermittelt. Die Anleger werden zum Beispiel mit hypothetischen Entscheidungssituationen konfrontiert („Würden Sie einen bestimmten Kapitalbetrag für ein Jahr lieber sicher zum Zinssatz von 3 Prozent anlegen oder wären Sie bereit, einen Kapitalverlust von 5 Prozent zu akzeptieren, wenn dadurch die Chance gegeben ist, einen Ertrag von 12 Prozent zu erzielen?"). Aus den Antworten und Reaktionen werden Rückschlüsse auf die Risikobereitschaft gezogen.

Abb. 9/3:   Bestimmung des optimalen Portefeuilles

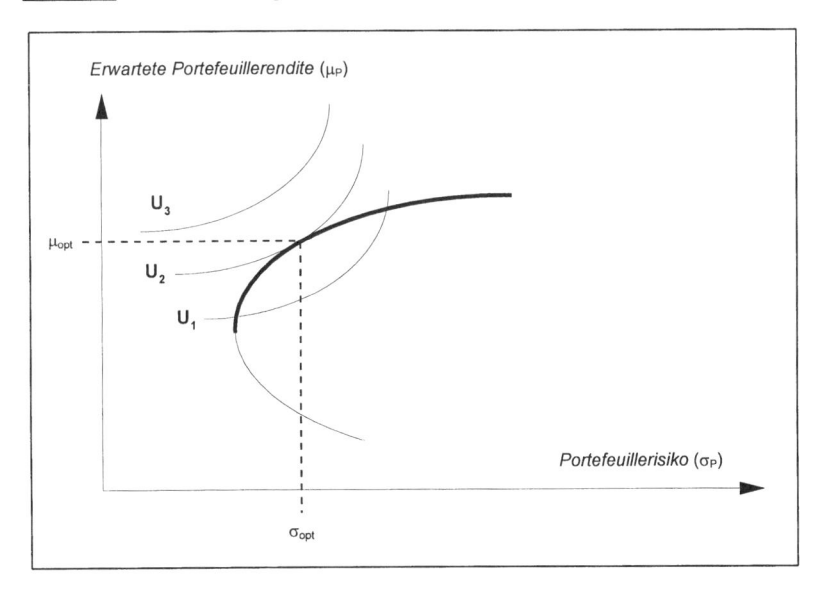

912 Kritik

Das wohl wichtigste Ergebnis, das *Markowitz* im Rahmen seines Portfolio-Selection Modells erzielt, ist die Erkenntnis, dass bei Anlageentscheidungen nicht nur Rendite-, sondern auch Risikoaspekte eine Rolle spielen. Assets werden nicht allein anhand ihrer Ertragsaussichten beurteilt. Als weiteres Auswahlkriterium werden Renditeschwankungen („Risiko") berücksichtigt.

Um Portefeuilles optimal zu strukturieren, müssen die in Zukunft gültigen Aktienerträge und -risiken richtig geschätzt werden. Doch dies bereitet in der Praxis nahezu unlösbare Probleme. Um einen Eindruck von der zukünftigen Rendite sowie deren Schwankungsbreite zu gewinnen, bleibt den Anlegern im Grunde nichts anderes übrig, als sich an historischen Daten zu orientieren. Die Realität zeigt jedoch, dass Vergangenheitswerte - etwa Durchschnittsrenditen, Standardabweichungen oder Korrelationskoeffizienten - nicht unbedingt gute Schätzer für die zukünftige Entwicklung sind. Es hat sich gezeigt, dass die Kennzahlen im Zeitablauf nicht stabil sind.

Eine weitere Schwierigkeit bereitet - trotz inzwischen sehr leistungsfähiger Computer - die große Datenmenge, die zur Bestimmung der Portefeuillelinie verarbeitet werden muss. Bei 200 Wertpapieren sind beispielsweise allein 19.900 Rendite-Kovarianzen zu berechnen.

Anleger erhalten mit Hilfe des Portfolio-Selection Modells keine Hinweise auf einen optimalen Kauf- und Verkaufszeitpunkt („Timing"). Das Modell unterstützt lediglich die Entscheidung, in welche Wertpapiere investiert werden soll, bietet aber keine Unterstützung bei der Frage, wann der beste Ein- und Ausstiegszeitpunkt vorliegt.

Auf Grenzen stößt der Investor auch bei der Bestimmung individueller Risikonutzenfunktionen, die zur Ableitung optimaler Portefeuilles notwendig sind. Zwischen Rendite-Risiko-Kombinationen und Nutzenwerten existiert oft kein streng funktionaler Zusammenhang. Hinzu kommt, dass Nutzenvorstellungen im Zeitablauf Änderungen unterworfen sind. So bewerten beispielsweise jüngere Menschen ein und dieselbe Situation oft vollkommen anders als ältere.

Ein großes Problem bilden die zum Teil ausgesprochen realitätsfernen Prämissen, auf denen das Portfolio-Selection Modell beruht. Assets (z.B. Aktien) sind in aller Regel nicht beliebig teilbar, und bei Wertpapiertransaktionen fallen in Wirklichkeit Kosten an. Da sich Investoren bei ihrer Anlageauswahl letztendlich daran orientieren, was nach Berücksichtigung sämtlicher Abzüge übrig bleibt, besitzen Gebühren und vor allem Steuern eine hohe Bedeutung. Sie dürfen keinesfalls unberücksichtigt bleiben.

Die Kritikpunkte belegen, dass die praktische Tauglichkeit des Portfolio-Selection Modells stark eingeschränkt ist. Trotzdem darf sein Stellenwert nicht unterschätzt werden. *Markowitz* hat immerhin entscheidend dazu beigetragen, dass neben Ertrags- auch Risikoaspekte ins Bewusstsein der Anleger gelangen. Er hat formal gezeigt, dass Assets niemals isoliert betrachtet werden sollten, sondern stets im Portfolio-Zusammenhang. Außerdem bildet die Portfoliotheorie die Basis für kapitalmarkttheoretische Modelle, die im nun folgenden Kapitel näher betrachtet werden.

92 Kapitalmarkttheoretische Modelle

Unter dem Begriff „Kapitalmarkttheorie" fasst man im Allgemeinen Modelle zusammen, die den Zusammenhang zwischen der Rendite und dem Risiko eines einzelnen Assets abbilden. Am bekanntesten ist das von *Sharpe*, *Lintner* und *Mossin* entwickelte Capital Asset Pricing Model, kurz CAPM. Mit diesem, auf der Portfoliotheorie aufbauenden Ansatz lässt sich zeigen, dass für die Bewertung eines einzelnen Anlageobjektes nicht dessen gesamtes Risiko relevant ist, sondern nur derjenige Teil, der sich trotz Diversifikation nicht beseitigen lässt.

921 Das Capital Asset Pricing Model (CAPM)

9211 Darstellung des Modells

Das Portfolio-Selection Modell bildet zwar den Ausgangspunkt für das CAPM; dennoch reichen die bekannten Prämissen dafür noch nicht aus. Vielmehr ist eine Erweiterung um die beiden folgenden Annahmen erforderlich.

- Es existiert ein einheitlicher Zinssatz R_f („risikoloser Zins"), zu dem beliebig viel Kapital angelegt und aufgenommen werden kann. Der Zinssatz für Geldanlagen ist also genauso hoch wie der Satz für Kredite.

- Alle Investoren haben über jedes einzelne existierende Wertpapier dieselben Vorstellungen, was dessen zukünftige Durchschnittsrendite („Renditeerwartungswert") und Risiko anbelangt. Dies setzt wiederum einen sogenannten **informationseffizienten Kapitalmarkt** voraus. Allen Anlegern stehen also sämtliche für den Preis eines Wertpapiers relevanten Informationen vollständig und zeitgleich zur Verfügung.

Der Einfachheit halber gehen wir wieder davon aus, dass lediglich zwei riskante Wertpapiere existieren, die Aktien A und B. Damit haben die Anleger nun die Möglichkeit, zwischen insgesamt drei unterschiedlichen Anlageobjekten zu wählen - davon sind zwei risikobehaftet (Aktie A und B), während die dritte Alternative kein Risiko beinhaltet. Im Unterschied zu den Aktien ist der Ertrag der risikolosen Anlage im Zeitablauf keinerlei Schwankungen unterworfen. Er liegt vielmehr Periode für Periode bei R_f. Die Standardabweichung der Renditen hat deswegen einen Wert von Null.

Kapitalmarktlinie

Investiert ein Anleger sein gesamtes Kapital - angenommen 1.000 € - ausschließlich in die beiden Aktien, so erreicht er, je nach Aufteilung, eine μ–σ–Kombination auf der zwischen A und B verlaufenden Portefeuillelinie (vgl. Abb. 9/4). Der Investor könnte sich beispielsweise für Portefeuille C entscheiden, das sich, so soll hier unterstellt werden, zu 60% aus Aktie A und zu 40% aus B zusammensetzt. Dann müsste er für 600 € A-Aktien kaufen und die verbleibenden 400 € in B investieren. Diese Kombination stellt eine Rendite von μ_C in Aussicht, wofür der Anleger ein Risiko in Höhe von σ_C in Kauf nehmen muss.

Kapitalmarkttheorie

Abb. 9/4: Herleitung der Kapitalmarktlinie

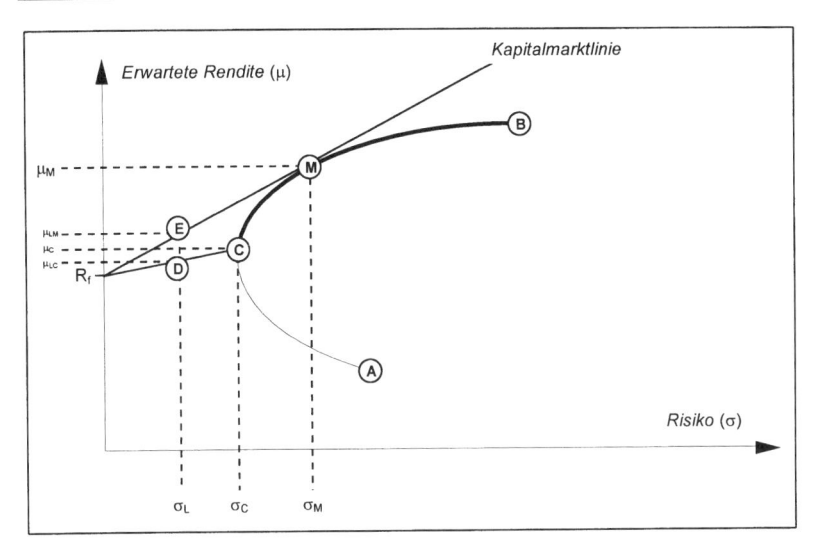

Statt für das gesamte Kapital Aktien zu kaufen, könnte der Anleger zumindest einen Teil risikolos zum Zinssatz R_f investieren. Angenommen er möchte ein Fünftel seines Geldes risikolos anlegen und den Rest so auf die beiden Aktien aufteilen, dass dadurch die Struktur von Portefeuille C erreicht wird. Dann würde er 200 € in die risikolose Alternative investieren und die verbleibenden 800 € im Verhältnis von 60 zu 40 auf die Aktien A und B verteilen. Das Gesamtportefeuille weist in diesem Fall einen Renditeerwartungswert von μ_{LC} sowie ein Risiko in Höhe von σ_L auf und wird durch Punkt D in Abbildung 9/4 wiedergegeben. Es ist durch folgende Zusammensetzung gekennzeichnet:

Risikolose Anlage:	200 €
Aktie A:	480 €
Aktie B:	320 €

Die im obigen Tableau aufgeführte Struktur ist nur eine von im Prinzip beliebig vielen Möglichkeiten, sein Kapital aufzuteilen. Bemerkenswert ist allerdings, dass sämtliche μ–σ–Kombinationen auf der Geraden zwischen R_f und C liegen, wenn der Anleger den risikobehafteten Teil seines Kapitals stets im Verhältnis von 60 zu 40 auf die Aktien A und B verteilt und den Rest zum Zinssatz von R_f anlegt. Ein derartiger linearer Zusammenhang gilt auch für sämtliche übrigen Kombinationen aus risikoloser Anlage und Aktienportefeuilles. Die Geradensteigung drückt aus, wie viel Renditeeinheiten ein Anleger für jede übernommene Einheit Risiko erwarten darf.

Blickt man etwas genauer auf Abbildung 9/4, so wird erkennbar, dass es unvernünftig wäre, die durch Portefeuille C vorgegebene Struktur zu wählen. Denn einige auf der Portefeuillelinie oberhalb von C liegende Kombinationen führen zu Geraden mit einer höheren Steigung. Es liegt natürlich im Interesse der Investoren, genau den Punkt auf der Portefeuillelinie zu finden, der letztlich zur Geraden mit der höchsten Steigung („Effizienzgerade") führt. Die Lösung des Problems ist der Punkt M mit den Koordinaten $\mu_M | \sigma_M$. Die durch R_f und M verlaufende Linie ist die Effizienzgerade, welche die spezielle Bezeichnung **Kapitalmarktlinie** trägt. Portefeuilles abseits davon lassen bei gleichem Risiko geringere Erträge erwarten oder weisen bei gleicher Renditeerwartung ein höheres Risiko auf. Dazu zählt beispielsweise auch Portefeuille D, das zwar dasselbe Risiko (σ_L) beinhaltet wie Portefeuille E, aber schlechtere Ertragsaussichten hat.

Ein rational handelnder Anleger teilt den für riskante Anlagen vorgesehenen Kapitalbetrag stets so auf die Aktien auf, dass damit die Struktur des Portefeuilles M - auch **Marktportefeuille** genannt - exakt nachgebildet wird. Damit muss ein Anleger lediglich entscheiden, welchen Kapitalanteil er risikolos investiert will und welcher Anteil auf das Marktportefeuille entfällt. Die Antwort ist von Investor zu Investor verschieden und hängt von dessen individueller Risikoeinstellung ab.

Marktteilnehmer, die bereit sind, höhere Risiken zu tragen, können zum Beispiel eine größere Rendite als μ_M erwarten. Dafür müssen sie ihr eigenes Kapital einsetzen, gleichzeitig einen Kredit zum Zinssatz R_f aufnehmen und den Gesamtbetrag in die Wertpapierkombination M investieren. Entscheidend aber ist, dass jeder Anleger - und zwar unabhängig von seiner Risikoneigung - die Zusammensetzung seines Aktienportefeuilles - sofern er risikobehaftete Titel wählt - stets an die Struktur des Marktportefeuilles anpasst. Dies bezeichnet man auch als **Tobin-Separation**.

Kapitalmarkttheorie

Der Anschaulichkeit wegen wurde hier ausschließlich von zwei Aktien ausgegangen. In der Realität existieren natürlich weitaus mehr risikobehaftete Titel, die alle im Marktportefeuille enthalten sind.

Die bisherigen Erkenntnisse sind die Voraussetzung dafür, dass eine Beziehung zwischen erwarteter Rendite und Risiko - mit anderen Worten: die Funktionsvorschrift für die Kapitalmarktlinie - abgeleitet werden kann.

Abb. 9/5: Kapitalmarktlinie

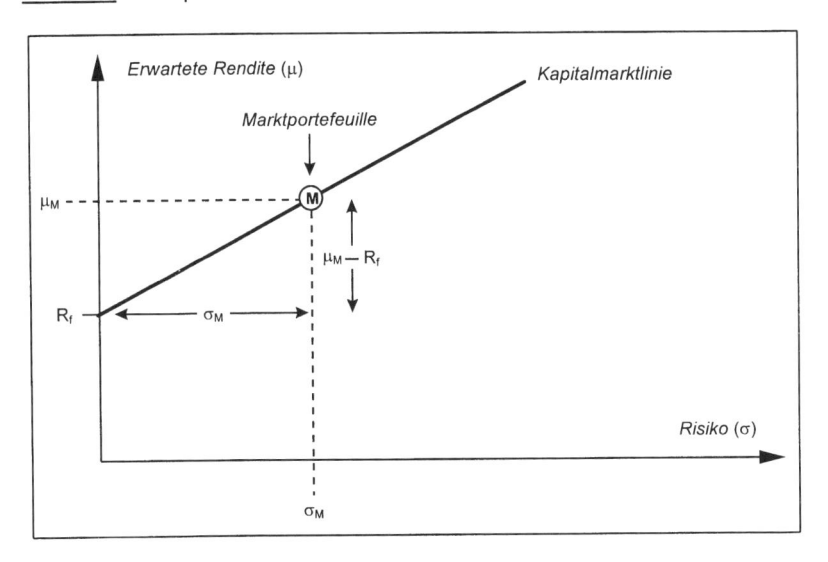

Ein Blick auf Abbildung 9/5 bestätigt, dass der Ordinatenabschnitt der Kapitalmarktlinie R_f beträgt und deren Steigung $[\mu_M - R_f]/\sigma_M$. Die Geradengleichung lautet folglich:

$$\mu_i = \underbrace{R_f}_{\text{Risikoloser Zinssatz}} + \underbrace{\frac{\mu_M - R_f}{\sigma_M} \cdot \sigma_i}_{\text{Risikoprämie}}$$

Anleger, die bereit sind, Risiko in Höhe von σ_i zu tragen, können eine Rendite von μ_i erwarten. Wenn ein Anleger keinerlei Risiko übernehmen will, liegt σ_i bei Null und die Rendite beträgt dann R_f.

Beispiel:

In einer Volkswirtschaft können Investoren ihr Kapital risikolos zum Zinssatz von 4% anlegen. Das Marktportefeuille weist einen Renditeerwartungswert in Höhe von 12% auf bei einem Risiko von 5 Prozentpunkten. Für die Kapitalmarktlinie gilt deshalb folgende Gleichung:

$$\mu_i = R_f + \frac{\mu_M - R_f}{\sigma_M} \cdot \sigma_i = 4 + \frac{12 - 4}{5} \cdot \sigma_i = 4 + 1{,}6 \cdot \sigma_i$$

Die Geradensteigung bringt zum Ausdruck, dass ein Anleger für jede Einheit Risiko, die er übernimmt, 1,6 Prozentpunkte Rendite zusätzlich erwarten darf.

Ist ein Investor „P" beispielsweise bereit, ein Risiko in Höhe von insgesamt 3 Prozentpunkten zu übernehmen, kann er diese Rendite erwarten:

$$\mu_P = 4 + 1{,}6 \cdot \sigma_P = 4 + 1{,}6 \cdot 3 = 8{,}8\%$$

Wertpapierlinie (CAPM)

Mit der Kapitalmarktlinie können lediglich ganze Portefeuilles bewertet werden, nicht jedoch einzelne Wertpapiere. Von besonderem Interesse ist oftmals die Frage, welche Rendite ein Anleger erwarten darf, wenn er einen einzelnen risikobehafteten Titel („Aktie") isoliert hält. Die Frage lässt sich beantworten, wenn die beiden folgenden Punkte berücksichtigt werden:

- Ein einzelnes risikobehaftetes Anlageobjekt ist Bestandteil des Marktportefeuilles, denn das Marktportefeuille umfasst ja sämtliche riskanten Titel.

- Das Marktportefeuille ist sehr gut diversifiziert und weist lediglich Risiken auf, die sich durch eine Streuung nicht mehr reduzieren lassen.

Im Unterschied zum Marktportefeuille besitzt eine einzelne Aktie in aller Regel noch ein Diversifikationspotenzial. Ein Anleger könnte das von einer einzelnen Aktie ausgehende Risiko also durch Beimischung anderer Wertpapiere reduzieren. Entscheidend ist, dass diese Art der Risikominderung kostenlos ist.

Kapitalmarkttheorie

Wenn das gesamte Risiko einer Aktie - auch **Volatilität** genannt - durch Diversifikation kostenfrei gesenkt werden kann, dann ist auch verständlich, dass ein Investor nur für denjenigen Teil des Gesamtrisikos eine Prämie erwarten darf, der sich durch Streuung nicht mehr beseitigen lässt. Deshalb wird die mit einem Wertpapier verbundene Volatilität aufgespalten in zwei Komponenten, in **unsystematische** und **systematische Risiken**. Während unsystematische Bestandteile auf titelspezifischen Faktoren beruhen und durch Diversifikation eliminiert werden können, ist eine Beseitigung systematischer Risiken durch Streuung unmöglich, da sie sämtliche Anlageobjekte gleichermaßen treffen.

Beispiel:

Auf einem Kapitalmarkt werden die Aktien eines Bademodenherstellers („Badeaktien") und eines Produzenten von Regenschirmen („Schirmaktien") gehandelt.

Ein Anleger, der sein Geld ausschließlich in Badeaktien investiert, läuft Gefahr, in Jahren mit einem verregneten Sommer eine geringe Rendite zu erwirtschaften. Die auf den Einflussfaktor „Wetter" zurückzuführenden Ertragsschwankungen lassen sich allerdings durch Diversifikation mildern. Der Investor könnte einen Teil der Bade- durch Schirm-Aktien ersetzen und damit das unsystematische Risiko („Wetter") beseitigen. Bei schlechtem Wetter liefern die Badeaktien eine geringe, die Schirmpapiere dagegen eine hohe Rendite, während bei guter Witterung das Gegenteil zutrifft. Damit wird insgesamt eine Verringerung der Ertragsschwankungen erreicht, mit anderen Worten: eine Risikoreduktion.

Derweil der unsystematische Faktor den Bademodenhersteller völlig anders trifft als den Regenschirmproduzenten, berühren systematische Risiken Bade- und Schirmaktien gleichermaßen. Von einer Rezession etwa ist nicht nur der Bademoden-, sondern genauso der Regenschirmproduzent betroffen. Die Wirkung einer derartigen systematischen Größe lässt sich durch Diversifikation nicht ausschalten.

Bei der Bewertung einzelner Aktien fällt folglich nur das systematische Risiko ins Gewicht, nicht jedoch das Gesamtrisiko. Während das Gesamtrisiko durch die Standardabweichung der Rendite (σ) zum Ausdruck kommt, dient das sogenannte **Beta** (β) - ohne dies im Einzelnen herzuleiten - als Repräsentant für das systematische Risiko. Es lässt sich folgendermaßen bestimmen:

$$\beta_k = \frac{\sigma_{kM}}{\sigma_M^2}$$

mit

σ_{kM}: Kovarianz zwischen den Renditen der Aktie k und den Renditen des Marktportefeuilles

σ_M^2: Varianz der Renditen des Marktportefeuilles

Der Zusammenhang zwischen Renditeerwartung und systematischem Risiko - mit anderen Worten: das **Capital Asset Pricing Model (CAPM)** - lässt sich formal so darstellen:

$$\mu_k = R_f + [\mu_M - R_f] \cdot \frac{\sigma_{kM}}{\sigma_M^2} = \underbrace{R_f}_{\text{Risikoloser Zinssatz}} + \underbrace{[\mu_M - R_f] \cdot \beta_k}_{\text{Prämie für die Übernahme des systematischen Risikos}}$$

Dem CAPM zufolge darf ein Investor, der ein einzelnes Wertpapier hält, nur eine Rendite in Höhe des risikolosen Zinssatzes zuzüglich einer Prämie für die Übernahme des jeweiligen systematischen Risikos erwarten. Das von unsystematischen Faktoren ausgehende Risiko ist für die Bewertung dagegen nicht relevant, da es wie bereits erwähnt durch Mischung mit anderen Aktien kostenlos eliminiert werden kann. So gesehen fließt in die Bewertung nur die Komponente ein, die das betrachtete Wertpapier - das ja selbst Bestandteil des Marktportefeuilles ist - zum Gesamtrisiko des Marktportefeuilles (σ_M) beisteuert.

Die obige lineare Funktion lässt sich auch graphisch veranschaulichen. Die dabei entstehende Gerade heißt **Wertpapierlinie** (vgl. Abb. 9/6) und bildet den Kern des CAPM. Das Diagramm ist mit der Darstellung in Abbildung 9/5 („Kapitalmarktlinie") identisch, bis auf die Tatsache, dass die Abszisse nicht mehr das Gesamtrisiko (σ) abbildet, sondern nur noch das systematische Risiko.

Kapitalmarkttheorie

Abb. 9/6: Wertpapierlinie

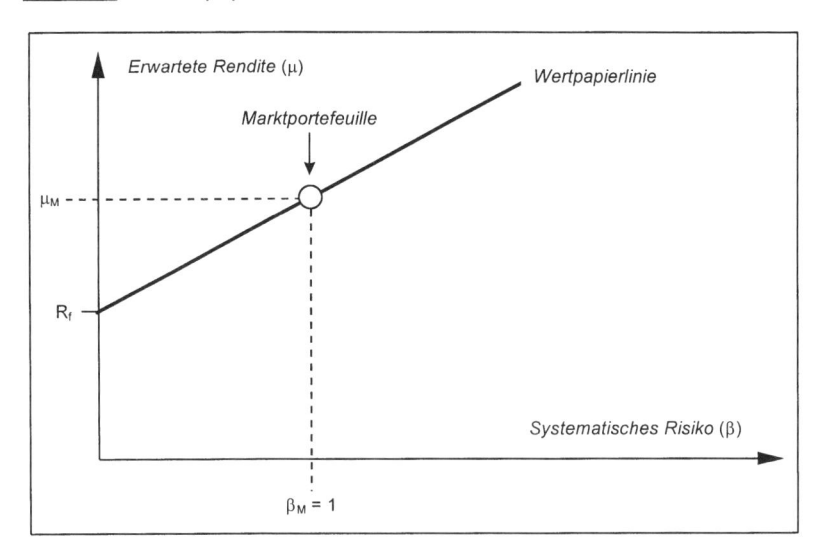

```
        Erwartete Rendite (μ)
                                    Wertpapierlinie
        Marktportefeuille
                    ↓
μ_M ----------------○
                    |
R_f ─┐              |
     |              |
     |              |    Systematisches Risiko (β)
     |              |
                  β_M = 1
```

Beta bringt zum Ausdruck, das Wievielfache des vom Marktportefeuille ausgehenden systematischen Risikos ein betrachtetes Wertpapier beinhaltet. Das Marktportefeuille selbst besitzt einen β-Wert in Höhe von 1. Von einzelnen Wertpapieren, die ebenfalls ein Beta von 1 aufweisen, geht folglich dasselbe systematische Risiko aus wie vom Marktportefeuille. Hingegen bergen Aktien mit einem höheren (niedrigeren) β-Wert im Verhältnis zum Marktportefeuille ein höheres (geringeres) systematisches Risiko und stellen deshalb auch mehr (weniger) Rendite in Aussicht.

Beispiel:

Ein Investor steht vor der Entscheidung, Kapital in die ABC-Aktie zu investieren und möchte deshalb wissen, mit welcher Rendite er rechnen darf. Dafür greift der Anleger auf das CAPM zurück. Die notwendigen Daten bestimmt er unter Zuhilfenahme der beiden nachstehenden Renditezeitreihen, welche die Entwicklung der letzten vier Perioden widerspiegeln. Als Erwartungswert für die Rendite des Marktportefeuilles dient seine Durchschnittsrendite. Der risikolose Zinssatz liegt bei 4%.

	t_1	t_2	t_3	t_4
ABC-Aktie	8%	2%	11%	7%
Marktportefeuille	7%	4%	5%	8%

Um die erwartete Rendite für die ABC-Aktie bestimmen zu können, fehlen noch drei Angaben, die zunächst berechnet werden müssen. Dies sind im Einzelnen der Erwartungswert für die Rendite des Marktportefeuilles (μ_M), die Varianz der Renditen des Marktportefeuilles (σ_M^2) sowie die Kovarianz zwischen den Renditen der ABC-Aktie und dem Marktportefeuille ($\sigma_{ABC/M}$).

$$\mu_M = \frac{7+4+5+8}{4} = 6$$

$$\sigma_M^2 = \frac{1}{4}\left[(7-6)^2 + (4-6)^2 + (5-6)^2 + (8-6)^2\right] = 2{,}5$$

$$\sigma_{ABC/M} = \frac{1}{4}\left[(8-7)(7-6) + (2-7)(4-6) + (11-7)(5-6) + (7-7)(8-6)\right] = 1{,}75$$

Für das Beta der ABC-Aktie ergibt sich folgender Wert:

$$\beta_{ABC} = \frac{\sigma_{ABC/M}}{\sigma_M^2} = \frac{1{,}75}{2{,}5} = 0{,}7$$

Nun kann die erwartete Rendite für die ABC-Aktie ermittelt werden. Sie beläuft sich auf:

$$\mu_{ABC} = R_f + [\mu_M - R_f] \cdot \beta_{ABC} = 4 + [6-4] \cdot \frac{1{,}75}{2{,}5} = 4 + 2 \cdot 0{,}7 = 5{,}4\%$$

9212 Kritik

Das CAPM ist ein Theoriegebilde, dem überaus restriktive und realitätsferne Prämissen zugrunde liegen. Da es auf dem Portfolio-Selection Modell beruht, gelten im Grunde die im vorangegangenen Abschnitt angebrachten Kritikpunkte. Darüber hinaus basiert das CAPM auf weiteren praxisfernen Annahmen, die die „Alltagstauglichkeit" weiter einschränken. So ist ein einheitlicher risikoloser Zinssatz in der Wirklichkeit ebenso wenig anzutreffen, wie in jeder Hinsicht effizient informierte

Investoren. Die Aussagekraft des Modells lässt sich in der Realität ohnehin kaum überprüfen. Nahezu unmöglich ist es beispielsweise, die einzelnen Bestandteile des Marktportefeuilles genau zu bestimmen, da dafür strenggenommen jedes risikobehaftete Anlageobjekt erfasst werden müsste.

Trotz aller Kritik ist das CAPM keinesfalls bedeutungslos geblieben. Begriffe wie „Beta-Faktor" oder „unsystematisches Risiko" sind erst mit der Entwicklung des CAPM entstanden und gehören heute ganz selbstverständlich zum Vokabular eines modernen Anlagemanagers. Außerdem hat das CAPM nicht unwesentlich zu der Erkenntnis beigetragen, dass sich diversifizieren lohnt.

922 Das Marktmodell

Im Unterschied zu den bislang behandelten Theorien stellt das Marktmodell keinen ex-ante-Ansatz dar. Es beruht vielmehr auf der Analyse historischer Daten. Im Mittelpunkt steht die Frage, inwieweit systematische und unsystematische Faktoren die Ertragsschwankungen eines Assets in der Vergangenheit verursacht haben.

9221 Darstellung des Modells

Damit beurteilt werden kann, auf welche Einflussgrößen die Renditeschwankungen einer Aktie zurückzuführen sind, wird auf jeden Fall ein „Repräsentant" für das systematische Risiko benötigt. Das aus dem CAPM bekannte Marktportefeuille wäre unter theoretischen Gesichtspunkten zwar am besten dafür geeignet; es scheidet allerdings aus, da seine Zusammensetzung praktisch nicht festgestellt werden kann. In der Realität greift man deshalb auf sogenannte „Proxy" zurück - in aller Regel Aktienindizes (z.B. DAX) - in der Hoffnung, damit den Markt für risikobehaftete Titel zumindest bis zu einem gewissen Grade adäquat abzubilden.

Da ein Index im Allgemeinen die Wertentwicklung vieler unterschiedlicher Papiere widerspiegelt, machen sich Diversifikationseffekte stark bemerkbar. Darum kann man in vielen Fällen einfach unterstellen, dass die Renditeveränderungen eines Indexes vornehmlich auf systematische

Faktoren zurückzuführen sind, während unsystematische Einflussgrößen aufgrund der breiten Streuung kaum noch ins Gewicht fallen.

Zusammenhang zwischen Index und Einzelwert

Es wird untersucht, wie gut die Ertragsschwankungen einer bestimmten Aktie durch die Renditebewegungen des Indexes erklärt werden können. Im äußersten Fall ist eine vollkommene Übereinstimmung zwischen beiden Ertragsentwicklungen zu beobachten, so dass man sagen könnte, das betrachtete Papier ist überwiegend systematischen Risiken unterworfen. Ein anderes Extrem liegt vor, wenn überhaupt kein Zusammenhang zwischen Aktien- und Indexrenditen zu beobachten ist, was dann als Indiz dafür gewertet wird, dass unsystematische Faktoren für die Schwankungen in der Vergangenheit verantwortlich waren. In der Realität sind die beiden beschriebenen Situationen jedoch Ausnahmen und es trifft eher der Fall zu, dass ein Teil durch Marktbewegungen erklärt wird, während ein Rest übrigbleibt, der unsystematischen Ursachen zugeschrieben wird.

Mit Hilfe der aus der Statistik bekannten Regressionsanalyse ist es nun möglich, zu überprüfen, welche Verbindung zwischen Aktien- und Indexrenditen besteht. Auf der Grundlage historischer Daten wird zunächst eine lineare Funktion zwischen Aktien- und Indexrenditen bestimmt. Die Vorgehensweise lässt sich anschaulich in etwa so beschreiben: Für die zurückliegenden Perioden - etwa die letzten einhundert Börsentage - werden die entsprechenden Aktien- sowie DAX-Renditen erhoben und anschließend in ein Diagramm eingetragen (vgl. Abb. 9/7). Der Punkt **P** beispielsweise lässt sich folgendermaßen deuten: An dem betreffenden Börsentag erzielte der DAX eine Rendite von einem Prozent, während die Aktie am selben Tag 4 Prozent erreichte.

Durch die Punktwolke wird nun eine Gerade („Regressionsgerade") in der Weise gelegt, dass der in der Wolke vorhandene Trend möglichst deutlich zum Ausdruck kommt. Die Herleitung der Geradengleichung basiert dabei auf der „Methode der kleinsten Quadrate". Wichtig für die weitere Analyse ist die Geradensteigung, die man als **historischen Betafaktor** auffassen kann.

Abb. 9/7: Punktwolke und Regressionsgerade

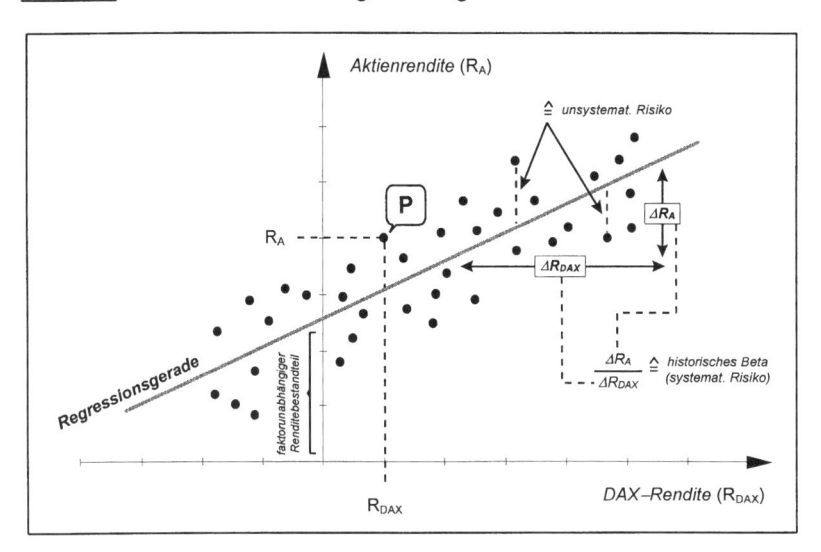

Um sagen zu können, wie stark systematische bzw. unsystematische Faktoren für das Risiko („Renditeschwankungen") der betrachteten Aktie bestimmend waren, sind zwei Aspekte entscheidend: Zum einen die Steigung der Regressionsgeraden („historisches Beta"), zum anderen die Stärke des Zusammenhangs zwischen Aktien- und DAX-Renditen, die mit Hilfe des Korrelationskoeffizienten gemessen wird. Weist letzterer einen Wert von 1 auf, so liegen sämtliche Renditepaare auf der Geraden. Die Schwankungen der Aktienerträge können in diesem Falle vollständig durch die DAX-Volatilität erklärt werden. Das betreffende Papier wäre demzufolge ausschließlich dem systematischen Risiko ausgesetzt.

In welchem Ausmaß die Aktienrendite auf systematische Faktoren reagiert, kommt hingegen durch den Beta-Faktor zum Ausdruck. Je höher das Beta, desto stärker veränderte sich die Rendite bei Änderungen systematischer Einflussgrößen.

Weicht der Korrelationskoeffizient im Vergleich dazu von 1 ab, so beruht die Aktienvolatilität auf jeden Fall auch auf unsystematischen Einflussfaktoren. Dabei gilt: Je näher der Wert bei Null liegt, um so weiter streuen die Punkte um die Regressionsgerade und um so größer ist der Einfluss unsystematischer Parameter. Nimmt der Korrelationskoeffizient einen

356 Kapitalmarkttheorie

Wert von Null an, so ist schließlich nur noch unsystematisches Risiko vorhanden.

Neben dem Gesamtrisiko („Volatilität") sind das Beta sowie der Korrelationskoeffizient also bedeutende Kennziffern zur Charakterisierung von Aktien. Sie haben auch in der Praxis einen hohen Stellenwert und werden regelmäßig in Zeitungen (z.B. HANDELSBLATT) und im Internet zum Beispiel unter „http://aktien.onvista.de" publiziert (siehe Abb. 9/8).

Abb. 9/8: Aktienkennziffern im Internet

Zerlegung des Gesamtrisikos

Ein Blick auf Abbildung 9/7 macht deutlich, dass der Verlauf der Regressionsgeraden nicht nur von der Steigung, sondern auch vom Ordinatenabschnitt geprägt wird. Letztgenannter stellt sozusagen den faktorunabhängigen Ertragsbestandteil dar. Damit lässt sich eine einzelne Rendite stets auf drei Komponenten zurückführen: Systematische Faktoren, unsystematische Einflussgrößen und faktorunabhängige Parameter. Formal kann dieser Sachverhalt so dargestellt werden:

Kapitalmarkttheorie

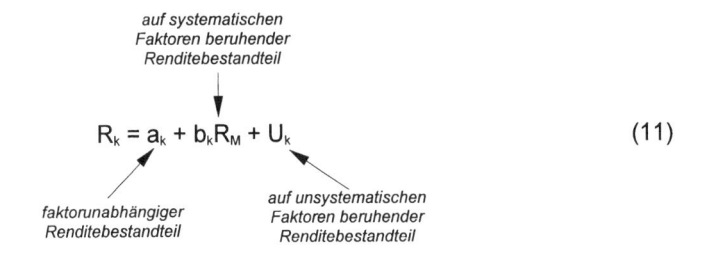

$$R_k = a_k + b_k R_M + U_k \qquad (11)$$

- a_k: faktorunabhängiger Renditebestandteil
- $b_k R_M$: auf systematischen Faktoren beruhender Renditebestandteil
- U_k: auf unsystematischen Faktoren beruhender Renditebestandteil

Da die Rendite selbst zerlegt werden kann, bereitet auch die Aufspaltung der Renditeschwankungen („Volatilität") keine Probleme. Dafür muss die Standardabweichung der „rechten Seite" von Gleichung (11) berechnet werden. Sie lautet:

$$\sigma_k = \sqrt{\underbrace{b_k^2 \sigma_{DAX}^2}_{\text{systemat. Risiko}} + \underbrace{\sigma_U^2}_{\text{unsystemat. Risiko}}} \qquad (12)$$

mit

b_k: historisches Beta der Aktie k

Beispiel:

Es soll analysiert werden, inwieweit systematische bzw. unsystematische Faktoren die Volatilität der BASF-Aktie („BAS") in der Vergangenheit geprägt haben. Dafür wird auf Gleichung (12) zurückgegriffen. Die zur Überprüfung notwendigen Daten werden im Internet abgerufen. Abgesehen vom unsystematischen Risiko (σ_U) lassen sich alle übrigen Angaben dort finden.

→ σ_k („250 Tage Volatilität BASF"): 27,41

→ b_k („250 Tage Beta BASF"): 1,0801

→ σ_{DAX} („250 Tage Volatilität DAX"): 18,92

Die Werte werden nun in Gleichung (12) eingesetzt. Anschließend erfolgt die Auflösung nach σ_U.

$$27{,}41 = \sqrt{1{,}0801^2 \cdot 18{,}92^2 + \sigma_U^2}$$

$$\Rightarrow \quad 751{,}31 = 417{,}61 + \sigma_U^2$$

$$\Rightarrow \quad \sigma_U^2 = 751{,}31 - 417{,}61 = 333{,}7$$

$$\Rightarrow \quad \sigma_U = \sqrt{751{,}31 - 417{,}61} = 18{,}27$$

Damit beträgt das unsystematische Risiko 18,27 Prozent, während das Gesamtrisiko der BASF-Aktie bei 27,41 Prozent liegt. Das Papier weist damit ein relativ hohes unsystematisches Risiko auf.

9222 Kritik

Das Marktmodell basiert auf historischen Daten. Deshalb beschreiben die Analyseergebnisse auch nur die Entwicklungen in der Vergangenheit. Zulässig wäre eine Übertragung in die Zukunft nur, wenn die Parameter stationär wären, was allerdings nicht der Wirklichkeit entspricht. In der Praxis sind Volatilitäten oder Betafaktoren im Zeitablauf vielmehr Veränderungen unterworfen. Dennoch erlangen Anleger zumindest einige Anhaltspunkte, welchen Risiken das betrachtete Papier besonders stark ausgesetzt sein könnte.

Die von Portfolio- und Kapitalmarkttheoretikern entworfenen Modelle lassen den Schluss zu, dass sowohl gesamtwirtschaftliche (systematische) als auch titelspezifische (unsystematische) Faktoren für die Volatilität eines Wertpapiers verantwortlich sind. Weiterhin unterstreichen die gewonnenen Erkenntnisse, dass auf jeden Fall ein Teil der Gesamtrisiken - genauer unsystematische Risiken - durch Diversifikation beseitigt werden kann. Eine Möglichkeit, systematische Risiken zu eliminieren, bieten hingegen Finanzderivate.

Erläuternde Fragen und Antworten

1. **Was sind die Kernaussagen, zu denen *Markowitz* im Rahmen seines Portfolio-Selection Modells gelangt?**

   - Im Rahmen der Portfoliobildung spielen nicht nur Ertragserwartungen eine Rolle, sondern auch die mit Assets verbundenen Risiken.

   - Das Risiko eines Wertpapier-Portefeuilles hängt neben der Volatilität der Einzelanlagen ganz wesentlich davon ab, wie die Renditen der beteiligten Titel untereinander korreliert sind.

   - Es ist sinnvoll, Kapital auf mehrere Anlageobjekte zu verteilen, anstatt Einzelengagements zu präferieren. Dadurch verbessert sich im Allgemeinen die Rendite-Risiko-Relation. Deshalb sollten Assets niemals für sich allein betrachtet werden, sondern stets im Zusammenhang mit anderen Anlagealternativen.

2. **Was bringt die „Standardabweichung der Renditen" zum Ausdruck?**

   Diese Kennzahl beziffert die durchschnittliche Abweichung der Einzelrenditen von ihrem Mittelwert. Je höher die Standardabweichung, um so stärker schwanken die Renditen im Zeitablauf und um so größer ist demnach das mit dem Wertpapier verbundene Risiko.

3. **Grenzen Sie die Begriffe *Portefeuille*- und *Effizienzlinie* voneinander ab!**

   Die Portefeuillelinie stellt den geometrischen Ort **sämtlicher** μ–σ–Kombinationen dar, die durch Mischung der betrachteten Wertpapiere erreichbar sind. Ein Teil davon entspricht der sogenannten Effizienzlinie, die genau diejenigen μ–σ–Kombinationen abbildet, die von keinem anderen Portefeuille dominiert werden. Es existiert hier also keine Zusammenstellung von Wertpapieren, die

- bei gleicher erwarteter Rendite ein geringeres Risiko beinhaltet,
- bei gleichem Risiko höhere Ertragsaussichten hat oder
- sowohl eine höhere Rendite erwarten lässt als auch ein geringeres Risiko birgt.

4. **Wie finden Investoren das optimale Wertpapier-Portefeuille?**

Es existiert kein für alle Anleger einheitliches optimales Portefeuille. Vielmehr beeinflusst die individuelle Einstellung eines Investors seine Bereitschaft zur Übernahme von Risiken und damit die Portefeuillestruktur.

Zum Ausdruck kommt die persönliche Risikoeinstellung durch spezifische Nutzenfunktionen, mit deren Hilfe jeder μ–σ–Kombination Nutzenwerte zugeordnet werden können. Um die optimale Wertpapierzusammenstellung zu bestimmen, muss auf der Portefeuillelinie exakt das μ–σ–Paar gefunden werden, das für den jeweiligen Anleger den höchstmöglichen Nutzen („Risikonutzen") bringt.

5. **Welcher Zusammenhang besteht zwischen dem Portfolio-Selection Modell und dem CAPM? Inwiefern stellt das CAPM eine Weiterentwicklung der Portefeuilletheorie dar?**

Die Portefeuilletheorie bildet den Grundstein für das CAPM. Eine von *Markowitz'* Kernaussagen, wonach ein Teil des Gesamtrisikos durch Diversifikation eliminiert werden kann, greifen die Begründer des CAPM auf. Sie gelangen letztlich zu dem Ergebnis, dass für die Bewertung einzelner Wertpapiere nur derjenige Anteil vom Gesamtrisiko relevant ist, der durch „Streuung" nicht mehr vernichtet („wegdiversifiziert") werden kann.

Im Vergleich zum Portfolio-Selection Modell wird beim CAPM das Anlagespektrum um eine risikolose Alternative erweitert. Dies hat zur Folge, dass Anleger die Aufteilung des für riskante Anlagen vorgesehenen Kapitalbetrags stets an der Struktur des Marktportefeuilles ausrichten. Die individuelle Risikoeinstellung spielt hierfür keine Rolle mehr. Derjenige Kapitalbetrag, den ein Anleger in risikobehaftete Assets investiert, wird stets so auf die Risikotitel aufgeteilt, dass die Struktur exakt mit der des Marktportefeuilles übereinstimmt.

Während *Markowitz* die Rendite-Risiko-Relationen von Wertpapier-Portefeuilles untersucht, bezieht sich das CAPM auf Einzelanlagen.

6. **Welche Rolle spielt im Rahmen des Marktmodells die Korrelation zwischen Aktien- und Indexrenditen?**

Der Korrelationskoeffizient misst die Stärke des Zusammenhangs zwischen den Renditen einer Aktie und denen eines Indexes.

Je ausgeprägter die Beziehung um so mehr werden die Renditen und demzufolge die Volatilität eines Einzelwertes durch den „Markt" erklärt. Der Korrelationskoeffizient gilt damit als Indiz dafür, inwieweit eine bestimmte Aktie systematischen bzw. unsystematischen Faktoren ausgesetzt ist. Je näher die Kennziffer bei Null liegt, um so größer ist der Einfluss unsystematischer Faktoren.

10 Fragen und Aufgaben

Kapitel 1

1/1 Die Handlungsweisen, Aktivitäten und Maßnahmen einer Unternehmung werden durch mehrere Leitmaximen bzw. Prinzipien bestimmt. Nennen Sie diese!

1/2 Was versteht man unter Kapitalbedarf und woraus entsteht er?

1/3 Die Finanzabteilung einer Unternehmung prognostiziert nachstehende Ein- und Auszahlungen für die nächsten sechs Monate:

Monat	Jan	Feb	März	April	Mai	Juni
Auszahlung	40	20	16	30	19	17
Einzahlung	18	14	24	28	23	11

Wie lässt sich der Kapitalbedarf am Ende des Halbjahres ermitteln?

1/4 In den Teilbereichen des betrieblichen Rechnungswesens wird mit unterschiedlichen ökonomischen Größen gerechnet, für die sich bestimmte Begriffe herausgebildet haben. Welche sind diese und welches sind die jeweils speziellen Zielgrößen der Bereiche?

1/5 Im finanzwirtschaftlichem Bereich wird mit folgenden Begriffskategorien gearbeitet:

A. Einzahlungen/Auszahlungen

B. Kosten/Leistungen

C. Erträge/Aufwendungen

D. Gewinn/Verlust

E. Liquidität/Illiquidität

Welche Begriffskategorien gehören nicht in den finanzwirtschaftlichen Bereich?

1/6 Begründen Sie die Notwendigkeit der Erhaltung des finanziellen Gleichgewichtes bzw. der Liquidität als besondere Aufgabe des Finanzmanagements!

1/7 Stellt der Grundsatz der Erhaltung der Liquidität eine Einschränkung des Zieles der Rentabilitätsmaximierung dar? Wodurch kommt diese ggf. zustande?

1/8 Beschreiben Sie kurz die Bilanz!

1/9 Was bezeichnet man als Aktiva und was als Passiva?

1/10 Die Kurzfassung eines Jahresabschlusses zeigt folgendes Bild:

Bilanz

Grundstücke	100.000	gez. Kapital	180.000
Maschinen	350.000	Kapitalrücklagen	70.000
		Gewinnrücklagen	50.000
Vorräte	200.000	Jahresüberschuss	80.000
Forderungen	70.000	Pensionsrückstellung.	120.000
Bankguthaben	80.000	Verbindlichkeiten aus	
		Lieferungen u. Leist.	90.000
		geg. Kreditinstitute	210.000
	800.000		800.000

Die Gewinn- und Verlustrechnung weist u.a. Umsatzerlöse von (€ 600.000), Materialaufwand (€ 200.000), Personalaufwand (€ 180.000), Fremdkapitalzinsen (€ 23.000), Steuern (€ 90.000) aus; bilanzanalytisch wurde ein Betriebserfolg von (€ 55.000) errechnet.

Ermitteln Sie

a) die Eigenkapitalrentabilität,

b) die Gesamtkapitalrentabilität und

c) die Umsatzrendite,

und erläutern Sie die Aussagen dieser Kennzahlen.

Fragen und Aufgaben

1/11 Wodurch könnten sich Ungenauigkeiten bei der Ermittlung der Eigen- und Gesamtkapitalrentabilität ergeben?

1/12 Rücklagen sind eine bedeutende Position innerhalb des Eigenkapitals auf der Passiv-Seite der Bilanz. Stellen sie eine Liquiditätsreserve dar, die die Unternehmung bei finanziellen Engpässen nutzen kann?

1/13 Worin liegt der Unterschied zwischen Selbstfinanzierung und Innenfinanzierung?

1/14 Gibt es einen Zusammenhang zwischen Beteiligungs- und Innenfinanzierung?

1/15 Gibt es einen Zusammenhang zwischen Fremdfinanzierung und Innenfinanzierung?

1/16 Im Rahmen der Unternehmensfinanzierung kommt der Beteiligungsfinanzierung entscheidende Bedeutung zu. Welche Finanzierungsart stellt einen "Gegensatz" zur Beteiligungsfinanzierung dar?

Außenfinanzierung? Fremdfinanzierung? Kreditfinanzierung?

Kapitel 2

2/1 Welche Aufgaben hat die Börse?

2/2 Wie ergibt sich der Börsenpreis?

2/3 Worin liegt der Unterschied zwischen dem Kassamarkt und dem variablen Markt?

2/4 Was ist unter "Telefonverkehr" zu verstehen?

2/5 Worin liegt die besondere Bedeutung des "geregelten Marktes" als Börsensegment?

2/6 Welche Ziele verfolgt eine Universalbank?

2/7 Skizzieren Sie die Infrastruktur der deutschen Kreditwirtschaft!

2/8 Wie lassen sich die unterschiedlichen Geschäftsfelder von Geschäfts- bzw. Kreditbanken einerseits und Sparkassen und Genossenschaftsbanken andererseits charakterisieren?

2/9 Inwiefern sind Versicherungsgesellschaften für die Finanzierung von Unternehmen von Bedeutung?

2/10 Welche Funktionen erfüllen Kreditgarantiegemeinschaften?

2/11 Was sind Kapitalbeteiligungsgesellschaften, und worin liegt ihre Bedeutung für die Finanzierung mittelständischer Unternehmen?

2/12 Welche Unternehmen haben Zugang zum "organisierten Kapitalmarkt"?

2/13 Worin liegt der wesentliche Unterschied zwischen Aktien und Anleihen als über die Börse gehandelte Wertpapiere für die Unternehmensfinanzierung?

Fragen und Aufgaben

Kapitel 3

3/1 Was bezeichnet man als Eigenkapital?

3/2 Was bedeutet "Thesaurierung"?

3/3 Wie kann man das "Reinvermögen" sinnvoll beschreiben?

3/4 Eine handschriftliche Aufstellung des Bilanzbuchhalters der Bellheim-Kaufhäuser enthält gegen Jahresende folgende unsortierte Bilanzpositionen in T€:

Verbindlichkeiten	400
Gezeichnetes Kapital	200
Rückstellungen	100
Anlagevermögen	400
Passive Rechnungsabgrenzungsposten	100
Rücklagen	100
Umlaufvermögen	500

Ermitteln Sie die Bilanzsumme und das Reinvermögen der Gesellschaft zum Bilanzstichtag!

3/5 Welches sind andere Bezeichnungen für das Nominalkapital?

3/6 Was ist ein Agio?

3/7 Wie lassen sich Rücklagen charakterisieren? Welche Arten von Rücklagen gibt es?

3/8 Gehört der Gewinnvortrag zu den Rücklagen?

3/9 Welche Gründe sprechen bei Finanzierungsentscheidungen für eine Eigenfinanzierung?

3/10 Worin liegt die zentrale Bedeutung des Eigenkapitals bei der Finanzierung von Unternehmen?

3/11 Welche Funktionen hat das Eigenkapital bei der Unternehmensfinanzierung?

3/12 Welche Einflussfaktoren sind bei der Bemessung der Höhe des Eigenkapitals zu berücksichtigen?

3/13 Welche Argumente sprechen gegen eine Eigenfinanzierung und lassen eine Fremdfinanzierung günstiger erscheinen?

3/14 Inwiefern stellt die Eigenfinanzierung eine im Vergleich zur Fremdfinanzierung teurere Finanzierungsform dar?

3/15 Es gibt Unternehmen, die besonderen Wert auf eine Finanzierung mit Eigenkapital legen und den Einsatz von Fremdfinanzierungsmitteln möglichst vermeiden. Wie ist eine solche Finanzierungspolitik zu beurteilen?

3/16 Welche Überlegungen führen zu der Finanzierungsregel, das Verhältnis zwischen Eigenkapital und Fremdkapital sollte ein bestimmtes Verhältnis (z.B. 1:1 oder 1:2) nicht unterschreiten? Wie beurteilen Sie eine derartige Finanzierungsregel?

3/17 Wie ist das Argument, die Eigenkapitalausstattung deutscher Unternehmen sei zu gering, zu beurteilen?

3/18 Die bilanziell gezeigte Eigenkapitalausstattung deutscher Unternehmen gilt im internationalen Bereich als vergleichsweise niedrig. Als möglichen Grund bzw. mögliche Gründe steht folgende Auswahl zur Verfügung:

A. weil deutsche Unternehmen häufig kleiner sind als die amerikanischen Unternehmen;

B. weil andere Bilanzierungsregeln und -gepflogenheiten bestehen;

C. weil Pensionsrückstellungen in Deutschland eine eigenkapitalähnliche Finanzierungsfunktion haben, aber dem Fremdkapital zugerechnet werden;

D. weil der organisierte amerikanische Kapitalmarkt effizienter ist;

E. weil Fremdkapital in Deutschland steuerlich begünstigt und damit kostengünstiger ist als Eigenkapital.

Welche Aussagen sind falsch?

3/19 Ein international tätiger japanischer Konzern hat vor einigen Jahren sowohl in den USA als auch in Deutschland ein Tochterunternehmen (TU) mit jeweils identischer Eigenkapitalausstattung gegründet. Von der Ertragsseite her entwickelten sich beide Tochterunternehmen zufriedenstellend, um so unverständlicher bleibt es für die japanische Konzernspitze, warum die Relation Eigenkapital zu Fremdkapital im amerikanischen Unternehmen wesentlich günstiger ausfällt. Können Sie helfen?

Amerikanisches TU (in €)

AV 1.000   EK 1.500

UV 2.000   FK 1.500

Deutsches TU (in €)

AV 1.400   EK 1.300

UV 1.600   FK 1.700

zusätzliche Angaben:
Stille Reserven im Anlagevermögen € 200 sowie Sonderposten mit Rücklageanteil von € 200 bei deutschem Tochterunternehmen.

3/20 Wodurch zeichnet sich die sogenannte stille Gesellschaft (§§ 230 ff. HGB) im Rahmen der Beteiligungsfinanzierung aus?

3/21 Bei einer stillen Gesellschaft wird unterschieden zwischen einer typischen und einer atypischen stillen Gesellschaft. Worin liegen die wesentlichen Unterschiede zwischen beiden Formen?

3/22 Welche Faktoren engen die Eigenkapitalbeschaffungsmöglichkeiten gerade von personenbezogenen Unternehmen ein?

3/23 Die drei Gesellschafter A, B u. C sind im Verhältnis 1:2:2 an der Steinmann Großbau OHG (Eigenkapital € 1.000.000) beteiligt. Berechnen Sie die Verteilung des erwirtschafteten Gewinns von € 130.000,- unter der Voraussetzung, dass der Gesellschaftsvertrag keine Aussage zur Gewinnverteilung enthält. Versteht sich der Gewinn der OHG vor oder nach Steuern?

3/24 Sie haben als Geschäftspartner mit der Ohlsen Getriebebau KG zu tun. Um ihre Geschäftsbeziehungen abzusichern möchten Sie sich darüber informieren, wer Vollhafter ist und mit welchen Kapitalanteilen die Kommanditisten haften. Welche Informationsquelle können Sie nutzen?

3/25 Bei der Beschaffung von Kapital ergeben sich für mittelständische Unternehmen zahlreiche Schwierigkeiten. Die Wissenschaft spricht von der „Finanzierungslücke im Mittelstand". Worin besteht diese „Lücke", und welche Lösungsmöglichkeiten bieten sich für mittelständische Unternehmen an?

3/26 Kann die Liquidität einer GmbH durch eine Kapitalerhöhung aus Gesellschaftsmitteln verbessert werden?

3/27 Welchen Zweck erfüllt das Abandonrecht?

3/28 Erläutern Sie die Konstruktion einer GmbH & Co KG. Erläutern Sie Vorteile der Konstruktion hinsichtlich Haftung, Geschäftsführung, Eigenkapitalbeschaffung, Steuerbelastung und Publizität.

3/29 Durch welche Eigenarten zeichnet sich die Beteiligungsfinanzierung einer Kommanditgesellschaft auf Aktien aus?

3/30 Ein findiger Informatikstudent glaubt, eine Marktlücke beim Handel mit Computerersatzteilen entdeckt zu haben. Er ist bereit, vorerst 15.000,- € in sein Geschäft zu investieren, möchte darüber hinaus seine Haftung aber weitgehend beschränken. Welche Rechtsform empfehlen Sie ihm?

Fragen und Aufgaben

Kapitel 4

4/1 Was kennzeichnet die Aktie?

4/2 Eigenkapital besteht oft aus mehreren Posten. Welche Bilanzpositionen zählen im einzelnen zum Eigenkapital einer Aktiengesellschaft?

4/3 Worin unterscheiden sich die Rücklagen der GmbH von denen der AG in der Bilanz?

4/4 Welche Möglichkeiten bestehen für Aktiengesellschaften, eigene Aktien zu erwerben? Welche Begrenzungen bestehen?

4/5 Eine mögliche Einteilung der Aktienarten kann nach der Zerlegung des Grundkapitals erfolgen. Welche Aktienarten kennen Sie, und wodurch sind diese charakterisiert?

4/6 Der Normaltyp deutscher Aktien sind Inhaberpapiere. Was sind Namensaktien, was vinkulierte Namensaktien, und welchen Sinn hat die Ausgabe solcher Papiere?

4/7 Worin unterscheiden sich Vorzugsaktien von Stammaktien? Wann ist ihre Ausgabe sinnvoll?

4/8 Nennen Sie die Formen der Kapitalerhöhung der AG!

4/9 Welche Vorüberlegungen gehören zur erfolgreichen Durchführung einer Kapitalerhöhung?

4/10 Beschreiben Sie kurz die ordentliche Kapitalerhöhung!

4/11 Welche Ober- und Untergrenze liegt bei der Festlegung des Ausgabekurses für junge Aktien fest?

4/12 Welche Überlegungen sind bei der Feststellung des Emissionskurses junger Aktien anzustellen? Welche bilanzielle Kennzahl kann eine Richtgröße für den Ausgabekurs darstellen?

4/13 Was drückt der Bilanzkurs aus?

4/14 Bestimmen Sie anhand der folgenden gekürzten Bilanz der ABC AG den Bilanzkurs!

Bilanz zum 31.12.99

Aktiva (in €)		Passiva (in €)	
Immaterielle Vermögensgegenstände	1.525	Gezeichnetes Kapital	283.001
		Kapitalrücklage	526.530
Sachanlagevermögen	865.826	Gewinnrücklagen	328.000
Finanzanlagevermögen	956.081	Bilanzgewinn	67.920
ANLAGEVERMÖGEN	1.723.432	EIGENKAPITAL	1.205.451
Vorräte	689.622		
Forderungen und sonst. Vermögensgegenst.	604.753	Sonderposten mit Rücklageanteil	446.732
Wertpapiere	615.933	Verbindlichkeiten	641.548
Flüssige Mittel	5.595	Rückstellungen	898.882
UMLAUFVERMÖGEN	1.915.903	FREMDKAPITAL	1.987.152
	3.639.335		**3.639.335**

4/15 Skizzieren Sie die Schritte für die Festlegung des Ausgabekurses für junge Aktien!

4/16 Was bedeutet "Bezugsrecht"?

4/17 Welche Funktion erfüllt das Bezugsrecht bei der Ausgabe neuer junger Aktien oder bei einer Kapitalerhöhung aus Gesellschaftsmitteln?

4/18 Erläutern Sie die "Kapitalverwässerung" bei einer Kapitalerhöhung!

Fragen und Aufgaben 373

4/19 Wie können Bezugsrechte verwertet werden? Worin liegt der Sinn dieser unterschiedlichen Verwertungsarten?

4/20 Bei einer Kapitalerhöhung durch Ausgabe junger Aktien steht den Aktionären grundsätzlich das Bezugsrecht auf die jungen Aktien zu. Unter welchen Voraussetzungen sind aber Ausnahmen möglich?

4/21 Eine Gesellschaft, deren Stückaktien mit 480 € gehandelt werden, bietet ihren Aktionären den Erwerb junger Aktien für 300 € an. Das Kapital wird von 900 Mio. € um 300 Mio. € erhöht. Ermitteln Sie den rechnerischen Wert des Bezugsrechtes!

4/22 Eine AG führt eine Kapitalerhöhung um 4 Mio. € durch. Das bisherige Grundkapital beträgt 8 Mio. €. Die neuen 1 € Aktien werden zum Ausgabekurs von 150 € den alten Aktionären angeboten. An der Börse werden die alten Aktien z.Zt. für 210 € gehandelt. Wie hoch ist der rechnerische Wert des Bezugsrechtes?

4/23 Eine Aktiengesellschaft plant eine Kapitalerhöhung von 6 Mio. €. Der Nennwert der jungen Aktien soll 5 € sein. Der Ausgabepreis ist mit 15 € festgesetzt. Das bisherige Grundkapital beträgt 12 Mio. €. Die alten Aktien haben ebenfalls einen Nennwert von 5 € und befinden sich voll im Umlauf. Ihr Kurswert beträgt zur Zeit 18 €. Die Bilanz weist offene Rücklagen in Höhe von 3 Mio. € auf.

a) Errechnen Sie den Bilanzkurs!

b) Aufgrund welcher Überlegungen lässt sich der im Verhältnis zum Bilanzkurs hohe Ausgabepreis rechtfertigen?

c) In welcher Höhe kann die Unternehmung über zusätzliche liquide Mittel disponieren, wenn die jungen Aktien voll abgesetzt werden und Emissionskosten inkl. Steuern in Höhe von 11,5 % der Nominalerhöhung anfallen!

d) Ermitteln Sie den rechnerischen Wert des Bezugsrechtes, das auf eine Aktie entfällt!

4/24 Gegeben ist folgende Bilanz der Jota AG in T€:

Aktiva		Passiva	
Sachanlagen	3.000	Gezeichnetes Kapital	2.000
Finanzanlagen	2.000	Rücklagen	3.000
Umlaufvermögen	4.000	Verbindlichkeiten	4.000
	9.000		9.000

In den Grundstücken stecken stille Reserven in Höhe von 2.000 T€. Der Börsenkurs der 1 € Aktie der Jota AG beläuft sich gegenwärtig auf 5 €.

Welchen Ausgabe- bzw. Bezugskurs für junge Aktien sollte die Geschäftsleitung der Jota AG mindestens festlegen? Welcher Ausgabe- bzw. Bezugskurs kann theoretisch nicht überschritten werden?

4/25 Die XY-AG führte 1990 eine Kapitalerhöhung um 250 Mio. € durch. Das alte Grundkapital betrug 1.000 Mio. €. Die jungen Stückaktien wurden den Aktionären zum Bezugspreis von € 150 angeboten. Zur Zeit der Kapitalerhöhung schwankte der Kurs um € 240.

a) Ermitteln Sie den rechnerischen Wert des Bezugsrechtes!

b) Ein Aktionär besaß 100 alte XY-Aktien. Welches Kalkül wird er für oder gegen den Erwerb der jungen Aktien angestellt haben?

Ermitteln Sie, wie sich sein Gesamtvermögen (Aktien und Barvermögen) in dem einen oder anderen Falle durch die Kapitalerhöhung verändert!

4/26 Beschreiben Sie kurz die bedingte Kapitalerhöhung!

4/27 Beschreiben Sie kurz die genehmigte Kapitalerhöhung!

4/28 Was ist genehmigtes Kapital?

4/29 Beschreiben Sie kurz die Kapitalerhöhung aus Gesellschaftsmitteln!

4/30 Was ist eine "Gratisaktie"?

Fragen und Aufgaben

4/31 Die im Rahmen einer Kapitalerhöhung aus Gesellschaftsmitteln ausgegebenen Aktien werden oft als "Gratisaktien" bezeichnet.

a) Halten Sie diesen Begriff für zutreffend? Begründen! Kennen Sie einen besseren?

b) Wie beurteilen Sie die finanziellen Wirkungen einer solchen Kapitalerhöhung?

4/32 Die "Baustoffe"-AG weist nachstehende vereinfachte Bilanz in Mio. € auf:

Aktiva		Bilanz	Passiva
AV	200	Gezeichnetes Kapital	400
UV	400	Rücklagen	0
		Verlustvortrag	- 100
		Verbindlichkeiten	300
	600		600

Die 5 € Aktie der "Baustoffe"-AG wird an der Börse zur Zeit mit 4 € gehandelt. Die Hauptversammlung beschließt daraufhin die Herabsetzung des gezeichneten Kapitals durch Zusammenlegung von Aktien im Verhältnis 2:1, um den Verlustvortrag auszugleichen. Sollte der Herabsetzungsbetrag den Verlustvortrag überschreiten, wird der Restbetrag den Rücklagen zugeführt.

Welches Aussehen hat die Bilanz der "Baustoffe"-AG nach erfolgter Kapitalherabsetzung?

Kapitel 5

5/1 Charakterisieren Sie die Kreditfinanzierung!

5/2 Beschreiben Sie die Funktion des Fremdkapitals bei der Unternehmensfinanzierung!

5/3 Fremdkapital wird in mehreren Bilanzpositionen gezeigt. Welche Positionen zählen im Einzelnen zum Fremdkapital einer Aktiengesellschaft?

5/4 Skizzieren Sie die unterschiedlichen Bilanzpositionen des Fremdkapitals!

5/5 Skizzieren Sie die unterschiedlichen Merkmale von Eigen- und Fremdkapital bei der Finanzierung von Unternehmen!

5/6 Die XY-GmbH plant ein neues Investitionsobjekt mit einem Volumen von 8.000.000 €. Aufgrund der Investitionsplanung wird ein Kapitalertrag von 1.520.000 € pro Jahr erwartet.

Für die Finanzierung stehen Bankkredite zu einem Zinssatz von 10% p.a. zur Verfügung

Um den Verschuldungsgrad nicht zu stark steigen zu lassen, planen die Gesellschafter eine anteilige Finanzierung mit zusätzlichem Eigenkapital, wobei drei Alternativen in Betracht gezogen werden:

I) Erhöhung der Stammeinlagen der "alten" Gesellschafter um insgesamt 2.000.000 €;

II) Aufnahme eines neuen Gesellschafters, der 3.000.000 € einbringen will;

III) Die Alternativen a) und b) werden zusammen durchgeführt;

a) Auf welchem Effekt basiert die Lösung des Finanzierungsproblems, wenn unterstellt wird, dass die Gesellschafter eine maximale Verzinsung des Eigenkapitals anstreben?

b) Zeigen Sie, für welche Alternative sich die Gesellschafter unter der oben genannten Zielsetzung entscheiden werden und stellen Sie die Vorteilhaftigkeit dieser Finanzierung gegenüber den abgelehnten Alternativen dar!

c) Welche Gründe könnten für eine Wahl der anderen Alternativen sprechen?

5/7 Welche Informationen sind zur Kreditwürdigkeitsprüfung eines Schuldners heranzuziehen?

5/8 Welche Formen der Kreditsicherung kennen Sie?

5/9 Wodurch ist das Pfandrecht charakterisiert?

5/10 Die Kundenanzahlung ist ein Kredit, der dadurch entsteht, dass der Kunde bzw. Abnehmer einer Ware Zahlungen leistet, bevor die Lieferung erfolgt. Für welche Art Aufträge sind Kundenanzahlungen in der Praxis üblich?

5/11 Warum erfreuen sich Lieferantenkredite in der Praxis so großer Beliebtheit?

5/12 Beschreiben Sie den Kontokorrentkredit! Welche Vorteile hat er für den Kreditnehmer und welche für das Kreditinstitut?

5/13 Schildern Sie die Besonderheiten des Avalkredits, und nennen Sie ein Beispiel für den Einsatz in der Praxis!

5/14 Was ist ein Wechsel?

5/15 Die XY-GmbH erhält am 5. Juli eine am gleichen Tag ausgestellte Lieferantenrechnung über 86.000 € mit dem Vermerk "Zahlbar innerhalb von 8 Tagen mit 2% Skonto, 30 Tage netto Kasse". Zur Finanzierung der Lieferung steht ein Termingeld über 150.000 € zur Verfügung, das nach Beendigung der Laufzeit mit Wertfeststellung 20. Juli auf dem Kontokorrentkonto der XY-GmbH gutgeschrieben wird.

Die XY-GmbH überlegt, ob sie die Rechnung zu Lasten des Kontokorrentkontos innerhalb der Skontofrist oder per 20. Juli nach Gutschrift des Termingeldes begleichen soll.

Der derzeitige Stand des Kontokorrentkontos beträgt 40.000 € Soll; weitere Zahlungen innerhalb des Zeitraumes bleiben unberücksichtigt. Als Konditionen für das Kontokorrentkonto sind vereinbart:

- Kreditlinie: € 120.000
- Sollzins: 9% p.a. vom in Anspruch genommenen Kredit
- Überziehungsprovision: 3% p.a. zusätzlich vom Betrag, der das Kreditlimit übersteigt
- Kontoführungsgebühren: € 0,50 je Buchung

Treffen und begründen Sie eine Entscheidung bezüglich des Zahlungstermins!

5/16 Die XY-GmbH verkauft der Z-OHG am 8. März Waren für € 140.049,-. Die Bezahlung soll per Wechsel erfolgen.

Laufzeit des Wechsels: 90 Tage

Tag der Ausstellung: 10. März

Am 18. Mai nutzt die XY-GmbH ihren Diskontkredit bei der B-Bank und reicht ihr den indossierten Wechsel ein. Die B-Bank berechnet der XY-GmbH 9% p.a. Diskontzinsen und 2‰ auf die Wechselsumme als Diskontspesen (mindestens 20 €).

a) Stellen Sie die Vorgänge zwischen der XY-GmbH, der Z-OHG und der B-Bank graphisch dar.

b) Welchen Betrag erhält die XY-GmbH von der B-Bank?

c) Welche Sicherheiten für die Einlösung hat die XY-GmbH aus dem Wechselgeschäft mit der Z-OHG? Welche zusätzliche Sicherheit könnte sich die XY-GmbH einräumen lassen?

5/17 Ein Wechsel kommt oft zur Absicherung einer Forderung in Frage. Welche Unterschiede bestehen zwischen einem Wechseldiskontkredit und einem Akzeptkredit seitens der Bank?

Fragen und Aufgaben

5/18 Das Auslandsgeschäft hat für den Exporteur sowie für den Importeur aufgrund der damit verbundenen Informationslücken besondere Finanzierungsrisiken. Wie kann dieses Risiko minimiert werden? Gehen Sie dabei auch auf das Dokumenten-Akkreditiv ein!

5/19 Ein Darlehensbetrag von 500.000 € soll mit 8 % p.a. verzinst werden. Die Laufzeit des Darlehens beträgt 6 Jahre. Berechnen Sie die jährliche Annuität!

5/20 Ein Versicherungsnehmer, der eine Lebensversicherung abgeschlossen hat, möchte seine im 63. Lebensjahr fällige Lebensversicherungssumme nicht bar auf die Hand, sondern zieht eine Verrentung vor.

Welche Jahresrente wird ihm seine Versicherungsgesellschaft anbieten, wenn die Versicherungssumme 80.000 € beträgt, eine statistische Restlebenserwartung von 12 Jahren anzusetzen ist und mit einem Zinssatz von 6 % gerechnet wird?

5/21 Wie lässt sich eine Anleihe charakterisieren?

5/22 Erläutern Sie die wesentliche Kennzeichnung einer Industrieobligation!

5/23 Grenzen Sie die Obligationen von der Aktie ab! Wie macht sich der Unterschied im Konkursfall bemerkbar?

5/24 Welche Voraussetzungen müssen erfüllt sein, damit eine Unternehmung sich durch Industrieobligationen finanzieren kann?

5/25 Was ist unter "Deckungsstockfähigkeit" zu verstehen?

5/26 In der Finanzierungspraxis wird der Deckungsstockfähigkeit eine große Bedeutung beigemessen. Worin liegt der Vorteil für das herausgebende Unternehmen, wenn ihre Anleihen die Deckungsstockfähigkeit besitzen?

5/27 Welche Voraussetzungen müssen zur Erlangung der Deckungsstockfähigkeit erfüllt sein?

5/28 Welche Rückzahlungsmodalitäten sind bei Teilschuldverschreibungen möglich und üblich?

5/29 Im Zusammenhang mit der Tilgung der Industrieobligation spricht man häufig von einer Auslosung bestimmter Serien. Was ist damit gemeint?

5/30 Neben dem Grundpfandrecht und der Bürgschaft kommen zur Sicherung der Industrieobligation Sicherungsklauseln in der Praxis in Betracht. Was besagt die Negativklausel?

5/31 Welche "Kapitalkosten" fallen bei der Finanzierung durch Industrieobligationen an?

5/32 Differenzieren Sie zwischen Effektiv- und Nominalverzinsung!

5/33 Was bezeichnet man als Damnum bzw. Disagio?

5/34 Was sind Zerobonds?

5/35 Was ist eine "Floating Rate Note"?

5/36 Beschreiben Sie die Besonderheiten einer Gewinnschuldverschreibung. Unter welchen Bedingungen ist ihre Ausgabe sinnvoll?

5/37 Beschreiben Sie die Besonderheiten einer Wandelschuldverschreibung. Unter welchen Bedingungen ist ihre Ausgabe sinnvoll?

5/38 Nehmen Sie eine Abgrenzung zwischen Wandelanleihe und Optionsanleihe vor!

5/39 Auf der Hauptversammlung 1999 der ABC-AG wurde für die Emission einer Wandelanleihe ein genehmigtes Kapital von € 40 Mio. beschlossen. Das bisherige Grundkapital beträgt € 100 Mio. Der Nennbetrag der alten und jungen Aktien ist € 5.

Die Wandelanleihe wird im Januar 2000 mit folgenden Ausstattungsmerkmalen emittiert:

Das nominelle Gesamtvolumen soll in Teilbeträgen von € 100 gebündelt werden.

Fragen und Aufgaben

- Ausgabekurs   99 %
- Nominalzinssatz   6% p.a.
- Rückzahlung   im Jahr 2010 in einem Betrag
- Zinszahlung   nachschüssig jeweils am 2. Januar
- Wandlungsverhältnis Nominalkapital Wandelanleihe : Nennwert Aktien = 10 : 2
- Zuzahlung   € 10 für jede junge Aktie
- Wandlungsfrist   2. 01. 2004 - 1.11. 2009.

a) Wie hoch ist das Bezugsverhältnis (Nennwert alte Aktien : Nominalkapital Wandelanleihe)?

b) Angenommen, bis 2005 hätten die Anleger zu 60% von ihrem Wandlungsrecht Gebrauch gemacht, d.h. 60% der Wandelanleihen wären in Aktien umgetauscht worden. Um welchen Betrag hätte sich bis zu diesem Zeitpunkt das Eigenkapital und das Fremdkapital der ABC-AG erhöht (Begebungskosten, Zinsen, Dividenden etc. bleiben unberücksichtigt)?

5/40 Was ist unter Doppelwährungsanleihen zu verstehen?

5/41 Was versteht man unter einem Commercial Paper (CP)?

5/42 Welche Unternehmen kommen vorrangig als Nehmer längerfristiger Schuldscheindarlehen in Betracht?

5/43 Nennen Sie Vorteile der Finanzierung aus einem Schuldscheindarlehen!

5/44 Erläutern Sie im Zusammenhang mit dem Schuldscheindarlehen folgende Begriffe: "fristenkongruentes Schuldscheindarlehen", "Revolving-System", "Fristentransformationsrisiko" und "revolvierendes Schuldscheindarlehen"!

5/45 Vergleichen Sie das Schuldscheindarlehen als langfristiges Finanzierungsinstrument mit der Industrieobligation, und stellen Sie die besonderen Merkmale und Unterschiede heraus!

Kapitel 6

6/1 Erklären Sie, was in der Betriebswirtschaftslehre unter "Selbstfinanzierung" verstanden wird!

6/2 Inwieweit unterscheiden sich die Begriffe "Selbstfinanzierung" und "Eigenfinanzierung"?

6/3 Schildern Sie den Vorgang und die Voraussetzungen der Selbstfinanzierung!

6/4 Wer entscheidet bei Kapitalgesellschaften über das Ausmaß der Selbstfinanzierung?

6/5 Worin liegt der Unterschied zwischen offener und versteckter Selbstfinanzierung? Durch welche Zwänge und Maßnahmen kommt es zu versteckter Selbstfinanzierung?

6/6 Beschreiben Sie die Vorteile und Nachteile der Selbstfinanzierung aus betriebswirtschaftlicher Sicht!

6/7 Klein- und Mittelbetriebe sind oftmals im besonderen Maße auf die Selbstfinanzierung angewiesen. Begründen Sie, warum Großbetriebe bezüglich der Beschaffung von Finanzierungsmitteln oftmals Vorteile besitzen!

6/8 Beurteilen Sie die Selbstfinanzierung aus volkswirtschaftlicher Sicht!

6/9 Die X-AG erzielte 1999 einen Gewinn vor Steuern in Höhe von 3.000.000 €. Es ist geplant, davon 1 Mio. € an die Anteilseigner auszuschütten (Bardividende). Ermitteln Sie, in welcher Höhe nach erfolgter Ausschüttung Selbstfinanzierungsmittel im Unternehmen verbleiben. Denken Sie insbesondere an die Körperschaftsteuer. Die Gewerbeertragsteuer soll vernachlässigt werden. Gehen Sie von der alten Rechtslage aus (gespaltener Körperschaftsteuersatz mit 40 % Belastung bei Thesaurierung und 30 % Belastung bei Ausschüttung).

Fragen und Aufgaben

6/10 Die Hochbau AG erwirtschaftete 1999 einen Jahresüberschuss von € 220.000,-. Aus dem Jahr 1998 besteht noch ein Verlustvortrag von € 60.000,-. Die gesetzlichen Rücklagen müssen noch voll dotiert werden. Welcher Teil des Jahresüberschusses kann bei der Feststellung des Abschlusses durch Vorstand und Aufsichtsrat in die anderen Gewinnrücklagen eingestellt werden, wenn keine weiteren Satzungsermächtigungen vorliegen?

6/11 Die Tiefbau AG weist folgende Eigenkapitalpositionen aus: Gezeichnetes Kapital € 340.000,-; Kapitalrücklage (§ 272 Nr. 1-3 HGB) € 80.000,-; gesetzliche Rücklage: € 30.000,-; satzungsmäßige Rücklage € 60.000,-; andere Gewinnrücklage € 140.000,-. Der Jahresüberschuss beträgt € 80.000,-. Die Satzung ermächtigt den Vorstand, bei der Feststellung des Jahresabschlusses bis zu 80% des Jahresüberschusses in die anderen Gewinnrücklagen einzustellen. Über welchen Betrag kann der Vorstand disponieren?

6/12 Welche Möglichkeiten bestehen für eine Aktiengesellschaft, gesetzliche Rücklagen bzw. Kapitalrücklagen zur Ausschüttung zu verwenden?

6/13 Welche Möglichkeiten bestehen für GmbHs, gesetzliche Rücklagen bzw. Kapitalrücklagen zur Ausschüttung zu verwenden?

6/14 Hilft das Auflösen von Rücklagen, einen Liquiditätsengpass zu überwinden?

6/15 Worin liegen die Vorzüge einer Schütt-aus-hol-zurück-Politik? Wann ist diese Politik möglich und sinnvoll?

6/16 Erläutern Sie den Finanzierungseffekt bei Rückstellungen! Was beeinflusst diesen Effekt?

6/17 Berechnen Sie den Finanzierungseffekt einer langfristigen Aufwandsrückstellung unter Zugrundelegung folgender Daten: Gewinn ohne Berücksichtigung der Rückstellung € 11.000,-; Rückstellung € 2.000,- und Steuersatz 40 %.

6/18 Welchen Finanzierungseffekt kann ein Unternehmen durch eine Rückstellungsbildung erzielen, wenn im laufenden Geschäftsjahr mit einem Verlust zu rechnen ist?

6/19 Kennzeichnen Sie die Phasen, in die die Finanzierung aus Pensionsrückstellungen untergliedert werden kann!

6/20 Können Sie sich neben den Vorteilen von Pensionsrückstellungen auch Nachteile und Gefahren dieser Finanzierungsart vorstellen?

6/21 Erläutern Sie die Wirkung des Rechnungszinssatzes bei der Bildung von Pensionsrückstellungen. Führt ein hoher oder ein niedriger Zinssatz zu verstärkter Rückstellungsbildung?

6/22 Bei welcher Finanzierungsart bleibt die Passivseite unberührt?

6/23 Sie beabsichtigen, für weitere Investitionsvorhaben liquide Mittel aus dem Verkauf von nicht betriebsnotwendigem Vermögen zu gewinnen. Alternativ können Sie dazu ein Grundstück für € 250.000,- (Buchwert € 200.000,-) oder Wertpapiere für € 250.000,- (Buchwert € 280.000,-) verkaufen. Für welche Alternative entscheiden Sie sich bei einem Steuersatz von 65%, wenn allein der Finanzierungseffekt als Entscheidungskriterium ausschlaggebend ist?

6/24 Erläutern Sie das Sale-Lease-Back-Verfahren!

6/25 Sie stehen vor der Entscheidung, das zentrale Verwaltungsgebäude Ihrer Firma im Rahmen des Sale-Lease-Back-Verfahrens zu veräußern, um eine neue Investition zu finanzieren. Die voraussichtliche Rendite aus der Investition würde 12% betragen. Das Bürogebäude könnte für 14 Mio. € (Buchwert 8 Mio. €) veräußert und mit einer Leasingrate von 9%, bezogen auf den Verkaufspreis, zurückgemietet werden. Steuersatz 50%. Sollte das Verfahren angewandt werden?

6/26 Der Brauerei Westfalen gelingt es, durch eine Senkung des Preises für Exportbier den Umsatz zu verdreifachen. Aus dieser Maßnahme resultiert allerdings eine um 50% gesunkene Umsatzrentabilität. Welche Gesamtwirkung ergibt sich für die Rentabilität?

Fragen und Aufgaben

6/27 Inwiefern können Abschreibungen zur Finanzierung verwendet werden?

6/28 Begründen Sie verbal den Lohmann/Ruchti-Effekt!

6/29 Welche Argumente sprechen dafür, dass der Kapazitätserweiterungseffekt als Folge der Finanzierung aus Abschreibungen vor allem in Großunternehmen Gewicht besitzt?

6/30 Nennen Sie die modellhaften Voraussetzungen, die bei einer ständigen Reinvestition der Abschreibungsgegenwerte zu einer Verdoppelung der Periodenkapazität führen!

6/31 Welche Kapazitätsausweitung lässt sich im theoretischen Extremfall bei laufender Reinvestition der Abschreibung erreichen?

6/32 Welche Umstände verhindern in der Praxis bei Reinvestition der Abschreibungsgegenwerte die volle Wirksamkeit des Kapazitätserweiterungseffektes?

6/33 Ein Unternehmen beschafft 10 Maschinen gleichen Typs zum Anschaffungspreis von je € 10.000. Die betriebliche Nutzungsdauer beträgt 5 Jahre. Es wird linear abgeschrieben. Wie groß ist der Kapazitätserweiterungseffekt, wenn die freigesetzten Mittel am Jahresende jeweils reinvestiert werden?

6/34 Die Hermes-Chartergesellschaft GmbH hat nach zähem Ringen mit den Behörden im Oktober 1999 vom Luftfahrtbundesamt eine Lizenz für 6 Passagiermaschinen erhalten. Die finanzielle Lage gestattet es dem Unternehmen jedoch nur, neben der erforderlichen Betriebs- und Geschäftsausstattung am 2.1.2000 gerade 3 gebrauchte Boeing 727 Europa Jets mit einer Restlebenserwartung von 5 Jahren zum Preis von je € 10 Mio. zu erwerben. Die Geschäftsführer vertrauen allerdings darauf, mit Hilfe der Abschreibungsfinanzierung in Kürze die Luftflotte erweitern zu können, dass langfristig eine Periodenkapazität von 6 Maschinen zur Verfügung steht, infolge dessen sichern sie sich die Option auf weitere gebrauchte Maschinen des gleichen Typs. Teilen Sie den Optimismus der Geschäftsführer?

Kapitel 7

7/1 Was bedeutet "Leasing"?

7/2 Nennen Sie einige mögliche Gestaltungsmerkmale des Leasingvertrags!

7/3 Welchen Vertragstypen kann der Leasingvertrag ähneln?

7/4 Nennen Sie typische Nebenleistungen von Leasinggesellschaften!

7/5 Das direkte Leasing ist dadurch gekennzeichnet, dass ein Leasingvertrag nur zwischen Hersteller und Leasingnehmer (Mieter) existiert. Skizzieren Sie die mögliche Beziehung im einfachsten Fall beim indirekten Leasing!

7/6 Skizzieren Sie kurz die Vorteile des Leasingvertrages für den Leasingnehmer!

7/7 Was steht hinter dem Begriff des "Operating-Leasing"?

7/8 Was steht hinter dem Begriff des "Finance-Leasing"?

7/9 Grundsätzlich werden zwei Arten von Finanzierungs-Leasingverträgen im Hinblick auf die Amortisation der Investition in der vereinbarten Grundmietzeit voneinander abgegrenzt. Nennen sie diese!

7/10 Worin liegt der wesentliche Unterschied zwischen dem Operating-Leasing und dem Finance-Leasing?

7/11 Worin besteht der Unterschied zwischen dem Vollamortisations- und dem Teilamortisations-Leasing?

7/12 Wie sind die Leasing-Objekte beim Operating-Leasing und wie beim Finance-Leasing zu bilanzieren?

7/13 Zeigen Sie, wie sich die Finanzierung eines Investitionsobjektes über 200.000 € im Fall der Kreditfinanzierung und im Fall der Finanzierung durch Leasing (Bilanzierung beim Leasinggeber) auf die nachstehende Bilanz eines Unternehmens auswirkt (Werte in T€):

Aktiva	Bilanz		Passiva
AV	600	EK	300
UV	400	FK	700
	1.000		1.000

7/14 Von wesentlicher Bedeutung ist in den Leasingerlassen das Verhältnis von Grundmietzeit zu betriebsgewöhnlicher Nutzungsdauer lt. AfA-Tabelle. Die Finanzverwaltung hat für die Zurechnung des Leasingobjektes zum Leasinggeber bestimmte Grenzen festgelegt. Nennen und begründen Sie diese Grenzwerte!

7/15 Was steht hinter dem Begriff des "Factoring"?

7/16 Nennen Sie typische Serviceleistungen von Factoringgesellschaften!

7/17 Skizzieren Sie kurz die Vorteile des Factoring für den Factorkunden!

7/18 Das Unternehmen U verkauft eine Forderung über 80.000 € und 90 Tage Laufzeit an eine Factoringgesellschaft F. Der übliche Kreditzins beträgt 6 %, die Factoringgebühr für die restlichen Factoringfunktionen (Debitorenbuchhaltung, Bonitätsrisiko, Mahnwesen) belaufen sich auf 2 % des betreuten Factoringumsatzes. Die Factoringgesellschaft stellt 10% des Forderungsbetrages bis zur Bezahlung auf ein Sperrkonto ein.

Welchen Betrag bekommt der Faktorkunde ausgezahlt?

7/19 Skizzieren Sie kurz die Beziehungen zwischen Factor, Factorkunde und Drittschuldner beim echten Factoring!

7/20 Worin unterscheidet sich die Forfaitierung von dem Factoring?

Kapitel 8

8/1 Wo liegen die wesentlichen Unterschiede zwischen Kassa- und Termingeschäften?

8/2 In welche Bestandteile lässt sich ein Optionspreis aufspalten?

8/3 Warum setzt sich der Optionspreis am Verfalltag lediglich aus dem Inneren Wert zusammen?

8/4 Was versteht man unter einem „Short-Call"? Zeichnen Sie schematisch das Gewinn- und Verlust-Profil für eine derartige Position und kennzeichnen Sie sowohl die Gewinn- als auch die Verlustzone!

8/5 Ein Anleger plant, in einem halben Jahr eine Aktie der ABC AG („ABC-Aktie") zu erwerben. Da er einen Kursanstieg befürchtet, möchte sich der Anleger mit einer Option davor schützen. Die Ausstattungsmerkmale eines derartigen Produkts sind in folgender Tabelle aufgeführt.

Underlying	1 ABC-Aktie
Basispreis	35 €
Restlaufzeit	6 Monate
Optionsprämie	7 €

Um welche Art von Option (Call oder Put) sollte es sich bei dem Geschäft handeln, damit der gewünschte Sicherungseffekt erzielt wird? In welchem Bereich muss der Kurs der T-Aktie in einem halben Jahr liegen, damit sich der Optionskauf gelohnt hat?

8/6 Ein amerikanischer Aktiencall, der gegenwärtig zu einem Preis von 18 € gehandelt wird, weist die im nachstehenden Tableau ausgewiesenen Ausstattungselemente auf.

Underlying	XYZ-Aktie
Basispreis	50 €
Restlaufzeit	12 Monate

Die XYZ-Aktie notiert momentan zum Kurs von 71 €. Prüfen Sie, ob der Callpreis angemessen ist! Wie könnte man von einer möglicherweise bestehenden Fehlbewertung profitieren?

8/7 Zeichnen Sie schematisch das Gewinn- und Verlustprofil für einen „Long Put"! Markieren Sie an diesem Diagramm, den *in-the-money-*, *at-the-money-* und den *out-of-the-money*-Bereich!

8/8 Eine Hypothekenbank hat sich durch Ausgabe einer Floating Rate Note (Kupon: 12-Monats-Euribor, jährlich am 1.7.) refinanziert. Die Anleihe wird in drei Jahren getilgt. Da in Zukunft mit einem deutlichen Anstieg des allgemeinen Zinsniveaus gerechnet wird, sollen die Zinskosten mit Hilfe eines Collars begrenzt werden. Dafür stehen die beiden folgenden Zinsbegrenzungsverträge zur Verfügung.

	Cap	Floor
Referenzzinssatz	12-Monats-Euribor	12-Monats-Euribor
Roll-Over-Termine	jährlich am 1.7.	jährlich am 1.7.
Gesamtlaufzeit	3 Jahre	3 Jahre
Strike	9%	4%
Prämie	1,0% pro Jahr	0,5% pro Jahr

Welche Position („Long Collar" oder „Short Collar") sollte zur Absicherung der Verbindlichkeit eingegangen werden? Stellen Sie in einem Diagramm die Zinsbelastung mit und ohne Collar graphisch dar! Wo liegt der Break-Even-Euribor?

8/9 Ein Anleger hat einen bestimmten Geldbetrag in eine festverzinsliche Schuldverschreibung (Kupon: 6%, jährlich am 1.7.) investiert, die noch eine Restlaufzeit von drei Jahren aufweist. Er rechnet in der Zukunft mit einem deutlichen Zinsanstieg und möchte nach Möglichkeit daran partizipieren. Zeigen Sie auf, wie sich das durch eine geeignete Swap-Transaktion erreichen lässt! Unterstellen Sie dabei einen Swap-Satz in Höhe von 6%!

Kapitel 9

9/1 Was versteht man unter dem Begriff „Diversifikationseffekt" und wodurch kommen derartige Effekte zustande? Verdeutlichen Sie anhand einer graphischen Darstellung, wie sich derartige Effekte äußern! Wann lässt sich - trotz Aufteilung auf mehrere Assets - kein Diversifikationseffekt erzielen?

9/2 Welche Gründe sind dafür verantwortlich, dass die praktische Anwendung des Portfolio-Selection Modells Probleme bereitet?

9/3 Ein Portfolio-Manager hat die Renditezeitreihen der beiden Aktien „X" sowie „Y" ausgewertet und folgende Parameter berechnet:

	Aktie X	Aktie Y
Renditeerwartungswert (μ)	6	7
Standardabweichung der Renditen (σ)	1,291	2
Korrelation zwischen den Renditen	-0,3873	

Die Papiere sollen so miteinander kombiniert werden, dass das Portefeuille-Risiko minimal ist. Bestimmen Sie zunächst die Funktionsvorschrift für die Portefeuillelinie und stellen Sie diese anschließend graphisch dar! Ermitteln Sie dann die entsprechende Portefeuille-Struktur, die zum geringstmöglichen Risiko führt!

9/4 In einer Volkswirtschaft kann zu einem Zinssatz in Höhe von 3% risikolos Kapital angelegt werden. Das Marktportefeuille verspricht eine Rendite von 6% bei einer Varianz der Renditen von 9.

Ein Investor möchte Aktien der Alpha AG kaufen. Er weiß, dass deren Renditen eine Varianz von 20,25 aufweisen. Außerdem ist der Korrelationskoeffizient zwischen den Aktien- und Marktportefeuillerenditen bekannt: Sein Wert liegt bei +0,8.

Welche Rendite darf der Anleger für Alpha-Aktien nach dem CAPM erwarten?

Fragen und Aufgaben

9/5 Ein Anleger steht vor der Entscheidung, Gamma-Aktien zu erwerben, die gegenwärtig zu einem Kurs in Höhe von 210 € an der Börse notieren. Für das Papier wird innerhalb der kommenden Periode ein Gesamtertrag von 20 € erwartet. Die Aktie weist einen Beta-Faktor von 1,375 auf. Ferner ist bekannt, dass der risikolose Zinssatz 4,5% beträgt. Demgegenüber kann man beim Marktportefeuille mit einer Rendite in Höhe von 8,5% rechnen.

Ist der aktuelle Börsenkurs für die Gamma-Aktie gerechtfertigt?

9/6 Für die DAX-Aktien ist im HANDELSBLATT eine Tabelle abgedruckt, welche die wichtigsten Kennzahlen beinhaltet. Leider ist das Beta der Commerzbank-Aktie („CBK") nicht mehr zu entziffern.

Ermitteln Sie unter Zuhilfenahme der übrigen Angaben (siehe folgende Tabelle) das Commerzbank-Beta bis auf zwei Nachkommastellen genau!

Korrelation zwischen DAX und CBK	0,5997
Volatilität der CBK	29,74%
Volatilität des DAX	18,92%

11 Antworten und Lösungen

Kapitel 1

1/1 (1) Erwerbswirtschaftliches Prinzip (Streben nach Gewinn)
- Gewinnmaximierung
- Rentabilitätsmaximierung.

(2) Wirtschaftlichkeitsprinzip (mit gegebenem Einsatz ein Ziel in möglichst großem Umfange oder ein bestimmtes Ziel mit einem minimalen Einsatz zu erreichen suchen)
- Wirtschaftlichkeit (wertmäßige Betrachtung)
- Produktivität (mengenmäßige Betrachtung).

(3) Prinzip des finanzwirtschaftlichen Gleichgewichtes; Liquidität: Fähigkeit einer Unternehmung, ihren zwingend fälligen Zahlungsverpflichtungen jederzeit nachkommen zu können.

1/2 Kapitalbedarf ist der Bedarf der Unternehmung an finanziellen Mitteln, der durch Finanzierungsaktivitäten gedeckt werden muss. Er entsteht durch die Vorverlagerung der Auszahlungen (z.B. zur Beschaffung der Produktionsfaktoren) vor die Einzahlungen (z.B. Umsatzerlöse aus Gütern und Leistungen).

1/3 Der Kapitalbedarf des Halbjahres ergibt sich kumuliert aus der Differenz der Einzahlungen und Auszahlungen der einzelnen Monate:

Kapitalbedarf	- 22	- 6	8	- 2	4	- 6
Bedarf (kum.)	- 22	- 28	- 20	- 22	- 18	- 24

1/4 (1) Zahlungsbereich: Ziel *Liquiditätserhaltung*
- Auszahlung und Einzahlung
- Ausgabe und Einnahme

(2) Leistungsbereich: Ziel *Gewinnmaximierung*
- Aufwand und Ertrag
- Kosten und Leistung

1/5 Es gehören nicht in den finanzwirtschaftlichen Bereich:
B. Kosten/Leistungen
C. Erträge/Aufwendungen
D. Gewinn/Verlust

1/6 Folge der Störungen des finanziellen Gleichgewichtes im Sinne der Koordinierung der Zahlungsströme in der Weise, dass Finanzmittelanfangsbestände und Einzahlungen stets größer als die Auszahlungen sein müssen, sind Zahlungsstockungen und schließlich die Illiquidität bzw. Zahlungsunfähigkeit. Diese führen zum Konkurs und damit i.d.R. zum Ende der Existenz der Unternehmung.

1/7 Zur Erhaltung der Liquidität in jedem Zeitpunkt ist die Haltung einer Liquiditätsreserve erforderlich, um unerwartete notwendige Auszahlungen vornehmen oder den Ausfall von geplanten Einzahlungen ausgleichen zu können. Da die in der Liquiditätsreserve gebundenen Mittel nicht unternehmerisch eingesetzt werden können, wird die Erreichung des Rentabilitätszieles eingeschränkt. Man könnte sagen: je höher die Liquidität ist, umso größer ist die Sicherheit aber umso kleiner ist die Rentabilität.

1/8 Die Bilanz ist eine kontenmäßige Gegenüberstellung der Aktiva (Mittelverwendung) und der Passiva (Mittelherkunft) eines Unternehmens. Sie wird auf der Grundlage der Inventur und der Buchhaltung mindestens einmal jährlich aufgestellt und zeigt neben den Vermögensgegenständen und dem Kapital auch den Jahresgewinn der Unternehmung als Bestandteil des Eigenkapitals.

1/9 Sämtliche auf der linken Seite der Bilanz ausgewiesene Vermögensgegenstände bezeichnet man als Aktiva oder Mittelverwendung. Das Kapital bzw. die Mittelherkunft auf der rechten Seite der Bilanz nennt man Passiva.

Antworten und Lösungen

1/10 EK-Rentabilität $= \dfrac{\text{Jahresüberschuß}}{\text{Eigenkapital}} * 100 = \dfrac{80.000}{380.000} * 100 = 21\,\%$

GK-Rentabilität $= \dfrac{\text{JÜ + FK-Zins}}{\text{Gesamtkapital}} * 100 = \dfrac{103.000}{800.000} * 100 = 12{,}9\,\%$

Umsatzrendite $= \dfrac{\text{Betriebserfolg}}{\text{Umsatz}} * 100 = \dfrac{55.000}{600.000} * 100 = 9\,\%$

Die Eigenkapitalrentabilität gibt die Verzinsung des von den Eigentümern bereitgestellten Kapitals an und lässt sich damit als "Unternehmerrendite" charakterisieren.

Hingegen misst die Gesamtkapitalrentabilität den Erfolg des gesamten im Unternehmen arbeitenden Kapitals und stellt damit die "Unternehmensrendite" dar, die Aussagen über die Effizienz des Kapitaleinsatzes im Unternehmen macht. Das Gesamtkapital erwirtschaftet sowohl den Gewinn (Jahresüberschuss) wie auch die Fremdkapitalzinsen. Liegt die Gesamtkapitalrentabilität des Unternehmens höher als der Zinssatz für Fremdkapital, besagt dies, dass mit zunehmendem Einsatz von Fremdkapital bzw. durch die Substitution von Eigen- durch Fremdkapital der Gewinn und damit auch die Eigenkapitalrentabilität gesteigert werden können.

Die Umsatzrentabilität besagt, welcher %-Satz der Umsatzerlöse als Betriebsgewinn dem Unternehmen nach Abzug aller Aufwendungen verbleiben.

1/11 Das rechnerische Ergebnis der Rentabilitätskennzahlen kann dadurch gestört werden und Ungenauigkeiten erfahren, dass der Jahresüberschuss durch die Bildung und Auflösung stiller Reserven beeinflusst worden ist. Auch die Kapitalgrößen, insbesondere das Eigenkapital können durch handelsrechtlich zulässige Unterbewertungen des Vermögens und Überbewertungen der Schulden beeinflusst worden sein, so dass "stille Reserven" in den Positionen stecken, die zu einem zu niedrigen Kapitalausweis führen und damit die Berechnungsgrundlage verfälschen.

1/12 Nein! Die Passiv-Seite der Bilanz macht keine Aussagen über die Liquidität. Sie stellt lediglich eine "historische" Aufzeichnung darüber dar, woher die im Unternehmen eingesetzten Mittel einmal gekommen sind und welche Rückzahlungsansprüche es gibt. Der

Ausweis von Rücklagen besagt lediglich, dass die Unternehmung in früheren Perioden Gewinn erzielt und diese nicht oder nur teilweise ausgeschüttet hat und in Zukunft berechtigt ist, diese Ausschüttungen nachzuholen, ohne gegen das Verbot der Rückzahlung von Haftungskapital zu verstoßen (§ 58 Abs. 5 AktG). Die durch die Thesaurierung im Unternehmen verbliebenen Mittel sind in Vermögensgegenstände investiert, die auf der Aktiv-Seite der Bilanz gezeigt werden. Liquiditätsbetrachtungen beziehen sich immer auf die Aktiv-Seite und die unterschiedliche "Wiedergeldwerdungsdauer" bzw. Liquidierbarkeit von Vermögensgegenständen.

1/13 Innenfinanzierung ist der übergeordnete Sammelbegriff, die Selbstfinanzierung nur ein Teil davon und zwar derjenige, der durch Einbehaltung von Gewinnen (Gewinnthesaurierung) entsteht und bilanziell in den Rücklagen seinen Niederschlag findet. Weitere Teile der Innenfinanzierung sind z.B. die Mittel aus Abschreibungsgegenwerten und Rückstellungen.

1/14 Ja! Ein Teil der Innenfinanzierung, die Selbstfinanzierung, die aus der Thesaurierung (Einbehaltung) von Gewinnen resultiert, ist gleichzeitig Beteiligungsfinanzierung insofern, als die Rechte daran den Eigentümern zustehen und ihnen diese Mittel irgendwann einmal zufließen, sofern sie nicht durch Verluste der Unternehmung aufgezehrt werden.

1/15 Ja! Die vorübergehend im Unternehmen bleibenden Gegenwerte von Rückstellungen sind Innenfinanzierungsmittel, stellen gleichzeitig aber insoweit Fremdkapital dar, als diese Rückstellungen gebildet werden, weil es Ansprüche von fremden Dritten gibt, die allerdings nach Höhe und Fälligkeitstermin noch nicht exakt feststehen.

1/16 Die "Außenfinanzierung" stellt keinen Gegensatz dar, denn die Beteiligungsfinanzierung ist Teil der Außenfinanzierung, nämlich derjenige, der von den Eigentümern in Form von Einlagen oder als Kaufpreis für den Erwerb von Anteilen oder Aktien geleistet wird, die allesamt Eigentumsrechte gewähren (Gewinnanspruch, Mitwirkungsrechte, Quotenanspruch am Liquidationserlös).

Gegensätze sind die Fremdfinanzierung und die Kreditfinanzierung. Sie führen zu Gläubigeransprüchen (Nominalanspruch auf Rückzahlungen und i.d.R. Zinszahlungen). Der umfassendere Begriff ist der der Fremdfinanzierung, weil er neben der Kreditfinanzierung auch die Finanzierung aus erhaltenen Anzahlungen und Rückstellungsgegenwerten sowie Lieferantenkredite umfasst.

Kapitel 2

2/1 Die Börse führt Angebot und Nachfrage marktmäßig zusammen und gleicht sie durch die Feststellung von Börsenkursen aus.

2/2 Der Börsenpreis ist derjenige Preis, der sich im börslichen Handel einer Aktie durch Angebot und Nachfrage ergibt. Er wird nach der wirklichen Geschäftslage des Verkehrs an der Börse ermittelt, d.h. nach dem Meistausführungsprinzip: Derjenige Kurs ist als Börsenpreis festzustellen, bei dem die höchsten Umsätze zustande kommen.

2/3 Im Kassamarkt wird für die dort gehandelten Wertpapiere während der Börsenzeit nur ein sog. Einheits- oder Kassakurs festgestellt.

Der variable Markt ist für Wertpapiere, die sich durch ein hohes Handelsvolumen auszeichnen. Für derartige Wertpapiere werden neben der Einheitsnotiz während der Börsenzeit fortlaufend (variabel) Kurse notiert.

2/4 Telefonverkehr ist der Handel mit Wertpapieren, die außerhalb des amtlichen und geregelten Marktes sowie des Freiverkehrs gehandelt werden.

2/5 Der geregelte Markt ist durch einen erleichterten Zugang charakterisiert, d.h., die Anforderungen an die Zulassung von Aktien zum Börsenhandel sind bezüglich des Nachweises der Bonität, Ertragskraft und Sicherheiten der sie beantragenden Unternehmungen nicht so hoch wie beim amtlichen Handel. Damit bietet dieses Marktsegment auch mittelständischen Unternehmen die Möglichkeit, sich Eigenkapital über die Börse zu verschaffen. Voraussetzung ist natürlich, dass es sich um Aktiengesellschaften handelt. Gegebenenfalls erfolgt speziell zum Zweck der Börseneinführung eine Umwandlung von einer Personenhandelsgesellschaft oder GmbH in die Aktiengesellschaft.

2/6 Eine Universalbank vereinigt alle Aufgaben und Geschäfte der Kreditwirtschaft unter dem Dach eines Kreditinstitutes. Den vielfältigen Kundenpräferenzen wird ein weitreichendes Leistungsangebot entgegengesetzt.

2/7 Neben einigen Spezialinstituten mit besonderen Aufgaben sind es insbesondere die Kredit- oder Geschäftsbanken (private Gesellschaften in der Rechtsform der AG, wie z.B. Deutsche Bank AG, Dresdner Bank AG, Commerzbank AG etc.), der Sparkassensektor und die Genossenschaftsbanken (Volksbanken, Raiffeisenbanken), die die Struktur der deutschen Kreditwirtschaft prägen. Die Geschäftsbanken beschaffen sich das Eigenkapital durch die Ausgabe von Aktien über die Börse. Die Genossenschaftsbanken werden durch ihre Mitglieder, die Genossen, finanziert, die entsprechende Anteile erwerben. Im Falle der Sparkassen stellen die "Gewährträger" (Städte, Kreise oder andere Gebietskörperschaften) das notwendige Eigenkapital zur Verfügung. Darüber hinaus übernehmen die Gewährträger die Haftung für die Einlagen.

2/8 Die großen Geschäftsbanken befassen sich mit allen Bankgeschäften und Finanzdienstleistungen, die insbesondere Großunternehmen benötigen und sind überregional tätig. Neben der Kreditgewährung gehört dazu die Durchführung von Aktien- und Anleiheemissionen, das übrige Wertpapier- und das Außenhandelsgeschäft. Genossenschaftsbanken sind als Selbsthilfeorganisationen des Handwerks und des Mittelstandes entstanden und betreuen auch heute noch im wesentlichen diesen Kundenkreis. Sparkassen haben den öffentlichen Auftrag, im jeweils regional begrenzten Geschäftsgebiet, kleinen und mittleren Anlegern Geld- und Kapitalanlagemöglichkeiten zu bieten und die mittelständische Wirtschaft mit Krediten zu versorgen. Im Zusammenhang mit der Unternehmensfinanzierung ist folglich festzuhalten, dass die Geschäftsbanken eher die großen Unternehmen und die Genossenschaftsbanken und Sparkassen tendenziell eher die kleinen und mittleren Unternehmen bedienen. Jedoch sind die Grenzen fließend und es findet durchaus ein Wettbewerb zwischen den Instituten statt.

2/9 Versicherungsgesellschaften sind "Kapitalsammelstellen", die die bei ihnen in Form der Prämien zusammenfließende Liquidität ertragreich und sicher anlegen müssen. Anlagemöglichkeiten bieten sich ihnen in Form des Aktien- oder Anleiheerwerbs an der Börse, aber auch als Kreditgewährung an Unternehmen (z.B. Schuldscheindarlehen). Insofern treten Versicherungsgesellschaften als Anbieter von Kapital auf den Finanzmärkten auf.

2/10 Kreditgarantiegemeinschaften dienen dazu, die mangelhaften Kapitalbeschaffungsmöglichkeiten mittelständischer Unternehmen zu verbessern, indem sie als branchenmäßig und regional organisierte, öffentlich geförderte Einrichtungen Kreditgarantien für solide und zukunftsträchtige Klein- und Mittelbetriebe übernehmen. Die eigentliche Kreditvergabe und Bereitstellung der Mittel erfolgt jedoch durch die jeweilige Hausbank, die auch mit zwanzig Prozent an möglichen Ausfällen beteiligt ist.

2/11 Kapitalbeteiligungsgesellschaften sind i.d.R. Tochterunternehmen der Banken, die sich in innovativen mittelständischen Unternehmen zeitlich begrenzt beteiligen, um die "Eigenkapitallücke" zu schließen und die Durchsetzung neuer Technologien und Produkte zu ermöglichen.

2/12 Unternehmen entsprechender Reputation, Bekanntheit und Größe, die sich durch die Emission von Aktien oder Anleihen Kapital über die Börse beschaffen. Für die Emission von Anleihen spielt die Rechtsform keine Rolle. Die Emission von Aktien kann natürlich nur eine Aktiengesellschaft bzw. eine KGaA vornehmen.

2/13 Aktien gewähren Eigentumsrechte (variable Dividende in Abhängigkeit vom Erfolg der Unternehmung, Stimmrechte in der Hauptversammlung, zeitlich unbefristet); Anleihen stellen Gläubigerpapiere dar mit dem Anspruch auf feste Zinszahlungen und fixierten Rückzahlungsterminen.

Kapitel 3

3/1 Als Eigenkapital bezeichnet man die der Unternehmung von ihren Eigentümern bzw. Anteilseignern ohne zeitliche Begrenzung zur Verfügung gestellten oder durch Nichtentnahme des Gewinns thesaurierten finanziellen Mittel.

3/2 Thesaurierung bedeutet generell das Ansammeln von Werten, im hier angesprochenen speziellen Fall das Einbehalten bzw. Nichtausschütten von Gewinnen und damit die Bildung von Rücklagen.

3/3 Das Reinvermögen ist der Teil des Gesamtvermögens, der in seiner Höhe dem Eigenkapital entspricht und im Falle der Liquidation der Unternehmung den Gesellschaftern zusteht.

Aktiva	BILANZ	Passiva
Reinvermögen		Eigenkapital
übriges Vermögen		Fremdkapital

3/4

Aktiva		Passiva	
Anlagevermögen	400	Gezeichnetes Kapital	200
Umlaufvermögen	500	Rücklagen	100
		Rückstellungen	100
		Verbindlichkeiten	400
		Pass. RAP	100
	900		900

Die Bilanzsumme beläuft sich auf 900 T€.

Das Reinvermögen ist der Teil des Vermögens, der den Eigentümern nach Erfüllung ihrer Verbindlichkeiten verbleibt:

```
Anlagevermögen      400
+ Umlaufvermögen    500
- Verbindlichkeiten 400
- Rückstellungen    100
- Pass. RAP         100
= Reinvermögen      300
```

Zweiter Lösungsweg: Reinvermögen = Eigenkapital

Eigenkapital = Gez. Kapital + Rücklagen

3/5 Synonyme sind:

- gezeichnetes Kapital bei Kapitalgesellschaften allgemein;
- Grund- bzw. Aktienkapital, speziell bei der AG, und Stammkapital, speziell bei der GmbH;
- konstantes Eigenkapital bei Einzelunternehmen und Personengesellschaften;

3/6 Das Agio ist das Aufgeld, d.h. die Differenz zwischen dem Nennwert und dem tatsächlich zu zahlenden höheren Kurswert eines Wertpapiers oder eines GmbH-Gesellschaftsanteils. Das Agio einer 50 € Aktie, die zum Ausgabekurs von 150 € verkauft wird, beträgt 200 % bzw. 100 €.

3/7 Gewinnrücklagen werden aus versteuerten Gewinnen gebildet, stellen also eine Gewinnverwendungsmaßnahme dar. Sie erhöhen das Haftungskapital der Unternehmung und sind, soweit sie aufgrund gesetzlicher Bestimmungen gebildet werden müssen, ausschüttungsgesperrt. Als Gewinnrücklage dürfen nur Beträge ausgewiesen werden, die im Geschäftsjahr oder in einem früheren Geschäftsjahr aus dem Ergebnis (Jahresüberschuss) gebildet worden sind.

Als Kapitalrücklage sind auszuweisen:

- das Agio bei der Begebung von jungen Aktien und
- der Betrag von Zuzahlungen der Gesellschafter.

3/8 Der Gewinnvortrag ist keine Rücklage. Er enthält den nicht ausgeschütteten Teil des Bilanzgewinns, der nicht den Rücklagen zugeführt und auch nicht anderweitig verwendet worden ist, sondern durch Beschluss der Gesellschafter als Gewinn vorzutragen ist. Er wird erst im folgenden Abrechnungszeitraum mit dem Jahresüberschuss verrechnet.

3/9 Das Eigenkapital ist frei von Zinsbelastungen und Tilgungszahlungen, während das Fremdkapital mit festen Zins- und Tilgungszahlungen belastet ist, die unabhängig vom Erfolg gezahlt werden müssen. Ein hohes Eigenkapital sichert die Unabhängigkeit und Dispositionsfreiheit der Unternehmensleitung und stellt eine gute Grundlage für neue Kreditaufnahmen dar.

3/10 Die besondere Bedeutung des Eigenkapitals liegt darin, dass es unkündbar ist und damit dem Unternehmen langfristig zur Verfügung steht. Es stellt als Haftungskapital die Grundlage zur Erlangung von Fremdkapital dar, indem im Konkursfall oder bei Liquidation zuerst die Gläubiger "bedient" werden. Nur der nach Rückzahlung der Verbindlichkeiten verbleibende Betrag fließt den Anteilseignern zu.

3/11 1) Gründungs- bzw. Ingangsetzungsfunktion:

Für die Gründung einer Gesellschaft ist bei einigen Rechtsformen u.a. die Aufbringung eines bestimmten Mindestkapitals Voraussetzung.

2) Haftungs- bzw. Garantiefunktion:

Das Eigenkapital übernimmt eine Haftungsfunktion aus der Sicht der Gläubiger, indem es sich schützend vor das Fremdkapital stellt. Je größer das Eigenkapital ist, desto besser sind die Gläubiger vor Verlusten geschützt.

3) Existenzsicherungsfunktion:

Bei vollständiger Aufzehrung des Eigenkapitals durch Verluste muss Konkurs wegen Überschuldung angemeldet werden, insofern sichert ein hohes Eigenkapital die Existenz der Unternehmung in Verlust- und Krisenzeiten.

4) Finanzierungsfunktion:

Mit der Bereitstellung des Startkapitals durch die Eigentümer wie auch mit später folgenden Kapitalerhöhungen ist i.d.R. ein Zufluss von Zahlungsmitteln verbunden.

5) Gewinnverteilungsbasis:

Die Gewinnverteilung nach Gesetz oder Gesellschaftsvertrag basiert grundsätzlich auf der Höhe des von dem einzelnen Eigentümer in der Unternehmung eingelegten Beteiligungskapitals.

6) Repräsentations- bzw. Werbungsfunktion:

Eine gesunde Eigenkapitalbasis stärkt die Vertrauenswürdigkeit einer Unternehmung nach außen.

7) Herrschaftsfunktion:

Durch die Bereitstellung von Eigenkapital sind die Kapitalgeber grundsätzlichen zur Führung des Unternehmens berechtigt. In Kapitalgesellschaften fallen Kapitalgeber und Management jedoch im allgemeinen auseinander.

8) Unabhängigkeitsfunktion:

Das Eigenkapital sichert die Unabhängigkeit und Dispositionsfreiheit der Geschäftsleitung.

9) Kreditwürdigkeitsfunktion:

Die Höhe des Eigenkapitals hat herausragende Bedeutung im Rahmen der Kreditwürdigkeitsprüfungen von Kreditinstituten für die Erhaltung oder Verlängerung von Fremdfinanzierungsmitteln.

3/12 Bei der Ausstattung eines Unternehmens mit Eigenkapital kann man sich nicht an feste Strukturgrößen halten, sondern muss risikoentsprechend gestalten. Das Risiko ist aber beispielsweise abhängig von der Branche, der Betriebsgröße, der Technologie, der Anpassungsflexibilität, den Haftungsverhältnissen und der Umschlagshäufigkeit des Kapitals.

3/13 Zum einen ist das Eigenkapital "teuer" (steuerliche Belastung: 25 % Körperschaftsteuer bei Thesaurierung, Bedienung nicht als Betriebsausgabe bei der Ermittlung des steuerpflichtigen Gewinns abziehbar; Eigenkapitalgeber erwarten "Risiko-Prämie"), zum anderen ist es gerade für mittelständische, nicht emissionsfähige Unternehmen schwer erlangbar.

Durch Aufnahme von Fremdkapital können rentierliche Investitionen realisiert, Wachstumschancen und Anpassungen an den technischen Fortschritt genutzt werden.

3/14 Die Eigenkapitalgeber erwarten eine Risikohonorierung in Form von Dividenden, die i.d.R. eine höhere Bedienung verlangen als eine vergleichbare Kapitalmarktfinanzierung.

Rücklagen werden aus versteuerten Gewinnen gebildet. Der derzeit gültige Körperschaftsteuersatz bei Gewinnthesaurierung beträgt 45%. Die Dividenden werden mit einem Ausschüttungssteuersatz von derzeit 30% versteuert, während Fremdkapitalzinsen Betriebsausgaben darstellen und damit die Bemessungsgrundlage für die Besteuerung sogar noch verringern.

3/15 Unternehmen, die eine Scheu vor Fremdfinanzierungen haben und ihren Verschuldungsspielraum nicht ausnutzen, verzichten oftmals auf die Wahrnehmung von Wachstumschancen und notwendigen Anpassungen an den technischen Fortschritt, was auf längere Sicht zu ungünstigen Kostenstrukturen und zum Verlust der Wettbewerbsfähigkeit führen kann.

3/16 Obwohl der Einzelfall anders aussehen kann, gilt als Faustregel, dass das Eigenkapital etwa ein Drittel des Gesamtkapitals ausmachen sollte (1:2). Ein hoher Eigenkapitalanteil schützt vor Unternehmenszusammenbrüchen in Folge von Überschuldung und vermindert somit das Risiko der Gläubiger.

Es gibt keine allgemeingültige Finanzierungsregel, sondern es muss für jedes einzelne Unternehmen ein Optimum gefunden werden, das die verschiedenen Aspekte und Gefahren z.B. der Branche berücksichtigt. Die Ausstattung eines Unternehmens kann folglich nicht an festen Strukturgrößen ausgerichtet sein, sondern muss risikoentsprechend gestaltet werden.

3/17 Es ist festzustellen, dass die Eigenkapitalausstattung deutscher Unternehmen im internationalen Vergleich mit einer Eigenkapitalquote von derzeit durchschnittlich 20 % sehr niedrig ausfällt. Doch kann eine Beurteilung der Kapitalstruktur nur anhand der Eigenkapitalquote, d.h. ohne die Berücksichtigung weiterer Kennzahlen und Einflussgrößen sowie Bilanzierungsgepflogenheiten zu keinem sinnvollen Ergebnis führen.

3/18 Die Aussage mit dem Buchstaben A ist falsch.

3/19 Unter Berücksichtigung der stillen Reserven und einer 50%igen Zurechnung des Sonderpostens mit Rücklageanteil zum Eigenkapital ergibt sich eine identische Relation von Eigenkapital zu Fremdkapital (1:1) bei beiden Tochterunternehmen.

Deutsches Tochterunternehmen (in €)

AV 1.600   EK 1.600

UV 1.600   FK 1.600

3/20 Im Gegensatz zu anderen Gesellschaften wird kein gemeinsames Gesellschaftsvermögen gebildet, sondern die Einlage des stillen Gesellschafters geht in das Vermögen der Gesellschaft (Einzelunternehmer, OHG, KG, GmbH) über. Im Konkursfall wird der stille Gesellschafter deswegen zum Gläubiger.

3/21 Von einer echten oder typischen stillen Gesellschaft spricht man, wenn der stille Gesellschafter nicht an den stillen Rücklagen der Gesellschaft beteiligt wird, so dass dieser also nur Anspruch auf Gewinn- bzw. Verlustbeteiligung und Rückzahlung seiner Nominaleinlage hat.

Dagegen spricht man von einer unechten oder atypischen stillen Gesellschaft, wenn der stille Gesellschafter neben der Gewinn- bzw. Verlustbeteiligung auch an den stillen Rücklagen beteiligt wird und eventuell auch unternehmerische Tätigkeiten ausübt.

3/22 Eine Kapitalerweiterung beim Einzelunternehmer kann, wenn man von außerordentlichen Zuflüssen wie z.B. einer Erbschaft absieht, entweder nur durch Zuführung weiterer Teile des Privatvermögens oder im Wege der Nichtentnahme erzielter Gewinne erfolgen.

Doch sind die Möglichkeiten der Selbstfinanzierung bei der geringen Vermögensmasse der Einzelunternehmer begrenzt. Ziel vieler Einzelunternehmer ist zudem noch wegen der engen Verbindung zwischen Haushalt und Betrieb nicht die Betriebserweiterung, sondern i.d.R. eine Gewinnerzielung zur Unterhaltung der Familie.

Die Eigenkapitalbasis einer Personengesellschaft wird nicht durch das Privatvermögen der Gesellschafter begrenzt, da weitere Gesellschafter hinzutreten können.

Dieser Finanzierungsform sind jedoch enge Grenzen gesetzt, da i.d.R. zwischen den Gesellschaftern enge persönliche Beziehungen bestehen und eine Aufnahme neuer Gesellschafter auch eine Verschiebung der Mitspracherechte nach sich ziehen würde.

Bei Personengesellschaften ist noch zwischen der KG und der OHG zu differenzieren. Die Möglichkeiten der Eigenfinanzierung der KG sind i.d.R. größer als bei der OHG, weil durch die beschränkte Haftung der Kommanditisten eher Kapitalgeber gefunden werden können.

3/23 Ohne gesellschaftsvertragliche Festlegung bestimmt § 121 HGB die Gewinnverteilung wie folgt:

- A, B u. C erhalten jeweils 4% auf ihre Kapitaleinlage: 8.000,-/ 16.000,-/16.000,-

- der verbleibende Gewinn von 90.000,- wird nach Köpfen aufgeteilt: 30.000,-/ 30.000,-/ 30.000,-

- somit ergibt sich eine Gesamtverteilung von: 38.000,-/46.000,-/ 46.000,-

Die OHG ist selber nicht einkommen- bzw. körperschaftsteuerpflichtig, folglich versteht sich der Gewinn vor Steuern. Die einzelnen Gewinnanteile sind von jedem Gesellschafter mit seinem persönlichen Einkommensteuersatz zu versteuern.

3/24 Sie nehmen Einblick in das Handelsregister beim zuständigen Amtsgericht (Sitz der Firma).

3/25 Mittelständische Unternehmen sind in der Regel als GmbHs oder Personengesellschaften organisiert. Sie haben damit keinen Zugang zum organisierten Kapitalmarkt (Börse). Die Gesellschafter sind aus eigener Kraft zur weiteren Eigenkapitalbildung nicht in der Lage. Die Aufnahme neuer Gesellschafter ist in der Regel - insbesondere in Familienunternehmen - unerwünscht. Die Banken machen eine weitere Kreditvergabe von einer erhöhten Eigenkapitalzufuhr der Gesellschafter abhängig, die, wie vorher erläutert, aber nicht möglich ist.

Vorschläge:

- die Nutzung von Kapitalbeteiligungsgesellschaften zur vorübergehenden Beteiligung an nicht emissionsfähigen Unternehmen;
- die Umwandlung von Personengesellschaften/GmbHs in Aktiengesellschaften (trotz der Probleme wie Leitungsbefugnis/Kosten/Publizität) und die dann mögliche
- Nutzung eines organisierten Kapitalmarktes (geregelter Markt) durch Ausgabe stimmrechtsloser Vorzugsaktien;
- die Inanspruchnahme von Bürgschaften einer Kreditgarantiegemeinschaft.

3/26 Nein, bei einer Kapitalerhöhung aus Gesellschaftsmitteln findet nur eine Umwandlung von Rücklagen in gezeichnetes Kapital statt (Passivtausch).

3/27 Das Abandonrecht ermöglicht einem GmbH-Gesellschafter, bei unbeschränkter Nachschusspflicht unter Preisgabe seines Geschäftsanteils aus dem Unternehmen auszuscheiden.

3/28 Die GmbH & Co. KG ist eine Personengesellschaft, bei der die Funktion des Komplementärs durch eine Kapitalgesellschaft wahrgenommen wird. Die Vorteile liegen in der beschränkten Haftung der Kapitalgesellschaft, der Drittorganschaft (Leitungsbefugnis unabhängig vom Gesellschaftsanteil) und der Möglichkeit weitere Kommanditisten zur Kapitalbeschaffung aufzunehmen. Weitere Vorteile ergeben sich aus der Abzugsfähigkeit der Geschäftsführergehälter bei der GmbH sowie der Tatsache, dass die KG keinen Publizitätsanforderungen unterliegt.

3/29 Während die Komplementäre einer KGaA, die i.d.R. auch die Geschäftsführung und Vertretungsmacht besitzen, persönlich und uneingeschränkt haften, haften die Kommanditaktionäre nur mit ihrer Einlage.

Bei der Eigenkapitalbeschaffung hat die KGaA, unter der Voraussetzung einer entsprechenden Größe, die Vorteile einer AG mit dem Zugang zum organisierten Kapitalmarkt durch Emission von Aktien. Dieser Umstand sowie die unbegrenzte Haftung des Komplementärs dürften sich günstig auf das Kreditpotential auswirken.

3/30 Die Rechtsformen, die für eine einzelne Person in Betracht zu ziehen sind, sind die Einzelunternehmung, die Einmann-GmbH und die AG. Die Haftung ist bei der GmbH auf die Einlage beschränkt, der Einzelkaufmann haftet unbeschränkt. Die vorhandenen € 15.000,- würden zur Gründung der GmbH ausreichen (Bareinzahlung mindestens € 12.500,-). Haften würde der Informatikstudent mit dem Mindeststammkapital von € 25.000,-. Die Aufwendungen für die Rechtsform der GmbH liegen höher (Prüfungs- und Publizitätskosten etc.). Eine Gründung einer AG sollte in diesem Fall nicht in Betracht gezogen werden, da ihr Grundkapital mindestens € 50.000,- betragen muss.

Kapitel 4

4/1 Die Aktie (lat. actio = Tätigkeit, Handlung) ist ein Wertpapier, das über einen bestimmten Betrag lautet und seinem Inhaber einen bestimmten Anteil am Gesamtvermögen einer Aktiengesellschaft (AG) sowie bestimmte Mitspracherechte verbrieft.

4/2 Das in der Handelsbilanz insgesamt auszuweisende Eigenkapital der AG setzt sich bei differenzierter Betrachtung aus folgenden Bilanzpositionen zusammen:

- Gezeichnetes Kapital
- Kapitalrücklage
- Gewinnrücklage
  - Gesetzliche Rücklage
  - Rücklage für eigene Anteile
  - Satzungsmäßige Rücklage
  - andere Gewinnrücklagen
- Gewinnvortrag bzw. Verlustvortrag
- Jahresüberschuss bzw. Jahresfehlbetrag

4/3 Die gesetzliche Rücklage ist nach § 150 Aktiengesetz nur für Aktiengesellschaften vorgeschrieben.

4/4 Der Erwerb eigener Aktien ist nur in den im Aktiengesetz genannten Fällen erlaubt (§ 71 AktG), z.B. wenn die Aktien Mitarbeitern zum Erwerb angeboten werden sollen oder wenn eine Ermächtigung der Hauptversammlung vorliegt (Aktienrückkauf). Wesentliche Voraussetzungen bei Erteilung der Ermächtigung sind die Möglichkeit der Bildung einer Rücklage für eigene Anteile sowie eine Begrenzung auf maximal 10% des Grundkapitals. Des weiteren sind alle Aktionäre beim Rückkauf gleich zu behandeln, wie dies beispielsweise durch Ankauf über die Börse geschehen kann. Unzulässig ist der Erwerb eigener Anteile stets, soweit er der fortwährenden Kurspflege bzw. dem Handel in eigenen Aktien dient.

Antworten und Lösungen

4/5 Nennwertaktien sind Aktien, die auf einen in Geld ausgedrückten Nennbetrag lauten. Die Summe ihrer Nennbeträge ergibt das Grundkapital. Dieser Nennwert wird allerdings i.d.R. vom tatsächlichen Wert (Kurswert) abweichen. Bei deutschen Aktien beträgt der Nennwert überwiegend 1 €.

Stückaktien sind nennwertlose Aktien, die nicht auf einen bestimmten Nennwert lauten, sondern alle einen gleich hohen Anteil des Grundkapitals symbolisieren. Der rechnerisch auf eine Aktie entfallende Anteil des Grundkapitals darf nicht unterhalb von 1 € liegen.

Kurse und Erträge (Dividenden) nennwertloser Papiere werden in € pro Stück angegeben.

4/6 Namensaktien lauten auf den Namen des Aktionärs, der in das Aktienbuch der Unternehmung eingetragen werden muss.

Vinkulierte Namensaktien sind eine Sonderform der Namensaktien, bei denen die Übertragung an die Zustimmung der Unternehmung gebunden ist.

Mit Hilfe der Vinkulierung kann die Gesellschaft Einfluss auf die Zusammensetzung des Anteilseignerkreises nehmen. Beispielsweise ist es möglich zu verhindern, dass die Aktien in die Hände von Personen gelangen, die ihr als Aktionäre nicht genehm sind.

4/7 Die Stammaktie ist die übliche Form der Aktie, die dem Inhaber die normalen, durch das Aktiengesetz festgelegten Anteilsrechte gewährt.

Eine AG kann neben ihren normalen Stammaktien auch Aktien ausgeben, die i.d.R. nicht mit einem Stimmrecht in der Hauptversammlung verbunden sind: die Vorzugsaktien. Für diesen Nachteil sind sie mit besonderen, in der Satzung festgelegten Vorrechten ausgestattet, z.B. mit der Garantie einer Mindestdividende.

Die Ausgabe von Vorzugsaktien ist aus Sicht der Gesellschaft dann sinnvoll, wenn z.B. die Stimmrechtsvollmacht ausgeschlossen werden soll. Dafür werden aber höhere Dividendenzahlungen in Kauf genommen.

4/8 Das Aktiengesetz kennt vier Formen der Kapitalerhöhung für die AG:

- Die ordentliche Kapitalerhöhung
- Die bedingte Kapitalerhöhung
- Die genehmigte Kapitalerhöhung
- Die Kapitalerhöhung aus Gesellschaftsmitteln

4/9 Zur erfolgreichen Durchführung einer Kapitalerhöhung gehören folgende Vorüberlegungen:

- Ausgabezeitpunkt: Dieser bestimmt u.U. wesentlich den finanziellen Erfolg.
- Kapitalerhöhungsbetrag: Dieser folgt aus einer längerfristigen Finanzmittelbedarfsplanung.
- Ausgabe- bzw. Bezugskurs: Dieser bestimmt ausschlaggebend die Attraktivität der Emission.

4/10 Bei der ordentlichen Kapitalerhöhung (Kapitalerhöhung gegen Einlagen) werden der AG neue Geld- oder Sachmittel durch Ausgabe (Emission) neuer Aktien zugeführt.

4/11 Die gesetzliche Untergrenze ist der Parikurs. Pari bedeutet, dass bei Nennbetragsaktien der Nennwert und bei Stückaktien der rechnerische Anteil am Grundkapital und der Kurswert eines Wertpapiers gleich sind. Das Papier hat dann einen Kurs von 100 % des Nennwertes, den Parikurs.

Die Obergrenze bildet der aktuelle Tages- bzw. Börsenkurs der alten Aktien.

4/12 Folgende Überlegungen sind vorzunehmen:

- Die Höhe der langfristig benötigten Finanzierungsmittel muss berücksichtig werden.
- Der Ausgabekurs muss für die Hauptversammlung und den Kapitalmarkt akzeptabel sein.

- Als Ausgangswert für die Festlegung des Ausgabekurses ist der Bilanzkurs anzusetzen, der um stille Reserven und eine "Feineinstellung" unter Beachtung des aktuellen Kurses korrigiert wird.
- Für den Zeitpunkt der Kapitalerhöhung ist die Kapitalmarktverfassung (Kursniveau) wegen des erzielbaren Agios von Bedeutung.

4/13 Der Bilanzkurs ist der mit Hilfe der Bilanz einer AG ermittelte rechnerische Kurs einer Aktie. Er drückt das Verhältnis zwischen der Summe aus gezeichnetem Kapital sowie Rücklagen und dem gezeichneten Kapital aus.

$$\text{Bilanzkurs} = \frac{\text{gezeichnetes Kapital + Rücklagen}}{\text{gezeichnetes Kapital}} * 100$$

4/14

$$\text{Bilanzkurs} = \frac{283.001 + 854.530}{283.001} * 100 = 401{,}95\ \%$$

4/15 1. Errechnen des Bilanzkurses als Ausgangsbasis;

2. Aufschlag für stille Reserven, d.h. Berechnung des korrigierten Bilanzkurses;

3. Feineinstellung im Hinblick auf den gegenwärtigen Börsenwert.

4/16 Das Recht der Aktionäre, bei einer Erhöhung des Grundkapitals neue (junge) Aktien entsprechend ihrer Beteiligungsquote zu dem in der Hauptversammlung festgelegten Kurs zu erwerben.

Die Aktionäre sind zum Kauf von jungen Aktien nicht verpflichtet, sondern können ihre Bezugsrechte an der Börse verkaufen. Lautet das Bezugsrecht z.B. auf 5:1, so heißt das: ein Aktionär kann für je fünf alte Aktien eine junge Aktie beziehen, und zwar zu einem Vorzugspreis, dem Bezugskurs.

4/17 Das Bezugsrecht schützt den Aktionär vor Änderungen der Mehrheitsverhältnisse und vor dem Verlust des Substanzwertes seiner Beteiligung. Das Bezugsrecht wahrt die bestehenden Stimmrechtsverhältnisse und gleicht Vermögensnachteile durch einen Kursverlust aus.

4/18 Unter Kapitalverwässerung, besser Vermögensverwässerung, versteht man die Verringerung des Substanzwertes einer Beteiligung durch einen i.d.R. sinkenden Kurs infolge des nach einer Kapitalerhöhung größeren Angebots von Aktien dieser Gesellschaft am Markt.

4/19 Einmal können mit Hilfe der Bezugsrechte junge Aktien erworben oder die Bezugsrechte können selbständig an der Börse veräußert werden.

Die Veräußerbarkeit soll dem Umstand Rechnung tragen, dass nicht jeder Aktionär über die notwendigen finanziellen Mittel verfügt, um die Bezugsrechte zum Erwerb neuer Aktien zu nutzen, oder aus anderen Gründen nicht am Erwerb zusätzlicher Aktien der Gesellschaft interessiert ist.

4/20 Bei der bedingten Kapitalerhöhung kann bzw. muss das Bezugsrecht durch die Hauptversammlung ausgeschlossen werden, die Aktionäre erleiden aber nur dann keinen Verlust, wenn die neuen Aktien zum Tageskurs ausgegeben werden (§ 186 Abs.3 AktG mit 3/4 HV-Mehrheit).

4/21

$$B = \frac{Ka - Kn}{a/n + 1} = \frac{480 - 300}{3/1 + 1} = 45 \text{ €}$$

Der tatsächliche Preis des Bezugsrechts bildet sich erst an der Börse, wo es in den ersten 14 Tagen nach Einführung der jungen Aktien gehandelt wird.

4/22

$$B = \frac{Ka - Kn}{a/n + 1} = \frac{210 - 150}{2/1 + 1} = 20 \text{ €}$$

4/23 zu a)

$$\text{Bilanzkurs} = \frac{\text{Grundkapital} + \text{Rücklagen}}{\text{Grundkapital}} * 100$$

$$= \frac{12 \text{ Mio.} + 3 \text{ Mio.}}{12 \text{ Mio.}} * 100 = 125\,\%$$

Anders ausgedrückt: Eine Aktie im Nennwert von € 5 hätte nach Maßgabe der bilanziellen Verhältnisse einen Wert von € 6,25 (5 € x 125 %).

zu b)

Eine Möglichkeit besteht darin, dass die o.g. Aktiengesellschaft über zahlreiche stille Rücklagen verfügt, d.h. über Rücklagen, die nicht aus der Bilanz ersichtlich sind.

Im Anschluss an die Berechnung des Bilanzkurses folgt die Berechnung des korrigierten Bilanzkurses, d.h., es folgt eine mäßige Überschreitung des Bilanzkurses in Höhe der stillen Rücklagen, damit auch diese von den neuen Aktionären mitbezahlt werden.

Letztlich erfolgt noch eine Feineinstellung des Bezugskurses im Hinblick auf den gegenwärtigen Börsenkurs in Form eines Zu- oder Abschlags. Dabei können insbesondere günstige Zukunftsprognosen den hohen Emissionskurs rechtfertigen.

zu c)

6 Mio. € / 5 € pro Aktie = 1.200.000 Aktien

1.200.000 Aktien x 15 € = 18 Mio. €

11,5% von 6 Mio. € = 690.000 €

18 Mio. € - 690.000 € = 17.310.000 €

Die Unternehmung kann über 17.310.000 € zusätzliche liquide Mittel disponieren.

zu d)

$$B = \frac{K_a - K_n}{a/n + 1} = \frac{18 - 15}{2/1 + 1} = 1 \text{ €}$$

4/24 Bilanzkurs = $\dfrac{(2.000 + 3.000) * 100}{2.000}$ = 250 % * 1 € = 2,5 €

Korr. BK = $\dfrac{(5.000 + 2.000) * 100}{2.000}$ = 350 % * 1 € = 3,5 €

Wert der Aktie auf Basis des korrigierten Bilanzkurses = 3,5 €

Theoretisch maximaler Ausgabebetrag = 5 €

4/25 zu a)

$$B = \dfrac{K_a - K_n}{a/n + 1} = \dfrac{240 - 150}{4/1 + 1} = 18\ €$$

zu b)

In Hinsicht auf seine Vermögenslage ist es unbedeutend, welche Entscheidung er trifft:

Gesamtvermögen vorher: 100 * 240 € = 24.000 €

Fall 1: Unser Aktionär verkauft die Bezugsrechte

100 Aktien x 18 €/Aktie = 1.800 €

Das Barvermögen steigt um € 1.800, sein Aktienbestand bleibt gleich. Jedoch sinkt der Aktienkurs auf den Mittelkurs von 222 €/Aktie, also:

100 * 222 € =   22.200 €

                 +1.800 €

Gesamtvermögen   24.000 €

Fall 2: Unser Aktionär bezieht die neuen Aktien

$\dfrac{100\ \text{Aktien}}{4/1\ \text{Bezugsverhältnis}}$ = 25 Aktien können bezogen werden

25 Aktien x 150 € Bezugspreis = 3.750 €

Der Aktionär hat nach dem Bezug der neuen Aktien 125 Aktien im Depot, sein Barvermögen verringert sich um € 3.750.

125 * 222 € =   27.750 €

                - 3.750 €

Gesamtvermögen   24.000 €

4/26 Bei der bedingten Kapitalerhöhung wird der Vorstand ermächtigt, bei Eintritt der Bedingungen (z.B. Weitergabe an Arbeitnehmer, Fusion, Umtausch von Wandelanleihen) das Kapital der Unternehmung von sich aus je nach Bedarf durch Emission neuer Aktien zu erhöhen.

4/27 Bei der genehmigten Kapitalerhöhung handelt es sich um eine satzungsmäßige Ermächtigung des Vorstands, das Grundkapital um einen bestimmten Nennbetrag (genehmigtes Kapital) durch Emission neuer Aktien gegen Einlagen zu erhöhen. Auf diese Weise soll der Vorstand in die Lage versetzt werden, eine günstige Kapitalmarktsituation (hohe Kurse, hohes Agio) zu nutzen, ohne eine HV einberufen zu müssen.

4/28 Das genehmigte Kapital (§§ 202-206 AktG) ist eine Form der Kapitalerhöhung, bei der der Vorstand von der Hauptversammlung für maximal fünf Jahre ermächtigt wird, das Grundkapital bis zu einem festgelegten Nennbetrag durch Emission junger Aktien mit Zustimmung des Aufsichtsrates zu erhöhen.

4/29 Bei der Kapitalerhöhung aus Gesellschaftsmitteln werden Rücklagen durch Ausgabe von Gratisaktien in Grundkapital umgewandelt. Es findet kein Liquiditätszufluss statt. Hierbei ist die Dividende auf das höhere Grundkapital zu zahlen. Die Umwandlung dient in der Praxis häufig der Vorbereitung einer ordentlichen Kapitalerhöhung.

4/30 Wenn eine AG ihr gezeichnetes Kapital aus eigenen Mitteln erhöht (Umwandlung von Rücklagen in gezeichnetes Kapital), so erhalten alle Aktionäre für eine bestimmte Zahl von Aktien je eine Gratisaktie, besser auch als Zusatz- oder Berichtigungsaktie genannt.

Die Aktionäre müssen zwar nicht dafür bezahlen, erhalten die Aktien also tatsächlich "gratis", aber doch nicht geschenkt. Denn bei den umgewandelten Rücklagen handelt es sich ja um den Aktionären zustehende Gewinnanteile, die in Vorjahren jedoch nicht ausgeschüttet wurden, bzw. um von den Aktionären gezahlten Beträge die der Kapitalrücklage zugeführt wurden.

4/31 zu a)
Der Begriff Gratisaktie ist unglücklich gewählt, da durch die Ausgabe von Gratisaktien lediglich Rücklagen, die aus dem den Aktionären zustehenden Gewinn gebildet worden sind, in Grundkapital umgewandelt werden. Die daraus resultierenden "Gratis"-Aktien stellen folglich nur einen Gegenwert für die thesaurierten Gewinne dar.

zu b)
Bei dieser Kapitalerhöhung ändert sich durch den Passivtausch lediglich die Struktur des Eigenkapitals, nicht aber dessen Höhe.

4/32 Die Bilanz der "Baustoffe"-AG hat nach erfolgter Kapitalherabsetzung folgendes Aussehen:

Aktiva		Bilanz	Passiva
AV	200	Gezeichnetes Kapital	200
UV	400	Rücklagen	100
		Verbindlichkeiten	300
	600		600

Antworten und Lösungen

Kapitel 5

5/1 Kreditfinanzierung liegt vor, wenn Kapital einer Unternehmung von außerhalb der Unternehmung stehenden Dritten darlehensweise und i.d.R. zeitlich begrenzt zur Verfügung gestellt wird. Das so erlangte Fremdkapital ist mit Zinsen zu bedienen und ratenweise oder in einer Summe am Ende der Laufzeit zu tilgen.

5/2 Das Fremdkapital ergänzt die Kapitalausstattung und hat im Gegensatz zum Eigenkapital nur eine reine Finanzierungsfunktion.

5/3 Das in der Handelsbilanz der AG bzw. GmbH insgesamt auszuweisende Fremdkapital setzt sich i.d.R. aus folgenden Positionen zusammen:

- Rückstellungen
- Verbindlichkeiten
- Passive Rechnungsabgrenzungsposten

5/4 Rückstellungen sind aus betriebswirtschaftlicher Sicht Aufwendungen und Verluste, die in der Abrechnungsperiode verursacht wurden. Sie stehen am Bilanzstichtag dem Grunde nach fest, aber Höhe, Fälligkeit und tatsächliche Realisierung sind noch ungewiss. Die zugehörige Auszahlung erfolgt erst in einer späteren Periode.

Verbindlichkeiten sind Verpflichtungen des Unternehmens, die am Bilanzstichtag ihrer Höhe und Fälligkeit nach feststehen.

Die Rechnungsabgrenzungsposten dienen der periodengerechten Verteilung von Vermögensänderungen. Diese dürfen nur für sogenannte transitorische Vorgänge gebildet werden, die dadurch charakterisiert sind, dass die Ein- oder Auszahlung in der Abrechnungsperiode erfolgt ist, der Ertrag bzw. Aufwand jedoch erst in der Folgeperiode entsteht.

Außerdem sind unter der Bilanz die Eventualverbindlichkeiten (Haftungsverhältnisse) auszuweisen. Hierbei handelt es sich um Risiken, die nur eventuell eine Belastung für das Unternehmen darstellen, mit deren Eintritt jedoch nicht gerechnet wird (z.B. Bürgschaften). Insofern handelt es sich allenfalls um eine mittelbare Fremdfinanzierung.

5/5 Merkmale der Einlagen- bzw. Beteiligungsfinanzierung sind:

(1) Quotenanteil:

Der Anteil eines Gesellschafters z.B. an einer OHG stellt einen Quotenanteil dar, d.h., er partizipiert über seine Einlage hinaus an dem steigenden Unternehmenswert. Ebenso hat er auch im Liquidationsfall einen Anteil am Liquidationserlös, d.h. einen Anteil an den stillen Reserven und am Geschäftswert.

(2) Variabler Anteil am Erfolg:

Die Ausschüttungsquote hängt i.d.R. von der Gewinnsituation ab und kann bei Verlusten ganz wegfallen.

(3) Unbefristet:

Der Gesellschafter stellt sein Beteiligungskapital i.d.R. unbefristet zur Verfügung.

(4) Haftung:

Der Gesellschafter z.B. einer OHG haftet sowohl mit seiner Einlage als auch mit seinem Privatvermögen für die Ansprüche der Gläubiger.

(5) Leitungsanspruch:

Der Gesellschafter hat im allgemeinen das Recht, die Gesellschaft geschäftsführend mitzugestalten.

(6) Bedienung:

Die "Bedienung" durch Ausschüttungen erfolgt aus versteuerten Gewinnen.

Merkmale der Kreditfinanzierung sind:

(1) Nominalanspruch:

Der Kreditgeber hat einen Anspruch auf Rückzahlung des zuvor vereinbarten Kreditbetrages unabhängig vom Erfolg oder Misserfolg des Unternehmens.

(2) Fester Zinsanspruch:

Unabhängig vom Erfolg des Kreditnehmers.

(3) Befristet:

Tilgungs- und Rückzahlungsmodalitäten sind a priori festgelegt.

(4) Keine Haftung:

Der Kreditgeber ist nicht Haftungsverpflichteter, sondern meistens Haftungsberechtigter.

(5) Keine Leitung:

Der Kreditgeber hat grundsätzlich keinen Einfluss auf die Führung des Unternehmens.

(6) Zinsen sind Betriebsausgaben:

Zinsen sind Betriebsausgaben und mindern den steuerpflichtigen Gewinn.

5/6 zu a)

Die Lösung des Finanzierungsproblems basiert auf dem Leverage-Effekt, der besagt, dass die Eigenkapitalrentabilität durch Substitution von EK durch FK oder durch Zuführung neuen Fremdkapitals gesteigert werden kann, solange die Gesamtkapitalrentabilität höher als der Zins für das Fremdkapital ist.

zu b)

Für den Fall der XY-GmbH ist demnach die Alternative mit dem geringsten Einsatz von Eigenkapital und damit dem höchsten Anteil von Fremdkapital zu wählen; vorausgesetzt, die Gesamtkapitalrentabilität ist höher als der Fremdkapitalzins.

Alternative	I	II	III
Gesamtkapital	8.000 T€	8.000 T€	8.000 T€
Kapitalertrag	1.520 T€	1.520 T€	1.520 T€
GK-Rentabilität	19 %	19 %	19 %
Fremdkapital	6.000 T€	5.000 T€	3.000 T€
Eigenkapital	2.000 T€	3.000 T€	5.000 T€
Verschuldungsgrad	3	1,67	0,6

Gewinn vor FK-Zinsen	1.520 T€	1.520 T€	1.520 T€
./. 10 % FK-Zinsen	600 T€	500 T€	300 T€
Gewinn	920 T€	1.020 T€	1.220 T€
EK-Rentabilität	46 %	34 %	24,4 %

Der Vergleich macht deutlich, dass bei dem geringsten Eigenkapitaleinsatz von 2.000.000 € aus der Alternative I. mit 46 % die höchste Eigenkapitalrentabilität (= Verzinsung des eingesetzten Eigenkapitals) erzielt werden kann.

zu c)

Die Argumente für die Wahl einer anderen Alternative lassen sich zu vier Gruppen zusammenfassen:

1. Ein Grund für den vermehrten Einsatz von Eigenkapital kann in der beabsichtigten Verminderung des Leverage-Risikos liegen. Ist die Gesamtkapitalrentabilität kleiner als der Fremdkapitalzinssatz, so sinkt die Eigenkapitalrentabilität, bzw. steigt eine negative Eigenkapitalrentabilität ebenso progressiv, wie sie im Fall GKR > FK-Zinssatz steigt.

Das Leverage-Risiko lässt sich zurückführen auf ein leistungswirtschaftliches Risiko (der Kapitalertrag erreicht nicht die prognostizierte Höhe) und ein finanzwirtschaftliches Risiko (der Zinssatz steigt, wenn beispielsweise keine Festzinsvereinbarung getroffen wurde).

Diesem Argument kann allerdings entgegengehalten werden, dass ein Unternehmer bei einer hohen Wahrscheinlichkeit des Leverage-Risikos von vornherein auf Sachinvestitionen verzichtet und die Eigenmittel in Finanzanlagen investiert.

2. Findet der Unternehmer bei einem geringeren Einsatz von Eigenkapital für die geplante Sachinvestition keine adäquate Anlagemöglichkeit für das "freie" Eigenkapital, die mindestens eine Verzinsung in Höhe des Fremdkapitalzinses verspricht, so ist es sinnvoll, das "freie" Eigenkapital doch in die ursprüngliche Sachinvestition einzubringen.

In diesem Fall steigt der absolute Gewinn auf eine Höhe, die anderenfalls nicht erreicht werden kann.

3. Ein höherer Einsatz von Eigenkapital erhält oder schafft Spielräume für weitere Fremdfinanzierungen bzw. Kreditaufnahmen.

4. Für die Wahl einer anderen Alternative können auch nichtmonetäre Gründe ausschlaggebend sein. So kann für die XY-GmbH die Aufnahme des neuen Gesellschafters von höherer geschäftspolitischer Bedeutung sein, als die auf eine Investition bezogene Optimierung der Eigenkapitalrentabilität.

5/7 Prinzipiell kann man zwei verschiedene Indikatoren der Kreditwürdigkeit unterscheiden:

1. Persönliche Bonitätskriterien:

Bei Konsumentenkrediten spielen persönliche Faktoren eine große Rolle, aber auch bei Unternehmungskrediten kommt es maßgeblich auf die Persönlichkeit und die Führungsqualitäten der Eigentümer bzw. des Managements an.

Als Indikatoren der persönlichen Integrität und der fachlichen Qualitäten des Kreditnehmers sind denkbar der sogenannte Familienlebenszyklus, der die Angaben Geschlecht, Alter, Familienstand und Zahl und Alter der Kinder umfasst, Ausbildung und besondere Fachkenntnisse, Erfahrung und Führungsqualitäten, Leumund und privater Lebensstil.

2. Wirtschaftlich-sachliche Bonitätskriterien:

Die wirtschaftlich-sachlichen Bestimmungsfaktoren, die allein auf den Aspekt der Zahlungsfähigkeit hindeuten, lassen sich bei Konsumentenkrediten in die beiden Gruppen Vermögens- und Einkommenssituation des Kreditnehmers und bei Unternehmungskrediten in die Gruppen Vermögens-, Rentabilitäts- und Liquiditätslage des Betriebes einteilen.

Besonders die Beurteilung der Erfolgslage eines Betriebes macht deutlich, dass persönliche und sachliche Faktoren gemeinsam die Kreditwürdigkeit bestimmen und eine klare Trennung zwischen ihnen häufig weder möglich noch zu wünschen ist.

Aber auch branchenmäßige und gesamtwirtschaftliche Faktoren, die die genannten einzelwirtschaftlichen Größen wesentlich beeinflussen, können als Bonitätskriterien herangezogen werden. Bei der Beurteilung dieser Faktoren sind die Marktstellung und der Marktanteil des kreditsuchenden Unternehmens zu berücksichtigen.

Schließlich ist auch die Rechtsform einer Unternehmung bei der Prüfung der Kreditwürdigkeit in Betracht zu ziehen.

5/8 Folgende Formen der Kreditsicherung können unterschieden werden:
- Bürgschaft;
- Bürgschaftsähnliche Sicherheiten:
  - Garantie;
  - Schuldmitübernahme;
- Sicherungsübereignung;
- Sicherungsabtretung;
- Pfandrecht;
- Grundpfandrecht:
  - Hypothek;
  - Grundschuld;
  - Rentenschuld;
- Wechsel als Sicherungsinstrument;
- Eigentumsvorbehalt.

5/9 Das Pfandrecht ist ein zur Sicherung einer Forderung bestimmtes dingliches Recht an fremden beweglichen oder unbeweglichen Gegenständen, das den Kreditgeber nur im Falle der Uneinbringlichkeit der Forderung berechtigt, sich durch Veräußerung bzw. Verwertung des pfandbelasteten Gegenstandes zu befriedigen und sich schadlos zu halten.

5/10 Die Kundenanzahlung ist im allgemeinen üblich bei Aufträgen, die sich über längere Zeit erstrecken, z.B. im Zusammenhang mit der Errichtung von Großanlagen, um den Kunden an seinen Auftrag zu binden.

5/11 Die Bedeutung dieser Kreditart liegt für den Kreditnehmer, der im allgemeinen ein kleineres Unternehmen ist, in der Formlosigkeit und der damit verbundenen leichten Bewilligung, nicht zuletzt deswegen, weil keine bzw. geringe Ansprüche an die Kreditwürdigkeit gestellt werden.

Der Lieferantenkredit hat für den Kreditnehmer folgende Vorteile:

- leichte Bewilligung (s.o.);
- Lieferantenkredite stellen Verbindlichkeiten dar und ermöglichen somit eine Steuerbilanzpolitik;
- u.U. letzte Kreditmöglichkeit bei ausgeschöpften Kreditrahmen der Kreditinstitute.

5/12 Der Kontokorrentkredit ist ein mit dem Kreditinstitut individuell ausgehandelter Betriebskredit, den der Kreditnehmer innerhalb der festgelegten Laufzeit durch Verfügung über sein Konto bis zum vereinbarten Kreditlimit in Anspruch nehmen kann.

Vorteile für den Kreditnehmer:

- er vergrößert die Dispositionsfreiheit und Elastizität des Unternehmens und sichert die Zahlungsfähigkeit bei Spitzenbelastungen;
- der nicht ausgenutzte Teil des Krediles ist eine Liquiditätsreserve;
- er kann trotz hoher Sollzinsen eine Kostenersparnis sein, wenn die Aufnahme von Lieferantenkrediten vermieden und die Ausnutzung von Skonti ermöglicht wird.

Dem Kreditinstitut gibt er einen guten Einblick in die aktuelle Betriebssituation bezüglich der Umsätze mit Abnehmern und Lieferanten sowie der regelmäßigen Zahlungsverpflichtungen und stellt i.d.R. eine der wichtigsten Ertragsquellen der Kreditinstitute dar.

5/13 Ein Kreditinstitut übernimmt mit dem Avalkredit, der i.d.R. nur erstklassigen Firmen gewährt wird, eine Bürgschaft bzw. Garantie dafür, dass der Kreditnehmer einer von ihm eingegangenen Verpflichtung einem Dritten gegenüber nachkommt. Das Kreditinstitut stellt somit durch die Übernahme bzw. Stellung keine liquiden

Mittel, sondern nur die eigene Kreditwürdigkeit zur Verfügung (Kreditleihe).

Der Avalkredit dient zum Beispiel als Sicherheit für Exportgeschäfte durch Bietungs-, Lieferungs- und Gewährleistungsgarantie.

5/14 Der Wechsel ist eine abstrakte Zahlungsanweisung bzw. ein abstraktes Zahlungsversprechen des Ausstellers in gesetzlich streng vorgeschriebener Form (Wechselstrenge), losgelöst von der zugrunde liegenden wirtschaftlichen Transaktion. Er dient als Finanzierungs- aber auch als Kreditsicherungsinstrument.

5/15 Graphische Darstellung der Vorgänge anhand eines Zeitstrahls:

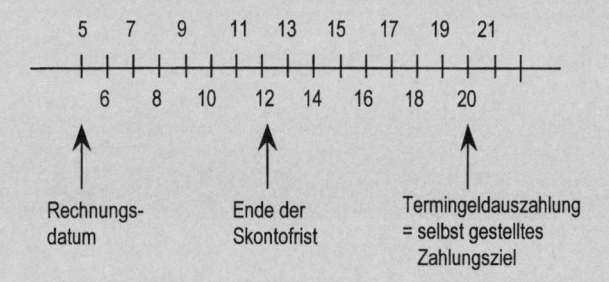

```
    5   7   9  11  13  15  17  19  21
  ──┼─┼─┼─┼─┼─┼─┼─┼─┼─┼─┼─┼─┼─┼─┼─┼──
      6   8  10  12  14  16  18  20
      ↑           ↑           ↑
   Rechnungs-  Ende der    Termingeldauszahlung
   datum       Skontofrist = selbst gestelltes
                           Zahlungsziel
```

Es werden die Kosten der Zahlung bis zum letzten, selbst gestellten Zahlungstermin - bei Verzicht auf Skontoabzug - mit den Kosten der Zahlung innerhalb der Skontofrist - bei Ausnutzung des Kontokorrentkredites - verglichen. Dazu findet die Näherungsformel Anwendung:

$$\text{Zinssatz} = \frac{\text{Skontosatz in \% x 360}}{\text{Zahlungsziel - Skontofrist}} = \frac{2 \times 360}{16 - 8} = 90\% \text{ p.a.}$$

Beim Vergleich mit den Kosten für den Kontokorrentkredit ist offensichtlich, dass die Zahlung innerhalb der Skontofrist durchzuführen ist.

5/16 zu a)

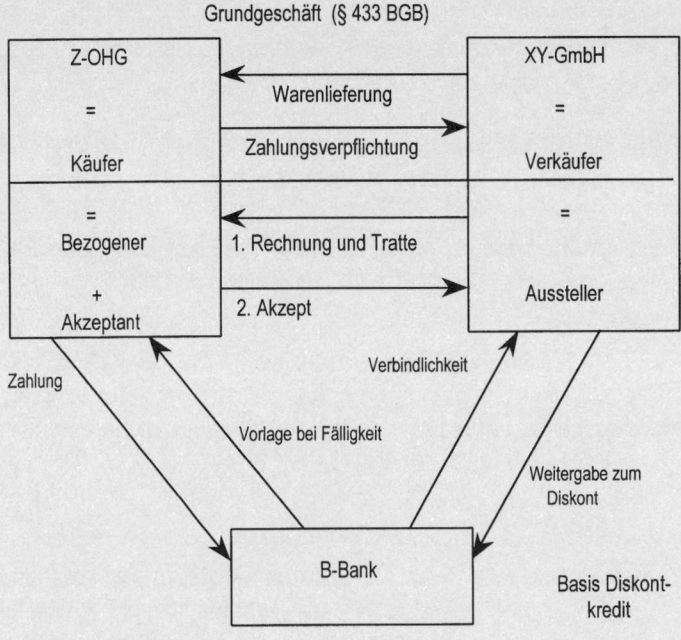

```
                    Grundgeschäft (§ 433 BGB)
        ┌─────────────┐                      ┌─────────────┐
        │   Z-OHG     │◄──Warenlieferung─────│  XY-GmbH    │
        │     =       │                      │     =       │
        │   Käufer    │──Zahlungsverpflichtung►│ Verkäufer  │
        ├─────────────┤                      ├─────────────┤
        │     =       │◄─1. Rechnung und Tratte─          │
        │  Bezogener  │                      │     =       │
        │     +       │──2. Akzept──────────►│  Aussteller │
        │  Akzeptant  │                      │             │
        └─────────────┘                      └─────────────┘
```

Zahlung — Vorlage bei Fälligkeit — Verbindlichkeit — Weitergabe zum Diskont

B-Bank — Basis Diskontkredit

zu b)

Wechselsumme   € 140.049,-
./. Diskontabzug (9 % p.a. für 20 Tage):
./. Diskontspesen (2/1000 von der Wechselsumme)

Wechselsumme	€	140.049,00
./. Diskont	€	700,25
./. Diskontspesen	€	280,01
	€	139.068,74

zu c)

Die Sicherheit aus dem Wechsel ergibt sich aus der Wechselstrenge:

förmlich: Formvorschriften

Vorlegungs- und Benachrichtigungsfristen

Protesterhebung

sachlich: Regeln des Wechselprozesses

Wechselforderung ist losgelöst vom Grundgeschäft

Als zusätzliche Sicherung könnte sich der Lieferant das Eigentum an der Ware bis zur Bezahlung vorbehalten.

5/17 Bei einem Wechseldiskontkredit kauft das Kreditinstitut Wechsel bis zu einem bestimmten vereinbarten Limit zu einem vereinbarten Diskontsatz vom Kreditnehmer ab und stellt ihm so für die Laufzeit des Wechsels, i.d.R. 90 Tage, Liquidität zur Verfügung. Die Rückführung erfolgt bei Fälligkeit durch Bezahlung des Wechsels durch den Bezogenen.

Beim Akzeptkredit stellt das Kreditinstitut nur die eigene Kreditwürdigkeit zur Verfügung, da es sich verpflichtet, vom Kreditnehmer ausgestellte, auf sie gezogene Wechsel bis zu einer festgesetzten Kredithöhe zu akzeptieren und dem Wechselinhaber den Wechselbetrag bei Fälligkeit auszuzahlen.

5/18 Der Importeur ist bestrebt, den Kaufpreis erst zu zahlen, wenn er über die bestellte Ware verfügt und sie geprüft hat, während der Exporteur bestrebt ist, für die zu liefernde Ware auch tatsächlich das Geld zu erhalten. Beide Geschäftspartner versuchen also, das Zug-um-Zug-Prinzip aufrecht zu erhalten.

Aus diesem Problem resultierend ist das Akkreditiv entwickelt worden.

Um den Exporteur eine Sicherheit zu geben, dass dieser das Geld auch tatsächlich erhält, gibt das Kreditinstitut des Importeurs eine Verpflichtungserklärung ab, in dem Zeitpunkt zu zahlen, in welchem der Exporteur den Nachweis erbringt, dass die Lieferung erfolgt ist. Dieser Nachweis wird durch die Dokumente gegeben.

Auf diese Art und Weise erhält der Exporteur bereits sein Geld, obwohl sich die Güter u.U. noch auf dem Transportweg befinden. Die Dokumente wiederum garantieren dem Importeur das Eigentum an den zu liefernden Waren.

Antworten und Lösungen

5/19 Die Annuität A beträgt:

$$A = D * \frac{i(1+i)^n}{(1+i)^n - 1}$$

$$A = 500.000 * \frac{0,08(1+0,08)^6}{(1+0,08)^6 - 1}$$

$$A = 500.000 * \frac{0,126949945}{0,586874323} = 108.157,69 \ €$$

5/20
$$A = D * \frac{i(1+i)^n}{(1+i)^n - 1}$$

$$A = 80.000 * \frac{0,06(1+0,06)^{12}}{(1+0,06)^{12} - 1}$$

$$A = 80.000 * \frac{0,120731788}{1,012194672} = 9.542,16 \ €$$

5/21 Anleihe ist die Sammelbezeichnung für alle Schuldverschreibungen mit einem festen Zinssatz und vereinbarter Laufzeit. Sie dienen i.d.R. der Beschaffung von langfristigen Finanzierungsmitteln und können von Bund, den Ländern, bestimmten öffentlichen Körperschaften, Industrieunternehmen, Sonderkreditinstituten, Hypothekenbanken oder öffentlich rechtlichen Kreditanstalten aufgelegt werden. Gehandelt werden sie an der Börse.

Der Gesamtbetrag einer Anleihe ist gestückelt in Teilbereiche (Teilschuldverschreibungen) zu mindestens 50 € oder einem Vielfachen davon, die über die Banken an jedermann verkauft werden. Gebräuchlich sind Stückelungen zu 100, 500, 1.000, 5.000, 10.000 €.

5/22 Die Industrieobligation ist ein langfristiges Darlehen in verbriefter Form, das eine Großunternehmung der Industrie oder des Handels über die Börse von einer Vielzahl von Kreditgebern aufnimmt.

Zu diesem Zweck erfolgt eine Stückelung der Gesamtsumme in wertpapiermäßig verbriefte Teilschuldverschreibungen mit Nennbeträgen ab 50 €, deren Fungibilität als Effekten es dem Emittenten ermöglicht, Großbeträge bei einer Vielzahl von Kreditgebern zu mobilisieren.

5/23 Eine Aktie ist eine Urkunde, die ihrem Inhaber einen Anteil am Gesamtvermögen einer Aktiengesellschaft verbrieft. Der Inhaber einer Aktie ist also Teilhaber bzw. Miteigentümer am Vermögen der AG.

Die Obligation dagegen ist eine Urkunde, in der sich der Aussteller, sprich das Unternehmen, dem Inhaber gegenüber zur Rückzahlung der geliehenen Geldsumme und einer laufenden Verzinsung verpflichtet. Im Konkursfall bedeutet dies, dass der Inhaber der Obligation zuerst befriedigt wird.

5/24 Der Zentrale Kapitalmarktausschuss (ZKMA), der unterstützt durch die Deutsche Bundesbank die Funktionsfähigkeit des Kapitalmarktes sicherstellen soll, bestimmt den Zulassungstermin (Emissions-Fahrplan).

Soll die Obligation an der Börse gehandelt werden, ist eine weitere Prüfung gem. §§ 36 ff. BörsG vorzunehmen.

Im Gegensatz zur Aktie ist die Industrieobligation nicht an die Rechtsform der AG gebunden, um an die Börse zu gehen, d.h., dass Industrieobligationen im Prinzip, was allerdings selten ist, auch von einer GmbH begeben werden können.

5/25 Eine Schuldverschreibung ist deckungsstockfähig, wenn das Bundesaufsichtsamt für das Versicherungswesen den Versicherern den Erwerb für den Deckungsstock gestattet.

Das in dem Deckungsstock gebundene Vermögen haftet für die Ansprüche der Versicherten. Versicherungsunternehmen sind gesetzlich verpflichtet, einen Teil ihrer jährlichen Prämieneinnahmen als Deckungsrücklage (Prämienrücklage) zu halten und verzinslich anzulegen. Diese Anlage wird als Deckungsstock bezeichnet. Dafür dürfen nur bestimmte, besonders sichere Wertpapiere gewählt werden, z.B. Bundesanleihen, Pfandbriefe,

Kommunalobligationen oder Industrieobligationen finanzkräftiger Unternehmen. Diese Wertpapiere sind entweder kraft Gesetzes oder durch besondere Entscheidung des o.g. Bundesaufsichtsamts als "deckungsstockfähig" erklärt worden. Die Deckungsstockfähigkeit stellt damit ein "Gütesiegel" für die Sicherheit einer Anlage dar.

5/26 In der Bundesrepublik Deutschland aufgelegte Anleihen werden zu einem nicht unwesentlichen Teil von Kapitalsammelstellen (z.B. Versicherungsgesellschaften) als Kapitalgeber gezeichnet. Diese den Vorschriften des Gesetzes über die Beaufsichtigung der privaten Versicherungsunternehmen unterliegenden Anleger können ihre gebundenen Mittel jedoch nur in solche Anleihen anlegen, die unter die im Gesetz festgelegten Voraussetzungen fallen oder durch eine besondere Genehmigung der Deckungsstockfähigkeit entsprechen. Besitzen die Anleihen der emittierenden Unternehmen nicht die Deckungsstockfähigkeit, kommen auch keine Kapitalsammelstellen als Kapitalgeber in Betracht, was bei einer Unterbringung der Anleihe am Kapitalmarkt unter Umständen erhebliche Schwierigkeiten bereiten kann.

5/27 Jedes Unternehmen, das seine Anleihen oder Schuldscheine mit dem Gütesiegel der Deckungsstockfähigkeit ausgestattet sehen möchte, muss folgende Regeln beachten und akzeptieren:

- Das Verhältnis des Eigenkapitals zum Fremdkapital soll i.d.R. 1:2 nicht unterschreiten;
- das Anlagevermögen soll zu mindestens 50 % durch Eigenkapital finanziert sein;
- das langfristig gebundene Vermögen soll durch langfristiges Kapital finanziert sein;
- das kurzfristig realisierbare Umlaufvermögen soll mindestens 50 % des kurzfristigen Fremdkapitals betragen;
- das gesamte Umlaufvermögen soll mindestens das kurzfristige Fremdkapital decken;
- es soll kein negatives Jahresergebnis i.S.d. "bereinigten Bruttogewinns" ausgewiesen sein;

- das erwirtschaftete Ergebnis (Cash Flow) soll ausreichen, die effektiven Schulden in angemessener Zeit abzudecken.

5/28 Folgende Rückzahlungsmodalitäten sind bei Teilschuldverschreibungen möglich und üblich:

- in einem Betrag am Ende der Laufzeit:

  Die Folge ist eine außerordentlich hohe Liquiditätsbelastung am Ende.

- freihändiger Rückkauf an der Börse:

  Diese Rückkäufe führen neben einem eventuellen Kursgewinn auch zu einer Stützung des Kurses.

- ratenweise Tilgung durch Auslosung bestimmter Serien und Reihen:

  Die ersten 5 Jahre sind i.d.R. tilgungsfrei. Die anschließenden Raten werden entweder in gleichen Annuitäten oder in kleiner werdenden Raten geleistet.

5/29 Die Auslosung ist eine Form der Rückzahlung bzw. Tilgung von Anleihen. Bei Auslosungsanleihen wird der Anleihebetrag nicht zu einem bestimmten Termin auf einmal fällig, sondern vom Schuldner regelmäßig in Teilquoten (Raten) der Schuld getilgt, meist nach einer Zahl von tilgungsfreien Jahren. Die jeweils zu tilgenden Wertpapiere werden ausgelost, z.B. nach den Serienbuchstaben oder den Endziffern der Schuldverschreibungen, um auf diese Weise eine Bevorzugung oder Benachteiligung bestimmter Anleger, die sich aus Differenzen zwischen Nominal- und aktuellem Kurswert ergeben können, zu vermeiden.

5/30 Die Negativklausel bzw. -erklärung kann z.B. bedeuten, dass der Emittent sich verpflichtet, sein anlässlich der vorliegenden Emission nicht belastetes Grundstück auch künftig nicht mit anderen Hypotheken zu belasten bzw. künftige Gläubiger sicherungsmäßig nicht besser zu stellen als die bisherigen Geldgeber.

5/31 • Begebungskosten der Anleihe:

Die Begebungskosten (z.B. Konsortialkosten, Besicherungskosten, Gebühren) sind mit etwa 4 % des Nennwertes der Anleihe anzusetzen;

• Nominalzinssatz;

• Weitere laufende Kosten:

Z. B. Kosten durch Sicherheitenverwaltung, Couponeinlösungsprovision, Auslosungs- und Kurspflegekosten etc., die insgesamt ca. 2 % des Nennwertes betragen.

Unter Kurspflege versteht man die Bereitschaft eines Emittenten, an der Börse zufällige größere Kursschwankungen seiner Papiere, die nicht der allgemeinen Marktlage entsprechen, auszugleichen.

5/32 Der Nominalzins ist der vertraglich zugesicherte, auf den Nennwert (Nominalwert) z.b. einer Schuldverschreibung bezogene Zinssatz.

Dagegen versteht man unter Effektivverzinsung oder Rendite den tatsächlichen Jahresertrag eines Kapitals, das z.b. in Wertpapieren angelegt ist. Sie wird meist in Prozent ausgedrückt und weicht i.d.R. vom Prozentsatz des Nominalzinses oder der Dividende ab, weil der Erwerbskurs von Wertpapieren meist nicht mit dem Nennwert übereinstimmt.

Erwirbt man beispielsweise einen 7,5%igen Pfandbrief im Nennwert von 100 € zum Kurs von 90 %, so erhält man im Jahr 7,50 € Zinsen für aufgewendete 90 €, das entspricht einer laufenden Verzinsung von 8,33 %.

Die Effektivverzinsung schließlich wird unter Berücksichtigung der Tatsache errechnet, dass nicht nur eine laufende Verzinsung gezahlt wird, sondern der Pfandbrief auch am Ende seiner Laufzeit zu 100 % eingelöst wird, obwohl er zum Kurs von 90 % gekauft wurde. Diese Differenz zwischen Kurswert und Nennwert nennt man Disagio.

Die Effektivverzinsung (i_{eff}) kann überschlägig nach folgender Faustformel berechnet werden:

$$i_{eff} = \text{laufende Verzinsung} + \frac{\text{Disagio}}{\text{Laufzeit}} * \frac{100}{\text{Kurswert}}$$

Danach ergibt sich im obigen Beispiel bei einer angenommenen Laufzeit von 10 Jahren eine Rendite von 9,4 %, nach finanzmathematisch exakter Berechnung 9,06 %.

5/33 Das Disagio bzw. Damnum (Abgeld) ist der Unterschiedsbetrag zwischen dem Nennwert eines Wertpapiers und seinem niedrigeren Preis bzw. Kurswert. Das Disagio eines festverzinslichen Wertpapiers mit einem Nennwert von 1.000 € und einem Emissionskurs von 980 € beträgt 2 % bzw. 20 €. Gegenteil von Agio (Aufgeld).

5/34 Zerobonds (Null-Kupon-Anleihen) sind Anleihen, für die während der Laufzeit keine Zinsen ausgezahlt werden (ohne Kupon). Der Gewinn errechnet sich aus der Differenz zwischen dem niedrigeren Ausgabekurs und dem höheren Einlösungskurs. Da bei Zerobonds keine laufenden Zinszahlungen erfolgen, fallen auch keine Nebenkosten wie Provisionen und Courtage für die Wiederanlage der Zinsen und keine Verwaltungskosten an. Zudem müssen die Erträge aus Zerobonds erst bei Verkauf oder Fälligkeit versteuert werden. Damit haben die Anleger quasi eine Steuerstundung erzielt.

5/35 Die Floating Rate Note ist eine Anleihe mit variablem Zinssatz, der i.d.R. auf der Grundlage des Euro-Libor oder Euribor festgesetzt wird.

5/36 Die Gewinnschuldverschreibung ist eine besondere Art der Schuldverschreibung, die Ansprüche auf sichere Zins- und Tilgungszahlungen mit Ansprüchen auf Beteiligung am Gewinn des Unternehmens mischt oder die Zinszahlung vom Vorliegen eines Gewinns abhängig macht.

Sie werden gewöhnlich emittiert, um bei schwieriger Unterbringungsmöglichkeit normaler Schuldverschreibungen einen besonderen Anreiz für die Kapitalhergabe zu geben.

Antworten und Lösungen 435

5/37 Das besondere Merkmal der Wandelschuldverschreibung ist das Recht des Obligationärs auf Wandlung in Aktien. Wandelschuldverschreibungen, die somit mit Sonderrechten ausgestattete Obligationen darstellen, werden gewöhnlich emittiert, um bei schwieriger Unterbringungsmöglichkeit normaler Schuldverschreibungen einen besonderen Anreiz für die Kapitalhergabe zu geben. Erschwerte Unterbringungsmöglichkeiten liegen z.B. dann vor, wenn die Aktien des Unternehmens unterbewertet werden und das Zinsniveau des Kapitalmarktes zu hoch liegt.

5/38 Die Wandelanleihe ist eine Schuldverschreibung einer AG, also ein festverzinsliches Wertpapier ähnlich einer Industrieobligation, aber mit dem zusätzlichen Recht, sie später (meist bei einer Kapitalerhöhung und unter Zuzahlung eines festgesetzten Bezugspreises) in Aktien des Unternehmens umzutauschen bzw. umzuwandeln.

Die Optionsanleihe ist ebenfalls eine Schuldverschreibung einer AG, die dem Inhaber das Recht einräumt, innerhalb einer bestimmten Frist in einem bestimmten Verhältnis Aktien zu einem bestimmten Kurs zu erwerben.

Im Gegensatz zur Wandelanleihe werden Optionsanleihen beim Erwerb der Aktien nicht in Zahlung gegeben, sondern am Ende der Laufzeit zum Nennwert zurückgezahlt, d.h., die Optionsanleihe bleibt im Gegensatz zur Wandelanleihe auch nach dem Bezug der Aktien bis zur Tilgung bestehen, während die Wandelanleihe nach dem Umtausch untergeht.

5/39 zu a)

Das Wandlungsverhältnis beträgt 10 : 2, d.h., für nominal € 100 der Wandelanleihe erhält man bei Umtausch Aktien im Nennwert von € 20 (= 4 Aktien bei einem Nennwert von € 5 je Aktie). Bei einer Kapitalerhöhung von nominal € 40 Mio. ergibt sich folgende Berechnung:

$$\frac{\text{Nominalkapital Wandelanleihe}}{\text{Nennwert der jungen Aktien}} = \frac{x}{€\ 40\ \text{Mio.}} = \frac{10}{2}$$

Nach x aufgelöst erhält man als Nominalkapital der Wandelanleihe € 200 Mio.

Den € 40 Mio. jungen Aktien (= 8 Mio. Stück) entsprechen demnach € 200 Mio. Nominalkapital der Wandelanleihe (= 2 Mio. Stück).

Zu ermitteln ist nun das Bezugsverhältnis:

Grundkapital "alte" Aktien:	:	Nominalkapital der Wandelanleihe
€ 100 Mio.	:	€ 200 Mio.
(20 Mio. St. à € 5)		(2 Mio. St. à € 100)
==> 1	:	2
(10 Stück)	:	(1 Stück)

Die Bezugsrechte von 10 "alten" Aktien (Nennwert insgesamt 50 €) verbriefen das Anrecht auf den Bezug einer Wandelanleihe (Nennwert € 100)

zu b)

Bei der vollständigen Übernahme erhöht sich das Fremdkapital der ABC-AG um € 200 Mio. Das Disagio ist hier nicht zu berücksichtigen, da gemäß § 253 Abs. 1 Satz 2 HGB Verpflichtungen zu ihrem Rückzahlungsbetrag anzusetzen sind (zur Behandlung des Disagios siehe § 250 Abs. 3 HGB).

Berechnung des Zugangs (Stand 2005) beim

- Eigenkapital:

    Grundkapital:
    Zugang durch Wandlung zum Nennwert   € 24 Mio.
    (60 % von 40 Mio. €)

    Kapitalrücklage:
    Aufgeld durch die Wandlung
    = gewandeltes FK - Nennwert der Aktien
    =   € 120 Mio. - € 24 Mio.   € 96 Mio.
    +   Zuzahlung von € 10 je Aktie   € 48 Mio.
          Erhöhung   € 168 Mio.

- Fremdkapital:

    Emission der Wandelanleihe   € 200 Mio.
    -     Minderung (60 % von 200 Mio. €)   € 120 Mio.
    =   Erhöhung   € 80 Mio.

5/40 Doppelwährungsanleihen sind Sonderformen von Anleihen, die sich dadurch auszeichnen, dass Zahlungen in zwei verschiedenen Währungen vereinbart sind. So erfolgen i.d.R. Ausgabe und Zinszahlungen in einer und die Tilgung der Anleihe in einer anderen Währung.

5/41 Commercial Paper (CP) sind kurzfristige Finanzierungsinstrumente mit Laufzeiten zwischen sieben Tagen und zwei Jahren. Es handelt sich dabei um ein voll übertragbares Zahlungsversprechen, das auf einer Rahmenvereinbarung zwischen Emittent und Arrangeur (i.d.R. ein Bankenkonsortium) basiert. Der Emittent hat das Recht, aber nicht die Pflicht, sich jederzeit durch die CP Finanzmittel zu besorgen. Da die CP zwar nicht für die Börsennotierung vorgesehen, aber dennoch marktfähig sind, haben sie den Charakter einer Privatplatzierung.

5/42 Als Nehmer langfristiger Schuldscheindarlehen kommen i.d.R. nur erstklassige Firmen, d.h. Unternehmen erster Bonität in Betracht. Hierzu gehören die Unternehmen, die aufgrund ihrer Größe und der Höhe der benötigten Mittel Fremdkapital durch die Ausgabe von Anleihen aufbringen könnten, aber auch solche, die keinen Zugang zum Anleihemarkt haben, weil das benötigte Kapital für die Unterbringung einer Anleihe zu gering ist.

5/43 Beim Schuldscheindarlehen handelt es sich um eine Kreditform, die direkt, d.h. unabhängig vom organisierten Kapitalmarkt, zwischen Kapitalgeber und Kapitalnehmer zustande kommt und mit Mindestbeträgen von 50.000 € einem sehr großen Kreis von Unternehmen zur Verfügung steht. Das Schuldscheindarlehen stellt somit eine direkte, individuelle Kreditgewährung dar, die nicht an eine staatliche Genehmigung gebunden ist und auch keine Publizitätserfordernisse nach sich zieht und folglich die Flexibilität des großen Betrages erhöht.

Das Schuldscheindarlehen ist oft für nicht emissionsfähige Unternehmen die einzige Möglichkeit, große Beträge langfristigen Kapitals zu beschaffen.

5/44 Unter einem Revolving-System versteht man ein System, in dem ein Kreis von im Zeitverlauf revolvierenden, also neu hinzutretenden und ausscheidenden Kapitalsammelstellen, insbesondere Versicherungen, kurzfristig verfügbare Mittel i.d.R. einem Finanzmakler zuleitet. Dieser gibt sie konzentriert als langfristiges Schuldscheindarlehen an den Kapitalnehmer weiter. Im Gegensatz zu dem "normalen" Schuldscheindarlehen findet im Revolving-System demnach eine Fristentransformation statt.

Bei dem laufzeit- bzw. fristenkongruenten Schuldscheindarlehen wird unterstellt, dass die von den Kapitalgebern gewährten Beträge für die Gesamtlaufzeit des Darlehens zur Verfügung stehen, d.h., die Wünsche der Gläubiger und des Schuldners über die Fristigkeit des Darlehens stimmen überein.

Bei dem revolvierenden Schuldscheindarlehen dagegen stimmen die Wünsche der Gläubiger und des Schuldners über die Fristigkeit nicht überein, so dass die Darlehen mehrerer Kreditgeber zeitlich aneinander zu reihen sind.

Unter Fristentransformationsrisiko versteht man das Risiko, bei Fälligkeit von Teilbeträgen mit einer kürzeren Laufzeit als der des Gesamtdarlehens keine Anschlussfinanzierung zu erhalten.

5/45 Der Schuldschein ist eine Beweisurkunde, aber kein Wertpapier, in dem Rückzahlung und Verzinsung geregelt sind. Die Industrieobligation dagegen ist eine Urkunde, in der sich der Aussteller den Inhabern gegenüber zur Rückzahlung der geliehenen Geldsumme und einer laufenden Verzinsung oder einer sonstigen Leistung verpflichtet.

Im Gegensatz zum Schuldscheindarlehen dürfen Industrieobligationen grundsätzlich nur mit staatlicher Genehmigung in den Verkehr gebracht werden.

Beim Schuldscheindarlehen handelt es sich um eine Kreditform, die unabhängig vom organisierten Kapitalmarkt zustande kommt und mit Mindestbeträgen von 50.000 € einem sehr großen Kreis von Unternehmen zur Verfügung steht. Da es sich beim Schuldscheindarlehen vorwiegend um Großkredite handelt - Größenordnungen von 30 Mio. € sind keine Seltenheit -, sind i.d.R. auch mehrere Kreditgeber beteiligt, die so aneinander gereiht werden müssen, dass die vom Kreditnehmer gewünschte Laufzeit erreicht wird. Kommen Kapitalsammelstellen als Kapitalgeber in Frage, spielt die

Deckungsstockfähigkeit eine besondere Rolle. Folglich bleibt auch hier wie bei der Industrieobligation der Kreis der Unternehmen auf i.d.R. nur erstklassige Firmen beschränkt. Industrieobligationen werden in erster Linie zur langfristigen Finanzierung von Investitionen begeben und richten sich vorwiegend an den anonymen Kapitalmarkt.

Bei dem Schuldscheindarlehen ist der Nominalzins i.d.R. höher als bei einer vergleichbaren Industrieobligation. Dies wird aber durch die hohen Ausgabe- und Verwaltungskosten von Obligationen kompensiert.

Zusätzlich zum Grundpfandrecht und der Bürgschaft, die bei dem Schuldscheindarlehen in der Praxis üblich sind, kommen bei der Industrieobligation noch Sicherungsklauseln in Betracht.

Während die Laufzeiten der Schuldscheindarlehen i.d.R. um 10 Jahre liegen, schwanken die Laufzeiten der Industrieobligationen zwischen 10 und 20 Jahren.

Kriterium	Schuldschein	Industrieobligation
Gesetzliche Grundlage	§§ 607, 952, 371 HGB	§§ 793 - 808a, 935 (2) BGB
Urkunde	Beweisurkunde Gläubiger-/ Forderungspapier	Wertpapier: Gläubiger-/ Forderungspapier Inhaber-/Orderpapier
Verfahren	Aufnahme: Darlehen § 607 BGB Ausstellung: Schuldschein Übertragung: Schuldschein § 952 BGB	Ausstellung: Schuldverschreibung; Wertpapier: Inhaber/Order; Begebung durch Emission = Verkauf der WP; Inhaberpapier: Das Recht aus dem Papier folgt dem Recht am Papier. Übertragung: Einigung und Übergabe (Orderpapier: Einigung, Übergabe: Indossament)
Kapitalgeber	In der Regel: Versicherungsgesellschaften; Vermittlung über Banken und Finanzmakler (Revolving-System)	In der Regel: Emission über Konsortien aus Kreditinstituten; dann jedermann Teilschuldverschreibung = Stückelung der Gesamtanleihe
Sicherung	Deckungsstockfähigkeit, erststellige Grundschulden	Grundschulden, Negativerklärung (Deckungsstockfähigkeit)
Laufzeit	gemäß Darlehensvertrag max. 15 Jahre i.d.R. 4 - 10 Jahre	kurz-/mittelfristig - 5 Jahre langfristig - 12/15 Jahre
Tilgung	bei Fälligkeit des Darlehens, in Raten oder Prolongation	- bei Fälligkeit - Rückkauf - Auslosung
Kosten	1/4 bis 1/2 % über Obligation	abhängig vom Kapitalmarkt
Betrag Volumen	mind. € 100.000 i.d.R. 1 - 10 Mio.	Zur Börsennotierung Frankfurt € 250.000 Sonst € 125.000 i.d.R. 10 - 50 Mio.

Kapitel 6

6/1 Unter Selbstfinanzierung versteht man die Zurückbehaltung von Gewinnen in Unternehmen (Gewinnthesaurierung).

6/2 Die Selbstfinanzierung (Finanzierung aus thesaurierten Gewinnen) stellt eine Form der Eigenfinanzierung dar. Die Eigenfinanzierung unterteilt sich in

- Einlagen-/Beteiligungsfinanzierung
- Selbstfinanzierung

Während die Selbstfinanzierung dem Bereich der Innenfinanzierung zuzuordnen ist, ist die Einlagen-/Beteiligungsfinanzierung eine Form der Außenfinanzierung.

6/3 Die Selbstfinanzierung erfolgt durch die Zurückbehaltung von Gewinnen in der Unternehmung.

Voraussetzungen sind:

- die erzielten Preise müssen über den Kosten liegen, d.h., es muss ein Gewinn erzielt worden sein;
- die Gewinne dürfen nicht ausgeschüttet werden, sondern müssen im Unternehmen verbleiben.

6/4 Bei der Aktiengesellschaft ist der Vorstand nach § 58 AktG legitimiert, bis zu 50 % des Jahresüberschusses in die Rücklagen einzustellen. Über den Rest entscheidet die Hauptversammlung. Bei der GmbH entscheidet die Gesellschafterversammlung über das Ausmaß der Gewinnthesaurierung. Andere gesellschaftsvertragliche Regelungen sind möglich. Bei der stillen Selbstfinanzierung entscheiden bei der AG der Vorstand und bei der GmbH die Geschäftsleitung im Rahmen der legalen bilanzpolitischen Möglichkeiten.

```
Jahresüberschuss
- Einstellungen in die Rücklagen (Vorstandskompetenz bis 50%)
= Bilanzgewinn
- Einstellungen in die Rücklagen (HV-Kompetenz)
= Ausschüttung
```

6/5 Bei der offenen Selbstfinanzierung wird ein Teil des Jahresüberschusses in die gesetzliche oder freie Rücklage eingestellt, während bei der versteckten oder stillen Selbstfinanzierung der in der Handelsbilanz ausgewiesene Gewinn durch Unterbewertungen der Aktiva und/oder Überbewertungen der Passiva reduziert wurde. Somit entsteht die freiwillige stille Selbstfinanzierung durch Bewertungsmaßnahmen, die das Bilanzrecht einräumt:

- Unterbewertung von Vermögensgegenständen (z.B. durch zu hohe Abschreibungen oder beim Wertansatz von unfertigen oder Fertigerzeugnissen);
- Nichtaktivierung aktivierungsfähiger Vermögensgegenstände (geringwertige Vermögensgegenstände);
- Unterlassen der Zuschreibung von Wertsteigerungen, wenn vorher außerplanmäßig abgeschrieben wurde und der Grund hierfür entfällt, solange dieses steuerrechtlich möglich ist;
- Überbewertung von Passivposten (Rückstellungen).

Zur stillen Selbstfinanzierung auf Grund gesetzlicher Vorschriften kommt es, wenn die Wiederbeschaffungskosten für die Güter des Anlage- und Umlaufvermögens über die Anschaffungs- oder Herstellungskosten steigen, da diese die Wertobergrenze darstellen, oder infolge von Aktivierungsverboten wie beim originären Geschäftswert oder selbsterstellten immateriellen Vermögensgegenständen des Anlagevermögens.

6/6 Vorteile der Selbstfinanzierung aus betriebswirtschaftlicher Sicht sind:

- für personenbezogene Unternehmen oft die einzige Möglichkeit zur Kapitalerweiterung;
- Vorzüge des Eigenkapitals;
- formlos (keine Emissionskosten);
- keine Rückzahlungsverpflichtung;
- keine Zinsbelastung;
- Ausweis von Verlusten kann über Auflösung von stillen Rücklagen vermieden werden;

- keine Offenlegung der Unternehmensverhältnisse.

Nachteile:

- keine langfristige Planungsmöglichkeit;
- Gefahr von Fehlinvestitionen;
- teuer, da der Anteilseigner eine risikoadäquate Rendite für sein Kapital erwartet.

6/7 Für Klein- und Mittelbetriebe, denen die Möglichkeit der Kapitalaufnahme am organisierten Kapitalmarkt i.d.R. verwehrt ist, stellt die Selbstfinanzierung oft die einzige Möglichkeit der Kapitalbeschaffung dar. Großbetriebe haben hier erhebliche Vorteile. Da sie meistens in der Form der AG organisiert sind, haben sie die Möglichkeit, sich Kapital über den organisierten Kapitalmarkt zu besorgen, z.B. über die Emission von Aktien oder die Begebung von Schuldverschreibungen.

6/8
- Gefahr der Kapitalfehlleitung (Fehlallokation der Ressourcen);
- Austrocknung des Kapitalmarktes;
- unerwünschte Steuerausfälle bei stiller Selbstfinanzierung.

6/9

Steuerpflichtiges Einkommen	3.000.000
./. Tarifbelastung 40 %	1.200.000
EK_{60}	1.800.000
./. Ausschüttung	1.000.000
+ Steuerminderung (s.u.)	142.857
Thesaurierungsbetrag (= Rücklage)	942.857

Ermittlung der Steuerminderung infolge der Ausschüttung von € 1.000.000

$$\frac{\text{Steuerminderung}}{\text{Bardividende}} = \frac{10}{70}$$

$$\text{Steuerminderung} = \frac{10}{70} * \text{Bardividende}$$

$$= \frac{10}{70} * 1.000.000 = \mathbf{142.857}$$

Probe: Für die Ausschüttung sind 30 % KSt auf die Brutto-Dividende (= Bardividende + Steuergutschrift) zu zahlen. Die Bardividende ist folglich 70 % der Bruttodividende.

70 %	=	1.000.000	(Bardividende)
100 %	=	?	(Bruttodividende)
$1.000.000 * \frac{100}{70}$	=	**1.428.571**	= Bruttodividende

30 % Ausschüttungsbelastung auf 1.428.571 = 428.571

steuerpflichtiges Einkommen	3.000.000
./. Bardividende	1.000.000
./. T30 Ausschüttungsbelastung	428.571
verbleiben Brutto (= Rücklage vor KSt)	1.571.429
./. T40 Thesaurierungsbelastung	628.572
Rücklage nach KSt	942.857

Insgesamt sind an Steuern angefallen:

Auf Ausschüttung	€	428.571
Auf Thesaurierung	€	628.572
KSt Gesamt	€	1.057.143

===

Bardividende		1.000.000
Körperschaftsteuer gesamt	"	1.057.143
Rücklage	"	942.857
Steuerpflichtiges Einkommen	€	3.000.000

===

In Höhe der Ausschüttungsbelastung erhalten die Gesellschafter eine Steuergutschrift nach Maßgabe ihrer Anteile an der Dividende, die sie mit ihrer persönlichen Einkommensteuer verrechnen können.

Antworten und Lösungen

6/10 § 150 Abs. 2 Aktiengesetz schreibt vor, den zwanzigsten Teil des um einen Verlustvortrag aus dem Vorjahr geminderten Jahresüberschusses in die gesetzlichen Rücklagen einzustellen ((220.000 € - 60.000 €) * 0,05 = 8.000 € gesetzliche Rücklage). Vorstand und Aufsichtsrat verbleibt somit noch die Möglichkeit nach § 58 Abs. 2 Aktiengesetz bis zu 76.000 € in die anderen Gewinnrücklagen einzustellen ((220.000 € - 60.000 € - 8.000 €) * 0,5 = 76.000 €).

6/11 Eine gesetzliche Rücklagenbildung ist nicht notwendig, da Kapitalrücklage und gesetzliche Rücklage 10 % des gezeichneten Kapitals überschreiten. Die Satzungsermächtigung, 80 % des Jahresüberschusses in die anderen Gewinnrücklagen einzustellen, kann vom Vorstand nicht ausgenutzt werden, da die anderen Gewinnrücklagen nach Zuführung über 50 % des gezeichneten Kapitals erreichen würden. Somit verbleibt ihm nur die gesetzliche Ermächtigung, bis zu 50% des Jahresüberschusses in die anderen Gewinnrücklagen einzustellen. Für die gesetzliche Ermächtigung hat die obige Beschränkung keine Gültigkeit.

6/12 Keine! Die Verwendung der gesetzlichen Rücklage bzw. Kapitalrücklage ist für Aktiengesellschaften in § 150 Abs. 2 u. 3 Aktiengesetz eng eingegrenzt. Die Verwendungsmöglichkeiten sind, abhängig von ihrer Höhe, auf den Ausgleich eines Jahresfehlbetrages, eines Verlustvortrages oder einer Kapitalerhöhung aus Gesellschaftsmitteln beschränkt.

6/13 Die Bildung gesetzlicher Rücklagen ist für GmbHs nicht gesetzlich vorgeschrieben, somit besteht auch nicht die Möglichkeit, sie zur Ausschüttung zu verwenden. Kapitalrücklagen unterliegen bei der GmbH keiner gesetzlichen Verwendungsbeschränkung, eine Ausschüttung kann folglich beschlossen werden.

6/14 Rücklagen zeigen die historische Kapitalherkunft. Ein Liquiditätsengpass lässt sich aber nur mit Hilfe von liquiden Vermögenswerten beseitigen. Durch die Auflösung von Rücklagen erfolgt kein liquiditätswirksamer Vermögenszugang, sondern allenfalls ein buchmäßiger Ausgleich von Fehlbeträgen.

6/15 Der Vorteil der Schütt-aus-hol-zurück-Politik lag in der Realisierung des Steuerminderungspotentials von Gewinnen, die bei Gültigkeit des gespaltenen Körperschaftsteuersatzes ausgeschüttet worden sind. Die Zweckmäßigkeit dieser Verfahrensweise war abhängig von der Höhe der Einkommensteuerbelastung der Anteilseigner.

Es könnte gefolgert werden, dass, solange die Einkommensteuer niedriger als die Körperschaftsteuer war, eine Wiederanlage auf jeden Fall günstiger als die Gewinnthesaurierung war. Diese Annahme übersieht allerdings, dass zu der Einkommensteuer eventuell noch die Kirchensteuer hinzukommt und für die Wiederanlage noch weitere Kosten entstehen (Gesellschaftsteuer, Emissionskosten). Des weiteren ist die Schütt-aus-hol-zurück-Politik nur bei kleinen, überschaubaren Kapitalgesellschaften durchführbar. Seit Gültigkeit des einheitlichen Körperschaftsteuersatzes von 25 % ist die Schütt-aus-hol-zurück-Methode nicht mehr vorteilhaft.

6/16 Der Finanzierungseffekt der Rückstellungen resultiert aus der Tatsache, dass bei der Bildung von Rückstellungen Aufwandsposten verbucht werden, denen keine Auszahlung gegenübersteht. Dieser Effekt wird von der Höhe und der Fristigkeit der Rückstellungen beeinflusst. Dieses führt zu einer Verringerung des Gewinns und der Ausschüttungen sowie zu einer niedrigeren Steuerbelastung, soweit die Rückstellungen auch steuerlich zulässig sind.

6/17 Die Bildung der Rückstellungen vermindert den ausgewiesenen Gewinn um € 2.000,-, ohne dass eine entsprechende Auszahlung anfällt. Zusätzlich ergibt sich eine Steuerminderung um € 800,- (2.000 * 0,4), aufgrund der verringerten Steuerbemessungsgrundlage. Unter der Voraussetzung, dass die "Steuerersparnis" nicht sofort ausgeschüttet wird, beläuft sich der Finanzierungseffekt auf € 2.800,-.

6/18 Die Rückstellungsbildung beinhaltet keinen Finanzierungseffekt für das Unternehmen, da kein Gewinn besteht, der gemindert würde. Gewinnsteuern fallen ebenfalls nicht an, somit ist auch kein Steuereffekt erzielbar (u.U. Steuereffekt durch Rück- bzw. Vortrag des Verlustes auf andere Geschäftsjahre, in denen ein Gewinn erzielt wurde).

Antworten und Lösungen 447

6/19 Der Finanzierungseffekt aus Pensionsrückstellungen kann in drei Phasen unterteilt werden:

Phase 1: Die Einstellungen in die Pensionsrückstellungen sind größer als die Auszahlungen.

Phase 2: Es wird gleichviel in die Pensionsrückstellungen abgeführt wie ausgezahlt. Es steht nur ein Bodensatz zur Verfügung.

Phase 3: Die Auszahlungen übersteigen die Einstellungen in die Pensionsrückstellungen: der verfügbare Bodensatz wird kleiner.

6/20
- Negativer Finanzierungseffekt sobald die Auszahlungen die Pensionsrückstellungen übertreffen (z.B. aufgrund einer verschlechterten Relation von Arbeitnehmern zu Pensionären).

- Das Unternehmen erwirtschaftet einen Verlust, somit entfällt der Steuereffekt der Pensionsrückstellung.

- Das Unternehmen hat die Rückstellungsgegenwerte so unrentabel investiert, so dass im Versorgungszeitpunkt nicht genügend liquide Mittel zur Auszahlungsdeckung erwirtschaftet werden.

6/21 Die Berechnung der Pensionsrückstellungen orientiert sich an der Barwertformel. Die Rückstellung entspricht dem Barwert der zukünftigen Rentenzahlungen. Ein hoher Zinssatz führt zu einem niedrigeren Barwert und somit zu einer verringerten Rückstellungsbildung und umgekehrt.

6/22 Bei der Finanzierung aus freigesetzten Mitteln bleibt die Passivseite unberührt, denn hier werden Vermögensgegenstände des Anlagevermögens oder des Umlaufvermögens veräußert und die hier freigesetzten Mittel danach anderweitig wieder investiert. Hierbei findet nur ein Aktivtausch statt.

6/23 Bei dem Verkauf des Grundstückes verbleiben Ihnen nach Versteuerung des Differenzgewinns zwischen Verkaufserlös und Buchwert 217.500 € (250.000 € - 0,65 * 50.000 €). Für die Wertpapiere erzielen Sie den Verkaufserlös von 250.000 € sowie eine

Steuerersparnis von 19.500 € (30.000 € * 0,65; Gewinn des Unternehmens vorausgesetzt). Die Entscheidung fällt somit zugunsten des Verkaufs der Wertpapiere.

6/24 Beim Sale-Lease-Back-Verfahren werden Vermögensgegenstände an eine Leasinggesellschaft veräußert und dann angemietet. Somit kann der Vermögensgegenstand weiterhin in der Unternehmung genutzt werden. Dabei muss aber beachtet werden, dass die Leasingraten die zukünftige Liquidität belasten und die Veräußerung der Vermögensgegenstände zur Aufdeckung stiller Reserven führen kann. Dieses hätte eine Erhöhung des zu versteuernden Gewinns zur Folge.

6/25 Der Verkauf erbringt einen Finanzierungseffekt von € 11 Mio. nach Steuern (14 Mio. - 6 Mio. * 0,5), mithin einen jährlichen Rückfluss von € 1,32 Mio. (12% auf 11 Mio.). Die Belastung aus dem Leasinggeschäft liegt bei € 1,26 Mio. und somit ohne Berücksichtigung der steuerlichen Gewinnminderung schon unterhalb der Investitionserträge. Resultat: Das Sale-Lease-Back-Verfahren sollte angewendet werden.

6/26 Die Wirkung der Verdreifachung der Umschlagsgeschwindigkeit des Kapitals wird durch eine auf die Hälfte reduzierte Umsatzrentabilität gemindert, so dass die Rentabilität des Unternehmens insgesamt um das 1,5-fache steigt.

$$dR = \frac{d\,Gewinn}{Umsatz} * \frac{d\,Umsatz}{Kapital} = 0,5 * 3 = 1,5$$

6/27 Grundsätzlich dienen die über die Umsatzerlöse in die Unternehmung geflossenen Abschreibungen zur Finanzierung der Ersatzbeschaffung (Reinvestition des Abschreibungsobjektes). Diese periodisch anfallenden Beträge dürfen also nicht zur Gewinnausschüttung verwendet werden, müssen aber auch erst zum Ersatzzeitpunkt wieder zur Verfügung stehen. Zwischenzeitlich sind sie für diesen Zeitraum als Finanzierungsmittel disponibel.

6/28 Der Lohmann/Ruchti-Effekt beruht auf der Tatsache, dass in den Verkaufspreisen der hergestellten Erzeugnisse der Abschreibungswert für die Anlagennutzung vergütet wird und somit früher zur Verfügung steht, als er für die Reinvestition gebraucht wird. Werden diese Abschreibungsbeträge laufend investiert, so führt dies zu einer (theoretischen) Anlagenverdoppelung, ohne dass es der Zuführung neuer Mittel bedarf.

6/29 Der Kapazitätserweiterungseffekt ist für Großunternehmen deshalb von besonderem Gewicht, da bei ihnen wegen der großen Zahl von Anlagen und der damit verbundenen ständigen Reinvestitionen ein Bodensatz an Abschreibungsgegenwerten ständig zur Verfügung steht.

6/30 Die Voraussetzungen sind:

- Laufende Neuinvestitionen: Die Abschreibungsbeträge der Maschinen werden sekündlich investiert.
- Unendlich teilbare Anlagen: Die Abschreibungsbeträge können pfennigweise neuinvestiert werden.
- Die Preise für die Anlagen und deren Produktivität sind konstant;
- Die Abnutzung entspricht den Abschreibungen und den Neuinvestitionen.
- Die Abschreibungsbeträge werden nicht für andere Maßnahmen benötigt.

6/31 Unter der Annahme einer kontinuierlichen linearen Abschreibung, die nicht am Ende einer Periode, sondern theoretisch laufend bei jeder Nutzungsabgabe erfolgt, und einer entsprechend kontinuierlichen Reinvestition der Abschreibungsgegenwerte, ist eine Verdoppelung der Periodenkapazität möglich.

6/32 Der Kapazitätserweiterungseffekt wirkt sich nicht vollständig aus, da

1. die Abschreibungsgegenwerte nicht sofort in gleichartige Vermögensgegenstände reinvestiert werden können;
2. die Abschreibungsgegenwerte teilweise durch Preissteigerungen aufgezehrt werden;

3. der Absatzmarkt für die erweiterte Kapazität nicht immer aufnahmefähig ist;

4. die Periodenabschreibungen am Ende der Periode nicht vollständig in liquider Form zur Verfügung stehen;

5. eine Erweiterung des Anlagevermögens zu einem erhöhten Kapitalbedarf (z.B. für das Umlaufvermögen) führt.

6/33 Die Berechnung des Kapazitätserweiterungseffektes erfolgt mit Hilfe der Endkapazitätsformel:

$$\text{Endkapazität} = A * \frac{2 * n}{n + 1}$$

= 100.000 * 10 / 6

= 166.666,66 (ca. 167 %)

= 16 Maschinen

Dies entspricht einer Kapazitätserweiterung von 6 Maschinen.

6/34 Die Kapazitätserweiterung laut Kapazitätserweiterungsfaktor:

$$KEF = 2 * \frac{n}{n + 1} = \frac{2 * 5}{6} = 1{,}6666$$

Folglich kann die Fluggesellschaft ihre Kapazität auf maximal 3 * 1,6666 = 5 Maschinen erhöhen. Demnach kann die Fluggesellschaft ihre Lizenz nicht voll ausnutzen. Im fünften Jahr verfügt die Gesellschaft über 6 Maschinen, so dass die Lizenz lediglich in diesem Jahr gebraucht wird.

Kapitel 7

7/1 Leasing ist die Vermietung von beweglichen oder unbeweglichen Sachen durch speziell dafür geschaffene Leasinggesellschaften oder direkt durch den Hersteller bzw. Produzent der Ware. Beim Leasing überträgt der Vermieter (Leasinggeber) dem Mieter (Leasingnehmer) die Nutzung an einem Gegenstand auf eine bestimmte Zeit gegen eine Mietzahlung. Leasing stellt insofern eine Sonderform der Finanzierung dar.

7/2
- kurzfristige Kündigungsmöglichkeit bzw. feste Grundmietzeit;
- Länge der Grundmietzeit im Verhältnis zur betriebsgewöhnlichen Nutzungsdauer;
- Investitionsrisiko beim Vermieter oder Mieter;
- Reparatur-, Wartungs- und Versicherungskosten usw. trägt der Vermieter oder Mieter;
- Sonderrechte des Mieters, d.h. Gewährung einer Verlängerungs- oder Kaufoption.

7/3 Je nach Vertragsgestaltung können Leasingverträge betrachtet werden als:
- normale Mietverträge;
- verdeckte Teilzahlungsverträge;
- Geschäftsbesorgungsverträge;
- Treuhandverhältnisse;
- Verträge eigener Art.

7/4 Typische Nebenleistungen von Leasinggesellschaften sind:
- Beratungsservice bei der Investitionsplanung und Überprüfung der Rentabilitäten;
- Günstigere Beschaffungsmöglichkeiten der Leasinggeber durch bessere Marktposition;
- Günstigere Verwertungsmöglichkeiten nach Beendigung der Leasinglaufzeit durch besseres Know-how.

7/5

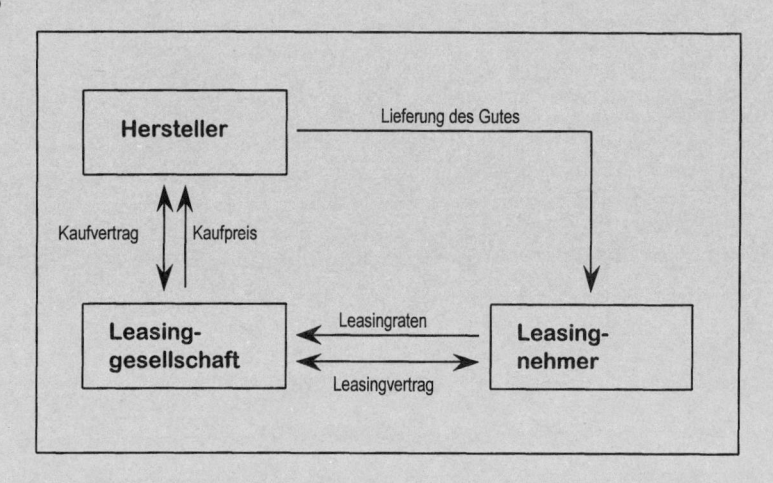

```
┌─────────────────────────────────────────────────────────────┐
│                                                             │
│     ┌──────────────┐   Lieferung des Gutes                  │
│     │  Hersteller  │────────────────────┐                   │
│     └──────────────┘                    │                   │
│          ▲ │                            │                   │
│  Kaufvertrag │ Kaufpreis                │                   │
│          │ ▼                            ▼                   │
│     ┌──────────────┐   Leasingraten   ┌──────────┐          │
│     │   Leasing-   │◄─────────────────│ Leasing- │          │
│     │ gesellschaft │─────────────────►│  nehmer  │          │
│     └──────────────┘   Leasingvertrag └──────────┘          │
│                                                             │
└─────────────────────────────────────────────────────────────┘
```

7/6 Vorteile des Leasingvertrags für den Leasingnehmer:
- keine Vorausbezahlung des Leasingobjektes, d.h., die monatlichen Mietzahlungen können während der gesamten Mietzeit aus den Erträgen des Objektes geleistet werden;
- Kosten und Erträge laufen weitgehend parallel;
- keine sofortige Belastung der Liquidität im Investitionszeitpunkt;
- Investitionen sind auch ohne Eigenmittel möglich. Folglich ist auch keine Kreditaufnahme notwendig, d.h., die von den Kreditinstituten eingeräumte Kreditlinie wird geschont. Insbesondere ist Leasing für den Leasingnehmer dann von Bedeutung, wenn dieser aufgrund des bereits ausgeschöpften Kreditlimits keine Kredite mehr erhalten wird, sich der Leasinggeber aber dazu bereit erklärt;
- im Gegensatz zu den Kreditinstituten verlangen die Leasinggesellschaften keine besonderen Sicherheiten;
- bei kurzfristigen Leasingverträgen ist eine schnelle Anpassung an den technischen Fortschritt möglich;
- beim Operating-Leasing können die anfallenden Mieten steuerlich abgesetzt werden;
- Leasingsätze bilden eine gute Grundlage für Investitionsrechnungen und Kalkulationen während der gesamten Mietzeit.

7/7 Beim Operating-Leasing handelt es sich um normale Mietverträge, bei denen der Vermieter (Leasinggeber) des Objekts das Investitionsrisiko trägt. Beide Vertragspartner können den Leasingvertrag ohne Zahlung einer Vertragsstrafe kurzfristig kündigen.

7/8 Beim Finance-Leasing (auch Financial- oder Finanzierungs-Leasing genannt) handelt es sich um Leasing mit mittel- oder langfristigen Vertragszeiten, bei dem der Mieter des Objekts das Investitionsrisiko trägt.

7/9 • Vollamortisationsverträge (full-pay-out) und
 • Teilamortisationsverträge (non-full-pay-out).

7/10 Der wesentliche Unterschied zwischen diesen beiden Finanzierungsformen des Leasing liegt in der Überwälzung des Investitionsrisikos beim Finance-Leasing auf den Leasingnehmer.

7/11 Im Gegensatz zum Vollamortisations-Leasing reichen die Mietzahlungen beim Teilamortisations-Leasing nicht aus, um die Anschaffungs- bzw. Herstellungskosten (AHK) des Leasingobjekts zu decken. Das dadurch entstehende Risiko des Leasinggebers wird im allgemeinen durch eine vertraglich gesicherte Kaufverpflichtung des Leasingnehmers zu einem vertraglich fixierten Betrag (Preis) gemindert (Andienungsrecht).

7/12 Während beim Operating-Leasing die Objekte beim Leasinggeber zu bilanzieren sind, kommt es beim Finance-Leasing auf die wirtschaftlichen Folgen an.

Einzelheiten ergeben sich aus dem Leasingerlass der Finanzverwaltung. Wird aufgrund der Vertragsgestaltung das Leasingobjekt dem Leasingnehmer zugerechnet, so hat dieser das Objekt in Höhe der Anschaffungskosten zu bilanzieren und abzuschreiben. In Höhe der noch ausstehenden Leasingraten ist zusätzlich noch eine Verbindlichkeit gegenüber dem Leasinggeber zu passivieren.

Erfolgt die Zurechnung laut Leasingerlass beim Leasinggeber, so hat dieser die Bilanzierung vorzunehmen. Für den Leasingnehmer sind in diesem Fall die Leasingraten wie beim Operating-Leasing steuerlich abzugsfähige Betriebsausgaben.

7/13 a) Kreditfinanzierung

Aktiva	Bilanz		Passiva	
AV	800	EK		300
UV	400	FK		900
	1.200			1.200

b) Finanzierung durch Leasing

Aktiva	Bilanz		Passiva	
AV	600	EK		300
UV	400	FK		700
	1.000			1.000

7/14 Ist die Grundmietzeit kürzer als 40% oder länger als 90%, dann hat der Leasingnehmer das Leasingobjekt regelmäßig in seiner Bilanz zu erfassen.

Die Festlegung der Obergrenze von 90% ist dadurch begründet, dass sich bei einer Überschreitung die Grundmietzeit und die betriebsgewöhnliche Nutzungsdauer annähernd decken. Zudem wird der formal noch bestehende Herausgabeanspruch des Leasinggebers bei längerer Laufzeit wirtschaftlich wertlos.

Die 40 %-Untergrenze basiert auf dem Gedanken, dass bei Vollamortisation innerhalb einer sehr kurzen Zeit die Annahme eines Teilzahlungsvertrages bzw. Ratenkaufs gerechtfertigt ist.

7/15 Factoring ist der Ankauf von Forderungen aus Warenlieferungen (oder Dienstleistungen) durch eine spezialisierte Finanzierungsgesellschaft oder auch durch ein übliches Kreditinstitut (Factor). Infolgedessen kann die Unternehmung schon über Liquidität verfügen, bevor die Forderungen gegenüber Kunden fällig werden. Außerdem übernimmt der Factor das Ausfallrisiko.

Antworten und Lösungen

7/16
- Übernahme des Inkasso- und Mahnwesens
- Übernahme des Ausfallrisikos ("echtes" Factoring)
- Übernahme der Finanzierung
- Führung der Debitoren-Buchhaltung
- Fakturierung für den Factorkunden
- Erstellung und Auswertung von Statistiken
- Bonitätsprüfung der Abnehmer
- Beratungen jedweder Art

7/17 Vorteile des Factoring für den Factorkunden:
- Beschaffung von liquiden Mitteln (Finanzierungsfunktion);
- Übernahme des Forderungseinzugs und Erstellung von Statistiken (Dienstleistungs- bzw. Servicefunktion);
- Übernahme des Ausfallrisikos (Delkrederefunktion)

7/18
Forderungsbetrag	80.000 €
Sperrkonto	8.000 €
Kreditzins	1.080 €
Factoringgebühr	1.600 €
Bevorschussung	69.320 €

Der zurückbehaltene Betrag von € 8.000 wird nach Eingang der Zahlung ausgezahlt.

7/19

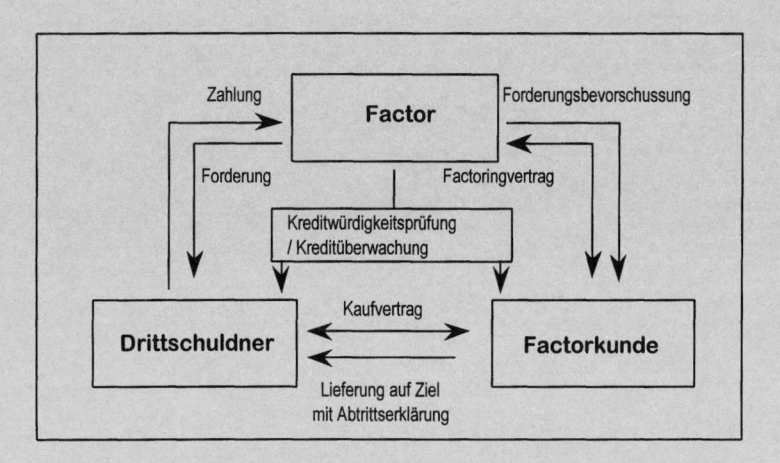

```
                Zahlung                    Forderungsbevorschussung
              ──────────▶   ┌─────────┐
                            │ Factor  │
                            │         │◀──────────
              Forderung     └─────────┘    Factoringvertrag
                              │     │
                    Kreditwürdigkeitsprüfung
                    / Kreditüberwachung
                              │     │
                         Kaufvertrag
  ┌───────────────┐  ───────────────▶  ┌─────────────┐
  │ Drittschuldner│                    │ Factorkunde │
  └───────────────┘  ◀───────────────  └─────────────┘
                      Lieferung auf Ziel
                      mit Abtrittserklärung
```

7/20 Das Factoring ist der Forfaitierung von Forderungen ähnlich. Im Unterschied zum Factoring werden bei der Forfaitierung meistens einzelne, größere und oft auch längerfristige (Export-)Forderungen forfaitiert und es werden üblicherweise keine Dienstleistungen übernommen.

Antworten und Lösungen 457

Kapitel 8

8/1 Während bei einem Kassageschäft Vertragsabschluß und -erfüllung zeitlich zusammenfallen, liegt bei einem Termingeschäft zwischen Vereinbarung der Konditionen sowie Lieferung und Bezahlung ein verhältnismäßig langer Zeitraum.

8/2 Bei der Beantwortung dieser Frage muss differenziert werden zwischen einzelnen Betrachtungszeitpunkten. Vor Fälligkeit setzt sich ein Optionspreis aus zwei Komponenten zusammen: Ein Preisbestandteil ist der Innere Wert, der andere die Zeitprämie. Am Verfalltag besteht die Optionsprämie hingegen nur noch aus dem Inneren Wert, eine Zeitprämie fällt nun nicht mehr an.

8/3 Die Zeitprämie wird, je nach dem aus welcher Perspektive die Betrachtung erfolgt, für die Chance bzw. Gefahr erhoben, dass die Option im Zeitablauf an Innerem Wert hinzugewinnt. Am Verfalltag existiert eine derartige Chance (Gefahr) aus verständlichen Gründen nicht mehr, so dass dafür auch kein Preis verlangt werden kann.

8/4 Die Bezeichnung „Short-Call" beschreibt die Stillhalterposition im Rahmen eines Kaufoptionsgeschäfts.

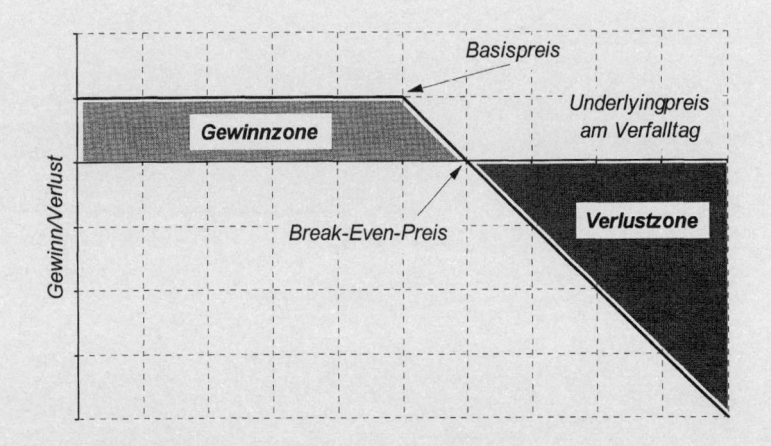

8/5 Der Investor erzielt den beabsichtigten Sicherungseffekt, indem er einen Call kauft.

Die Anschaffung der Kaufoption hat sich gelohnt, wenn der Kurs der ABC-Aktie in sechs Monaten oberhalb von

$$\underbrace{35\,\text{Euro}}_{\text{Basispreis}} + \underbrace{7\,\text{Euro}}_{\text{Callpreis}} = 42\,\text{Euro}$$

liegt.

8/6 Die Option ist zu preiswert, da ihre Prämie unterhalb des Inneren Wertes (21 €) liegt. Davon können die Marktakteure profitieren, wenn sie folgende Transaktionen durchführen: Kauf des Calls; sofortige Ausübung der Option; anschließende Veräußerung der so bezogenen Aktie. Der Gewinn beläuft sich dann auf 3 €, wie folgende Rechnung belegt.

Kauf eines Calls	−18 €
Ausübung der Option und Bezug einer Aktie	−50 €
Verkauf der ABC-Aktie	+71 €
Gewinn	**3 €**

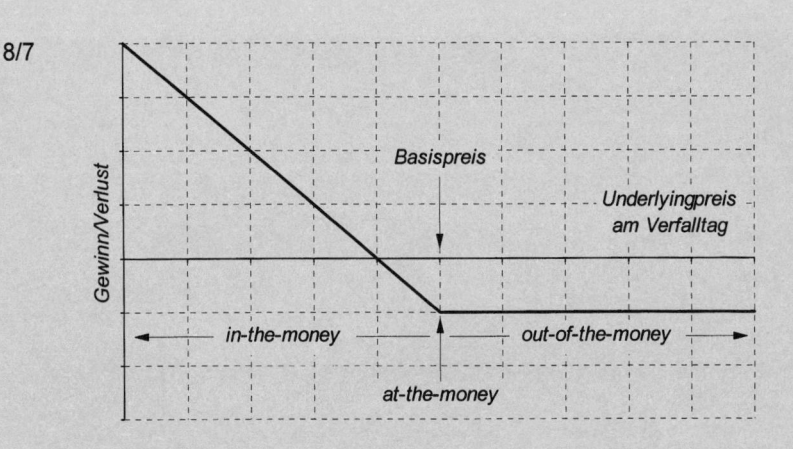

8/7

Antworten und Lösungen

8/8 Zur Absicherung der Verbindlichkeit sollte eine Long-Collar-Position aufgebaut werden.

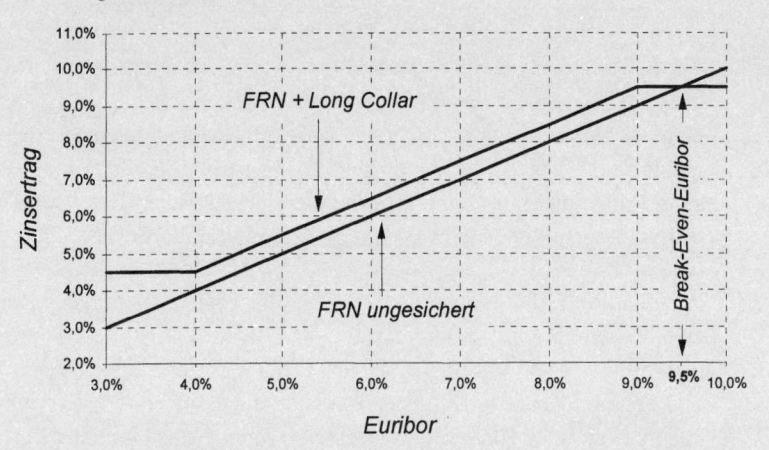

8/9 Der Anleger sollte einen Swap „fix gegen variabel" abschließen, um von dem erwarteten Zinsniveauanstieg zu profitieren. An den Swap-Partner leitet er die Kuponzahlung weiter, um im Gegenzug einen Referenzzinssatz, etwa den 12-Monats-Euribor zu empfangen.

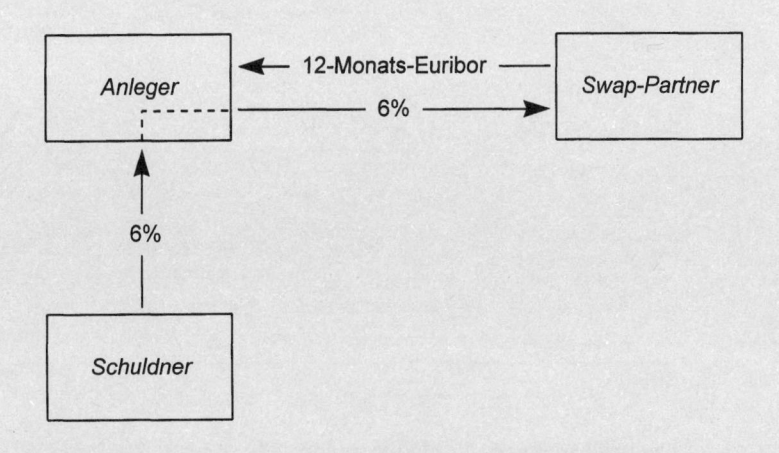

Kapitel 9

9/1 Als „Diversifikationseffekt" bezeichnet man den Effekt, dass sich das Risiko einer Kapitalanlage durch Streuung der finanziellen Mittel auf verschiedene („diverse") Assets reduzieren lässt. Zurückzuführen ist dieses Phänomen auf die Tatsache, dass das spezifische Risiko eines einzelnen Wertpapiers („titelspezifisches Risiko") nicht die gesamten Kapitalerträge gleichermaßen berührt.

Im folgenden Diagramm sind die Rendite-Risiko-Koordinaten für zwei Aktien „A" und „B" eingetragen. Außerdem enthält das Schaubild die μ–σ–Wertepaare für sämtliche Kombinationen („Portfolios") aus beiden Papieren. Durch passende Kapitalaufteilung („Diversifikation") kann das Risiko soweit gesenkt werden, dass es unter denjenigen Wert fällt, der von der Aktie mit dem geringsten Einzelrisiko (σ_A) ausgeht.

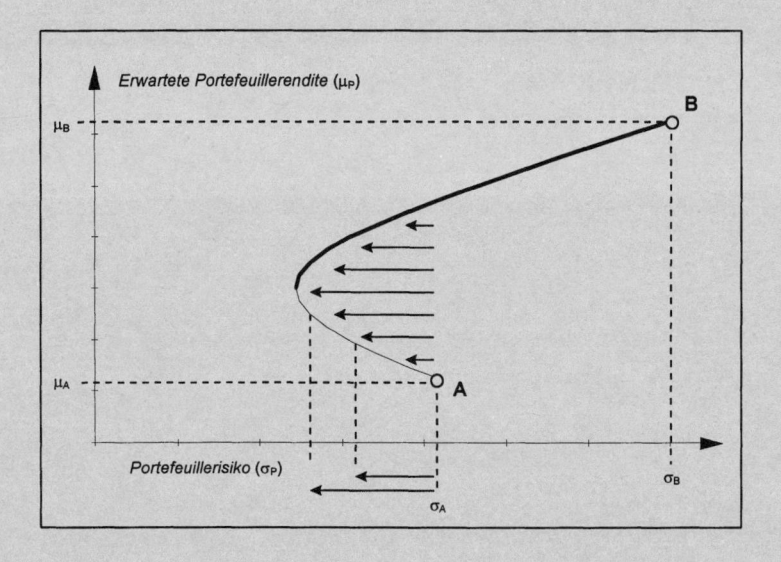

Diversifikationseffekte sind ausgeschlossen, wenn die Renditen der beiden Aktien perfekt positiv miteinander korreliert sind. In diesem

Falle ist die Effizienz- mit der Portefeuillelinie identisch und stellt graphisch die direkte Verbindung zwischen A und B dar.

9/2
- Zur Bestimmung des funktionalen Zusammenhangs zwischen Portefeuille-Rendite und -Risiko sind bestimmte Parameter (z.B. Varianzen, Korrelationskoeffizienten) unentbehrlich, die im Regelfalle nur aus historischen Daten gewonnen werden können. Derlei Größen reflektieren die zukünftige Entwicklung allerdings oftmals nicht angemessen.

- Die Beschaffung erforderlicher Daten (Renditezeitreihen) bereitet gerade dann Probleme, wenn Assets erst seit vergleichsweise kurzer Zeit gehandelt werden und die notwendigen Informationen deshalb noch gar nicht existieren.

- Mit Hilfe des Portfolio-Selection Modells gewinnen Anleger keinerlei Anhaltspunkte für ein effizientes Timing.

- Eine Herleitung des optimalen Portefeuilles setzt die Kenntnis einer Risikonutzenfunktion voraus. In der Praxis lassen sich derartige Funktionen nur sehr schwer bestimmen.

- Ein Problem bei der Anwendung des Portfolio-Selection Modells entsteht aufgrund der Datenfülle. Strenggenommen müssten sämtliche verfügbaren Wertpapiere Berücksichtigung finden, was in der Realität aber vor allem daran scheitert, dass nicht genügend Kapazitäten bereitstehen, um die Informationsflut in angemessener Zeit zu verarbeiten.

9/3 Da lediglich zwei Wertpapiere zur Verfügung stehen, kann das Portefeuille-Risiko mit folgender Formel bestimmt werden:

$$\sigma_P = \sqrt{x_X^2 \sigma_X^2 + x_Y^2 \sigma_Y^2 + 2 x_X x_Y \sigma_X \sigma_Y k_{XY}}$$

Nun wird x_Y durch $(1-x_X)$ ersetzt und die Gleichung quadriert, um die weiteren Rechenschritte etwas zu vereinfachen. Dann ergibt sich:

$$\sigma_P^2 = x_X^2 \sigma_X^2 + (1-x_X)^2 \sigma_Y^2 + 2 x_X (1-x_X) \sigma_X \sigma_Y k_{XY}$$

Anschließend setzt man für σ_X, σ_Y und k_{XY} die entsprechenden Werte ein.

$$\sigma_P^2 = x_X^2 \cdot 1{,}291^2 + (1-x_X)^2 \cdot 2^2 + 2 \cdot x_X(1-x_X) \cdot 1{,}291 \cdot 2 \cdot (-0{,}3873)$$

$$\Rightarrow \sigma_P^2 = x_X^2 \cdot 1{,}667 + 4 \cdot (1 - 2x_X + x_X^2) - 2x_X + 2x_X^2$$

$$\Rightarrow \sigma_P^2 = 1{,}667 x_X^2 + 4 - 8x_X + 4x_X^2 - 2x_X + 2x_X^2$$

$$\Rightarrow \sigma_P^2 = 7{,}667 x_X^2 - 10 x_X + 4 \tag{1}$$

Der Erwartungswert für die Portefeuillerendite lässt sich bekanntlich folgendermaßen bestimmen:

$$\mu_P = x_X \mu_X + (1 - x_X)\mu_Y$$

$$\Rightarrow \mu_P = x_X \cdot 6 + (1 - x_X) \cdot 7$$

$$\Rightarrow \mu_P = 7 - x_X$$

$$\Rightarrow x_X = 7 - \mu_P \tag{2}$$

Nun wird die „rechte Seite" von (2) in (1) für x_X eingesetzt. Das Ergebnis stellt den gesuchten funktionalen Zusammenhang dar.

$$\sigma_P^2 = 7{,}667 \cdot (7 - \mu_P)^2 - 10 \cdot (7 - \mu_P) + 4$$

$$\Rightarrow \underline{\sigma_P^2 = 7{,}667 \mu_P^2 - 97{,}338 \mu_P + 309{,}683} \tag{3}$$

Um das geringstmögliche Risiko („Extremwert") zu bestimmen, wird die Funktion (3) nach μ_P abgeleitet und anschließend gleich Null gesetzt:

$$\frac{\partial \sigma_P^2}{\partial \mu_P} = 15{,}334 \mu_P - 97{,}338 \overset{!}{=} 0$$

$$\Rightarrow \mu_P = 6{,}35$$

Der Wert für μ_P wird in (3) eingesetzt:

$$\sigma_P^2 = 7{,}667 \cdot 6{,}35^2 - 97{,}338 \cdot 6{,}35 + 309{,}683 = 0{,}739$$

$$\Rightarrow \quad \sigma_P = \sqrt{0{,}739} = 0{,}86$$

Da die zweite Ableitung des Ausdrucks (3) einen Wert größer als Null liefert [$f''(\mu_P)$ = 15,334], liegt an der Stelle tatsächlich ein Minimum vor. Das geringstmögliche Risiko beläuft sich auf 0,86 Prozentpunkte. Dabei darf der Investor eine Rendite in Höhe von 6,35% erwarten.

Den Verlauf der Portefeuille-Linie zeigt folgende Abbildung.

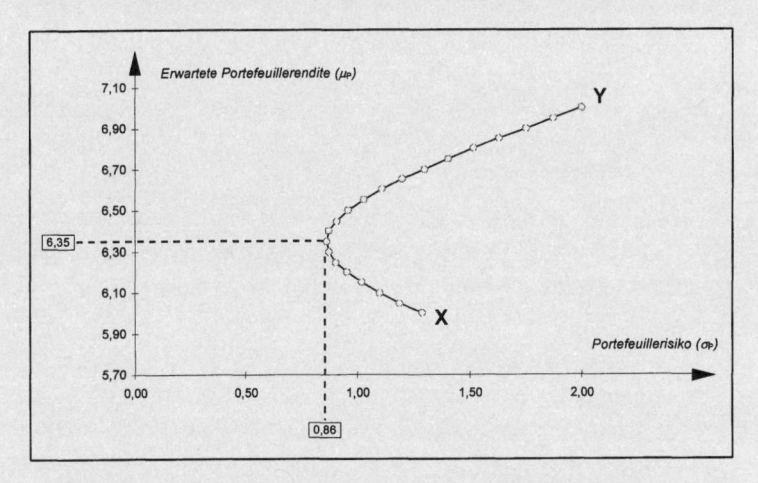

Laut Aufgabenstellung wird schließlich noch die Ermittlung der Portefeuille-Struktur verlangt. Dafür wird auf Ausdruck (2) zurückgegriffen:

$$x_X = 7 - \mu_P$$

$$\Rightarrow \quad x_X = 7 - 6{,}35 = 0{,}65$$

Aktie „X" ist folglich mit einem Anteil von 65%, „Y" dagegen mit 35% im Portefeuille vertreten.

9/4 Nach dem CAPM bestimmt sich die zu erwartende Aktienrendite so:

$$\mu_{Alpha} = R_f + [\mu_M - R_f] \cdot \beta_{Alpha}$$

Abgesehen vom Beta-Faktor sind sämtliche Angaben zur Berechnung des Erwartungswertes bekannt. Da die beiden folgenden Beziehungen gelten, lässt sich auch der Beta-Faktor ohne großen Aufwand ermitteln:

$$\beta_{Alpha} = \frac{\sigma_{Alpha/M}}{\sigma_M^2}$$

$$\sigma_{Alpha/M} = k_{Alpha/M} \cdot \sigma_{Alpha} \cdot \sigma_M$$

$$\Rightarrow \beta_{Alpha} = \frac{k_{Alpha/M} \cdot \sigma_{Alpha} \cdot \sigma_M}{\sigma_M^2} = \frac{k_{Alpha/M} \cdot \sigma_{Alpha}}{\sigma_M} = \frac{0{,}8 \cdot \sqrt{20{,}25}}{\sqrt{9}} = 1{,}2$$

Damit stehen sämtliche erforderlichen Daten zur Verfügung, um den Erwartungswert für die Aktienrendite zu bestimmen.

$$\mu_{Alpha} = R_f + [\mu_M - R_f] \cdot \beta_{Alpha} = 3 + [6 - 3] \cdot 1{,}2 = 6{,}6$$

Der Investor darf demnach mit einer Rendite in Höhe von 6,6% pro Periode rechnen.

9/5 Um beurteilen zu können, ob der Börsenkurs angemessen ist, muss die nach dem CAPM zu erwartende Aktienrendite bestimmt und mit dem in der Aufgabenstellung genannten Wert verglichen werden. Nach dem CAPM ergibt sich eine Rendite in Höhe von:

$$\mu_{Gamma} = R_f + [\mu_M - R_f] \cdot \beta_{Gamma}$$

$$\Rightarrow \mu_{Gamma} = 4{,}5 + [8{,}5 - 4{,}5] \cdot 1{,}375 = 10$$

Mit einer Gamma-Aktie ist laut der Aufgabenstellung ein *absoluter Ertrag* in Höhe von 20 € zu erwarten, der zunächst in einen *relativen Ertrag* („Rendite") umgerechnet werden muss. Es gilt:

$$\text{Rendite} = \frac{\text{Ertrag}}{\text{Kurs}} = \frac{20}{210} \cdot 100 = 9{,}52\%$$

Die tatsächliche liegt unter der CAPM-Rendite. Demzufolge ist der gegenwärtige Börsenkurs nicht angemessen. Die Gamma-Aktie ist zu teuer.

9/6 Um das Beta für die Commerzbank-Aktie („CBK-Aktie") bestimmen zu können, wird auf folgende Beziehungen zurückgegriffen:

$$\beta_{CBK} = \frac{\sigma_{CBK/DAX}}{\sigma_{DAX}^2}$$

$$\sigma_{CBK/DAX} = k_{CBK/DAX} \cdot \sigma_{CBK} \cdot \sigma_{DAX}$$

$$\Rightarrow \beta_{CBK} = \frac{\sigma_{CBK/DAX}}{\sigma_{DAX}^2} = \frac{k_{CBK/DAX} \cdot \sigma_{CBK} \cdot \sigma_{DAX}}{\sigma_{DAX}^2} = \frac{k_{CBK/DAX} \cdot \sigma_{CBK}}{\sigma_{DAX}}$$

$$\Rightarrow \beta_{CBK} = \frac{0{,}5997 \cdot 29{,}74}{18{,}92} = 0{,}94$$

Das Beta für die CBK-Aktie beläuft sich demnach auf 0,94.

Abbildungsverzeichnis

Abb. 1/1: Gliederung der Produktionsfaktoren
Abb. 1/2: Güter- und Zahlungsströme
Abb. 1/3: Zahlungs- und Leistungsbereiche der Unternehmung
Abb. 1/4: Kapitalbedarfsplanung
Abb. 1/5: Kombination der Stromgrößen
Abb. 1/6: Grundstruktur der Bilanz
Abb. 1/7: Systematisierung des Unternehmenskapitals
Abb. 1/8: Zuordnung der Instrumente zu den Finanzierungsarten
Abb. 1/9: Instrumente der Außenfinanzierung
Abb. 1/10: Instrumente der Innenfinanzierung
Abb. 1/11: Finanzierungssurrogate

Abb. 2/1: Stellung der Finanzintermediäre auf dem Kapital- und Finanzmarkt
Abb. 2/2: Funktionen der Kapital- und Finanzmärkte
Abb. 2/3: Nationaler Kapitalmarkt ohne Staat und Ausland
Abb. 2/4: Geschäftsfelder der Deutsche Börse AG
Abb. 2/5: Transaktion über die Präsenzbörse
Abb. 2/6: Transaktion über das Xetra-System
Abb. 2/7: Bankgeschäfte
Abb. 2/8: Systematisierung nach Bankengruppen
Abb. 2/9: Paramonetäre Institutionen

Abb. 3/1: Verwendung des Eigenkapitals
Abb. 3/2: Zusammensetzung des Eigenkapitals und der Vermögensgegenstände
Abb. 3/3: Reinvermögen einer Unternehmung
Abb. 3/4: Vermögensminderung durch Verluste
Abb. 3/5: Branchenspezifische Verschuldungskoeffizienten
Abb. 3/6: Grundformen von Gesellschaften
Abb. 3/7: Personengesellschaft versus Kapitalgesellschaft
Abb. 3/8: Rechtsformen im Überblick
Abb. 3/9: Merkmale von Personengesellschaften und Einzelkaufleuten
Abb. 3/10: Kapitalerhöhungsformen der GmbH

Abb. 3/11: Grundstruktur der GmbH & Co. KG
Abb. 3/12: Merkmale von Kapitalgesellschaften und Genossenschaften
Abb. 3/13: Formen der Subventionsfinanzierung

Abb. 4/1: Prinzip der Aktienfinanzierung
Abb. 4/2: Organe der Aktiengesellschaft
Abb. 4/3: Kapitalerhöhungsformen der AG

Abb. 5/1: Ausweisformen des Fremdkapitals
Abb. 5/2: Systematisierung der Kreditsicherheiten
Abb. 5/3: Ablauf eines Wechselgeschäfts
Abb. 5/4: Systematik der langfristigen Kreditfinanzierung
Abb. 5/5: Fremd- und Selbstemission
Abb. 5/6: Formen des Zerobonds
Abb. 5/7: Merkmale von Vorzugsaktie, Gewinnschuldverschreibung und Wandelanleihe im Vergleich
Abb. 5/8: Vergleich finanzwirtschaftlicher Merkmale bei Aktie, Genussschein und Obligation
Abb. 5/9: Prinzip der Schuldscheinfinanzierung
Abb. 5/10: Gegenüberstellung von Anleihe und Schuldscheinfinanzierung

Abb. 6/1: Möglichkeiten der Selbstfinanzierung
Abb. 6/2: Finanzierungseffekt von Pensionsrückstellungen
Abb. 6/3: Kapitalfreisetzungseffekt

Abb. 7/1: Indirektes Leasing
Abb. 7/2: Leasingformen
Abb. 7/3: Steuerrechtliche Zurechnung beim Vollamortisationserlaß über Mobilien
Abb. 7/4: Steuerrechtliche Zurechnung beim Vollamortisationserlaß über Immobilien
Abb. 7/5: Factoring
Abb. 7/6: Factoringformen
Abb. 7/7: Asset Backed Securities

Abbildungsverzeichnis

Abb. 8/1: Underlyings bei Finanzderivaten
Abb. 8/2: Optionsfrist und Verfalltag
Abb. 8/3: Grundpositionen bei Optionsgeschäften
Abb. 8/4: Hockeystick-Diagramme
Abb. 8/5: Werteinflussgrößen bei Optionen
Abb. 8/6: GuV-Profile bei unbedingten Termingeschäften
Abb. 8/7: Futures an der Eurex

Abb. 9/1: Portefeuillelinie
Abb. 9/2: Portefeuillelinien bei unterschiedlichen Korrelationskoeffizienten
Abb. 9/3: Bestimmung des optimalen Portefeuilles
Abb. 9/4: Herleitung der Kapitalmarktlinie
Abb. 9/5: Kapitalmarktlinie
Abb. 9/6: Wertpapierlinie
Abb. 9/7: Punktwolke und Regressionsgerade
Abb. 9/8: Aktienkennziffern im Internet

Abkürzungsverzeichnis

AB	Anfangsbestand
Abs.	Absatz
ABS	Asset Backed Securities
AfA	Absetzung für Abnutzung
AG	Aktiengesellschaft
AHK	Anschaffungs- oder Herstellungskosten
AktG	Aktiengesetz
AV	Anlagevermögen
BAK	Bundesaufsichtsamt für das Kreditwesen
BAV	Bundesaufsichtsamt für das Versicherungswesen
BdF	Bundesminister der Finanzen
BGB	Bürgerliches Gesetzbuch
BörsG	Börsengesetz
Corp.	Corporation
CP	Commercial Paper
Diss.	Dissertation
EFFAS	European Federation of Financial Analysts Societies
e.G.	eingetragene Genossenschaft
EK	Eigenkapital
ESt	Einkommensteuer
EStG	Einkommensteuergesetz
e.V.	eingetragener Verein
FK	Fremdkapital
FRNs	Floating Rate Notes
GbR	Gesellschaft bürgerlichen Rechts
GewSt	Gewerbesteuer
GmbH	Gesellschaft mit beschränkter Haftung
GmbHG	Gesetz betreffend die Gesellschaften mit beschränkter Haftung
GuV	Gewinn- und Verlustrechnung

Abkürzungsverzeichnis

HGB	Handelsgesetzbuch
HV	Hauptversammlung
HypBankG	Hypothekenbankgesetz
i.e.S.	im engeren Sinne
i.S.d.	im Sinne des
i.V.m.	in Verbindung mit
JÜ	Jahresüberschuss
KAGG	Gesetz über Kapitalanlagegesellschaften
KEF	Kapazitätserweiterungsfaktor
KfW	Kreditanstalt für Wiederaufbau
KG	Kommanditgesellschaft
KGaA	Kommanditgesellschaft auf Aktien
KSt	Körperschaftsteuer
KStG	Körperschaftsteuergesetz
KWG	Kreditwesengesetz
LB	Landesbank
LBS	Landesbausparkasse
Mio.	Millionen
NYSE	New York Stock Exchange
OHG	Offene Handelsgesellschaft
p.a.	per anno
Schufa	Schutzgemeinschaft für allgemeine Kreditsicherung e.V.
TU	Tochterunternehmen
USt	Umsatzsteuer
UStG	Umsatzsteuergesetz
UV	Umlaufvermögen
v.H.	vom Hundert
VSt	Vermögensteuer

VVaG	Versicherungsverein auf Gegenseitigkeit
West LB	Westdeutsche Landesbank
ZKMA	Zentraler Kapitalmarktausschuß

Literaturverzeichnis

Arbeitskreis "Finanzierung" der Schmalenbach-Gesellschaft Deutsche Gesellschaft für Betriebswirtschaft e.v.: Asset Backed Securities - ein neues Finanzierungsinstrument für deutsche Unternehmen?, in: Zeitschrift für betriebswirtschaftliche Forschung 1992, S.495-530

Bank-Akademie (Hrsg.): Allgemeine Betriebswirtschaftslehre, Frankfurt am Main 1991

Bank-Akademie (Hrsg.): Besondere Bankbetriebslehren, Frankfurt am Main 1992

Beike, Rolf: Devisenmanagement. Grundlagen, Prognose und Absicherung, Hamburg 1995

Beike, Rolf/ Barckow, Andreas: Risk-Management mit Finanzderivaten, München 1998

Bundesminister der Finanzen (Hrsg.): Das Bankenwesen in Deutschland, Bonn 1991

Bundesminister der Finanzen (Hrsg.): Das Versicherungswesen in Deutschland - Wissenswertes über Versicherungen, Bonn 1991

Bundesverband deutscher Banken e.V. (Hrsg.): Das neue Bank- und Börsen-abc, 6. Auflage, Köln 1989

Coenenberg, Adolf G.: Jahresabschluß und Jahresabschlußanalyse - Betriebswirtschaftliche, handels- und steuerrechtliche Grundlagen, 16. Auflage, Landsberg am Lech 1997

Däumler, Klaus-Dieter: Betriebliche Finanzwirtschaft, 7. Auflage, Herne/ Berlin 1997

Deutsche Bank AG (Hrsg.): Wertpapiere - Ausstattung, Handel und Verwaltung, 3. Auflage, Frankfurt am Main 1986

Deutsche Gesellschaft für Wertpapiersparen (Hrsg.): Rund um die Börse, 2. Auflage, Frankfurt am Main 1989

Deutscher Wirtschaftsdienst (Hrsg.): Ratgeber Forschung und Technologie - Förderungsmöglichkeiten und Beratungshilfen, Köln 1988

Drukarczyk, Jochen: Finanzierung, 7. Auflage, Stuttgart 1996

Eilenberger, Guido: Betriebliche Finanzwirtschaft - Einführung in Investition und Finanzierung, Finanzpolitik und Finanzmanagement von Unternehmungen, 6. Auflage, München/Wien 1997

The European Federation of Financial Analysts Societies (EFFAS) (Hrsg.): Fachausdrücke des Internationalen Rentengeschäfts, Darmstadt 1989

Fritsch, Ulrich: Wirtschaft auf einen Blick - Daten, Fakten und Funktionen, 2. Auflage, Köln 1981

Funck, Hans Joachim (Hrsg.): Börse - Markt der Märkte, München 1984

Gemeinschaftsdienst der Boden- und Kommunalkreditinstitute (Hrsg.): Das Pfandbrief 1*1 - Pfandbriefe und Kommunalobligationen, Frankfurt am Main 1986

Gerke, Wolfgang/Bank, Matthias: Finanzierung, Stuttgart /Berlin/Köln 1998

Gräfer, Horst: Bilanzanalyse - Eine Einführung mit Aufgaben und Lösungen, 7. Auflage, Herne/ Berlin 1997

Gräfer, Horst: Der Jahresabschluß der GmbH unter Berücksichtigung der Regelungen des D-Markbilanzgesetzes, 3. Auflage, Herne/Berlin 1991

Gräfer, Horst/Scheld, Guido A. – Grundzüge der Konzernrechnungslegung, 5. Auflage, Berlin 1999

Grill, W./Perczynski, H.: Wirtschaftslehre des Kreditwesens, Bad Homburg vor der Höhe, 7. Auflage 1996

Gutenberg, Erich: Grundlagen der Betriebswirtschaftslehre, 3. Band: Die Finanzen, Berlin/ Heidelberg/New York, 8. Auflage, 1987

Haberstock, Lothar: Kostenrechnung I - Einführung mit Fragen, Aufgaben und Lösungen, 10. Auflage, Hamburg 1998

Heinen, Edmund: Zielanalyse als Grundlage rationaler Unternehmungspolitik, in: Jacob, Herbert (Hrsg.): Schriften zur Unternehmensführung - Zielprogramm und Entscheidungsprozeß in der Unternehmung, Wiesbaden 1970, S. 7-26

Heinrich, Detlef: Swap-Transaktionen als Finanzierungsinstrument, in: Das Wirtschaftsstudium (Zeitschrift) 1992, S. 482-485

Hellmann, Wolfgang/Unterberg, Armin: Neue Chancen für den Finanzplatz Deutschland im Europa der Zukunft, in: Die Bank (Zeitschrift) 1991, S. 480-484

Heno, Rudolf: Kreditwürdigkeitsprüfung mit Hilfe von Verfahren der Mustererkennung, Diss., Bern 1983

Jahrmann, Fritz-Ulrich: Finanzierung - Ein Leitfaden für Ausbildung und Praxis, 4. Auflage, Herne/Berlin 1999

Koch, Thomas: Commercial Paper, in: Das Wirtschaftsstudium (Zeitschrift) 1992, S. 935

Krüger, Günter: Wichtige betriebswirtschaftliche Kennzahlen nach Wirtschaftsbranchen für die Jahre 1984-1988, in: Buchführung-Bilanzen-Kostenrechnung, Fach 26, S. 529-544

Lippens, Walter/Schmitz-Ohlstedt, Fred: Im Kreislauf der Wirtschaft - Eine wirtschaftskundliche Schrift für den Schulgebrauch und die politische Bildungsarbeit, 4. Auflage, Köln 1977

Lohmann, Martin: Abschreibungen, was sie sind und was sie nicht sind, in: Der Wirtschaftsprüfer (Zeitschrift) 1949, S. 353 ff.

Loistl, Otto: Zur neueren Entwicklung der Finanzierungstheorie, in: Die Betriebswirtschaft (Zeitschrift) 1989

Loistl, Otto: Computergestütztes Wertpapiermanagement, München/Wien, 5. Auflage 1996

Möser, Heinz Dieter: Finanz- und Investitionswirtschaft in der Unternehmung, 2. Auflage, Landsberg am Lech 1993

Olfert, Klaus: Finanzierung, 10. Auflage, Ludwigshafen 1999

Perridon, Louis/Steiner, Manfred: Finanzwirtschaft der Unternehmung, 10. Auflage, München 1999

Pottschmidt, Günter/Rohr, Ulrich: Privatrecht für den Kaufmann: Allgemeines Handelsrecht, vertragliche Leistungspflichten, allgemeine Geschäftsbedingungen, Kaufrecht, Produkthaftung, Wettbewerbsrecht, 11. Auflage, München 1998

Preißler, Peter R./Blum, Erwin/Bestmann, Uwe/Folger, Werner: Finanzwirtschaft, 2. Auflage, Landsberg am Lech 1990

Priewasser, E.: Bankbetriebslehre, 6. Auflage, München/Wien 1998

Ruchti, H.: Die Bedeutung der Abschreibungen für den Betrieb, Berlin 1942

Schätzle, Rainer: Handbuch Börse 1989, München 1988

Scheld, Guido A./Demming, Claudia: Fundamentale Aktienanalyse, in: Das Wirtschaftsstudium (Zeitschrift) 1993, S. 298-306

Schmidt, Hartmut: Wertpapierbörsen, 1988

Schneider, Dieter: Investition, Finanzierung und Besteuerung, 7. Auflage, Opladen 1992

Schweitzer, Roger / Volpert, Verena: Die Behandlung von Genußrechten im Jahresabschluß von Kreditunternehmen, in: Betriebs-Berater (Zeitschrift) 1994, S. 821 - 826.

Spittler, Hans-Joachim: Leasing für die Praxis, 5. Auflage, Köln 1999

Spremann, Klaus: Wirtschaft, Investition und Finanzierung, 5. Auflage, München 1996

Stein, Jürgen: Das Bankwesen in Deutschland, 17. Auflage, Köln 1990

Steiner, Manfred/Bruns, Christoph: Wertpapiermanagement, 7. Auflage, Stuttgart 2000

Süchting, Joachim: Finanzmanagement - Theorie und Politik der Unternehmensfinanzierung, 6. Auflage, München 1995

Wagner, Franz W./Dirrigl, H.: Die Steuerplanung der Unternehmung, Stuttgart/New York 1980

Wöhe, Günter: Einführung in die Allgemeine Betriebswirtschaftslehre, 19. Auflage, München 1996

Wöhe, Günter/Bilstein, Jürgen: Grundzüge der Unternehmensfinanzierung, 8. Auflage, München 1998

Stichwortverzeichnis

A
Abschreibungen 264
Abschreibungsgegenwert 257
Abzahlungsdarlehen 196
Agio 134
Akkreditiv 190
Aktienarten 122
Aktienfinanzierung 121
Aktiengesellschaft 116, 242
Akzeptkredit 187
Allfinanz 56
Amerikanische Option 292
Anleihen 198
Annuität 195
Annuitätendarlehen 194
Arbitrage 289
Asset Backed Securities 281
Aufsichtsrat 158
Ausgaben 12
Außenfinanzierung 27
Auszahlungen 12
Avalkredit 183

B
Bankgeschäfte 50
Bardividende 264
Basisgut 287
Basispreis 292
Bausparkasse 60
Betafaktor 354
Beteiligungsfinanzierung 108
Betrieb 31
Bezugskurs 134, 139
Bezugsrecht 142
Bilanz 24
Bilanzanalyse 169
Bilanzgewinn 126

Bilanzkurs 138
Blankokredit 235
Bonds 237
Börse 37, 40
Börsenprospekt 73
Bruttodividende 264
Bürgschaft 173

C
Call 292
Capital Asset Pricing Model 343
CAPM 343, 348
Caps 306
Cash Settlement 290
Collars 312
Commercial Paper 222

D
Deckungsstock 66
Deckungsstockfähigkeit 200, 230
Deutsche Börse AG 40
Devisen 75
Diskontkredit 185
Dispositionskredit 182
Diversifikationseffekt 336
Dividende 158
Dividendenvorzugsaktie 159
Doppelwährungsanleihen 222

E
Effekten 72
Effektiv-Verzinsung 208
Effizienzlinie 335
Eigenfinanzierung 27
Eigenkapital 24, 77, 92, 118
Eigenkapitalausstattung 89
Eigentumsvorbehalt 178
Einnahmen 12
Einzelunternehmen 92, 100

Stichwortverzeichnis

Emission 199, 207
Erwerbswirtschaftliches Prinzip 2, 31
Eurex 45
Euro-Bonds 237
Euronotes 225

F

Factoring 278
Festdarlehen 197
Finanzierung 21, 23
Finanzierungsarten 26
Finanzierungssurrogate 30, 265
Finanzinnovationen 52
Finanzintermediäre 37, 224
Finanzmanagement 18
Finanzmärkte 35
Finanzwirtschaftliches Gleichgewicht 4, 19
Floating Rate Notes 213
Floors 309
Forderungsabtretung 175
Forfaitierung 280
Forward Rate Agreement 317
Forwards 291
Freiverkehr 44
Fremdfinanzierung 27
Fremdkapital 24, 161
Fungibilität 121
Futures 291, 322

G

Garantie 174
Genossenschaften 94
Genossenschaftssektor 58
Genussscheine 226
geregelter Markt 44
gesamtschuldnerische Haftung 118

Gesellschaft mit beschränkter Haftung 106
Gewinn 11
Gewinnmaximierung 2, 19
Gewinnrücklagen 125
Gewinnschuldverschreibungen 214
GmbH & Co. KG 109
Going public 44
Gratisaktie 152
Großbanken 56
Grundkapital 121
Grundpfandrecht 176, 234
Grundschuld 178, 234

H

Handel, amtlicher 44
Handelsregister 100
Hauptversammlung 127
Hypothek 35, 177

I

Illiquidität 4, 19
Indossament 184
Industrieobligation 198
Innenfinanzierung 27, 77, 239
Insolvenz 4
Investitionsdarlehen 194
Investmentfonds 76
Investment-Zertifikate 76

J

Juristische Person 118

K

Kapazitätserweiterungseffekt 260
Kapitalanlagegesellschaften 64
Kapitalbedarf 8
Kapitalbeteiligungsgesellschaften 67
Kapitalerhöhung 131, 150, 151

Kapitalerhöhungsformen 109
Kapitalfreisetzungseffekt 258
Kapitalgesellschaft 93
Kapitalherabsetzung 109, 154
Kapitallebensversicherung 197
Kapitalmarkt 35
Kapitalmarktlinie 344
Kapitalmarkttheorie 14
Kapitalrücklage 125, 134
Kapitalsammelstellen 66
Kapitalstruktur 165
Kaufoption 292
KGaA 112
Kommanditgesellschaft. 103
Kommunalobligation 199
Kontokorrentkredit 181
Körperschaftsteuer 245
Kosten: 11
Kreditbanken 55, 56
Kreditfinanzierung 161, 192
Kreditformen 163
Kreditgarantiegemeinschaften 68
Kreditgenossenschaften 58
Kreditinstitute 49, 54
Kreditsicherheiten 170, 173
Kreditsicherung 168, 172
Kreditwesengesetz 74
Kreditwürdigkeit 168
Kreditwürdigkeitsprüfung 168
Kundenanzahlung 179
Kursmakler 42

L
Landesbanken 58
Leasing 265, 285
Leistungen 11
Leverage-Effekt 164
Lieferantenkredit 179
Liquidität 4, 11, 19

Liquiditätserhaltung 14
Liquiditätsschwierigkeiten 14
Lombardkredit 188
Long-Position 287

M
Mobilisation 121
Mobilisationsprinzip 199

N
Negoziationskredit 190
Nettodividende 264
Neuer Markt 44

O
Obligation 198, 210
Operation blanche 148
Optionsanleihe 215, 219
Optionsscheine 304
Order 42
OTC 290

P
Pensionsrückstellungen 250, 252
Personengesellschaft 93, 101
Pfandrecht 176
Portefeuillelinie 333, 335
Portfolio-Selection Modell 331
Portfolioselektion 14
Präsenzhandel 41
Produktivität 4, 32
Produktivität 4
Put 292

R
Realkredite 194
Realkreditinstitute 59
Rechtsform 54, 92
Reinvermögen 78
Rendite 2, 332
Rentabilität 3, 32
Rentabilitätsmaximierung 20
Revolving-System 231, 232

Stichwortverzeichnis

Risikoaversion 15
Rücklage für eigene Anteile 125
Rücklagen 80, 158
Rückstellungen 25, 161, 249

S
Sale-Lease-Back-Verfahren 255
Scheck 235
Schuldbeitritt 174
Schuldmitübernahme 174
Schuldscheindarlehen 230
Schuldverschreibungen 198
Schütt-aus-hol-zurück-Methode 247
Selbstfinanzierung 77, 240
Short-Position 287
Sicherungsübereignung 174
SMAX 45
Sparkassen 57
Sparkassensektor 57
Staatsanleihen 199
stille Gesellschaft 100
Stillhalter 292
Stimmrecht 126
Streubesitz 158
Strike 292
Subventionsfinanzierung 116
Swaps 318

T
Tafelgeschäft 73
Termineinlagen 74
Termingeschäft 287

Tobin-Separation 346

U
Überschuldung 5
Underlying 289
Unterbilanz 156
Unternehmung 31

V
Venture-Capital-Finanzierung 76
Verbindlichkeiten 25, 162
Verkaufsoption 292
Versicherungsgesellschaften 65
Vorzugsaktien 123

W
Wandelanleihe 215
Wandelschuldverschreibungen 215
Wechsel 178, 184, 235
Wechselkredit 183
Wechselprotest 185, 235
Wertpapiere 72
Wertpapierlinie 348
Wirtschaftlichkeit 31
Wirtschaftlichkeitsprinzip 3

X
Xetra 42

Z
Zahlungsunfähigkeit 5
Zerobonds 210